禄劝年鉴

2021

禄劝彝族苗族自治县地方志编纂委员会办公室　编

志出版社

图书在版编目（CIP）数据

禄劝年鉴 . 2021 / 禄劝彝族苗族自治县地方志编纂委员会办公室编 .—北京：方志出版社，2021.12

ISBN 978-7-5144-5033-0

Ⅰ . ①禄… Ⅱ . ①禄… Ⅲ . ①禄劝彝族苗族自治县—2021—年鉴 Ⅳ . ① Z527.44

中国版本图书馆 CIP 数据核字（2021）第 276339 号

责任编辑： 顾　洁
责任校对： 刘玉霞
责任印制： 梅中英
出 版 者： 方志出版社
地　　址： 北京市朝阳区潘家园东里 9 号（国家方志馆 4 层）
邮　　编： 100021
网　　址： http://www.zgfzcb.cn
发　　行： 方志出版社图书营销中心（010-67110500）
印　　刷： 云南速盈印刷有限公司
开　　本： 889 毫米 ×1194 毫米　1/16
印　　张： 23.25
字　　数： 700 千字
版　　次： 2021 年 12 月第 1 版
印　　次： 2021 年 12 月第 1 次印刷
定　　价： 380.00 元

《禄劝年鉴（2021）》编纂委员会

《禄劝年鉴（2021）》编辑部

《禄劝年鉴（2021）》撰稿人

（按部类顺序排列）

金　蕊	罗栋财	马元元	杨文忠	陈奕蓉	谢　宇	石　红
张小晨	陶腾霄	槐苑楠	李德慧	吴绍秀	曹艺萍	李俊莉
张国稳	李易达	李俊梅	晏和认	杨海燕	张　雄	张　莉
宗欢欢	张学胜	向昱帆	刘兴慧	角春留	杨慧梅	王　力
洪　梅	张庆彩	常皖云	张兴奎	杨雯洁	李增富	王艺瑾
李金平	罗　钧	时　耀	蒋天才	孙显志	李桂兰	俞　英
袁美军	刘园交	苏　辛	张雪友	李　静	邝松军	赵欧娇
李　梅	耿尧敏	李春燕	文天祥	李　媞	李沛玲	李　坤
钱丽仙	刘锦堂	张兴聪	赵小仪	林芝吉	张　力	杨学艳
周　巍	石国庆	赵云富	李萸芳	蒋学敏	白明兴	王旭东
关淑芬	王　帅	杨海玉	姜云伟	杨志成	姚　辰	李春泉
段娅舒	李　玲	保银伟	黄　靖	皮臣科	孟舒毅	毛应乾
王德清	张富君	张云松	许江萍	傅名轩	詹金梅	王宗梅
彭熙越	张广聘	杨雨波	申　任	周永春	黎满胜	储　黎
金奇稳	侯思秀	段青云	李学明	李海倩	崔颖秋	龙　霄
矣勍伸	赵书慧	张志勇	张雷肃	孟俊丰	耿新鹏	曾　妮
蔡　祥	保云耀					

禄劝彝族苗族自治县政区图

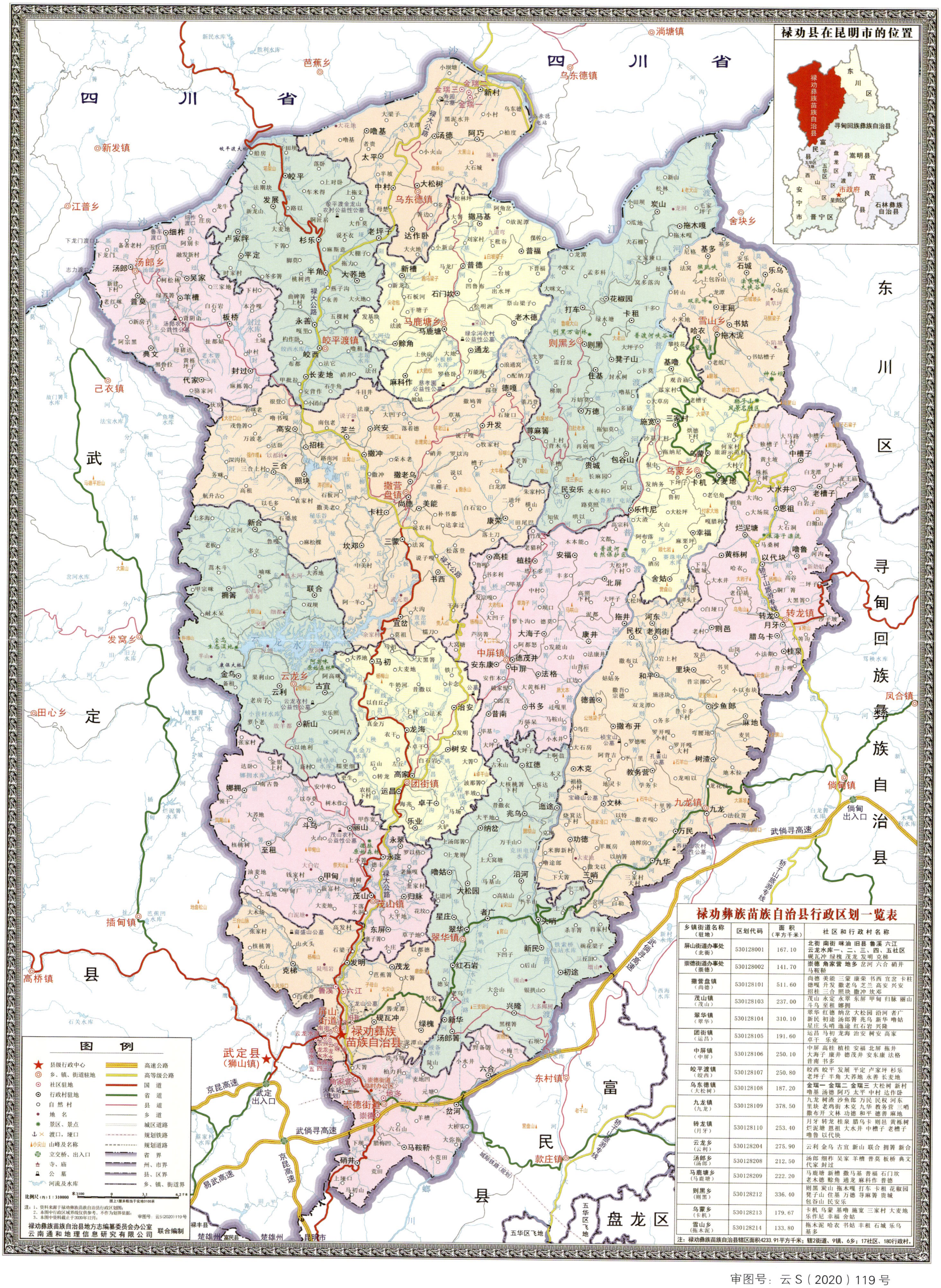

禄劝彝族苗族自治县行政区划一览表

乡镇街道名称（驻地）	区划代码	面积（平方千米）	社区和行政村名称
屏山街道办事处（北街）	530128001	167.10	北街 南街 咪油 旧县 鲁溪 六江 云龙水库一、二、三、四、五社区 砚瓦冲 绿槐 茂龙 发明 克梯
崇德街道办事处（崇德）	530128002	141.70	崇德 角家营 地多 岔河 六合 硝井 马鞍轿
撒营盘镇（尚德）	530128101	511.60	尚德 美能 三蒙 康荣 书西 宜岔 卡柱 德嘎 升发 撒老乌 芝兰 高安 兴安 招桂 三合 照块 撒冲 坎邓
茂山镇（茂山）	530128103	237.00	茂山 永定 永翠 东屏 甲甸 归脉 丽山 斗乌 至租 娜拥
翠华镇（翠华）	530128104	310.10	翠华 红德 纳岔 大松园 沿河 者广 新民 初途 汤郎箐 兆乌 新华 噜姑 星庄 头哨 迤途 红石岩 兴隆
团街镇（运昌）	530128105	191.60	运昌 马初 龙海 治安 树安 高家 卓干 乐业
中屏镇（中屏）	530128106	250.10	中屏 高桂 植桂 安福 北屏 拖井 大海子 康井 德茂井 安东康 法格 昔南 书多
皎平渡镇（皎西）	530128107	250.80	皎西 皎平 发展 平定 卢家坪 杉乐 老坪子 半角 大荞地 永善 长麦地
乌东德镇（大松树）	530128108	187.20	金瑞一 金瑞二 金瑞三 大松树 新村 噜基 汤德 阿巧 太平 中村 达作卧
九龙镇（九龙）	530128109	378.50	九龙 树渣 沙鱼郎 万民 民权 河东 里块 老鸡街 木克 九华 教务营 三哨 撒布开 文林 功德 和平 德善 麻地
转龙镇（月牙）	530128110	253.40	月牙 转龙 桂泉 腊乌卡 则邑 黄栎树 烂泥塘 恩祖 大水井 中槽子 老槽子 噜鲁 以代块
云龙乡（云利）	530128204	275.90	云利 金乌 古宜 新山 联合 拥箐 新合
汤郎乡（汤郎）	530128208	212.50	汤郎 细柞 吴家 羊槽 普莫 板桥 典文 代家 封过
马鹿塘乡（马鹿塘）	530128209	222.20	马鹿塘 新槽 撒马基 普福 石门坎 老木德 鲸角 通龙 麻科作 普德
则黑乡（则黑）	530128212	336.40	则黑 炭山 拖木嘎 打车 卡租 花椒园 凳子山 住基 万德 荨麻箐 贵城 包谷山 民安乐
乌蒙乡（卡机）	530128213	179.67	卡机 乌蒙 基噜 施宽 三家村 大麦地 乐作尼 幸福 舍姑
雪山乡（拖木泥）	530128214	133.80	拖木泥 哈衣 书姑 丰租 石城 乐乌 基多

注：禄劝彝族苗族自治县辖区面积4233.91平方千米；辖2街道、9镇、6乡；17社区、180行政村。

审图号：云S（2020）119号

禄劝彝族苗族自治县城区图

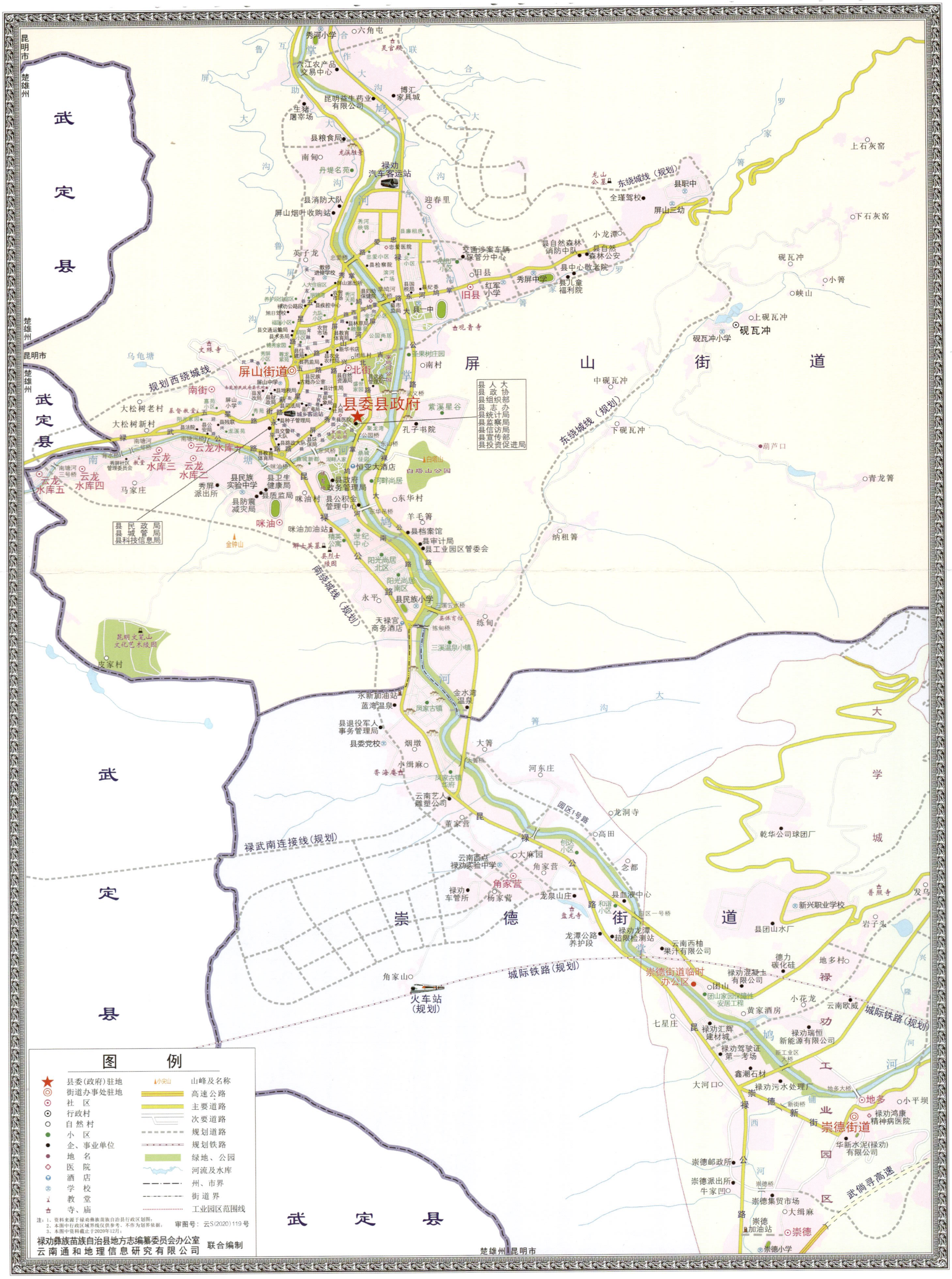

审图号：云S（2020）119号

编辑说明

一、《禄劝年鉴（2021）》坚持以马克思列宁主义、毛泽东思想、邓小平理论、“三个代表”重要思想、科学发展观、习近平新时代中国特色社会主义思想为指导，坚持辩证唯物主义和历史唯物主义的立场、观点、方法，全面系统记载2020年度禄劝彝族苗族自治县经济社会发展历程，为宣传禄劝、了解禄劝、研究禄劝提供信息资料。

二、《禄劝年鉴》是由禄劝彝族苗族自治县人民政府主办、禄劝彝族苗族自治县地方志编纂委员会办公室编纂的资料性地情工具书。《禄劝年鉴（2021）》为第23卷。

三、《禄劝年鉴（2021）》全面、系统地记述和反映2020年禄劝在县委、县政府的领导下，政治、经济、社会、文化、生态等各方面的发展变化。设专题图片、特载、专记、大事记、禄劝概览、中国共产党禄劝彝族苗族自治县委员会、禄劝彝族苗族自治县人民代表大会、禄劝彝族苗族自治县人民政府、政协禄劝彝族苗族自治县委员会、中国共产党禄劝彝族苗族自治县纪律检查委员会 禄劝彝族苗族自治县监察委员会、群众团体、民族 宗教、法治、军事、经济管理、扶贫开发、农业 农村、水利 水电、工业 重点产业、生态环境、金融、交通 邮电、城乡建设 房地产开发与管理、教育 科学技术、文化 体育、卫生健康、社会生活、应急管理、乡（镇、街道）概况、人物 荣誉、附录共31个类目。

四、《禄劝年鉴（2021）》采用分类编辑法，设类目、分目、条目3个层次，以条目为记述主体。设彩色图照专版，正文体例有概况、条目、附录、资料、图表等，插彩色图照。

五、《禄劝年鉴（2021）》检索提供卷首目录和卷尾索引两种检索方式。目录编排到条目；索引采用主题分析法，按主题词首字音序排列。

六、《禄劝年鉴（2021）》所用数据以县统计局《禄劝彝族苗族自治县社会经济统计年鉴（2020）》公布的为准，未列入国家统计指标的数据，使用部门统计资料。

七、《禄劝年鉴（2021）》总体遵守使用法定计量单位的规定，但由于全书资料收集广泛，各级各相关部门统计口径、统计习惯存在差异，致使少量数据使用亩、度、担等为计量单位，在此特别说明。

八、《禄劝年鉴（2021）》涉及的名称一般用全称，或规范的简称、统称。其中，未特别说明外，“省”指云南省，“市”指昆明市，“县”指禄劝彝族苗族自治县。

- 县域面积 4233.91 平方千米。
- 最高海拔 4247 米。
- 最低海拔 746 米。
- 县城海拔 1679 米。
- 平均气温 16.7℃。
- 总降水量 904 毫米。
- 全年日照 3191.5 小时。
- 森林覆盖率 61.62%。
- 辖 2 个街道办事处、15 个乡（镇），197 个村（居）委会、社区，2610 个村民小组，2374 个自然村。
- 总人口 487836 人，其中，男 250777 人、女 237059 人。有汉族 326251 人、彝族 113587 人、苗族 16403 人、傈僳族 16688 人，其他少数民族 14907 人；少数民族占总人口的 33.12%。
- 地区生产总值 146.5 亿元，同比增长 6.9%。
- 人均地区生产总值 38644 元，同比增长 7%。
- 农林牧渔业总产值 65.74 亿元，同比增长 7%。
- 全县工业完成增加值 145462 万元，同比增长 190.7%。
- 招商引资市外内资 60.02 亿元，实际利用外资 183 万美元。
- 第一、第二、第三产业结构比 28.4 ∶ 15.1 ∶ 56.5。
- 社会消费品零售总额 57.33 亿元，同比下降 5.8%。

数字禄劝 · 2020

●财政总收入 73109 万元，同比下降 7%。
●财政总支出 450218 万元，同比增长 0.7%。
●金融机构存款余额 130.73 亿元，同比增长 5.38%。
●一般公共财政预算收入 50095 万元，同比下降 5.7%。
●邮政业务收入 1737.39 万元。
●粮食总产量 22.91 万吨，同比增长 2.61%。
●烟叶种植 10.15 万亩，收购烟叶 1140 万千克。
●医疗卫生技术人员 2601 人。
●卫生床位 2631 张。
●在校学生数 61189 人（在园幼儿 9588 人，小学在校学生 25274 人，初中在校生 14836 人，高中在校生 8026 人，职中在校生 3465 人），少数民族在校生 24567 人。
●教职工 5054 人，专任教师 4523 人（幼儿园教职工 924 人，专任教师 506 人；小学教职工 1992 人，专任教师 1965 人；初级中学教职工 1369 人，专任教师 1388 人；普通高中教职工 593 人，专任教师 546 人；职业教育教职工 154 人，专任教师 150 人）。
●城乡居民养老保险参保 29.03 万人。
●城乡居民医疗保险参保 42.64 万人。
●城镇居民人均可支配收入 36807 元。
●农村常住居民人均可支配收入 10553 元。

2020年8月10日，中国共产党禄劝彝族苗族自治县第十四届委员会第九次全体会议召开（李冬松　摄）

2020年5月21日，禄劝彝族苗族自治县第十七届人民代表大会第四次会议召开（李冬松　摄）

2020 年 5 月 20 日，政协禄劝彝族苗族自治县第九届委员会第四次会议召开　（李冬松　摄）

2020 年 1 月 21 日，中国共产党禄劝彝族苗族自治县第十四届纪律检查委员会第五次全体会议召开　（李冬松　摄）

2020 年 4 月 22 日，禄劝彝族苗族自治县脱贫攻坚挂牌督战推进会召开　　（县政府办　供）

2020 年 7 月 18 日，禄劝彝族苗族自治县脱贫攻坚普查工作汇报会召开　　（吴绍秀　摄）

2020 年 6 月 21 日，县领导走访云龙乡云利村贫困学生　　（余国华　摄）

2020 年 6 月 29 日，市调研组到禄劝调研未成年人早婚早育及巩固控辍保学工作并召开座谈会　（县妇联　供）

①

②

③

① 2020 年 4 月 28 日，屏山街道绿槐村委会发放 2019 年建档立卡户产业发展入股分红金

（县委编办　供）

② 2020 年 4 月 9 日，禄劝在民族广场举行 2020 年第三批到新疆务工人员欢送仪式（县人社局　供）

③ 2020 年 10 月 8 日，县人社局工作人员到扶贫车间宣传社保政策

（县人社局　供）

①

②

③

① 乌蒙乡基噜村委会胡家村小组进村公路（乌蒙乡　供）
② 产业扶贫项目——屏山街道绿槐村雨生红球藻规模化养殖（苏　辛　摄）
③ 翠华镇大松园村委会出水箐村小组苗族新居（翠华镇　供）
④ 崇德街道冼马塘新农村（崇德街道　供）

① 2020 年 11 月 12 日，转龙镇林下天麻种植基地天麻采挖现场

（段佳辰　摄）

② 2020 年 5 月 12 日，转龙镇蔬菜种植基地蒜苗采收现场

（转龙镇　供）

③ 2020 年，翠华镇发展特色产业，图为村民养殖的撒坝猪

（县农业农村局　供）

④ 2020 年，则黑乡发展特色产业，图为村民养殖的黑山羊　（谢德军　摄）

⑤ 2020 年，团街镇发展特色产业，图为村民养殖的小黄牛

（县农业农村局　供）

①

① 2020 年，茂山镇发展特色产业，图为美香葡萄（赵文富　摄）
② 2020 年，崇德街道发展特色产业，图为岔河脐橙（崇德街道　供）
③ 2020 年，云龙乡发展特色产业，图为“云龙牌”板栗（云龙乡　供）
④ 2020 年，屏山街道发展特色产业，图为大花卉兰（屏山街道　供）

②

③

④

2020 年建成投产的国家西电东送工程——禄劝昆北换流站　（龙振江　摄）

2020 年建成投产的乌东德水电站　（乌东德镇　供）

2020 年，禄劝大力发展交通设施建设，图为禄劝高速公路入口　　（县交运局　供）

2020 年 1 月 23 日，县卫生健康局组织医务人员进行疫情防控宣誓　　（县卫生健康局　供）

2020 年 1 月 26 日，茂山镇举办新型冠状病毒感染的肺炎疫情防控知识培训会　（县卫生健康局　供）

2020 年，禄劝设置入境疫情防控卡点，图为公安、医务人员开展疫情“外防输入”工作

（陆春海　摄）

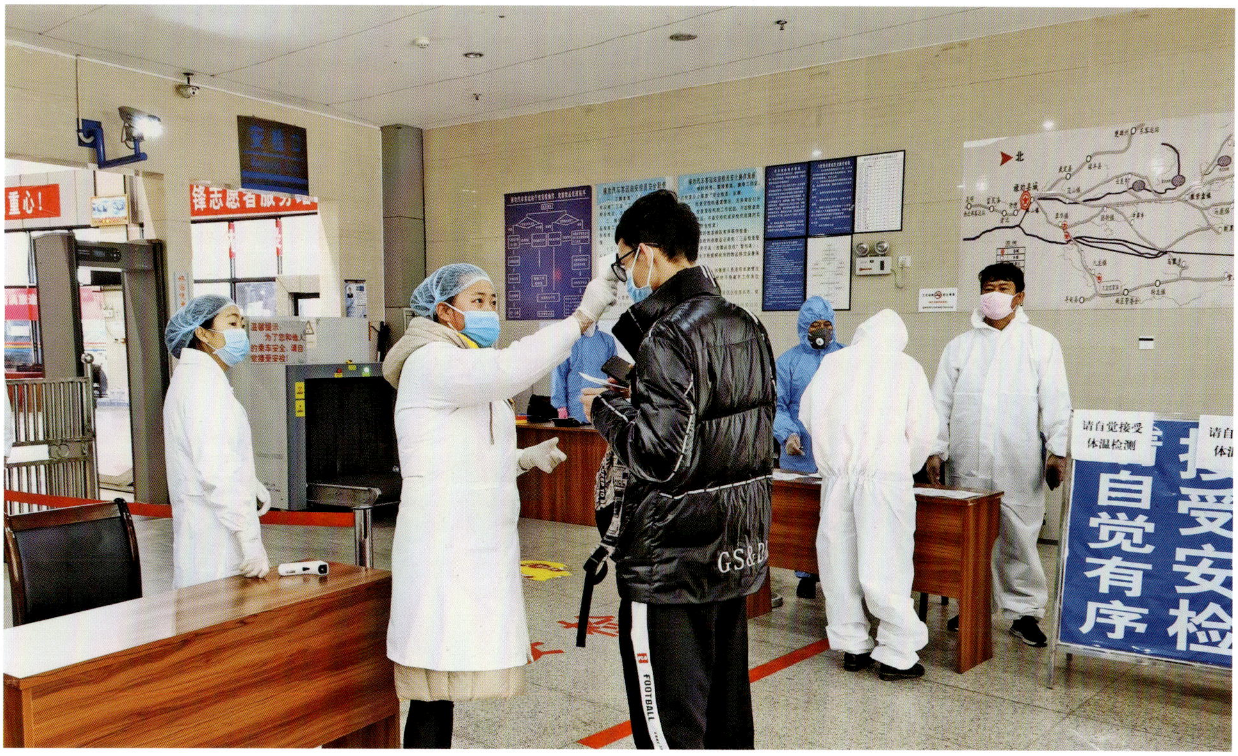

2020 年，禄劝加强交通客运疫情防控工作，图为医务人员为乘客检测体温

（昆明交运集团禄劝汽车运输有限公司　供）

① 2020 年 9 月 29 日，转龙镇为庆祝中华人民共和国成立 71 周年举行“喜迎中秋　欢度国庆”群众文艺演出（转龙镇　供）

② 2020 年 10 月 1 日，崇德街道举办“欢度国庆”文艺演出（罗寿荣　摄）

③ 2020 年 9 月 28 日，县老干局组织“迎国庆”老年人书法比赛（罗寿荣　摄）

④ 2020 年 6 月 25 日，翠华镇举办苗族“花山节”文体活动，图为拔河赛（翠华镇　供）

②

③

④

彝族“火把节”祭祀活动　　　（县文联　供）

彝族“火把节”现场　　　（县文联　供）

彝人合吹手杖笛　（县文联　供）

彝族刺绣　（县文联　供）

①

②

①相约“花山节”苗族文艺演出　（县文联　供）
②苗文进课堂　（潘志福　摄）
③苗族妇女纺线　（县文联　供）
④“花山节”最美“马缨花”　（县文联　供）
⑤苗族叠罗汉　（张　瑜　摄）

云龙晨曦　（谢德军　摄）

马鹿塘花海　（陆春海　摄）

轿子山麓　（赵文富　摄）

皎平渡镇峡谷风光　　（皎平渡镇　供）

经济图表

2016—2020 年禄劝地区生产总值示意图

单位：万元

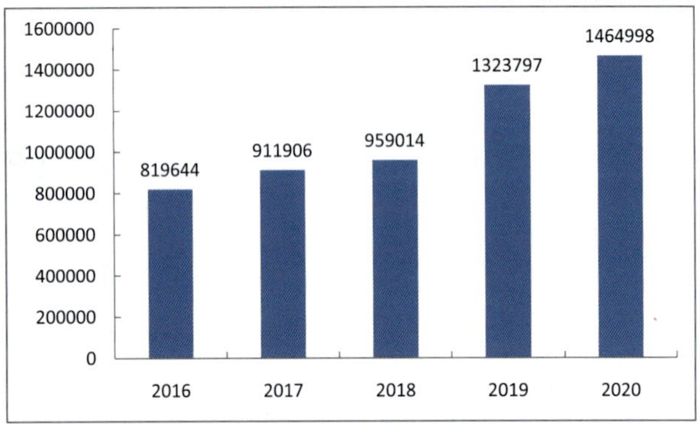

2016—2020 年禄劝人均地区生产总值示意图

单位：元

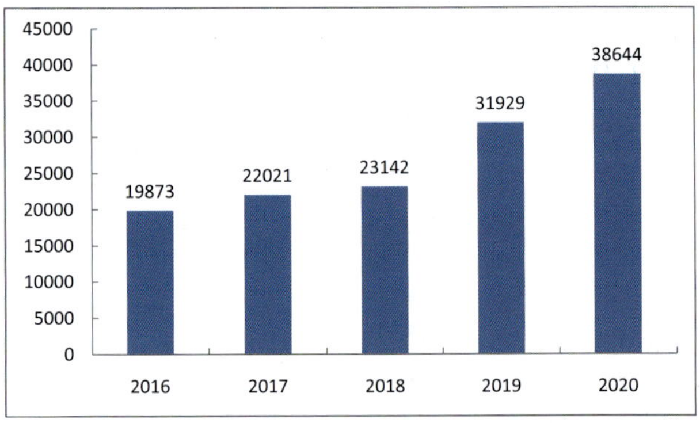

2016—2020 年全县财政总收入示意图

单位：万元

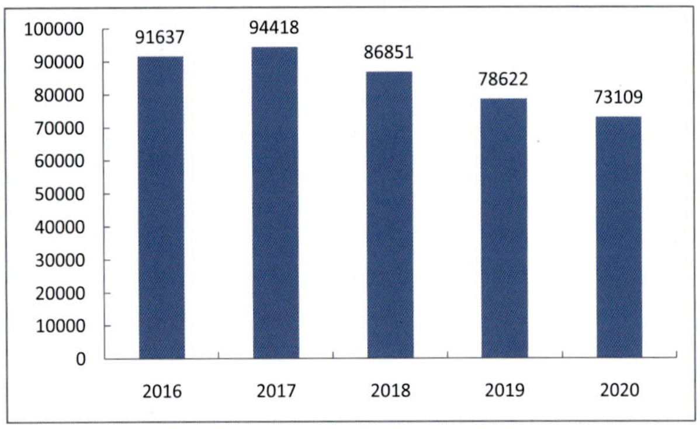

2016—2020 年全县农民人均可支配收入示意图

单位：元

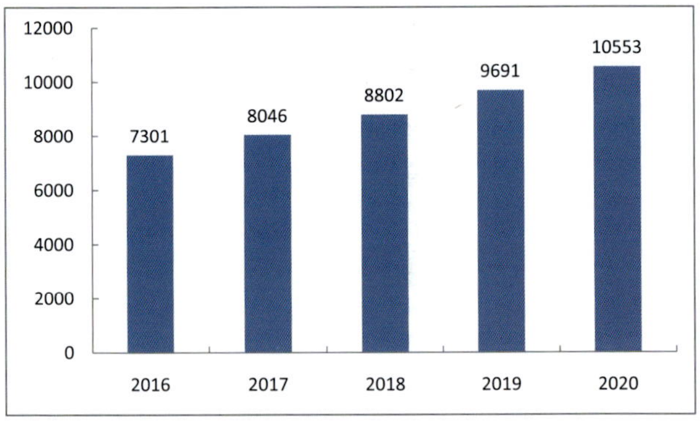

目 录

特 载

专 记

大 事 记

禄劝概览

中国共产党禄劝彝族苗族自治县委员会

禄劝彝族苗族自治县人民代表大会

禄劝彝族苗族自治县人民政府

中国人民政治协商会议 禄劝彝族苗族自治县委员会

中国共产党禄劝彝族苗族自治县纪律检查委员会 禄劝彝族苗族自治县监察委员会

群众团体

民族 宗教

法　治

军　事

经济管理

扶贫开发

农业 农村

水利 水电

工业 重点产业

生态环境

金 融

交通 邮电

城乡建设 房地产开发与管理

教育 科学技术

文化 体育

卫生健康

社会生活

应急管理

乡（镇、街道）概况

人物 荣誉

附 录

特　载

责任编辑　孟舒毅

坚持绿色发展　推进乡村振兴

奋力开启社会主义现代化禄劝建设新征程

政府工作报告

坚持绿色发展　推进乡村振兴
奋力开启社会主义现代化禄劝建设新征程

——在县委十四届十次全体会议上的报告

（2020年12月25日）

中共禄劝彝族苗族自治县委书记　焦　林

这次全会的主要任务是：全面贯彻落实党的十九大和十九届二中、三中、四中、五中全会精神，以习近平新时代中国特色社会主义思想为指导，深入学习贯彻习近平总书记考察云南重要讲话精神，按照中央经济工作会和省委十届十一次全会、市委十一届十一次全会的安排部署，回顾总结2020年和“十三五”时期工作，审议《中共禄劝彝族苗族自治县委关于制定禄劝彝族苗族自治县国民经济和社会发展第十四个五年规划和二〇三五年远景目标的建议（草案）》，研究部署2021年及“十四五”时期主要任务，团结动员全县各族干部群众，坚持绿色发展，推进乡村振兴，奋力开启社会主义现代化禄劝建设新征程。

一、善作善成、决战决胜，全面建成小康社会取得决定性新成就

2020年，面对复杂严峻的国内外形势，县委坚决按照党中央和省、市委的决策部署，统筹推进疫情防控和经济社会发展工作，决战脱贫攻坚、决胜全面小康，扎实做好“六稳”工作，全面落实“六保”任务，高质量打赢“十三五”收官战，高标准推进县域治理现代化，保持了经济持续健康发展、社会大局和谐稳定。

（一）党的政治建设常态长效

突出习近平新时代中国特色社会主义思想、习近平总书记考察云南重要讲话精神以及党的十九届四中、五中全会精神的学习贯彻，坚持“四班子”带头、党员领导干部带头，抓好各级领导班子集体学习，组织全县党组织书记培训班、科级领导培训班、“万名党员进党校”集中培训等，加大理论宣讲、政策宣传、成就展示，引导各族群众深刻感受中国共产党领导的政治优势和中国特色社会主义制度优越性，教育党员干部增强“四个意识”、坚定“四个自信”、做到“两个维护”。

（二）疫情防控工作有力高效

坚决贯彻落实习近平总书记关于疫情防控工作的一系列重要讲话和指示批示精神，弘扬践行伟大抗疫精神，建立起县乡村组四级疫情防控作战指挥和责任包保体系，采取“四个第一”“三个率先”措施，推行疫情防控网格化管理，设立三级疫情防控点、集中留置观察点，扎牢“外防输入、内防扩散”防线，取得了“零确诊”“零感染”病例的疫情防控成绩。

（三）脱贫攻坚成效持续巩固

坚持“四个不摘”要求，紧扣“全国普查高质量、成效考核高质量、全面收官高质量”目标，扎实推进

决战决胜脱贫攻坚百日总攻、百日提升、百日巩固专项行动，召开挂牌督战现场推进会10次，持续开展“两不愁三保障”问题大排查，各类监督检查反馈问题整改到位，没有返贫和新增贫困情况，脱贫攻坚国家普查、省市成效考核顺利通过。

（四）经济社会发展平稳健康

深化经济形势分析研判，着力发展实体经济，建立复工复产复商复市复业和企业帮扶工作机制，45个项目新开工建设，首届西南坚果博览会成功举办，全县经济稳步复苏。2020年预计完成地区生产总值148亿元，固定资产投资75亿元、一般公共预算收入4.98亿元、旅游综合收入5.8亿元。“放管服”改革持续推进，营商环境不断优化，争取地方政府专项债券2.7亿元，招商引资到位市外内资60亿元。

（五）城乡统筹发展推进有序

一体推进美丽县城、美丽集镇、美丽乡村建设，“两违”专项整治成效明显，农村集体产权制度改革基本完成，香港铜锣湾禄劝城市综合广场、乌东德农旅小镇等项目开工建设，武倘寻高速禄劝段、皎马公路基本建成，团云公路、禄大公路提升整治工程顺利推进，完成生命防护工程603千米、农房抗震安居工程649户、农村户厕4557座、公厕45座，真金万水库、住基水库等水利工程建成投用。推进爱国卫生“7个专项行动”，创建省级卫生乡镇9个、省旅游扶贫示范乡4个、示范村2个，打造“传统村落”“红军村”“旅游村”56个。

（六）生态环境质量日益改善

实施“蓝天、碧水、净土、青山”保护行动，全面落实“三级河长四级治理”责任，开展断面水质监测21个，城乡黑臭水体全面消除，云龙水库水质稳定达标；长江十年禁渔深入实施，生物多样性保护工作扎实推进；抓实中央和省市环保督察反馈意见整改，化肥农药减量化、土壤污染治理、大气污染防治工作成效明显，空气优良率达100%。

（七）社会民生事业普惠共享

持续办好惠民实事，民生领域投入26.47亿元，“三名”工程卓有成效，资助政策全面落实，职业高级中学实训基地、新兴职业学院二期建成投用，完成“一村一幼”项目106个。延安医院托管县人民医院工作顺利完成，县中医院整体搬迁项目加快推进。全面深化殡葬改革，新建或提升改造农村公益性公墓42个，“四个100%，一提升”目标全部实现。民族文化体育活动全面开展，第一届“禄劝地标”穿越城市定向赛、“奔跑吧禄劝”大众欢乐跑成功举办。第七次全国人口普查工作顺利推进，《云南省禄劝彝族苗族自治县自治条例》修订实施，“扫黑除恶”专项斗争三年为期目标圆满完成，成功创建“全省民主法治示范村”3个。

（八）团结干事氛围更加浓厚

强化正面宣传和舆论引导，融媒体中心挂牌成立，县电视频道独立开播，意识形态领域安全平稳。启动实施“智慧党建”三年行动计划，完成党支部规范化达标创建480个，整顿提升软弱涣散基层党组织9个。坚持新时期好干部标准，积极稳妥推进职务与职级并行，提拔使用干部96名、晋升461名。驰而不息正风肃纪，深入开展以案促改“十个一”专项行动，纪检监察机关立案111件，处分116人，运用“四种形态”处理371人次，推动党风政风持续好转。人大、政府、政协工作富有成效，工青妇等群团组织改革顺利完成，军民融合深度发展，全县上下思想同心、目标同向、行动同步的氛围日益浓厚。

2020年只是“十三五”的一个缩影，五年来，在以习近平同志为核心的党中央坚强领导下，县委坚定不移贯彻新发展理念，坚持以脱贫攻坚统揽经济社会发展全局，团结带领全县广大党员干部群众奋勇争先、攻坚克难，顺利完成“十三五”主要目标任务，高质量打赢脱贫攻坚收官战，全面建成小康社会胜利在望。五年来，我们加强党的建设，推进作风转变，全面完成基层党建推进年、基层党建提升年、基层党建巩固年、基层党建创新提质年各项任务，精心组织“三严三实”“忠诚干净担当”专题教育、“两学一做”学习教育和“不忘初心、牢记使命”主题教育，坚决肃清秦光荣等流毒影响，提升了各级党组织的全面领导能力。五年来，我们汇集各类资源，整合各方力量，投入各类扶贫资金104.69亿元，开展“六个百家”，实施“十大工程”，从未间断组织召开脱贫摘帽周工作例会242次，创新“7356”的精准脱贫“禄劝模式”，形成“3545”农村危房改造模式、爱心公岗护理、农村医养结合等先进典型经验，成功打造郎之汤酒业、禄果葡萄、九龙三七、兜底保障等国家和省级扶贫案例，东西部协作帮扶成效明显，农村劳动力转移就业率达67.4%以上，建档立卡户主要靠产业、就业增收达85%以上，“两不愁”成效明显提升，“三保障”基础持续夯实，现有贫困对象全面退出、稳定脱贫；全国农村危房改造试评价会、西部省份2019年脱贫攻坚干部教育培训现场推进会、全国2020年脱贫攻坚考核评估工作会禄劝观摩会等多个大型会议在禄劝成功召开，荣获省级“扶贫先进集体”、省旅游扶贫示范县荣誉，兑现了脱贫摘帽的庄严承诺。五年来，我们聚力转型升级，推动产业发展，县域经济、园区经济、民营经济并驾齐驱，大国重器乌东德水电站首批机组投产发电，全国电子商务进农村综合示范县成功创建，与2015年相比，预计地区生产总值从75亿元增加到148亿元；社会消费品零售总额从27.9亿元增加到53.6亿元、年均增长8.5%；城乡居民人均可支配收入分别达到37033元和10466元，年均分别增长7.4%、9.7%，实现了综合实力的稳步增强。五年来，我们强化基础支撑，统筹城乡发展，自然村进村道路硬化率从32.9%提高到79.2%，自然村公路通达率从85.5%提高到100%，道路生命防护工程增长了88.2%，村内道路硬化率从27%提高到65%，农村公路交通通达率从80.5%提高到100%；实施民族聚居村整村提升83个，卫生厕所覆盖率达92.2%，完成农村住房改造74843户、占全县农户的64.3%；农村饮水安全全面达标，农村土地承包经营权确权登记颁证工作圆满完成；城镇化率由26.1%提升至29.5%，国家园林县城、国家卫生县城通过复审验收，中屏镇植桂村被评为全国改善农村人居环境示范村、撒营盘镇书西村被评为全国乡村治理示范村，夯实了城乡发展的基础支撑。五年来，我们注重环境保护，狠抓生态治理，深入推进“森林禄劝”建设，完成水源涵养林、农改林等建设472.3万亩，森林覆盖率达61.6%，云龙水库水质长期保持在Ⅱ类以上，县内非煤矿山全部关停、采砂采石点有效控制，成功创建云南省生态文明县，国家级生态乡镇和市级生态村实现全覆盖，践行了生态立县的导向理念。五年来，我们致力改善民生，促进社会和谐，民生投入占一般公共预算支出的83.1%、年均增长2.4%；每年拨付3200万元的教育扶贫资金，实施农村家庭学生高中阶段免费教育，继2018年取得“一清二北”的历史性突破后，每年都有学生被清华、北大录取；建立每年各1000万元的大病、慢性病救助基金，36种大病实现100%救治；成功创建全国民族团结进步示范县，民族宗教工作荣获全国表彰，荣获云南省双拥模范县；新建医养结合农村敬老院7所，社会救助和民政工作被评为全省先进，取得了建设全面小康的历史成就。

二、对标对表、谋势蓄势，开启社会主义现代化禄劝建设新征程

党的十九届五中全会明确提出了“十四五”时期我国经济社会发展的指导方针、主要目标、重大举措，吹响了全面建设社会主义现代化国家的时代号角，为夺取全面建设社会主义现代化国家新胜利提供了科学指南和基本遵循。省委十届十一次全会要求，全省广大党员、干部和各族人民要更加紧密地团结在以习近平同志为核心的党中央周围，不忘初心、牢记使命，勠力同心、顽强奋斗，夺取社会主义现代化建设新胜利，谱写好中国梦的云南篇章；市委十一届十一次全会明确，要聚焦新发展目标，践行新发展理念，奋力开启区域性国际中心城市建设新征程。全县上下必须胸怀两个大局，辩证看待新发展阶段面临的新机遇新挑战，深刻认识社会主要矛盾变化带来的新特征新要求，把握发展规律，保持战略定力，努力在危机中育先机、于变局中开新局。

我们仍处于加快发展加速转型的战略机遇期。当前，世界百年未有之大变局和新冠肺炎疫情的叠加冲击，国际国内环境日趋复杂。但更要看到，世界经济重心东移进程进一步提速，我国已转向高质

量发展阶段，经济稳中向好、长期向好的基本面没有变，我们完全有基础、有条件、有能力取得更大胜利。我们必须增强机遇意识和风险意识，深刻认识和把握危机共生、危中蕴机、危可转机的辩证关系，保持战略定力，强化创新思维，拿出务实举措，为夺取全面建设社会主义现代化国家新胜利作出禄劝贡献。

我们仍处于支撑能力加快提升的黄金发展期。当前，中央和省市各种重大战略深入实施、众多战略机遇交汇叠加，乌东德水电站、武倘寻高速逐步建成，禄劝正处于经济绿色化、新型城镇化、农业现代化加速推进阶段，综合交通、产业基础、资源条件、生态环境的协同效应正逐步显现，内外统筹、双向开放的全新格局正加快形成，禄劝独特的区位优势、资源优势、开放优势必将加快转化为发展优势、竞争优势。我们必须坚持从全局谋划一域、以一域服务全局，在战略上布好局、在关键处落好子，努力在融入新发展格局中开拓进取、乘势而上。

我们仍处于矛盾凸显压力加剧的攻坚关键期。当前，禄劝正处于宏观经济形势影响期、历史遗留问题消化期、新旧动能转换关键期叠加的特殊阶段，发展不平衡不充分的问题仍然突出。客观上，我们主导产业不突出、产业层次低、市场主体弱、项目支撑不足、营商环境不佳、投资增长乏力、实体经济困难等不利影响长期存在，交通、医疗、文教等公共服务保障不平衡、不充分，开放合作领域不宽、层次不高，科技创新水平较低、成长不快，现代化基础设施体系尚未形成。主观上，我们少数领导干部站位不高，视野短浅，对分内的职责、当下的矛盾、交办的工作，斗争精神不足、进取意识不强、担当作为不够、办法措施不多，抓招商引资和项目建设只有老套路、老方法，对企业发展和项目建设存在的困难和问题没有认真研究、主动解决，许多项目落不了地、开不了工，等等。对于这些问题，我们必须统一思想认识，统一行动步调，切实把高质量发展步子走得更快更稳更实。

基于上述分析研判和党的十九届五中全会以及省委十届十一次、市委十一届十一次全会要求，我们必须因势而谋、应势而动、顺势而为，统筹谋划好禄劝二〇三五年远景目标和“十四五”发展主要目标，到2025年，全面建设社会主义现代化禄劝迈出坚实步伐，基本建成乡村振兴示范县、生态涵养示范区、特色农旅创新区；到2030年，全面实现高质量发展取得决定性成果，生态康养名片、文化旅游名片美誉度更加广泛，基本建成昆明区域性国际中心城市绿色发展新高地、滇中北部健康生活目的地、融入长江经济带发展的北部枢纽；到2035年，基本建成富庶文明和谐美丽幸福现代禄劝，确保与全国同步基本实现社会主义现代化。

一是打造乡村振兴示范县，坚持“产业振兴、人才振兴、文化振兴、生态振兴、组织振兴”的实施路径，巩固脱贫攻坚成果，推进农业农村现代化，吸引外来人才，提高村民素养，激活乡村经济，提升人居环境，实现农业发展、农村变样、农民受益，建成“看得见山、望得见水、记得住乡愁、留得住人”的美丽乡村。

二是建设生态涵养示范区，强化生态保护，严控生态红线，推行绿色革命，绿色生产生活方式广泛形成，生态保护、环境质量、资源利用等走在全市前列，长江上游生态安全屏障更加牢固，国家生态文明建设示范县成功创建，生态美、环境美、县城美、乡村美、山水美、人文美成为普遍形态。

三是建设特色农旅创新区，聚焦红色资源、民族文化、特色农业、生态优势、自然风光，念响“山”字经、做好“绿”文章、打造“禄”品牌，推动旅游强县战略深入实施，特色农业质量效益和竞争力持续提高，绿色产业体系逐步升级完善，“田园变景区、产品变商品、农房变客房、农家变商家”发展模式全面推广，健康生活目的地、休闲旅游集散地的优势更加凸显。

四是基本实现绿色经济体系现代化，县域高质量发展、绿色经济发展体系更加完善，传统产业竞争力不断增强，新产业新业态快速成长，现代服务业发展水平不断提高，产业链供应链创新链现代化水平大幅提升，绿色发展的影响力、贡献力、拉动力全面增强，基本实现新型工业化、信息化、城镇化、农业现代化，与全市经济社会发展差距进一步缩小。

五是基本实现社会公共服务现代化，城乡发展水平和区域特色竞争力明显增强，城镇功能更加完善，城乡环境和谐宜居，公共服务数量、质量和效率大幅提升，城乡发展差距和居民生活水平差距显著缩小，文化产品丰富、文化魅力彰显，营商环境、生活质量、群众健康指标达到全市中上水平。

六是基本实现民族地区治理现代化，社会治理系统化、科学化、法治化、智能化水平全面提高，全国民族团结进步示范县创建成果持续巩固，民主法治、民族自治、平安禄劝、宗教和顺达到更高水平，少数民族地区治理能力全面提升，人民群众获得感、幸福感、安全感显著增强。

“十四五”时期是我国全面建成小康社会、实现第一个百年奋斗目标之后，乘势而上开启全面建设社会主义现代化国家新征程、向第二个百年奋斗目标进军的第一个五年。围绕到2035年与全国同步基本实现社会主义现代化的目标任务，“十四五”时期全县工作的总体要求是：高举中国特色社会主义伟大旗帜，以习近平新时代中国特色社会主义思想为指导，全面贯彻党的十九大和十九届二中、三中、四中、五中全会精神，认真落实习近平总书记考察云南重要讲话精神，按照中央经济工作会和省委十届十一次全会、市委十一届十一次全会的安排部署，坚持“五位一体”总体布局和“四个全面”战略布局，坚定不移贯彻新发展理念，坚持稳中求进工作总基调，以推动高质量发展为主题，以深化供给侧结构性改革为主线，以改革创新为根本动力，以满足人民日益增长的美好生活需要为根本目的，加快推进新型工业化、信息化、城镇化和农业现代化，深度融入以国内大循环为主体、国内国际双循环相互促进的新发展格局，着力打造“生态涵养示范区”“特色农旅创新区”，奋力开启富庶文明和谐美丽幸福现代禄劝建设新征程。

完成上述任务，实现发展目标，我们要做到“四个必须”：

——必须准确把握新发展阶段，科学确定奋斗目标。紧扣“全面建设社会主义现代化国家、向第二个百年奋斗目标进军”的新发展阶段，严守安全发展的底线要求，突出全面建设社会主义现代化国家的目标任务，统筹谋划好全县“城市功能区、生态保护区、农旅融合区”的重大政策、重大规划、重大项目，稳扎稳打、善作善成，以实际行动为全面建设社会主义现代化国家做出应有贡献。

——必须深入贯彻新发展理念，全面提升发展质量。牢牢把握禄劝山区民族自治县的基本县情、后发展欠发达的根本特征、处于提质升级阶段的最大实际，认真落实新发展理念，坚持生态立县战略，守住生态底线，下更大力气解决好发展不平衡不充分问题，努力完成好新时代赋予我们的新使命、新任务。

——必须加快融入新发展格局，主动找准发展方位。坚持把全面融入新发展格局作为禄劝的重大政治任务和应有担当，深刻把握禄劝发展阶段、发展环境、发展条件变化，更好利用国内国际两个市场、两种资源，推动供需在更高层次更高水平上实现动态均衡，全面提升禄劝在国内国际双循环中的嵌入度、贡献度。

——必须坚决落实新发展任务，创新完善工作举措。坚持全面规划和突出重点相协调，由远及近细化禄劝二〇三五年远景目标和“十四五”发展主要目标，加强对产业发展、国内市场、乡村振兴、文化建设、绿色发展、社会建设、安全发展等方面的前瞻性思考、全局性谋划、战略性布局、整体性推进，努力在现代化新征程上迈出更坚实的步伐。

三、稳扎稳打、再接再厉，迈出社会主义现代化禄劝建设新步伐

2021年是“十四五”规划的开局之年，全县各级各部门要立足“生态涵养示范区、特色农旅创新区”功能定位，深入贯彻新发展理念，积极融入新发展格局，突出重点、奋力拼搏，全力实施“七个行动”，为做好“十四五”期间各项工作开好局、起好步。

（一）实施乡村建设行动，推动脱贫成果持续巩固

坚持把乡村建设摆在社会主义现代化建设的重

要位置，推动巩固拓展脱贫攻坚成果同乡村振兴有效衔接。要持续巩固脱贫成效，坚持以“监测帮扶、查漏补缺、巩固提升、防贫保稳”为重点，聚焦“两不愁三保障”问题，在县级层面建设面向困难群众的“找政府”App救助平台，建立完善产业帮扶、壮大村集体经济、扶志扶智机制，制定出台特色产业到户、利益联结到户、金融支持到户、就业培训到人、生态扶贫岗位到人的具体措施，加强扶贫项目资金资产管理和监督，确保脱贫人口稳定增收、持续受益。要大力推进乡村建设，统筹推进县域城镇和村庄规划建设，持续落实村施工图、乡路线图、县项目库建设，编制“多规合一”的实用性村庄规划，全覆盖制定“三图一书一表一民约”，全面提升农村人居环境，保护传统村落和乡村风貌，重点打造26个乡村风貌特色化、产业发展专业化、生活品质现代化的精品传统村落，建设10个集现代农业、休闲旅游、田园观光、红色记忆的田园综合体，提升102个生活富裕、生态优美、村庄整洁、人与自然和谐共生的美丽村庄。要有效衔接乡村振兴，全面压实县乡村三级书记抓乡村振兴责任，建立健全脱贫攻坚巩固提升与乡村振兴战略有机衔接的政策制度，抢抓中央“在西部地区贫困县中集中支持一批乡村振兴重点帮扶县”政策机遇，扎实做好项目梳理、筛选和申报工作，推动要素配置、资金投入、公共服务向农业农村倾斜，高质量建设“一县一业”示范县、“一镇一特”农业产业强镇以及“一村一品”特色产业专业村，确保每个乡（镇、街道）至少培育1个主导产业、打造1个特色农业品牌、建设1个特色产业基地，不断丰富乡村经济业态、拓展农民增收空间。

（二）实施产业升级行动，推动经济运行稳中有进

坚持把发展经济着力点放在实体经济上，瞄准产业现代化发展方向，加快产业结构优化升级，为推动高质量发展提供有力支撑。要推进新型农业现代化，深入挖掘禄劝“绿色”“环保”“原生态”的现代农业基因，运用“互联网+”改造提升农业，强化绿色导向、标准引领和质量安全监管，完成高原特色水果产业园、西南坚果交易市场、滇中中药材交易市场、滇中马铃薯冷库暨交易中心、轿子雪山天麻产业示范基地建设，鼓励龙头企业建设农产品加工技术集成基地和精深加工示范基地，做大做强“云龙牌”板栗、“金土地”西柚、“郎之汤”酒业等特色品牌，打造农旅扶贫产业示范园，将高原特色农业与乡村旅游、农村电商等统筹布局、一体推进，实现以工补农、以商补农、以旅补农；深入落实藏粮于地、藏粮于技战略，加强高标准农田建设，规范耕地占补平衡，坚决遏制耕地“非农化”、防止“非粮化”，确保粮食总产量不低于22万吨、农林牧渔业总产值增长7%以上。要推进工业产业绿色化，深入实施“绿色制造强县”战略，推进工业攻坚三年行动计划，加快构建绿色制造体系，大力发展绿色产业体系，培育绿色制造服务体系，建设绿色技术创新体系，大力推进绿色能源战略与绿色先进制造业深度融合，加快推进中药材“第一车间”、县级物流集散中心、农产品精深加工、工业园区搬迁等项目建设，把禄劝绿色清洁能源优势转化为经济发展优势，确保规模以上工业增加值增长5%以上。要推动文旅产业精品化，深入实施“旅游革命”和“文旅融合+”行动，打造自然风光生态游、民族民俗文化游、温泉休闲度假游、红色主题探寻游、峡谷探险观光游、电站基地科普游等一批精品旅游线路，培育彝苗刺绣、民族服饰、红色文创等一批特色文创品牌，加快长征文化公园、文化惠民工程建设，建设滇中北部旅游集散地、滇中生态旅游示范县、昆明慢生活休闲体验区，确保旅游、文化总收入分别增长26%、10%以上。要推动消费服务多元化，全面开展消费升级行动计划，大力发展生产性和生活性服务业，加快实施消费集聚、消费融合、消费时尚等重点工程，着力培育凤家古镇、彝城新都等特色商业街区，规划建设电子商务产业园区，确保社会消费品零售总额增长6%以上。

（三）实施基建提升行动，推动城乡面貌焕然一新

深入实施城乡协调发展战略，统筹规划、建设、管理各环节，协调生产、生活、生态各方面，全面提升城乡发展的整体性、协调性。要加强新型基础设施建设，主动融入“数字云南”“智慧昆明”建设，

抓紧研究制定配套政策，鼓励调动社会资本参与“新基建”，瞄准行业龙头引进先进技术，加强大数据、云计算、人工智能等先进技术在交通、水利、市政等基础设施领域的广泛应用，争取5G基站建设超过300个，加快推进“老基建”数字化、智能化、绿色化升级改造，推动“新基建”与“老基建”资源共享、设施共建、空间共用。要加强新型城镇化建设，扎实推进以县城为重要载体的新型城镇化建设，加快迎春里、县城主要入口等重点片区开发，推动香港铜锣湾禄劝城市综合广场、掌鸠河河道景观改造、垃圾热处理项目建设以及县城规划区“两违”建筑整治，加快轿子雪山小镇、乌东德农旅小镇项目建设，推进乌东德、白鹤滩水电站移民搬迁安置及后续发展，打造一批特色街区、美丽小区。要加强重点项目建设，积极融入国内国际双循环，坚持从国家重大战略、省市重大布局中抓机遇、找项目，尽快拟定“十四五”规划纲要和6个专项规划，以高质量规划引领高质量发展。按照“内畅外通，水陆联运”发展目标，以42个重点项目建设为依托，落实“交通强国”战略，全力建设“美丽公路环线”“四好农村路”，加快推进禄会高速、乌东德港以及团云、中则、中乌、普渡河沿江公路建设；大力实施人饮安全工程，完成核桃箐、关坝河、本业、岔河水库建设，启动实施城市备用水源工程项目，扎实推动交通、水利、生态、教育、卫生等重点行业投资提质增效、适度超前。

（四）实施环境保护行动，推动绿色生态纵深发展

坚持绿水青山就是金山银山理念，深入实施可持续发展战略，促进经济社会发展全面绿色转型，明确县域功能区划、空间布局，建设人与自然和谐共生的现代化。要优化发展空间，突出生态屏障和生态服务功能，把发展重点放到保护生态环境、提供生态产品上，强化国土空间规划和用途管控，严格落实生态保护、基本农田、城镇开发等空间管控边界，研究各乡（镇、街道）具体的发展目标、重点任务、重点项目等，形成既协调统一、又各具特色，既错位发展、又协同并进的发展新格局。城市功能区要聚焦机关部门多、项目企业多等实际，着力围绕城市功能完善、服务效能提升，加强重点项目、重点企业的服务保障，加大城市环境整治、城市风貌改造，全面提升美丽县城建设的品质和功能；生态保护区要以提升云龙水库水质和筑牢长江上游生态屏障为重点，根据各乡（镇、街道）气候特点、产业规模，细化“平坝农作区、高寒冷凉区、干热河谷区”的产业发展布局，重点发展有机农业和生态农业，减少农业面源污染，创新产业发展新业态，努力在保护绿水青山中赢得金山银山；农旅融合区要依托轿子山国家级自然保护区和主要交通干线，充分发挥资源丰富、交通便利的特点，着力发展组织化、规模化、标准化、品牌化农业，重点打造生态旅游、民宿旅游、文旅休闲、农业采摘等现代服务业，形成产村融合、绿色低碳、要素聚集的重要功能组团。要强化生态保护，全面深化河（湖）长制，积极开展集中式饮用水源地规范化建设和水源区环境集中整治，深入实施普渡河、掌鸠河保护治理三年行动计划，用好河流断面水质自动监测设施，确保水质100%达标。实施生物多样性保护工程，扎实推进长江十年禁渔，严厉打击非法野生动物交易。深入开展空气污染气象条件预警研判，持续推进固体废弃物及重金属污染防治专项治理，强化“土十条”的实施调度管理及评估考核，实施封山育林、退耕还林、天然林防护工程，开展水土流失区域综合治理，全面提升自然保护区、湿地、森林等重要生态功能区管护能力。要加快绿色发展，建立完善自然资源资产产权、用途管制和有偿使用制度，制定生态环境准入清单，加快推进崇德生态湿地公园、双化水库生态治理、再生资源回收利用市场等项目建设，推广清洁能源及新能源汽车使用，加快推进垃圾分类处置，禁止、限制部分塑料制品的销售和使用，坚定不移走好生产发展、生活富裕、生态良好的发展道路。

（五）实施改革创新行动，推动内生动力全面激发

坚定不移向改革要活力、向开放要潜力、向创新要动力，推动经济发展质量变革、效率变革、动力变革。要深化全面改革，围绕扎实做好“六稳”工作、全面落实“六保”任务，研究出台推动高质量发

展的意见及相关措施，探索实施农村集体经营性建设用地入市制度，加快推进营商环境、民生服务供给、生态环境和现代企业制度等重点领域改革，努力实现深化改革目标集成、政策集成、效果集成。要打通开放通道，依托长江经济带黄金水道，主动服务和融入“一带一路”建设，抢抓中国(云南)自贸试验区建设机遇，强化内外通道建设与产业承接转移，持续办好西南坚果博览会，深化与发达地区、周边县区合作，严格招商引资考核，加快土地储备供应，推动洽谈项目落地，确保2021年招商引资目标顺利完成。要做实创新平台，发挥企业在科技创新中的主体作用，聚焦生物医药、高原特色农业、新能源等领域，支持领军企业组建创新联合体，用好专家工作站、企业技术创新中心等平台，带动中小企业创造创新；建立完善以创新能力、质量、实效、贡献为导向的人才评价体系，引导更多专业人才扎根禄劝。要优化营商环境，放宽市场准入，促进公平竞争，保护知识产权，全面推进项目前期“一件事一次办”改革，坚持“一颗印章管审批”，推进“一部手机办事通”“一网通办”“一窗通办”政务服务，普遍落实“非禁即入”“好差评”“红黑榜”，主动靠前服务联系企业，加快打造“办事不求人、审批不见面、最多跑一次”的市场化、法治化、便利化营商环境。

（六）实施惠民利民行动，推动民生保障便捷高效

坚持从解决好人民群众普遍关心的突出问题入手，增加优质公共产品和服务供给，大力推进富民惠民工程，增强人民群众获得感、幸福感。要加快社会事业发展，深入推进“三名”工程，优化教育资源布点布局，基本完成“一村一幼”“一乡两公办中心幼儿园”项目建设，开展“义务教育薄弱环节与能力提升”专项工程，加快推进禄劝中学建设，支持和规范社会力量兴办教育，加强校外培训机构监管治理，推进普通高中普及攻坚，推动优质资源不断扩大、教育质量不断提升。大力推进传染病救治能力、疾控机构核心能力“双提升”工程，实施“互联网+医疗健康”、家庭医生签约服务工程建设，完成县中医院迁建项目，启动县传染病救治中心建设，深化与延安医院交流合作，加大定向免费医学生培养力度，抓好乡村医生队伍培训，实现优质医疗资源扩容和区域均衡布局。要健全社会保障体系，深入实施全民参保计划，落实重大疾病医疗保险、灵活就业人员社保制度、住房保障体系，高度重视保障性租赁住房建设，促进房地产市场平稳健康发展，持续稳定和扩大就业，推动零就业家庭动态清零；强化乡镇敬老院管理使用，完善帮扶残疾人、孤儿等福利制度，新建农村互助养老服务站2个、农村公益性公墓10个，完成全国第二次地名普查，编制《行政区划图》《地名志》。要加强公共文化建设，注重红色文化基因和民族优秀传统手工艺保护，加快推进金沙江皎平渡口纪念设施迁建，修缮周恩来路居纪念馆，做好中共滇北地委成立地纪念设施申报及规划建设工作，聚焦建党100周年推出一批精品文艺，延续城市历史文脉，传承优秀乡土文化，不断满足群众多层次的文化需求。

（七）实施共建共享行动，推动社会建设和谐有序

坚持把维护社会安全稳定作为压倒一切的重大政治责任，牢牢守住安全发展底线，有效防范化解各种风险和挑战。要防范重大风险，贯彻落实总体国家安全观，严打严防渗透颠覆破坏、暴力恐怖活动，有效维护国家安全和政治稳定；积极争取地方政府专项债券，不断优化政企债务结构、降低负债比例；持续开展爱国卫生“7个专项行动”，严格疫情防控全覆盖全流程闭环管理，确保疫情防控常态化、无死角。要维护社会稳定，持续完善社区治理体系，完成37个社会治理试点工作；深入推进“枫桥式公安派出所”创建，推进“无命案乡(镇、街道)”和刑事案件“零发案村(社区)”创建活动，严厉打击非法集资、网络诈骗等经济犯罪行为，全面做好隐患排查、矛盾化解等工作，有效巩固“扫黑除恶”专项斗争成果，促进人民安居乐业、社会安定有序；坚持把安全发展理念贯穿规划、建设、管理、运营各个环节，有效防范和坚决遏制重特大安全事故发生。要凝聚发展合力，全面推进依法治县，加强民主政治建设，支持人大、政府、政协和监委、法院、检察院等依法履行职能，充分发挥各群团组织作用，

巩固和发展爱国统一战线，广泛汇聚干事创业、团结向上的强大正能量。

四、从严从实，管党治党，汇聚社会主义现代化禄劝建设新活力

全面贯彻落实新时代党的建设总要求和新时代党的组织路线，持之以恒推动全面从严治党向纵深发展，久久为功营造良好政治生态，为禄劝各项事业发展提供坚强政治保证。

（一）要把党的政治建设摆在首位，始终保持昂扬向上的蓬勃生机

党的政治建设是建党、强党、兴党的生命线。要严守党的政治规矩，始终把党的政治建设摆在首位，严格执行关于加强和维护党中央集中统一领导的有关规定，加强对贯彻落实习近平总书记重要讲话、重要指示批示精神和党中央决策部署的教育培训、监督考核，不断增强“四个意识”、坚定“四个自信”，做到“两个维护”。要严肃党的政治纪律，严格党内政治生活，加强党性锻炼，坚持和完善党领导经济社会发展的体制机制，健全完善上下贯通、执行有力的组织体系，深入总结和学习运用中国共产党100年的宝贵经验，教育引导广大党员干部牢记初心使命、坚定政治方向。要强化党的政治建设，严格落实意识形态工作责任制，坚持党管宣传、党管意识形态、党管媒体，全面推进新时代文明实践中心（所、站）建设，加强舆情研判，敢于发声亮剑，引导党员干部坚决反对和抵制各种错误思潮和负面言论。

（二）要把基层组织建设落到实处，充分激发干事创业的内生动力

党的基层组织是党在社会基层组织中的战斗堡垒，是党的全部工作和战斗力的基础。要增强基层组织战斗力，选优配强基层党组织班子，实施基层党组织带头人整体优化提升行动，精心组织村（社区）“两委”换届选举工作以及县乡党组织换届工作，提前谋划2022年人大、政府、政协换届工作，全面优化领导班子整体功能，推动基层党组织全面过硬、全面进步。要提升基层组织服务力，统筹推进农村、城市社区、机关、企事业单位、“两新”组织等各领域党组织建设，常态化开展软弱涣散基层党组织整顿，提高党员发展和教育管理质量，确保各级党组织的组织生活规范、服务能力过硬。要扩大党建品牌影响力，落实农村基层党建“双整百千”四级联创机制，组织实施智慧党建新模式，全面打造“三条党建示范线”，持续深化“17+2”“村（居）民说事制度”等党建品牌培育，有效提升党建品牌的影响力、带动力。

（三）要把班子队伍建设作为关键，全力打造坚不可摧的战斗堡垒

进入新发展阶段、贯彻新发展理念、融入新发展格局，对各级领导班子和领导干部提出了新的更高要求。要选拔好干部，认真贯彻新时期好干部标准，重视老中青干部梯次配备，全面实施年轻干部工程、少数民族干部工程、专业干部工程，精准科学选人用人，大力培育和选用政治过硬、具备领导现代化建设能力的干部。要培养好干部，加快建成“井冈山大学巧渡金沙江学院”，丰富干部教育培养方式，有针对性地开展干部能力培训和实践锻炼，全面提高党委（党组）领导贯彻新发展理念、融入新发展格局的能力和水平，让各级领导干部真正面向现代化、适应现代化、建设现代化。要关爱好干部，严格把握“三个区分开来”，建立防错、容错、纠错“正面清单”，落实干部诬告陷害和失实举报澄清保护机制，用好用活公务员职务与职级并行制度，有效落实加班补休补助、带薪年休假等关心关爱干部的具体措施，激励广大党员干部履职尽责、担当作为。

（四）要把党风廉政建设抓严抓实，着力构建风清气正的政治生态

坚持反腐败斗争永远在路上的战略定力，以“三不”一体理念深化腐败治理。要强化“不敢腐”的惩治震慑，坚持真管真严、敢管敢严、长管长严，实施思想教育、监督管理、严格惩处共同发力，坚决肃清秦光荣等流毒影响，深化以案促改促治，巩固发展反腐败斗争压倒性态势。要强化“不能腐”的监督约束，突出发挥监督治理效能，开展“四种形

态”转化风险评估、健全备案机制，持续开展科级领导班子和领导干部思想政治建设巡察，全面增强监督工作的科学性、严密性、有效性。要强化“不想腐”的源头预防，健全完善党委主体责任、纪委监督责任、党委书记“第一责任”和班子成员“一岗双责”“四责协同”机制，驰而不息纠治“四风”，深化拓展基层减负工作，严格落实中央八项规定精神，抓好省委巡视、市委巡察反馈问题整改，推动党风政风持续好转。

名词解释：

1. 疫情防控“四个第一”“三个率先”措施 “四个第一”即第一时间响应、第一时间研究、第一时间部署、第一时间落实；“三个率先”即率先执行《县级疫情防控工作措施10条》、率先执行《城市社区疫情防控工作措施10条》、率先执行《农村疫情防控工作措施12条》。

2. “八大特色产业” 即撒坝猪、乌骨鸡、黑山羊、中药材、高粱、坚果、水果、旅游。

3. “四个100%，一提升”目标 即实现全县辖区范围内火葬区100%覆盖，遗体100%火化（国家允许遗体可不火化的10个少数民族除外），骨灰100%入公墓安葬，项目迁坟100%进公墓；全县节地生态安葬率达35%，并逐年提升的目标。

4. “六个百家” 即进百家门、吃百家饭、结百家情、解百家难、励百家志、圆百家梦。

5. “十大工程” 即特色产业发展、易地扶贫搬迁、基础设施建设、生态保护、教育扶贫、医疗保险救助、社保政策兜底、外出务工增收、党建扶贫双推进、社会结对帮扶工程。

6. “7356”精准脱贫“禄劝模式” 即“七个攻坚体系”（脱贫摘帽指挥、目标、动员、措施、责任、监督、考核体系）；“三个百日会战”（结合每年工作重点，根据时节气候特点，按照每年“3个100天”，以打仗方式推动脱贫攻坚工作落实）；“五个到户到人”（精准识别到户到人、思想发动到户到人、精准施策到户到人、项目实施到户到人、资金落实到户到人）；“六个必须始终”（必须始终坚强党的领导这个核心、必须始终紧盯精准脱贫这个关键、必须始终着眼群众主体这个基础、必须始终抓住产业发展这个龙头、必须始终用好金融撬动这个杠杆、必须始终依托机制创新这个重点）。

7. “3545”农村危房改造模式 即把握“三个环节”，精准识别认定（全域摸排识别、明确重点焦点、严格审核程序）；突出“五统筹”，注重标准效益（统筹技术规范、统筹施工力量、统筹资金保障、统筹标准质量、统筹环境提升）；打造“四示范”，确保质量安全（打造“墙抬梁”改造示范点、打造钢丝网片加固危房示范点、打造“轻钢木塑结构”拆除重建示范点、打造“土库房”修缮加固示范点）；落实“五到位”，严格程序责任[县级领导和县级部门责任到位、乡（镇、街道）责任到位、村（居）委会责任到位、村小组责任到位、农户责任到位]。

8. “三图一书一表一民约” 即村域综合现状图、村域综合规划图、自然村规划图，结合规划内容简要的说明书，近期建设项目表，村规民约。

政府工作报告

——在禄劝彝族苗族自治县第十七届人民代表大会第五次会议上

(2021年1月20日)

禄劝彝族苗族自治县县长　李开德

一、“十三五”时期和2020年工作回顾

“十三五”时期，是禄劝发展极不平凡的五年。面对艰巨繁重的脱贫攻坚任务、新冠肺炎疫情的严重冲击，我们坚决贯彻执行党中央、国务院和省市的决策部署，在市委、市政府和县委的坚强领导下，在县人大、县政协支持监督下，坚定贯彻新发展理念，坚持以脱贫攻坚统揽经济社会发展全局，凝心聚力、攻坚克难，坚定不移推进昆明区域性国际中心城市绿色发展新高地建设，“十三五”规划目标任务基本完成，全面建成小康社会胜利在望，为结合禄劝实际准确把握新发展阶段、深入贯彻新发展理念、加快构建新发展格局，奠定了坚实基础。

(一)脱贫攻坚取得决定性胜利

五年来，我们坚持精准扶贫、精准脱贫，落实“两出两进两对接一提升”总体思路，实行“县级领导挂乡、部门包村、干部帮户”工作机制，以每周例会、每年“三个百日会战”方式，组织实施禄劝历史上规模最大、力度最强的脱贫攻坚战。投入各类扶贫资金104.69亿元，精准实施“十大工程”“五个到户到人”等脱贫举措，“两不愁三保障”全面实现，115个贫困村全部脱贫出列，建档立卡贫困户25954户91296人全部脱贫，历史性解决了农村绝对贫困和区域整体贫困，2018年脱贫出列，兑现了脱贫摘帽庄严承诺。五年持续奋斗，农村基础设施改善前所未有、基本民生保障坚实有力、农村面貌焕然一新、群众生活水平大幅提高，广大干部担当奉献精神充分彰显，脱贫攻坚成果，得到了群众充分认可，得到了国家省市高度肯定，全国农村危房改造绩效评价试评价现场会、西部省份2019年脱贫攻坚干部教育培训现场推进会、全国2020年脱贫攻坚考核评估工作会禄劝观摩会等多个大型会议在禄劝成功召开，禄劝职业教育工作入选全国教育扶贫典型案例，社会保障精准兜底工作被列为全国优秀扶贫案例，慢性病救助基金做法在全国药物制度改革座谈会上交流，金沙江河谷地带高粱种植及酿酒带贫机制，被列为全省12个产业扶贫典型经验之一。2018年以来，荣获省级扶贫先进集体、省级社会救助先进集体、省级旅游扶贫示范县等荣誉，2018年、2019年全省脱贫攻坚成效考核均获得“好”等次，则黑乡民安乐村被列为全国脱贫攻坚示范村。

(二)经济综合实力稳步提升

五年来，我们坚持发展第一要务，全力推进县域经济发展，经济总量突破百亿大关，在2010年基础上翻了两番。“十三五”末与“十二五”末相比，全县地区生产总值从75亿元提高到144亿元，年均增长6.1%；人均GDP从18316元提高到34632元，年均增长6.9%；城镇居民人均可支配收入从26216元提高到37033元，年均增长7.4%；农村居民人均可支配收入从6100元提高到10466元，年均增长9.7%。2019年全省县域经济考评，禄劝县进入七个跨越发展进位县行列。

(三)特色产业持续发展壮大

五年来，我们实施“产业强县”战略，产业支撑

能力明显增强。粮食年产量保持在20万吨以上，种植特色水果1万亩、干果105.7万亩，年均种植中草药13万亩以上，形成了“百万亩经济林果、十万亩中草药、万亩特色水果”的产业发展规模。重楼、黄草乌、大白芸豆等获得国家地理标志认证，阳光玫瑰葡萄、美香葡萄、禄果蟠桃获绿色食品认证，云龙牌、云杉牌板栗获国家生态原产地保护产品认证。培育农民合作社1063家、省市农业龙头企业25家。农业园区创建为云南省农业科技园区，入园企业达31家，年产50万盆优质大花蕙兰项目全面投产。工业经济加快发展，工业园区整体搬迁工作有序推进，华新崇德水泥等项目投入生产，亿元以上工业项目开工7个、竣工6个，规模以上工业增加值年均增长27.83%。服务业经济贡献率大幅提高，成功创建国家电子商务进农村示范县，首届西南坚果博览会、“火把节”“花山节”等节会消费稳步增长，轿子雪山、轿子仙宫、普渡河温泉等旅游产品拉动能力显著增强，马鹿塘杜鹃花海项目建成投入运营，“十三五”期间旅游总收入达13.3亿元，是“十二五”的7.5倍。

（四）美丽禄劝建设成效明显

五年来，我们推进美丽县城建设，旧县、练甸等片区开发加快推进，香港铜锣湾禄劝城市综合广场、南塘·公园里等一批项目开工建设。新增城市污水管网25.71千米，修复市政道路3.6万平方米，实施老旧小区改造12个，新增城市绿地15公顷，县城绿化覆盖率达38.7%，创建省市“园林小区”15个、省市“园林单位”38个，国家卫生县城通过复审，城市品质显著提升。美丽集镇、美丽乡村建设稳步推进，轿子雪山小镇创建为省级特色小镇，完成乌东德新村、皎西移民安置点建设，搬迁安置乌东德水电站移民1195户4162人，建成3个易地扶贫搬迁安置点，完成农村住房改造74843户，占全县农户的64.3%。创建国家卫生乡镇1个、省级卫生乡镇7个、旅游扶贫示范乡4个，建成美丽乡村省级重点村33个，中屏镇植桂村被评为全国改善农村人居环境示范村，撒营盘镇书西村被评为全国乡村治理示范村。

（五）基础设施支撑显著增强

五年来，我们大力推进交通设施建设，武禄倘寻高速公路建成通车，结束了禄劝没有高速公路的历史，新建半新公路，皎平渡大桥复建、小汤公路提升改造等项目建成投入使用，完成自然村道路硬化1672千米、村内道路硬化258万平方米，安全生命防护工程覆盖里程达2671千米，自然村公路硬化率由32.9%提高到89.8%。水利保障能力全面提升，真金万、大河边等4个水库建成投入使用，完成水库除险加固工程11件、集镇供水工程15件、“五小”水利工程2417件，农村自来水覆盖率达98%。实现村村通10千伏动力电，综合供电可靠性达99.7%。建成5G基站136个，县城5G网络实现全覆盖。

（六）生态文明建设深入推进

五年来，我们优先实施“生态立县”战略，认真落实城市生态涵养区功能定位，金沙江、普渡河禄劝段“十年禁渔”工作全面开展，实施普渡河沿线12个重点村庄和翠华小河、洗马河综合整治，全面落实“三级河长四级治理”责任，水环境生态持续改善。全面完成中央环保督察“回头看”、省环保督察、市委第八轮环保巡察反馈意见整改。强化云龙水库保护管理，实施“农改林”1.5万亩、水源区涵养林1.78万亩、封山育林1万亩、退耕还林1.59万亩，完成4条主要入库河流及支流河道整治，招桂、照块、芝兰清洁小流域治理和撒老坞小河生态湿地治理成效明显，建成防护隔离栏123千米、生态隔离带40千米，云龙水库水环境长期稳定向好。推进生态修复治理，关停矿山63座，转型升级非煤矿山17座，石漠化综合治理10.5万亩，水土流失治理3万亩，实施营造林69.55万亩，全县森林覆盖率提高到61.62%。全面开展城乡人居环境整治，新建和提升改造公厕238座，改造农村无害化卫生户厕1.63万座，建成垃圾收集处理设施1846个。建成污水收集处理设施396个，14个集镇污水处理项目启动建设。完成第二次全国污染源普查，污染物排放逐年下降，万元GDP能耗累计下降20%，空气优良率达100%。国家级生态乡镇、市级生态村实现全覆盖，创建云南省生态文明县，创建国家森林乡村7个、省级森林乡村26个。

（七）全面深化改革成效显著

五年来，我们坚定不移改革创新，发展动力和活力持续增强。制定实施改革方案261件，落实改革任务124项。顺利完成政府机构改革，县政府各类工作机构从31个精简为27个，完成屏山街道析置。积极落实“三去一降一补”任务，减免企业各类税费1.34亿元。营商环境持续优化，“3550”改革成效明显，1299项业务实现“最多跑一次”，1275项业务实现“一网通办”。农村综合改革持续推进，完成土地确权颁证、农村集体资产清产核资和国有林场改革。殡葬改革取得重大突破，新建农村公益性公墓27个，提升改造15个。坚持创新驱动发展，申请和授权专利471件，注册商标114件，申报国家高新技术企业6家、省市科技计划项目97项。

（八）民生保障能力持续提升

五年来，我们优先保障和改善民生，投入民生领域资金146.09亿元，占总支出的83.1%。大力实施产业就业扶贫，年均转移就业农村贫困劳动力2.83万人次、稳定使用乡村公共服务岗2958人，贫困户主要靠产业、就业增收达85%以上。大力实施教育扶贫，义务教育实现基本均衡发展，建档立卡贫困户义务教育阶段学生实现零辍学，建立每年3200万元教育扶贫基金，实施农村家庭学生高中阶段免费教育和兜底式职业教育，县级融资2.21亿元扩建职业高级中学，在校生由370人增加到4298人，毕业生就业率达100%，思源实验学校、云南新兴职业学院禄劝校区等学校建成投入使用，“三名”工程成效明显，2018年以来5名学生被清华大学、北京大学录取。大力实施健康扶贫，全面完成乡镇卫生院、村卫生室标准化建设，县中医院整体搬迁建设项目加快推进，贫困人口居民基本医疗保险、大病保险和

重特大疾病医疗救助全面覆盖。建立1000万元大病救助基金、1000万元慢性病救助基金，大病专项救治1613人次，慢性病救治59492人次。县人民医院全面委托给昆明市延安医院管理。精准兜住民生保障底线，城乡低保救助9.48万人次、临时救助15.2万人次、特困供养1537人。分片区开展农村残疾人筛查鉴定工作，办理残疾人证18462本。新建7所医养结合农村敬老院，集中供养各类对象645人。城乡基本养老保险覆盖率保持在98%以上。民族文化繁荣发展，民族关系和谐交融，成功创建全国民族团结进步示范县。平安禄劝深入推进，"扫黑除恶"专项斗争成效突出，安全生产形势总体稳定，信访维稳、应急管理、食品药品、防灾减灾、气象、拥军优抚、人民武装、退役军人服务保障、台侨事务、档案史志、工青妇、红十字、禁毒防艾等各项工作取得新成效。

（九）政府自身建设全面加强

五年来，我们加强政治建设，组织开展"三严三实"和"忠诚干净担当"专题教育、"两学一做"学习教育和"不忘初心、牢记使命"主题教育，持续推进政府系统全面从严治党向纵深发展，坚决肃清白恩培、仇和等特别是秦光荣流毒影响。持之以恒纠正"四风"，严格落实中央八项规定精神，深入开展"六个严禁"专项整治，强化行政监察和审计监督，严肃查处不正之风和腐败行为，领导干部干事创业"精气神"不断提升。坚持依法行政，制定实施县政府党组《工作规则》和县政府《工作规则》《贯彻落实"三重一大"集体决策制度实施细则》等制度，全面规范

2020年禄劝县城新貌（冯志辉　摄）

政府行为。主动接受县人大及其常委会的法律监督和工作监督，自觉接受县政协的民主监督，加强与人大代表、政协委员以及工商联、无党派人士和人民团体等沟通协商，办理人大代表议案建议1204件、政协委员提案607件，办结率达100%。

各位代表，刚刚过去的2020年，我们统筹新冠肺炎疫情防控和经济社会发展，脱贫攻坚成果持续巩固拓展，为“十三五”顺利收官划上句号。

（一）新冠肺炎疫情防控高效有力

坚决贯彻落实习近平总书记关于疫情防控工作系列重要讲话和指示精神，按照省市的决策部署，全面落实“四早”防控要求，建立“四级责任网”，实施“三网”管控，采取“四个第一”“三个率先”措施，设立县乡村三级疫情防控点、集中隔离观察点，扎牢“外防输入”防线，取得“零确诊”“零感染”成绩，有力保障了人民群众生命安全和身体健康。

（二）脱贫攻坚成效持续巩固提升

紧扣“全国普查高质量、成效考核高质量、全面收官高质量”目标，投入资金13.1亿元、小额信贷1.47亿元，扎实推进决战决胜脱贫攻坚百日总攻、百日提升、百日巩固专项行动，召开挂牌督战现场推进会10次。持续开展“两不愁三保障”问题大排查大整改，各类监督检查反馈问题全部整改到位。完成农房抗震改造650户，实施220个村小组饮水改善工程。转移就业农村贫困劳动力42355人，全面消除“零转移就业家庭”1211户，脱贫不稳定户、边缘易致贫户风险动态清零，无返贫和新增贫困人口，脱贫攻坚国家普查、省市成效考核顺利通过。

（三）经济社会发展平稳有序恢复

全面落实“六稳”“六保”政策要求，全力落实省、市、县应对疫情稳定经济增长措施，推动重大项目复工、企业复产、市场复市，减免中小微企业电费、租金、工商保险费等4343.47万元，发放援企稳岗资金1593.73万元。全面开展清理拖欠民营企业中小企业账款工作，清偿拖欠账款2.99亿元。乌东德水电站2020年6月并网投产，实现产值35.86亿元。昆北换流站、禄劝换流站建成投入使用，乌东德水电站电力成功输送广东、贵州。新增规模以上工业企业2户，规模以上工业增加值增长320%。争取中央和省市资金36.93亿元，地方专项债券3.6亿元。全面完成招商引资任务，到位市外内资61.52亿元，实际利用外资183万美元。

（四）爱国卫生“7个专项行动”扎实开展

建立生活垃圾不落地机制，县城沿街门店配置垃圾桶2800余只，159个住宅小区垃圾设施全面完善，城中村“清垃圾”实行“四定”管理，建筑垃圾实行“全过程”监管。提升改造公厕67座，新建洗手设施320个、改造150个。公共场所清洁消毒、卫生质量监督监测全面覆盖。开展餐馆星级评定管理工作，创建星级餐馆884个。实行农贸市场“驻场式”监管。积极倡导健康文明生活方式，大力推广“六条新风尚”，开展新时代文明实践活动，群众参与率和满意度大幅提高。国家卫健委领导和省、市领导到禄劝调研指导，对禄劝“七个专项”工作给予充分肯定。

“十三五”是全力以赴脱贫攻坚的五年，是千方百计加快发展的五年，是人民群众得到更多实惠的五年。五年的成绩来之不易，这是市委、市政府和县委坚强领导的结果，是县人大、县政协监督支持的结果，是全县各族人民团结拼搏的结果。在此，我代表自治县人民政府，向全县各族人民，向人大代表、政协委员，向所有关心、支持和参与禄劝改革发展的同志们、朋友们，致以崇高的敬意和衷心的感谢！

2020年疫情对经济的冲击超出了我们的预期，一般公共预算收入、规模以上固定资产投资等没有完成预期目标，反映出政府工作还有许多不足。我们清醒地认识到，禄劝经济社会发展不平衡不充分的问题仍然突出：经济总量小，产业支撑弱，发展质量不高；空间资源环境约束趋紧，生态环保治理任重道远；基础设施建设相对滞后，民生领域还存在不少短板；营商环境有待进一步优化，治理能力还需进一步提升；城乡收入差距大，巩固拓展脱贫攻坚成果、推进乡村振兴仍需持续发力；少数领导干部担当进取精神不足，大局意识、开放观念需进一步增强。这些问题和差距不容忽视。我们将坚持问题导向，正视困难挑战，切实提高工作水平。

二、“十四五”时期主要目标和任务

“十四五”时期，是开启社会主义现代化建设新征程、实现第二个百年奋斗目标的关键阶段，也是加快推进高质量发展、打造昆明区域性国际中心城市绿色发展新高地的关键节点。“十四五”时期禄劝发展的指导思想是：高举中国特色社会主义伟大旗帜，全面贯彻党的十九大和十九届二中、三中、四中、五中全会精神，以习近平新时代中国特色社会主义思想为指导，深入贯彻习近平总书记考察云南重要讲话精神，按照中央经济工作会和省委十届十一次全会、市委十一届十一次全会、县委十四届十次全会的安排部署，坚持“五位一体”总体布局和“四个全面”战略布局，坚定不移贯彻新发展理念，坚持稳中求进工作总基调，以推动高质量发展为主题，以深化供给侧结构性改革为主线，以改革创新为根本动力，以满足人民日益增长的美好生活需要为根本目的，加快推进新型工业化、信息化、城镇化和农业现代化，深度融入以国内大循环为主体、国内国际双循环相互促进的新发展格局，着力打造“生态涵养示范区”“特色农旅创新区”，奋力开启富庶文明和谐美丽幸福现代禄劝建设新征程。

“十四五”时期，禄劝经济社会发展的主要目标是：

经济综合实力跃上新台阶。县域高质量发展体系更加完善，经济结构更加优化，创新能力显著提升，城乡发展协调性明显增强，基本建成特色农旅创新区，发展质量效益明显提升，地区生产总值突破200亿元，年均增长7%左右，人均GDP突破4.72万元，打造昆明区域性国际中心城市绿色发展新高地、云南省由滇入川北大门经济聚集区取得重大进展。

深化改革开放迈出新步伐。重要领域和关键环节改革取得突破性进展，高标准市场体系基本建成，产权制度改革和要素市场化配置改革取得重大进展，公平竞争制度更加完善，营商环境建设实现重大突破，物流网络体系更加完善，区域交流合作水平明显提高，形成开放型经济发展新优势。

生态文明建设实现新进步。重点流域水环境综合整治取得突破，主要污染物排放总量持续减少。生态安全屏障更加牢固，生产生活方式绿色转型成效显著，国土空间开发保护格局不断优化，生态美、环境美、城市美、乡村美、山水美、人文美成为普遍形态，基本建成生态涵养示范区，争创国家生态文明建设示范县。

民生福祉增进达到新水平。实现更加充分更高质量就业，居民收入增长和经济增长基本同步，基本公共服务均等化水平明显提高，全民受教育程度不断提升，卫生健康服务体系更加完善，多层次社会保障体系更加健全，脱贫攻坚成果巩固拓展，乡村振兴战略全面推进，基本建成乡村振兴示范县。

社会文明程度得到新提高。社会主义核心价值观深入人心，人民思想道德素质、科学文化素质、身心健康素质明显提高，公共文化服务体系更加完善，文化产业取得新发展，民族优秀文化、红色文化更加繁荣发展，群众精神文化生活日益丰富，全国民族团结进步示范县创建成果持续巩固，社会更加文明进步。

社会治理能力实现新提升。民主法治更加健全，社会公平正义进一步彰显。政府作用更好发挥，行政效率和公信力显著提升，基层治理水平明显提高，防范化解重大风险体制机制不断健全，突发公共事件应急能力显著增强，自然灾害防御水平明显提升，发展安全保障更加有力，法治禄劝、平安禄劝建设取得明显成效。

围绕上述指导思想和目标，“十四五”时期我们将重点抓好八个方面的工作：一是全面推进乡村振兴；二是构建现代绿色产业体系；三是加强基础设施建设；四是构筑区域协调发展格局；五是持续保障和改善民生；六是加快美丽禄劝建设；七是推进改革开放创新；八是推动社会治理现代化。

三、2021年工作安排

今年是实施“十四五”规划开局之年，是巩固拓展脱贫攻坚成果、实现与乡村振兴有效衔接起步之年，做好今年工作意义重大。

今年经济社会发展主要预期目标建议为：地区生产总值增长6%左右，一般公共预算收入增长1.8%，规模以上固定资产投资增长5%左右，社会消费品零售总额增长6%，城镇和农村居民人均可支配收入分别增长5%和7%，城镇登记失业率控制在5%以内。

我们将重点抓好以下六个方面工作：

（一）全力巩固拓展脱贫攻坚成果

保持帮扶政策措施总体稳定。落实“四个不摘”要求，用好巩固拓展脱贫攻坚成果衔接期，推动脱贫攻坚政策举措和工作体系逐步向乡村振兴过渡。持续落实教育、医疗等民生保障政策，强化产业支持、就业帮扶，防止出现规模性返贫。保持投入机制总体稳定，做到财政投入与巩固拓展脱贫攻坚成果需求相匹配。保持帮扶人员、驻村队伍总体稳定，确保投入力量不减。编制实施“十四五”巩固拓展脱贫攻坚成果专项规划，推动产业扶贫、公益岗位、基础设施完善、金融扶贫等7类项目进入规划盘子，统筹整合涉农资金，保障项目顺利实施。积极争取进入国家西部地区乡村振兴重点帮扶县。深化东西部扶贫协作和中央单位定点帮扶工作，进一步拓展劳务、产业、消费、人才等协作领域，推进高原特色水果、黑山羊全产业链等重点协作项目。

强化贫困预警监测动态帮扶。全面推广应用“找政府”App平台，做好贫困监测帮扶工作，筑牢防止返贫和新增贫困的“防护堤”。继续对脱贫村、脱贫人口开展常态化监测，对脱贫不稳定户和边缘易致贫户，持续跟踪收入变化和“两不愁三保障”巩固情况，定期核查，及时发现，及时帮扶，动态清零。加大对易地扶贫搬迁村、地质灾害搬迁村、移民村、水源保护区群众收入的监测力度，及时消除贫困风险，推动群众生活水平持续改善。

加强农村低收入人口帮扶。建立农村低收入人口帮扶机制，全面精准识别农村低收入人口，纳入帮扶政策体系。建立产业全覆盖机制，拓展产业扶贫成果，统筹农业、工业、旅游、电商等产业，加快发展农村合作社，推动产业覆盖低收入户。建立村集体经济帮扶机制，扶持壮大村集体经济，提升扶弱帮困能力。建立扶智扶志机制，帮助群众摆脱思想贫困、精神贫困，充分激发群众内生动力，进一步增强过上美好生活的信心、能力和本事。

（二）全面实施乡村振兴战略

加快发展特色产业。提高农业质量效益，坚持最严格的耕地保护制度，种植粮食70万亩，生产粮食22万吨以上。强化农业科技和装备支撑，加大农业水利设施建设，实施高标准农田建设，保障基本烟区，稳固优质烟田；发展壮大中草药、坚果、水果、畜禽传统优势产业。推进轿子雪山林下天麻产业示范基地、牛羊屠宰冷链物流、乌东德新村柠檬鸡蛋产业综合体项目建设，扶持发展家庭农场、农业企业等新型经营主体，培育“三品一标”农产品10个、培育国家级龙头企业1个、省级龙头企业2个、国家级合作社1个、省级合作社3个。加快推进工业园区整体搬迁建设，启动新型环保材料产业园等项目建设，加快推进工业大麻提取及深加工、固体废物资源化利用项目建设，培育规模以上工业企业2户，规模以上工业增加值增长5%。推进现代服务业建设，大力发展民族文化、红色文化、生态文化旅游产业，推进皎平渡红色旅游景区迁址重建，修缮红军长征周恩来路居旧址，做好中共滇北地委成立地纪念设施规划建设工作，加快轿子雪山景区索道、三江口温泉等项目建设。实施消费升级行动计划，发展健康养老、居民服务、文化体育等生活性服务业，促进房地产业健康发展，规范发展长租房市场，培育限额以上商贸企业7户。

实施乡村建设行动。统筹推进城镇村庄规划建设，编制“多规合一”的实用性村庄规划，全覆盖制定“三图一书一表一民约”。加快推进基础设施建设，完成禄大路提升改造工程和皎马公路、团云公路建设，协调推进乌东德翻坝转运设施及连接公路落地实施，启动东绕城线公路、中则公路等项目建设，加快推进禄会高速、乌东德港、禄则公路（县城至翠华段）、沿普渡河二级公路、中屏至乌蒙二级公路、崇德二级客运站等项目前期工作，实施农村公路硬化100千米、安全生命防护工程300千米。完成关坝河、核桃箐、甲甸（二）水库等重点水源工程建设，启动岔河水库、金兆水库建设，实施九龙镇撒布开、文林等4个村委会提水工程，加强农村水利设施管理维护，全面建立实施水利设施有偿使用制度。推进农村信息化建设，新建5G基站300个。完成富老井变电站扩建、翠华输变电工程建设，推进三江口、小团山配电台区试点项目建设，保障电网安全稳定运行。推动农村与旅游、教育、文化、养生养老等产业深度融合，建设各具特色的美丽乡村，打造26个传统村落、10个田园综合体，提升102个美丽村庄。

全面深化改革创新。推动落实农村承包地“三权”分置制度，落实第二轮土地承包到期后再延长三十年政策，基本完成农村集体产权制度改革，加快农村集体资产管理平台建设。深入推进“放管服”

改革，推广运用全省政务平台和“一部手机办事通”，落实政商交往正负面清单，着力构建“亲”“清”政商关系，促进非公有制经济健康发展。加快构建开放格局，推进禄武同城化进程，建立禄劝县和四川省会理、会东等县红色文化联盟联动机制，推动区域旅游经济联动发展。加强科技创新人才引进和培养，充分发挥企业主体作用，做好科技试验示范，新认定高新技术企业1户以上。坚持“一把手”招商，强化招商引资项目包装，积极争取引进一批大企业、大项目，确保完成市级下达招商引资任务。

建设新型美丽城镇。加快美丽县城建设，继续推进练甸、南甸等重点片区开发，加快南塘·公园里、香港铜锣湾禄劝城市综合广场等项目建设，实施18个老旧小区改造，补齐市政设施短板。加快美丽乡村建设，实施集镇基础设施提升改造工程，继续推进轿子雪山小镇、乌东德农旅小镇项目建设，完成白鹤滩水电站移民搬迁安置点、乌东德新村安置点扩容区建设，推动城乡高质量融合发展。全力整治城乡违法用地、农村乱占耕地建房行为，加强县城区“两违”整治。

（三）深入推进生态文明建设

着力推动绿色低碳发展。坚持走“生态优先、绿色发展”之路，大力发展节能环保、清洁能源、生态农业等绿色产业，建立绿色低碳项目库。完成全县国土空间规划，构建科学合理的生产、生活、生态空间。依托乌东德水电站，发展水光互补产业，完成撒永山光伏电站建设。推广使用新能源汽车，建设充电站2座、充电桩200套。推进垃圾分类，建设再生资源回收利用市场。积极倡导绿色生活、低碳出行。

着力改善生态环境质量。严格落实河（湖）长制，扎实推进金沙江、普渡河“十年禁渔”工作，深入推进普渡河、掌鸠河保护治理三年行动计划，加快推进县城污水处理厂二期、工业园区污水处理厂建设，完成南塘河、洗马河、翠华小河综合整治工程，启动建设华新水泥窑协同处置生活垃圾项目。实施农村人居环境整治提升五年行动，推进农村垃圾污水治理、厕所革命，完成14个乡（镇、街道）污水处理厂建设，改建无害化卫生户厕15319座。推进化肥农药减量化和土壤污染治理，减少农业面源污染。持续实施封山育林、天然林防护工程，治理水土流失40平方千米，全面改善水环境。强化大气污染防治，确保空气质量优良率达100%。

着力强化云龙水库保护。持续开展云龙水库水质提升行动，深入实施水源区截污控污、生态修复工程，启动双化水库清淤、库周水环境治理及生态修复项目，完成撒营盘垃圾填埋场改造和雨水调蓄工程。统筹推进水源区村庄生活垃圾、污水收集处置，实施100个村庄污水处理设施、150个村庄生活垃圾集中收集清运项目建设，完成双化水库招桂、照块片区14个村庄改圈、改厕和水环境整治。强化日常巡查监管和部门联合执法，积极争取提高水源区群众生产生活补助标准，推动水源区生态环境持续向好。

（四）全面提升社会治理能力

推进基层社会治理。加强国家安全宣传教育，增强全民国家安全意识。扎实推进“雪亮工程”“智慧安防小区”建设，推进县城区人脸识别、车牌识别、高清视频等无感采集前端全覆盖。推动社会治理重心向基层下移，完善城乡社区治理和服务体系。推进县、乡两级综治中心规范化建设，建强基层社会治理队伍。建立群众参与基层社会治理渠道，支持工青妇、科协、红十字会等群团组织参与社会治理。持续推进社区治理，完成37个社会治理试点工作。谋划推动“八五”普法，提高全民尊法守法护法意识。突出抓好征地拆迁、工程建设、环境保护、教育卫生等重点领域法治工作，提升社会治理法治化水平。

突出防范重大风险。贯彻落实总体国家安全观，严防严打渗透颠覆行为和暴力恐怖活动。办好政府门户网站和政务新媒体，加强网络舆情监测监管。规范政府性债务管理，逐步化解存量债务，规范新增债务，遏制隐性债务。积极争取和加快推进地方政府专项债券项目，降低债务风险。强化普惠金融服务，重拳整治非法集资，全力维护金融秩序。

着力维护社会稳定。坚持和发展新时代“枫桥经验”，畅通群众诉求通道，及时排查化解信访矛盾纠纷，防止信访问题激化升级。严密防范、依法惩治违法犯罪活动，坚决防范和打击黑恶势力、新型网络犯罪行为，积极开展第五轮禁毒人民战争，保持社会和谐稳定。全力做好COP15安保维稳工作，深入开展治安要素“大起底”行动，落实重点人员包保管控措施，完成三岔箐、皎西、崇德智慧公安检查站建设，全面提升安保维稳工作水平。持续巩固民族团结进步示范县创建成果，积极引导宗教与社会主义社会相适应，促进宗教和谐稳定。完善和落实安全生产责任制，强化灾害防治、道路交通、食品药品安全工作，不断完善应急管理体系、提升治理能力。

（五）持续巩固提升民生福祉

继续做好疫情防控。严格落实“外防输入、内防反弹”和“三减少”“三加强”要求，坚决落实“五个管住”，压实“四级责任网”，强化“三网”管控，动态调整防控措施，加强物资储备和人员准备，抓好重点人群、重点场所、重点环境常态化防控，确保不出现疫情输入，稳妥有序开展疫苗接种。深入推进爱国卫生“7个专项行动”，积极争创卫生乡镇、卫生村，推动形成健康文明生活新风尚。

强化就业服务保障。实施“贷免扶补”就业政策，积极扶持城乡群众创业就业，扎实做好失业人员、高校毕业生、农民工、城乡困难人员、退役军人等重点群体就业、创业工作，扶持创业220人，带动就业1000人以上，提供有效就业岗位1200个，城镇新增就业1800人以上。完成农村劳动力转移培训2.4万人次，转移就业2.4万人，保持“零就业家庭”动态清零。扩大电子劳动合同覆盖面，推动企业劳动合同签订率达93%以上，切实保障劳动者权益。

加快发展文化教育。坚持教育优先发展，实施“义务教育薄弱环节改善与能力提升”专项工程，基本完成农村学前教育“一村一幼”“一乡两公办”项目建设，规划建设撒营盘镇彝汉双语幼儿园、鲁溪幼儿园、崇德第一幼儿园，深入推进“三名”工程，扩大优质教育资源覆盖面，加快推进禄劝中学、禄劝特殊教育学校建设。推动职业教育政校企合作、高中阶段普及攻坚，支持和规范社会力量兴办教育，加强校外培训机构监管治理。全面落实立德树人根本任务，抓好思政课，加强思想道德、美育、体育、劳动实践、心理健康等评价工作。深入实施“百县万村”示范工程，大力开展群众性体育活动，丰富群众体育文化生活。

提升医疗卫生水平。加快构建重大疫情防控救治体系，推进“双提升”工程建设，完成县中医院整体搬迁项目建设，启动疾控中心整体搬迁项目和崇德、乌东德卫生院建设。加大定向免费医学生培养力度，深化与昆明市延安医院交流合作，加强重点专科建设，全力提升医疗救治能力。开展医保药品、耗材集中带量采购工作，力争集采品种价格平均降幅不低于40%。全面推广医保电子凭证应用，确保覆盖率达到40%。健全公共卫生应急管理体系、基层公共卫生服务体系，提高公共卫生领域风险预警处置能力。

强化社会保障能力。深入实施全民参保计划，巩固扩大社会保险覆盖范围，各类保险参保覆盖率保持在96%以上。落实养老保险、特困人员救助供养、临时救助等综合社会保障政策，实现应保尽保。推进社保转移接续，落实异地就医结算，积极发展商业医疗保险。启动转龙敬老院建设，建成3个农村居家养老活动中心、80个村级儿童之家。推进殡葬一体化建设，新建农村公益性公墓5个、提升改造41个。

同时，推进军民融合深度发展，全面开展国防教育，加强国防动员和国防后备力量建设。做好第七次全国人口普查工作。举办好西南坚果博览会。做好融媒体、科普、防灾减灾、气象、台侨事务、档案史志、工青妇、红十字、禁毒防艾等工作，着力加强退役军人服务保障。

（六）着力建设人民满意政府

强化政治建设。始终把党的政治建设摆在首位，坚持用习近平新时代中国特色社会主义思想武装头脑、指导实践、推动工作，增强“四个意识”，坚定“四个自信”，做到“两个维护”。坚持党的全面领导，以高度的政治自觉、思想自觉、行动自觉，不断提高政府部门谋发展、促改革、抓落实的能力。

强化法治建设。深入贯彻习近平法治思想，坚决维护宪法法律权威。强化法治意识，健全依法决策机制，推动政府机构、职能、权限、程序、责任法定化，筑牢依法行政“防线”。依法接受县人大及其常委会法律监督和工作监督，自觉接受人民政协的民主监督，认真办理人大代表建议和政协委员提案。强化重大行政决策终身责任追究制度，落实政府法律顾问制度，做好行政应诉和行政机关履行法院裁判工作。

强化作风建设。坚决落实中央八项规定精神，坚决反对形式主义、官僚主义。大兴调查研究之风，认真解决好群众反映强烈的突出问题。深化拓展基层减负成果，进一步改进文风会风，降低行政成本。带头过“紧日子”，压减一般性支出。精准落实激励机制和容错纠错机制，营造干事创业良好氛围。

强化廉政建设。深入推进党风廉政建设和反腐败斗争，严格落实“一岗双责”，自觉接受纪律监督、监察监督、派驻监督、巡视监督、巡察监督。紧盯权力运行各个环节，管好关键人，管住关键事，切实把权力关进制度的笼子。聚焦重点领域，严肃查处侵害群众利益的不正之风和腐败问题，永葆为民务实清廉的政治本色。

名词解释：

1.“四个不摘” 即摘帽不摘责任、摘帽不摘政策、摘帽不摘帮扶、摘帽不摘监管。

2.“两出两进两对接一提升” 即劳动力、农产品走出农村，资源、人才进入农村，对接市场、对接农民意愿，提升农村地区生产组织化程度。

3.“十大工程” 即特色产业发展、易地扶贫搬迁、基础设施建设、生态保护、教育扶贫、医疗保险救助、社保政策兜底、外出务工增收、党建扶贫双推进、社会结对帮扶工程。

4.“五个到户到人” 即精准识别到户到人、思想发动到户到人、精准施策到户到人、项目实施到户到人、资金落实到户到人。

5.“三品一标” 即无公害农产品、绿色食品、有机农产品和农产品地理标志。

6.疫情防控“三网”“三减少”“三加强”“三个率先”“四级责任网”“四个第一”“四早”“五个管住” “三网”即外网、内网、基层网；“三减少”即减少人员流动、减少人员聚集、减少旅途风险；“三加强”即加强个人防护、加强乡村管理、加强定点诊治；“三个率先”即率先执行《县级疫情防控工作措施10条》、率先执行《城市社区疫情防控工作措施10条》、率先执行《农村疫情防控工作措施12条》；“四级责任网”即县、乡、村、组四级责任网；“四个第一”即第一时间响应、第一时间研究、第一时间部署、第一时间落实；“四早”即早发现、早报告、早隔离、早治疗；“五个管住”即管住通道、管住人、管住村（社区）、管住证件、管住边境。

7.“六稳”“六保” “六稳”即稳就业、稳金融、稳外贸、稳外资、稳投资、稳预期；“六保”即保居民就业、保基本民生、保市场主体、保粮食能源安全、保产业链供应链稳定、保基层运转。

8.爱国卫生“7个专项行动”“六条新风尚” “7个专项行动”即裸露垃圾全消除、公共厕所全达标、洗手设施全配套、餐饮服务环境卫生全改善、公共场所清洁消毒全覆盖、农贸市场环境卫生全提升、健康文明生活方式全参与；“六条新风尚”即倡导保持社交距离、倡导勤于洗手、倡导分餐公筷、倡导革除饮食陋习、倡导科学健身、倡导控烟限酒。

9.“三级河长四级治理” 即县、乡（镇、街道）、村（社区）设立三级河长，村小组设立专管员，对辖区内河（渠）库（塘）建立四级治理责任体系。

10.“三去一降一补” 即去产能、去库存、去杠杆、降成本、补短板。

11.“3550”改革 即开办企业3个工作日内完成，不动产登记5个工作日内完成，工业建设项目施工许可50个工作日内完成。

12.“三名工程” 即名校、名师、名校长。

13.“三图一书一表一公约” 即村域综合现状图、村域综合规划图、自然村规划图，结合规划内容简要的说明书，近期建设项目表，村规民约。

14.“双提升” 即重大传染病救治能力提升和疾病预防控制中心核心能力提升。

15.COP15 即联合国《生物多样性公约》第十五次缔约方大会。

16.“枫桥经验” 即小事不出村，大事不出镇，矛盾不上交，就地化解。

17.治安基础要素“大起底” 即以“底数清晰、情况清底、问题清零”为目标，全面摸清治安基础底数。

专　记

责任编辑　李　欢

禄劝彝族苗族自治县“十三五”发展成就纪实

禄劝彝族苗族自治县脱贫攻坚纪实

禄劝彝族苗族自治县新冠肺炎疫情防控纪实

禄劝彝族苗族自治县“十三五”发展成就纪实

“十三五”时期，在市委、市政府的正确领导下，县委、县政府带领全县人民，坚持以脱贫攻坚统揽经济社会发展全局，克服突如其来的新冠肺炎疫情影响，积极应对经济下行压力进一步加大的严峻挑战，坚持发展第一要务，以提高发展质量和效益为中心，以供给侧结构性改革为主线，紧扣决战脱贫攻坚、决胜全面小康两大目标，抢抓机遇、攻坚克难、砥砺奋进，全县经济社会发展总体平稳，顺利实现脱贫摘帽、全面建成小康社会的历史使命，开创经济社会发展的新局面，为迈进“十四五”、开启全面建设社会主义现代化新征程奠定坚实基础。

一、脱贫摘帽成功实现

把脱贫摘帽作为最大政治任务、第一民生工程和重大发展机遇，坚持精准扶贫、精准脱贫，紧扣“两不愁三保障”标准，精准落实“五个一批”“五个到户到人”“十大工程”等脱贫措施，脱贫攻坚取得决定性成果，全县115个贫困村脱贫出列，建档立卡贫困户25954户、91296人全部脱贫，历史性解决了绝对贫困、整体贫困。累计投入脱贫资金105.3亿元，完成农村危房改造新建住房8476户，修缮加固5980户，易地扶贫搬迁重建2194户，农村危房全面消除。农民增收基础更加稳固，农村教育、医疗、社会保障等服务能力全面提高，实现义务教育阶段零辍学，贫困人口基本医保、大病保险和重特大疾病医疗救助三项制度全覆盖，农村饮水安全问题有效解决，脱贫攻坚实现历史性突破。

二、综合实力明显增强

把加快发展作为第一要务，对标高质量发展要求，做大增量与提质增效并重，经济总量突破百亿大关，在2010年基础上翻了两番。2020年，全县地区生产总值达146.5亿元，年均增长6.3%，人均生产总值达38644元；一般公共预算收入5.01亿元；规模以上固定资产投资82亿元；社会消费品零售总额57.33亿元，年均增长8.4%；城镇居民人均可支配收入36807元，年均增长7.3%；农村居民人均可支配收入10553元，年均增长9.9%。三次产业结构比由27.7:28.3:44调整为28.4:15.1:56.5，呈现经济持续健康发展、产业结构持续优化、综合实力明显提升的良好局面。

三、产业发展提质增效

坚持把提质增效、转型升级作为产业发展主攻方向。高原特色农业稳步推进，“农业稳县”基础更加稳固。“十三五”期间，累计登记农民合作社1063家，申报省市农业产业化龙头企业25家、建成养殖场126家，年种植蔬菜、马铃薯、中药材面积分别达12万亩、15万亩、13万亩以上，年粮食产量保持在20万吨以上，累计烟农售烟收入达17.13亿元，烤烟税收3.76亿元；引进维和药业、市产投、国药集团、郎之汤等10余家农业发展主体；重楼、黄草乌、大白芸豆、撒坝猪获得国家地理标志认证，阳光玫瑰葡萄、美香葡萄、蟠桃获绿色食品认证，阳光玫瑰葡萄被国家机关事务管理局作为定点采购产品。第一产业总产值年均增长6%，工业经济绿色发展，完成工业投资215亿元，亿元以上工业项目开工7个，竣工6个，规模以上工业增加值年均增长27.83%，完成工业园区搬迁总体规划、控制性详细规划编制，华新崇德水泥、西柚加工、太阳能真空玻璃管生产线技改等一批工业项目建成投产，开工建设绿色高性能混凝土搅拌站、牛羊屠宰加工冷链物流、华新禄劝新型环保材料产业园等项目。现代服务业加快发展，第三产业对经济贡献率持续提高，成功创建国家电子商务进农村综合示范县，首届西南坚果博览会成功举办。旅游业稳步发展，成功创建云南省旅游扶贫示范县，中屏轿子仙宫洞、马鹿塘杜鹃花海建成投入运营，轿子雪山小镇成功申报省级特色小镇。

四、基础设施日趋完善

坚持把基础设施建设作为经济社会发展的重要支撑，加快推进以交通、水利、电力电网为主的基础设施建设，发展支撑明显增强。“十三五”期间，累计完成交通建设投资50.54亿元，武倘寻高速公路禄劝段及禄劝连接线、半新公路、皎马公路、小汤公路提升改造、皎平渡大桥复建工程建成通车，团云公路、禄大公路提升整治工程顺利推进，禄劝至会东高速公路、中屏至则黑二级公路完成前期工作。农村通村公路路面硬化稳步推进，实施通村道路硬化1672千米、新（改扩）建524千米，村内道路硬化258万平方米，安保工程覆盖里程2671千米，自然村公路硬化率89.8%，自然村公路通达率和农村公路交通通达率100%。完成水利建设投资10.5亿元，完成真金万水库、马牙石水库、住基水库、大河边水库建设，甲甸二库、关坝河水库、核桃箐水库建设工程已进入收尾阶段，启动本业水库建设工作，实施水库除险加固工程11件，完成“五小”水利工程2417件，河道治理防洪工程12千米，新增灌溉面积5.72万亩，水利化程度达44%。电力、电网建设有序推进，完成昆北换流站、中屏换流站建设，乌东德水电站首批机组并网发电，茂山镇归脉25兆瓦农光互补光伏电站、县工业园区50兆瓦农光互补光伏电站、88个光伏扶贫电站建成投产。实施电网升级改造，完成35千伏团街变电站、35千伏九龙变电站增容改造工程，综合供电可靠性99.7%。移动、电信基础设施进一步完善，建成5G基站136个。

五、城乡面貌日新月异

加快推进美丽县城、美丽集镇、美丽乡村建设，县域乡村规划、县城总体规划修编取得阶段性成果，县委党校、国防动员指挥中心、县城污水处理厂二期等项目建成投入使用，香港铜锣湾禄劝城市综合广场、乌东德特色小镇等项目开工建设，紫溪星谷、圣果树、滨河广场、秀河映锦、三溪鼎晟温泉4期等一批商住小区建成入住，县城入城口南塘·公园里、迦南苑小区等项目启动建设，县城建成区面积达到7平方千米，常住人口城镇化率达30%。城乡品质进一步提升，清理整治“大棚房”、违建别墅、违法用地，拆除违法违规建筑115.84万平方米。县城美化、亮化、绿化工程持续推进，新增城市绿地15公顷，县城建成区绿化覆盖率达38.7%，国家园林县城通过复审验收。深入推进爱国卫生“7个专项行动”，国家卫生县城通过复审，创建省级卫生乡镇7个、省旅游扶贫示范乡4个、示范村2个，打造“传统村落”“红军村”“旅游村”56个。启动乌东德新村集镇建设，完成1195户4162人乌东德水电站移民搬迁安置，转龙、中屏、撒营盘等特色集镇建设加快推进，建成美丽乡村省级重点村33个。

六、生态环境更加良好

强化云龙水库保护，实施水源区“六项”治理工程，建成污水处理站58座，防护隔离栏123千米，火棘生态隔离带40千米，种植水源涵养林1.78万亩，完成“农改林”1.5万亩。全面落实“三级河长四级治理”责任，开展河湖“清四乱”专项行动、集中式饮用水源地专项整治，城乡黑臭水体全面消除，掌鸠河、普渡河水质明显向好，云龙水库水质稳定在Ⅱ类以上。推进生态修复治理，县内非煤矿山全部关停、采砂采石点有效控制，实施石漠化治理10.5万亩、治理水土流失面积20平方千米，营造林69.55万亩，森林覆盖率达61.62%，成功创建云南省生态文明县，国家级生态乡镇和市级生态村实现全覆盖。完成第二次全国污染源普查，污染物排放逐年下降，空气优良率100%。推进绿色发展，万元生产总值能耗累计下降20%。推进“厕所革命”，新建和提升改造城市公厕67座、乡镇公厕27座、农村公厕144座。建设垃圾收集处理设施1846个、污水收集处理设施396个。建成国家森林乡村7个，撒营盘镇书西村被评为全国乡村治理示范村。

七、发展活力显著提升

深入推进供给侧结构性改革，重点领域和关键环节改革取得明显成效。完成“营改增”、公务用车制度改革、政府机构改革，实施公务员职务与职级并行制度改革。开展不动产登记。“放管服”改革深入推进，公布“最多跑一次”事项221项。深化“先照后证”“多证合一、一照一码”、全程电子化登记、减证便民等商事制度改革，营商环境有效改善。理顺“两区”管理体制，转龙、乌蒙、雪山3个乡（镇）回归接管。农村土地承包经营权确权登记颁证工作圆满完成，国有林场改革通过省级验收。投融资、财税、教育、卫生、文化、生态、社会治理等领域改革稳步推进。推动创新能力建设，申报国家高新技术企业6家、省市科技计划项目97项，引进人才106名。累计签约招商引资项目121个，落地84个，到位市外内资245.95亿元，实际利用外资693万美元。

八、民生福祉全面提高

坚持以人民为中心，坚定不移加大民生投入，民生福祉不断增进。优先发展教育，禄劝职业高中实训基地、思源实验学校、云南新兴职业学院禄劝校区建成招生，禄劝一中创建省一级三等完全中学，完成106个“一村一幼”项目，105所义务教育学校“全面改薄”，新建7所乡镇公办幼儿园，教学质量明显提升，2020年高考本科上线率42.46%。完成农民体育健身工程10个，全国校园足球邀请赛、第一届“禄劝地标”穿越城市定向赛、“奔跑吧禄劝”大众欢乐跑成功举办。成功创建全国民族团结进步示范县，民族宗教工作获全国表彰，获云南省“双拥”模范县。基层公共文化服务体系不断完善，实施“百县万村”示范工程157个，建成综合性文化服务中心57个，创建民族团结进步示范村（社区）6个，申报非物质文化遗产项目10个，颁布实施《云南省禄劝彝族苗族自治县文化遗产保护条例》。医疗卫生资源进一步优化配置，卫生基础设施建设逐步改善，分级诊疗和双向转诊稳步推进，延安医院托管县人民医院工作顺利完成，县人民医院医技楼建成投入使用，县中医院整体搬迁项目加快推进，完成6个乡（镇）卫生院改扩建和189个村标准化卫生室建设，36种大病实现100%救治，基本实现“大病不出县、小病不出村、预防在基层”的目标。大力推进就业优先工程，累计城镇新增就业0.84万人，农村劳动力转移就业13.7万人，城镇登记失业率控制在4%以内。社会保险覆盖面不断扩大，全县医疗保险参保覆盖率98%。严格落实社会救助政策，投入各类救助资金6.61亿元，县社会福利院建成投入运营，建成团街、撒营盘等7所乡镇敬老院。全面深化殡葬改革，新建或提升改造农村公益性公墓42个。开展第七次全国人口普查，《自治条例》修订实施。

九、社会治理持续加强

坚持推进共建共治共享，打造禄劝特色社会治理现代化模式。党的核心地位不断巩固，以党建引领社会治理，深入开展“16+2”党建品牌培育工程，有效提升社会治理的广度、深度、精度。市域社会治理现代化试点全面推进，建立城乡社区综治维稳三级“网格化”管理体系，以基层党组织为核心的基层治理结构不断完善。严格落实安全生产责任，严密防控安全生产风险，有效遏制重特大安全生产和消防事故发生。建立健全食品药品安全监管机制，集中开展食品、药品安全专项整治。深化平安禄劝和法治禄劝建设，健全预防和化解社会矛盾机制，依法严厉打击各类违法犯罪行为，成功创建3个“全省民主法治示范村”，群众安全感满意度测评排名全市前列，社会大局保持和谐稳定。

对照《禄劝彝族苗族自治县国民经济和社会发展第十三个五年规划纲要》提出的4大类27项指标，地区生产总值、人均地区生产总值等14项指标完成或超额完成预期目标，地方公共财政预算收入、规模以上固定资产投资等10项指标完成情况与预期目标有一定差距，社会保障综合参保率、社会安全指数、环境质量综合指数3项指标县级无法测算。总的来看，民生服务类、资源环境类完成情况较好，部分主要经济指标因受疫情冲击和经济下行大环境影响没有达到预期。也要看到经济社会发展中还存在一些突出的矛盾和问题，主要是：经济总量小、发展速度不快、发展质量不高，产业层次低，市场主体弱，新动能成长缓慢。生态保护与治理任务繁重，土地指标争取难，发展空间制约严重。交通、水利、通信等基础设施滞后，投资增长乏力，对经济社会发展支撑弱。农村稳定增收支撑不强，巩固拓展脱贫攻坚成果任务艰巨。创新发展能力弱，科技对经济发展贡献率低。城乡发展不平衡不充分问题依然突出，教育、医疗、文化等服务水平不高。

（县发改局供稿）

禄劝彝族苗族自治县脱贫攻坚纪实

2020年，禄劝有“脱贫监测户”（产业支撑不强，就业不稳定，教育医疗等负担较重，家庭收入不能持续增长等，人均纯收入低于5000元，存在返贫风险的农户）647户、2022人，“脱贫边缘户”（收入不稳定，人均纯收入低于5000元，存在致贫风险的农户）516户、1742人，2类合计1163户、3764人，其中，符合条件的592户、1365人全部纳入“社保政策兜底”保障。继续执行脱贫攻坚各项惠农政策，以巩固脱贫成效，接续乡村振兴为工作主线，统筹开展各项工作。实施产业扶贫、健康扶贫、“社保政策兜底”、农村基础设施建设等措施，补短板，强弱项，巩固脱贫成效，为乡村振兴奠定基础，为全面小康筑牢基石。

一、产业扶贫

2020年，禄劝持续提升产业扶贫组织化程度，推进重点产业项目建设。实施万亩西柚种植加工项目，整理土地3600亩，种植西柚1300亩，西柚果汁加工厂建成试生产；实施郎之汤酒业项目，建成酒厂3个，投产2个，带动11个乡（镇）、35个村委会种植高粱2万多亩；实施上海黔道食品有限公司黑山羊养殖项目，建成养殖场并投入使用。建成牛羊和禽类集中屠宰冷链项目并投入使用。引进农业龙头企业，扶持和培育市级以上重点农业龙头企业23家，其中，省级4家。注册农村种养殖合作社42家，全县农民专业合作社1061家，培育村级重点合作社189家。出台《禄劝彝族苗族自治县产业扶持资金奖补和使用管理办法（试行）》，对新型农业经营主体、重点产业进行奖补，提高产业发展水平，培育壮大新型农业经营主体，增加贫困人口经营性收入和务工收入。2016年以来，全县严格落实各项惠农支农政策，年均种植粮食作物70万亩以上，粮食产业覆盖所有贫困户。引进神农集团、正邦集团等大型畜禽养殖企业，建成撒坝猪、黑山羊、乌骨鸡等养殖场126个，年均出栏生猪80万头，出栏肉牛10万头，出栏肉羊30万只，出栏禽类240万羽，受益农户2.46万户。引进柚乐农业、兰露梦、普林生物、厚实农业等企业，实现年均种植蔬菜11.2万亩，受益贫困户4405户、16298人；年均种植花卉6633亩，受益贫困户665户、2527人；年均种植中药材12万亩，带动农户12587户、45268人增收。种植葡萄、蟠桃、脆枣、西柚等精品水果3.6万亩，受益贫困户406户、1438人。开发禄劝农产品销售网，肉类、中药材、特色水果、花卉、酒水、绿色蔬菜、坚果、野生菌8个大类、51个农产品线上销售，利用县级电子商务公共服务中心、物流仓储中心、物流分拣配送中心和16个乡（镇、街道）服务站、121个村级服务站，实现农产品变商品、商品变收入。2016年以来，全县累计安排涉农资金20323.47万元，实施基础设施建设项目5个，种植产业项目38个，养殖产业项目7个，其他类产业项目27个，惠及11个乡（镇、街道）24个村、1925户贫困户。投入产业扶持资金207万元，培育蔬菜、花卉种植类经营主体32户，带动贫困户860户、1350人增收；投入产业扶持资金4193.65万元，培育特色水果产业类经营主体71户，带动贫困户2130户、8520人增收；投入产业扶持资金1373.25万元，培育中药材产业类经营主体22户，带动贫困户3272户、9162人增收；投入产业扶持资金1940.5万元，培育畜禽养殖类经营主体129户，带动贫困户1060户、3710人增收。培育省级示范合作社7家，市级示范合作社13家，市级及以上农业龙头企业23家，规模养殖场76家，养殖大户166家，家庭农场5家。成立禄劝农民协会和致富带头人帮扶协会，建成徐明博士站暨生物研发中心、普林生物高原特色水果孵化基地、云南高原特色葡萄研究基地。

二、健康扶贫

2020年，禄劝有脱贫监测户、边缘户1163户

3764人。贫困人口参加农村医疗保险率100%。落实大病救治政策，核准大病患者2725人，其中，救治32种大病患者1242人次，救治率100%。持续开展家庭医生签约服务，服务群众346752人次，履约率99.96%。累计有14917名贫困人口患者享受先诊疗，后付费“一站式”结算政策。2016年以来，禄劝先后投入资金4.2亿元，实施县中医院整体迁建工程，县医院医技楼建成投入使用，完成中医院“二级甲等”医院复审及县医院“提质达标”工作，48万人民群众拥有2所二级甲等医院，完成16个乡（镇、街道）标准化卫生院、189个行政村标准化卫生室建设。为每个村卫生室配备2万元的健康一体机、电子血压计等医疗设备，改善村民就医条件。完成16个乡（镇、街道）卫生院中医科（中医馆）建设项目。贫困人口实现基本医保、大病保险和医疗救助三项制度全覆盖。为1322名特殊困难群众报销住院医疗费697.66万元。县财政筹集资金2000万元，设立大病、慢性病医疗救助基金，用于全县农村居民大病、慢性病患者救助，累计救助大病患者1246人次，使用救助资金1000.52万元，救助慢性病患者59492人次，使用救助金2823.97万元。2016年至2019年，全县累计纳入医疗救助224258人次，投入医疗救助资金7239.58万元，其中，报销医疗救助38693人次，资金4944.59万元；为建档立卡贫困户、城乡低保对象、特困供养人员、一二级重度残疾人购买医疗保险185565人次，资金2294.99万元。2016年，为5067名患者解决医疗费649.8万元，为33126名城乡低保、特困供养人员购买城乡医疗保险397.51万元；2017年，为18982名患者解决医疗费1162.5万元，为47466名城乡低保、特困供养人员、建档立卡户购买城乡医疗保险566.77万元；2018年，为9830名患者解决医疗费1923.28万元，为104973名城乡低保、特困供养人员、建档立卡户、一二级重度残疾人购买城乡医疗保险1330.71万元；2019年，为4814名患者解决医疗费1209.01万元。

三、农村危房改造

2020年，禄劝持续开展农房抗震改造工作，改造农户住房646户，12月，竣工入住487户，159户正在施工中。拆除村民闲置危房8套，并进行复垦绿化。组织各乡（镇、街道）开展贫困户“住房安全有保障”排查和农村危房改造查缺补漏工作，排查结果录入脱贫攻坚检索系统，录入贫困户住房安全保障信息25358条，占需录入户数的97.7%。2017年以来，全县实施农村危房改造54801户，其中，“4类重点对象”危房改造23454户（修缮加固8674户，拆除重建14780户），非4类重点对象危房改造31347户（修缮加固16065户，拆除重建15282户）。截至2019年年底，全县累计完成农村危房改造54801户，农户全部搬迁入住。累计投入中央和省、市、县各级农村危房改造补助资金188457.9万元，其中，中央和省级补助资金49253.4万元，市级补助资金105156万元，县级补助资金34048.5万元。

四、饮水安全

2020年，禄劝实施农村饮水安全巩固提升项目169个，年底全部竣工投入使用，全县43个自然村1933户、6501人“吃水窖水问题”得到全面解决。成立8个检查组，对全县农村饮水安全进行全面检查，发现问题及时整改，通过排查整改，全县17个乡（镇、街道）全部达到农村饮水安全要求。2016年以来，全县累计完成水利投资13.68亿元，新建（续建）水库7座，实施小型水库及坝塘除险加固64座，建成“五小水利”1967个，水利设施覆盖98%以上村组，改善农田灌溉条件12.3万亩，有效推进农村地区产业结构调整和升级。投入农村饮水安全工程建设资金3.39亿元，实施农村饮水巩固提升、集雨水窖改造、“水窖替代工程”、泵站提水、光伏太阳能提水等农村饮水安全工程826件，实施乡（镇）集镇供水改扩建工程15件，购置安装集中式饮水处理设备224台，家庭式净水设备5589套，解决64258户25.75万人饮水安全问题。

五、社保兜底保障

2020年，禄劝有农村低保户8020户、14592人，通过“社银一体化”向各类社会救助对象发放资金9948.42万元。制订《禄劝彝族苗族自治县脱贫攻坚社会救助兜底保障“兜准、兜住、兜牢”行动方案》，对贫困户中的“脱贫监测户”、因灾户、因病户、因残户、2018年以来退出低保家庭和卡外“脱贫边缘户”六类户6892户、23471人进行全面比对和摸底排查，通过核实，新纳入低保1297人，特困供养人员24人，实施临时救助979人，采取其他帮扶措施14192

人。2016年至2019年，全县累计纳入农村低保对象42263户、95124人，发放低保金34561.51万元，其中，建档立卡贫困人口纳入低保24614户、53150人。2016年全县有农村低保户11776户、35368人，发放资金10315.54万元，其中，建档立卡贫困户纳入低保6295户、16221人，占低保人口总数的45.86%；2017年全县有农村低保户8866户、18626人，发放资金7465.92万元，其中，建档立卡贫困户纳入低保4108户、9484人，占低保人口总数的50.91%；2018年全县有农村低保户6333户、12977人，发放资金5233.81万元，其中，建档立卡贫困户纳入低保4102户、8321人，占低保人口总数的64.12%；2019年全县有农村低保户7268户、13561人，发放资金5935.3万元。在低保、医疗救助、特困人员供养等救助的基础上，针对因灾、因病、因突发事故等造成临时困难的群众及时给予救助。2016年至2019年，投入临时救助资金6269.55万元，救助困难群众128372人次。其中，2016年投入资金2038万元，救助群众43857人次；2017年投入资金735万元，救助群众8330人次；2018年投入资金1510.65万元，救助群众8622人次；2019年投入救助资金1985.9万元，救助群众67563人次。

六、就业扶贫

2020年，禄劝培训农村劳动力25753人次，其中，引导培训20000人次，技能培训5588人次，创业培训165人次。转移输出农村劳动力24005人次，完成目标任务24000人次的100.02%。创建就业扶贫车间4个，全县有就业扶贫车间34个，吸纳农村劳动力就业4035人次，其中，贫困劳动力1366人次。全县有5个省、市级创业园区，3个农业创业园区，1个农业创业孵化基地，带动农村劳动力就业创业735人次。设置乡村公益岗位4959个，安排贫困人口4959人次就业。2016年至2020年，累计完成农村劳动力转移就业培训134202人次，其中，引导性培训99056人次，技能培训34065人次，创业培训1081人次。完成农村劳动力转移就业141227人次。

七、农村公路建设

2020年，市级下达禄劝实施安福至高宗科等18个农村公路硬化项目，建设里程77千米，总投资5390万元，年末，建设项目全部竣工投入使用。投入资金450万元，实施农村公路改扩建项目4个，改造里程34.6千米，12月，完成3个项目建设。全县行政村通村公路硬化路率100%，通客车率100%，自然村通公路率100%，公路硬化率89.1%。自脱贫攻坚开展以来，禄劝在中央、省、市的关心支持下，实施“脱贫攻坚，交通先行”战略，开展行政村至乡（镇）、县城通硬化路建设工程。2016年至2020年，全县道路交通基础设施建设总投资131757万元，其中：投入资金90486万元，实施农村公路路面硬化工程1672千米（含帮扶单位投资25400万元，建设508千米）；投入资金10384万元，实施路基改造工程754.6千米（含帮扶单位投资3322万元，改造166.1千米）；投入资金1189万元，实施窄路基路面改造工程80千米；投入资金6000万元，实施旅游公路改造工程26千米；投入资金6708万元，实施农村公路修缮工程项目17个，改造危桥10座；投入资金16990万元，安装农村公路安全防护栏2671千米。

八、教育扶贫

2020年，禄劝落实义务教育基本均衡发展政策，促进教育公平。开展“控辍保学”工作，实现学生辍学“增量动态清零”目标。全县有各级各类学校142所，教学班1692个，在校学生61189人，教职工5054人。其中：初中16所，教学班318个，在校学生14836人，教职工1369人，初中毛入学率107.02%；普通高中3所，教学班144个，在校学生8026人，教职工593人，高中阶段毛入学率90.94%；职业高级中学1所，教学班79个，在校学生3465人，教职工154人；教师进修学校1所，专任教师18人；小学41所，教学班762个，在校学生25274人，寄宿学生13179人，适龄儿童入学率99.85%，九年制义务教育巩固率90.79%；幼儿园80所，在园幼儿9588人，教职工924人，学前三年毛入园率90.6%。2017年起，县财政每年预算教育经费3200万元，对县域内农村家庭学生高中阶段实行免教科书费、学费、住宿费，补助生活费的“三免一补”政策。2020年春季学期，发放学前教育家庭经济困难幼儿补助6196人、92.94万元；发放“营养改善计划”补助1574.6万元，补助学生39365人，其中，小学24797人，补助资金991.88万元；初中14568人，补助资金582.72万元。发放城乡义务教育阶段家庭经济困难学生生活费补助18663人、1000.7万元，其中，小学补助10264人、480.77万元，初中补助8399人、520万元。发放普通高中国家助学金3735人、357.35万元，其中，一等助学金1549人、193.62万元，二等助学金2186人、163.95万元。发放普通高中贫困家庭学生免学费补助1387人、55.48万元；发放贫困家庭子女生活费补助1297人、149.16万元；发放普通高中贫困户子女教科书费、住宿费补助1277人、38.31万元；发放职业教育阶段享受国家助学金补助2562人、256.2万元；发放国家免学费补助3429人、342.9万元。

九、电商扶贫

截至2020年年底，禄劝建成1个县级电子商务公共服务中心，17个乡（镇、街道）电商服务站和121个村级电商服务站，为群众提供电商服务，解决群众“卖难、买难”问题，促进城乡经济一体化发展。开展电商综合知识培训150期，培训电商经营服务人员10208人次。动员禄劝乐村淘网络科技有限公司、中国邮政云南禄劝分公司、禄劝禹诺商贸有限公司、社员网等县内各农产品电商企业，组织撒坝猪、乌骨鸡、黑山羊、板栗、核桃、野生菌、蜂蜜、红糖、土鸡蛋、中药材等农特产品上网销售，2017年农副产品销售收入2535万元，2018年农副产品销售收入5158.6万元。

十、对口帮扶

2020年，上海市援助禄劝帮扶资金3580万元，其中，项目资金3300万元，劳务协作资金280万元。援建帮扶项目7个，合计投入资金3300万元；市级财政投入资金3580万元，其中，用于产业扶贫2570万元，就业扶贫280万元，基础设施建设730万元。2016年来，禄劝先后与上海市普陀区、北京市朝阳区签订对口帮扶协议，昆明市五华区、官渡区、盘龙区、西山区、安宁市、呈贡区等县（市）区及省、市49家单位挂钩帮扶禄劝。帮扶单位累计选派驻村工作队员207名，派出帮扶干部5807名，上海市普陀区、北京市朝阳区、南光集团等对口协作扶贫单位捐赠帮扶资金1.16亿元；昆明市五华区、官渡区等省、市帮扶单位投入帮扶资金6.3亿元，实施产业项目10个，基础设施建设工程140件。2019年以来，争取东西部扶贫协作项目12个，合计投资5550万元。昆明市五华区、官渡区、盘龙区、安宁市、呈贡区等县（市）区及32家市级单位对17个乡（镇、街道）开展定点帮扶工作，提供就业岗位72720个，转移禄劝农村劳动力就业6044人次。

十一、易地扶贫搬迁

2020年，禄劝着力构建各乡（镇）易地扶贫搬迁群众增收产业体系，帮助搬迁群众实现持续稳定增收。全县535户易地扶贫搬迁建档立卡贫困户中，有254户、389人得到就业扶贫，其中，公益性岗位就业62户、67人，劳务输出227户、322人。2016年9月，按照“中央统筹、省负总责、市县抓落实”要求，禄劝成立县易地扶贫搬迁工作协调小组，办公室设在县发改局。各乡（镇、街道）成立易地扶贫搬迁工作领导小组，构建起县委主导、政府主抓、指挥部统筹、平台公司服务、乡（镇、街道）具体抓落实的工作格局，有序开展易地扶贫搬迁工作。按照宜居、宜业、宜游的原则，创新工作思路，按规划组织实施易地扶贫搬迁工作，确保贫困人口搬得出、稳得住、能致富。搬迁对象符合“一方水土养不起一方人”6类区域的建档立卡贫困人口，共涉及14个乡（镇），535户建档立卡户1833人，其中，6户以上集中安置区21个、416户、1460人（建档立卡户391户、1344人，同步搬迁户25户、116人），6户以下分散安置建档立卡户144户、489人。全县易地扶贫搬迁项目建房560套，建房总面积41533.39平方米，其中，535户建档立卡户建房总面积38189.46平方米，于2018年年底全部建成搬迁入住，入住率100%。3个集中安置点配套基础设施建设已完工并投入使用。易地扶贫搬迁项目实施后，使生活在条件恶劣的贫困地区人民群众的出行、居住环境、生产生活条件等有了极大的改善。中央、省级划拨给禄劝易地扶贫搬迁资金10585.57万元。住房建设补助资金按照人均补助2万元落实，签订旧房拆除协议并按期拆除旧房的建档立卡贫困户人均奖励0.6万元。全县易地扶贫搬迁发放住房建设补助资金3471.12万元，旧房拆除奖励资金1099.8万元，基础设施和公共服务设施建设投入资金4559.96万元，养殖小区建设及后续产业发展投入资金1454.7万元，合计投入资金10585.57万元。

（李荣文）

禄劝彝族苗族自治县新冠肺炎疫情防控纪实

2020年，县委、县政府坚决贯彻落实习近平总书记关于疫情防控工作的一系列重要讲话和指示批示精神，弘扬践行伟大抗疫精神，建立县、乡、村、组四级疫情防控工作协调领导机构，统筹全县疫情防控工作。推行疫情防控网格化管理，设立三级疫情防控点、集中留置观察点，扎牢“外防输入、内防扩散”防线，广泛宣传发动，建立全民抗疫格局，取得“零确诊”“零感染”病例的疫情防控成绩。

一、工作保障

1月22日，召开禄劝彝族苗族自治县疫情防控工作会，县长李开德对新型冠状病毒感染的肺炎疫情防控工作进行安排并提出要求，全县新型冠状病毒感染的肺炎疫情防控工作全面启动。及时建立起县、乡、村、组“四级责任网”，实施外网、内网、基层网“三网”管控，严防外部输入，严控内部传播。全年多次召开疫情防控工作会，对贯彻落实疫情防控政策措施进行安排部署。累计拨付疫情防控资金1665万元，保障卫生部门医疗救治、医用物资采购、隔离病房建设、医护和防控人员临时性工作补贴及其他疫情防控所需支出。储备疫情防控物资22个种类，确保全县疫情防控工作的开展。

二、落实疫情防控措施

（一）疫情排查和集中留置观察

设立县、乡、村三级疫情防控点、集中留置观察点，扎牢“外防输入、内防扩散”防线。常态化依托“云南抗疫情”“禄劝疫情防控系统”“云南健康申报”系统，排查省外非湖北入境人员7407人，湖北入境重点人员1109人（含武汉籍35人）。在县委党校建立新冠肺炎疫情防控县级留观点，2月3日至28日期间，接收机关单位留观人员43人。

累计报告疑似病人9例，确诊病例0例；入院隔离治疗9人，出院9人，重症0人，死亡0人；不明原因发热患者0名，现场排除0人。采集标本679人次，其中，疑似病人9人，确诊病例密切接触者27人，无症状感染者密切接触者3人，其他地区入境和高风险人群环境监测集中留观人员592人，看守所羁押人员27人，国外入境人员1人，其他20人。完成禄劝彝族苗族自治县返禄人员排查1331人，采集标本226份；流调组派出流行病学调查人员323人次，出车107车次，处置相关疫情108起，流行病学调查3543人；消杀组派出189人次，出车26车次，消毒117场次。

（二）落实疫情防控

强化值班值守，全县各级各部门做到24小时值班人员在岗，按照市、县指挥部的要求，实行疫情日报制度。各乡（镇、街道）、县级各部门落实好各项疫情防控措施，及时掌握突发信息，做到有重要信息第一时间报告。严格执行疫情防控值班值守制度，加强节假日期间值班值守，交通枢纽站点、医疗机构实行24小时在岗履职，落实疫情快速反应和应急处置机制，保持多部门联防联控和信息互通共享，确保紧急突发疫情能及时妥善处置。

1月25日起，关停县域内文化旅游市场，县文化馆、县图书馆闭馆，取消全县春节文化旅游系列活动。1月29日起，交通方面全面停止客运公交车路线、网约车营运，打击非法营运。设置县级堵卡点10个，乡、村、组检查点900余个，全面开展疫情防控检查，劝返非禄劝籍入境车辆，检查过往车辆及人员身体状况。开展客运站、渡口渡船、客货运输车辆疫情防控检查。严格执行“三不一优先”（即保障防疫应急物资和人员运输车辆不停车、不检查、不收费，优先便捷通行），开设防控应急物资“绿色通道”，保障运输畅通。严格落实防疫政策，坚决阻断病毒传播渠道；保障公路交通网络不中断，应急运输“绿色通道”不中断，必要的群众生产生活物资运输通道不中断。制订《疫情防控道路保障方案和运输保障应急预案》，整合交通运力资源，组建交通应急队伍，储备县疫情防控应急客运车辆30辆，可供448人应急转移；储备疫情防控应急运输货车20辆，可紧急调运311.84吨应急物资；储备挖掘机27台，装载机32台，覆盖全县各个区域。对正常运营出租车进行补贴，出租车城区出行每趟减免1元钱，每月减免2000元承包金，共减免33万元。禄劝客运中心为出租车和应急车提供整车消毒，每天不少于2次。七彩筋斗云网约车公司调出20辆网约车分派各卡点提供无偿服务。

执行《关于暂停2020年春节高峰期各类大型活动的通知》要求，暂停各类宴席聚餐聚会活动，杜绝亲朋好友之间轮流请客，严禁农村集体聚餐，暂停各类集体聚餐活动。监督检查食品经营户6308户次，餐饮经营户4479户次。对县城11家企业开展食品安全抽检工作23批次，涵盖农贸市场、商场超市、桶装水生产企业等领域。立案查处食品安全方面的违法案件15件。执行《关于暂停有关经营活动的通告》要求，暂停一切活禽交易和宰杀经营活动，关闭活禽交易市场14个，涉及活禽经营户438户，督促市场开办者清洁消毒200次。加强野生动物市场监管，严厉打击野生动物交易，依法禁止销售野生动物及其制品，禁止餐饮单位加工销售野生动物及其制品。暂停水产品经营户从外地进货。暂停KTV、网吧、酒吧、水吧等经营活动。执行《关于有关经营场所暂停营业、延期开市的通告》要求，汇辉建材城、博汇综合市场暂停营业；武康、全友等全部家具经营户暂停营业；驰远、云鹏等全部汽车交易市场暂停营业；中信、振华等全部电器经营户暂停营业；所有宠物店、鸟类经营户暂停营业；所有烧烤经营户暂停营业。各乡（镇、街道）劝导人民群众暂停街天赶集25次。

关注人员密集场所，督促农贸市场开办方落实主体责任，农贸市场内从事经营活动的人员必须戴口罩上岗，进入农贸市场人员必须戴口罩，必须经过体温检测，凡是体温高于37.3摄氏度的人员必须登记并及时报告。加强商场超市疫情防控，全县商场超市从业人员必须戴口罩上岗，进入商场和超市人员必须戴口罩，必须经过体温检测，凡是体温高于37.3摄氏度的人员必须登记并及时报告。督促全县所有正常营业的餐饮服务单位从业人员必须戴口罩上岗，督促网络订餐送餐单位对配送人员每日进行晨检，送餐箱及相关用具每日清洗消毒不少于2次。

加强药品销售企业管理，督促各药品销售企业对购买发热、咳嗽药品人员进行实名登记，并安排专人进行登记汇总上报。在商场超市、药店、农贸市场、餐饮门店等经营场所推广应用“云南抗疫情”扫码登记程序。利用云南市场监管一体化平台，筛选出在禄劝境内经商办企业的高风险地区人员，按各市场监管所管辖区域分片开展摸排工作，密切关注高风险地区在禄劝经商办企业人员的运行轨迹，发现可疑情况及时报告属地党委、政府。加强药品、医疗器械监管，加强安全隐患排查，严厉惩治制售假冒伪劣药械产品违法违规行为，监督检查口罩经营户1878户次，药品经营户2520户次，消毒杀菌用品经营户2195户次，立案查处违法销售药品医疗器械案件1件。加强对涉及疫情防控的温度计、口罩、消毒水等产品质量安全监督检查，对县内各类药品、医疗器械捐赠物资质量进行把关，审核捐赠物资质量5次，组织抽取防护口罩送省医疗器械检验研究院检验1次。

加强疫情防控相关用品价格监管，关注粮油肉禽蛋等生活必需品市场价格变化，惩治囤积居奇、哄抬价格、串通涨价等扰乱市场秩序的违法行为，立案查处价格方面的违法案件2件。开展惩治妨害国（边）境管理犯罪百日行动，对26名持有效证件在县内常住的境外人员和15名事实婚姻“三非”外籍人员落实管控措施，2020年无境外疫情输入。查处网上非法传播疫情谣言案1起，治安处罚1人、训诫2人，查处涉疫口罩诈骗案1起，刑事打处1人。

（三）加强宣传教育

加强农贸市场监督检查，重点对禽类和水产品进行监管，规范市场内交易行为，督促农贸市场开办方做好清洁、消毒、通风等工作，发放张贴防控宣传画册，宣传疫情防控有关要求和防控知识。县疾控中心对茂山换流站、中屏换流站、华新水泥厂、云南变电公司和乌东德水电站等复工企业开展流行病学调查和疫情防控知识培训，其中，茂山换流站培训882人次，中屏换流站培训876人次，华新水泥厂培训624人次，云南变电公司培训546人次，乌东德水电站培训4000余人次。各级共青团组织和团员青年悬挂张贴宣传标语500余条（幅），播报疫情防控知识和信息700余条（次），发布微博信息200余条（次），发布微信信息600余条（次），覆盖群众2万余人次。

三、复工复产复学

坚持疫情防控和复工复产两手抓，加大对受疫情影响较大的民营企业和中小微企业的支持力度，推动复工复产，乌东德水电站、中屏换流站、昆北换流站、华新水泥厂等重点企业有效复工复产，实现疫情防控与复工复产两不误。

县农业农村局采用小喇叭、电子屏、QQ、微信、发文等渠道广泛宣传关于农产品及生产资料运输、涉农企业复工复产事项。2月14日，县农业农村局印发《关于加强疫情防控统筹抓好春耕备耕生产的通知》，要求各乡（镇、街道）农业综合服务中心加强疫情防控，统筹抓好春耕备耕生产工作。2月18日，县农业农村局印发《关于农产品及生产资料运输、涉农企业复工复产事项的告知书》，动员引导全县涉农企业复工复产；印发《2020年春耕备耕工作的指导意见》，对全县春耕备耕工作提出指导意见。县发改局起草《禄劝彝族苗族自治县关于应对疫情稳定经济运行措施的实施意见》，抓好稳增长政策落实，统筹推进新冠肺炎疫情防控和经济社会发展各项工作。

县市场监督管理局为行政许可业务办理提供便利条件，发布《关于加强疫情防控实行行政许可“网上办、零见面、保安全”的公告》，对确需办理相关行政许可业务的企业，引导申请人以网上申报、在线预审、证照快递送达等方式办理，推行“网上办、零接触”审批服务模式，做好全流程网上审批工作。便民窗口开展“非必须、不窗口”办理许可事项61件，其中，通过网上办理7件，预约服务办理53件，邮寄办理1件。接受电话咨询68次。以网格化监管模式，帮助指导各类市场主体在做好人员防护、场所消毒等防疫措施基础上恢复生产经营活动。按照《禄劝彝族苗族自治县贯彻落实省市关于应对新冠肺炎疫情分区分级分类防控措施的通告》要求，做好市场主体分级分类管理，对容易造成人员聚集的封闭式经营场所（如KTV、酒吧、影剧院、室内健身场馆、农家乐等）从严控制复工复产，降低聚集性疫情风险。

2月9日起，交通建设施工企业复工需提交申请至县交通运输局审核。制订《禄劝彝族苗族自治县道路运输企业加强疫情防控复工复运工作方案》，2月22日9点10分，禄劝汽车客运站恢复交通营运。

根据《2020年春季学期开学和校园疫情防控的工作方案》，3月23日，禄劝一中、民族实验中学、西点实验学校高三年级上午开学，初三年级下午开学；职业高级中学高三年级分上午、下午按班级分流错峰开学；秀屏中学、屏山中学、思源学校初三年级分上午、下午按班级分流错峰开学；其他学校初三年级分流错峰开学。3月30日，高中学校高一、高二年级开学；各中学初二年级上午开学，初一年级下午开学；各小学四年级、五年级、六年级上午开学，一年级、二年级、三年级下午开学。4月7日，各幼儿园根据班级情况分流错峰开学。学生开学后一个月内，实行连续两周在校学习和错峰周末休息的教学安排。

4月，推动旅游行业逐步复工复产。严格落实景区景点的排查管控工作，落实实名制购票、健康码扫码亮码、测体温、戴口罩等常态化防控措施。

四、志愿服务与捐赠

县红十字会开展疫情防控知识宣传，动员社会各方力量为疫情防控捐款捐物，募集款物238.07万元，其中，筹款182.74万元，筹物价值55.33万元，全部款物按捐赠者意愿拨付相关部门，并由审计部门开展审计和公示。县委老干局组织离退休干部捐款抗疫，累计接受捐款74笔1.69万元。新冠肺炎疫情期间，县总工会筹措专项慰问资金17.52万元，用于疫情防控一线工作人员慰问；筹措资金9.6万元，购买2万个口罩，下发至全县各机关单位干部职工。县总工会组织大型职工志愿服务活动3次，参与志愿服务人员1200多人。团县委组建“抗疫青年突击队”，参与疫情防控青年志愿者组织20个，参与志愿者600余名，设置志愿服务岗位90个，志愿服务时长5万多小时。各级妇联组织、妇联干部、巾帼志愿者和社会爱心人士参与抗疫，筹措资金11.94万元，参与抗疫活动。县内5家民营企业、1个商会组织共捐赠价值24.95万元的物资用以抗击疫情。禄劝本土企业云南百草堂药业有限公司筹集医用酒精960升，在县城各门店免费发放。县运管分局为客运站消毒点捐赠消毒液1050瓶，在县城设点为所有车辆免费消毒。县交通运输局捐赠医用防护口罩1500只，额温枪110支，防护服200套。

五、疫情防控常态化

（一）巩固疫情防控成果

严格落实“外防输入、内防反弹”防控策略，继续执行扫码亮码、体温检测制度，组织开展疫情防控期间“三查三告知”专项行动工作，排查上报本单位有德宏州瑞丽市等中高风险地区旅居史人员。全县所有医疗卫生机构在门诊大厅醒目位置设置发热门诊、预检分诊室，设专门医护人员进行预检分诊工作，实行24小时值班制度，并进行就诊人员信息登记。县第一人民医院在感染科一楼设置发热门诊，实行24小时值班制度，配置专门医生、护士值班，设置隔离留观病房3间，床位5个。持续做好医疗卫生、农贸市场、餐饮服务单位、学校、旅游景区等重点场所的疫情防控工作，推进“云南健康码”亮码通行常态化，为全县经济社会发展提供健康环境保障。

（二）医疗卫生安全、冷链食品安全监管

截至9月30日，县卫生健康监督执法局监督检查医疗卫生机构192家次、集中医学观察点29个次、

2020年1月23日，县公安局疫情防控突击小分队成立（陆春海　摄）

消毒产品经营单位80家次、餐具饮具集中消毒服务企业9家次、公共场所644家次、企业职业卫生72家次，发放卫生监督意见书131份。县市场监管局进一步提高冷链食品安全监管工作规范化、科学化水平，防范冷链食品新冠病毒污染风险。建立冷链食品防疫工作机制，加大日常监管，做好数据管控，压实经营者主体责任，加强冷链食品追溯管理。强化风险排查机制，落实集中监管仓运行管理制度，做好进口冷链食品核酸检测和全面预防消毒。加大案件查办力度，坚决防范进口冷链食品国内流通和输入性风险。

（三）防疫抗疫能力建设

加强核酸检测能力建设。县第一人民医院7月实施核酸检测实验室改造项目。8月7日，施工队正式进场施工。9月19日开始，县第一人民医院发热门诊患者、新入院患者全部纳入核酸检测范围。截至9月29日，县第一人民医院进行核酸检测870人次，其中患者846人次。医护人员分批次落实核酸检测。11月3日起，县第一人民医院核酸检测实验室正式开展新冠病毒核酸检测工作。将发热门诊患者标本与普通门诊标本、住院患者标本标注明显的区别标识。县级各医疗卫生机构对发热患者及所有住院病人开展核酸检测，做到应检尽检。县疾病预防控制中心将四楼、五楼业务科室搬迁至县健康教育所，原用房用于改建2间核酸检测实验室，能独立完成日常核酸检测。总投入资金110万元，每个实验室面积128.9平方米，实验室改造及设备安装均由云南云投生态环境科技股份有限公司负责。第一间核酸检测实验室已投入使用，第二间核酸检测实验室资料准备完毕，正在联系省级验收备案。

加强防疫队伍建设。8月10日，市卫健委下发《关于组建各级应对新冠肺炎疫情防控专业队伍的通知》，禄劝成立89支应急核酸采样小组，每支核酸采样小组2人，共178人；成立应对新冠肺炎疫情防控流调队79人；应对新冠肺炎疫情防控消杀队126人；应对新冠肺炎疫情防控检验队10人。根据市卫生健康委《关于开展应对秋冬季新冠肺炎防疫队伍大培训的通知》，8月18日在县中医院五楼会议室组织应对秋冬季新冠肺炎防疫队伍大培训，其中，流调队参加36人，采样小组参加64人，检验队参加3人，消杀队参加58人，防疫队伍161人参加培训。9月15日，在县卫健局七楼小会议室组织全县各医疗机构检验科代表27人参加核酸检测、采样相关疫情防控知识培训。

加强县级集中隔离点设施建设。将和谐小区设置为集中隔离医学观察场所，并对其进行改造，与其他区域隔开，确保隔离区域相对独立。房间通电、通水、有卫生间，配置床、饮水机、沙发、纸杯等物资，保证隔离人员生活所需。制订应对疫情暴发紧急征用、启用备用集中隔离医学观察场所的方案、预案。各乡镇提前做好集中隔离点备选准备。

（四）防范境外疫情输入风险

按照“外防输入、内防反弹”原则，扛牢压实疫情防控政治责任，充分发挥各级党组织作用，广泛动员群众，加强群防群控，紧盯薄弱环节，坚持关口前移，织密防控网格。密切关注边境邻国疫情发展情况，根据《关于进一步加强疫情防控期间“三查三告知”专项行动的工作方案》《新冠肺炎常态化监测预警工作实施方案》《关于进一步加强扫码亮码等疫情防控工作的通知》《关于进一步开展辖区内重点人员排查管控工作的通知》等文件精神，落实《关于印发全县秋冬季疫情防控大排查工作方案的通知》要求，做好常态下“外防输入、内防反弹”各项防控工作。开展缅甸等边境邻国及瑞丽市进入禄劝等重点人员排查，对社区、村庄、小区、楼栋、家庭等进行全覆盖排查，并加强城中村、城乡接合部、企业、厂矿、工地以及124个老旧小区、23个商住小区、5个保障房小区、出租房等重点部位的疫情监测，所有家庭、村组、社区实行外来人员报告制度，及时发现报告防控隐患线索，对排查到的境外入禄、返禄人员严格按要求实行分类管理，第一时间妥善处置，严防相关人员偷渡入境。

（县志办整理）

大事记

责任编辑　李　欢

1月

5—6日 禄劝彝族苗族自治县文学艺术界联合会第三次代表大会在禄劝会堂召开，会议明确今后五年的目标任务，选举产生县文联第三届委员会。

9日 中国共产党禄劝彝族苗族自治县第十四届委员会第八次全体会议在禄劝会堂召开。

10日 全县深化殡葬改革工作会在县城召开。根据《禄劝彝族苗族自治县关于全面深化殡葬改革工作的实施方案》，2月1日零时起，全县辖区内100%划为火葬区，除国家允许遗体可以不火化的10个少数民族外，遗体100%火化、骨灰100%入公墓安葬。

14日 全县“不忘初心、牢记使命”主题教育总结大会在县城召开。会议全面总结全县主题教育取得的成效、经验做法和启示，并对巩固提升主题教育成果、加强制度建设、形成长效机制等做出安排。市委第一指导组组长赵春泉到会指导。

16日 省水利厅副厅长胡荣带队到禄劝调研云龙水库水源区保护治理工作。

17日 省政协主席李江一行到禄劝走访慰问困难党员和群众。省政协秘书长刘建华，市政协主席熊瑞丽，县委书记焦林，县长李开德，县政协主席张庆学等参加慰问。

19日 2020年全县文化、科技、卫生“三下乡”暨“我们的节日·春节”活动在皎平渡镇举行，活动以“讲文明、树新风、讲奉献、爱家乡”为主题，宣传党的十九届四中全会精神。

21日 中国共产党禄劝彝族苗族自治县第十四届纪律检查委员会第五次全体会议在禄劝会堂召开。

22日 县人民政府召开全县新型冠状病毒感染的肺炎疫情防控工作会议，会议由副县长李兴翠主持，县长李开德对新型冠状病毒感染的肺炎疫情防控工作作出安排。全县新型冠状病毒感染的肺炎疫情防控工作全面启动。

23日 屏山街道、崇德街道析置授牌授印仪式在县城举行。

25日 为防控新冠肺炎疫情，县域内文化旅游市场关停，县文化馆、县图书馆闭馆，全县春节文化旅游系列活动取消。

29日 为防控新冠肺炎疫情，禄劝城际客运班线、城乡客运班线全部停运，跨省、跨市、跨县域出租汽车（巡游车、网约车）运营和派单全部暂停，城市公交车、巡游出租车只能在县城规划区范围内运营。2月22日起，交通营运逐步恢复。

2月

11日 县委书记焦林到华新水泥（禄劝）有限公司检查指导疫情防控和恢复生产工作。

15日 市委副书记刘智，副市长赵学农一行到禄劝调研疫情防控、脱贫攻坚、生产保供及企业复工复产等工作。

21—22日 市委常委、市委政法委书记李建阳到华新水泥厂、西柚加工厂、乌东德水电站等企业调研疫情防控、企业复工复产等工作。

25日 禄劝彝族苗族自治县“扫黑除恶”专项斗争线索核查中心挂牌成立。

26日 禄劝首个农村电网改造升级自筹项目屏山街道旧县上村、东华村低压台区改造工程开工复产。

28日 省委常委、省委宣传部部长赵金到禄劝调研宣传思想文化和脱贫攻坚工作。市委副书记刘智，市委常委、市委宣传部部长金幼和，县委书记焦林，县长李开德等参加调研。

是月 县委书记焦林，县长李开德，县人大常委会主任张光文，县政协主席张庆学等县领导多次到乡镇、企业检查指导疫情防控工作。

3月

18日 禄劝彝族苗族自治县2020年农村劳动力到新疆务工欢送仪式在县城举行。130名农村劳动力到新疆务工。

23日 省图书馆副馆长鲁颖带队到禄劝法院调研全民阅读推广、数字图书推广等工作。

同日 因新冠肺炎疫情影响，全县20所初级中学初三年级、3所高级中学高三年级开学，7000余名学生错峰返校报到，其他年级学生推迟开学。

24日 省委常委、市委书记程连元到禄劝调研云龙水库改扩建项目、脱贫攻坚等工作。市委常委、市委秘书长夏俊松，市委常委、副市长胡宝国，副市长赵学农，县委书记焦林，县长李开德等参加调研。

26日 禄劝彝族苗族自治县2020年一季度重点项目集中签约仪式在县城举行，县长李开德代表禄劝与华新集团、昆明滇池水务股份有限公司、禄劝康德养老服务有限公司、昆明梁信投资集团签订项目合作投资协议。项目集中开工仪式在县中医院整体搬迁项目施工现场举行，县中医院整体搬迁、团街至云龙公路建设、本业水库建设等9个项目集中开工，总投资额14.75亿元。

4月

1日 省档案局副局长段俐娟一行到禄劝调研精准扶贫档案、红色档案及国家综合档案馆建设等工作。

2日 禄劝彝族苗族自治县社会应急联动指挥中心挂牌成立。

9日 市人大常委会主任拉玛·兴高到中屏镇植桂村委会、中屏村委会火本村、团街镇治安村委会等地，就产业发展、消费扶贫、脱贫攻坚成效巩固与乡村振兴有效衔接等工作进行督导调研。

同日 昆明市东川、寻甸、禄劝3个县（区）脱贫攻坚巩固提升"回头看"互检自查工作情况反馈会在禄劝召开。

9—11日 国家文物局专家组到禄劝开展皎平渡红军长征纪念馆迁建选址调研。

13日 国家统计局昆明调查队到禄劝调研脱贫攻坚普查工作。

14日 市人大常委会副主任毕惠芝到禄劝调研民族自治地方立法修正工作，县人大常委会主任张光文等参加调研。

17日 市长王喜良到转龙镇调研脱贫攻坚工作。

28日 禄劝2020年首批中央预算内农村电网改造项目：撒营盘镇撒冲村委会杨柳河村、尚德村委会十八组、高安村委会八村3个台区公变和低压线路完成全部改造工程。禄劝首个农村电网改造单项工程完工并通电投运。

30日 省水利厅副厅长杨国柱到转龙镇检查指导防汛工作。

5月

1日 皎平渡镇角纳水库、小团山，撒营盘镇坎邓村委会，九龙镇万民村委会、树渣村委会人工影响天气作业点建成并投入使用。

5—6日 副市长赵学农到禄劝调研云龙水库水源环境保护治理工作。

9日 市委常委、副市长胡宝国到禄劝调研脱贫攻坚挂牌督战、基层党建、校园疫情防控等工作。

13日 禄劝2020年中小学生爱国主义教育暨法治教育集中宣讲活动启动仪式在县民族实验中学举行，县关心下一代工作委员会巡回宣讲团从5月14日开始到禄劝各中小学开展巡回宣讲活动。

15日 省药品监督管理局副局长李易蔚带队到禄劝调研药品监管工作。

20日 政协禄劝彝族苗族自治县第九届委员会第四次会议在禄劝会堂召开。

21日 禄劝彝族苗族自治县第十七届人民代表大会第四次会议在禄劝会堂召开。

同日 省自然资源厅厅长刘佳晨到禄劝调研增减挂钩跨省调剂项目复垦验收工作。

29日 省民政厅副厅长熊梅一行到中屏镇检查脱贫攻坚"社保兜底"工作。

是月 县税务局将"非接触式"办税与区块链电子冠名发票推广相结合，税收征收管理从"以票控税"向"信息管税"转变。

6月

5日 市委常委、市委政法委书记李建阳到禄劝调研"关爱之家"禄劝基地建设、基层党建及软弱涣散党组织整顿等工作。

8—9日 全县2020年驻村工作队长（第一书记）培训班在县委党校举办，全县197个村（社区）驻村扶贫工作队长（第一书记）参加培训。县驻村扶贫工作队总队长张俊峰出席培训开班仪式，并作动员讲话。

同日 省财政厅副厅长李启荣到禄劝调研县级财政综合运行等工作。

12日 转龙镇大水井村委会举行“法官工作站”挂牌仪式，禄劝首个“法官工作站”挂牌成立。

24日 禄劝新时代文明实践分中心县文联文艺创作基地在凤家古镇正式揭牌启用。

29日 乌东德水电站首批机组成功并网发电，正式投入运行。

7月

1日 禄劝电视台自办频道正式开播，日播17小时，改变20多年来禄劝只有一档新闻节目的局面，实现本地电视台播放新闻、天气预报、电视剧、电影、动画片等节目的功能。

3日 县人民检察院驻县公安局执法管理中心检察室揭牌成立。

7日 省委常委、省委组织部部长李小三到禄劝调研国家重点项目建设、乡村治理、产业发展等工作情况。市委常委、市委组织部部长刘申寿，市政协副主席、县委书记焦林，县长李开德等参加调研。

8日 省文化和旅游厅副厅长、省文物局局长杨德聪到禄劝调研长征国家文化公园建设情况。

9日 省地方志编纂委员会办公室主任杨建林到禄劝调研地方志工作。

20日 市人大常委会主任拉玛·兴高到禄劝调研三江口温泉旅游度假项目建设推进情况。

31日 昆明市2020年职业教育工作现场会在禄劝召开。

8月

1日 全国红军小学建设工程理事会表彰云南省23所红军小学优秀校长、副校长和优秀学生大会暨云南省第一届红军小学校长交流座谈会在禄劝召开。

10日 中国共产党禄劝彝族苗族自治县第十四届委员会第九次全体会议在禄劝会堂召开。

12日 市人大常委会调研组到禄劝调研“十三五”规划纲要实施情况。

23日 中共中央宣传部新闻局局长张小国一行到县融媒体中心调研融媒体中心建设工作。省委常委、省委宣传部部长赵金，市委常委、市委宣传部部长金幼和，市政协副主席、县委书记焦林等参加调研。

25日 《禄劝彝族苗族自治县国民经济和社会发展第十四个五年规划纲要》编制工作会议在县级机关办公楼一号会议室召开。

9月

3日 市人大常委会副主任毕蕙芝到禄劝调研民族文化建设工作。

10日 全国2020年脱贫攻坚考核评估工作会在昆明召开，与会人员到屏山街道砚瓦村、兰露梦农业科技有限公司进行现场观摩，听取禄劝精准识别、精准帮扶工作情况汇报，考察产业扶贫、企业带贫情况。国务院扶贫办副主任夏更生，省委副书记王予波，副省长陈舜，省扶贫办主任黄云波，市长王喜良，副市长赵学农等参加观摩。

20日 禄劝彝族（撒尼）刺绣非物质文化遗产传承人游定美当选“2020年度中国纺织非遗推广大使”。

21日 禄劝彝族苗族自治县残疾人联合会第七次代表大会在禄劝会堂召开。

23日 国医大师张震禄劝中医院二级工作站挂牌成立。

28日 市人大常委会副主任毕惠芝到禄劝调研基本公共卫生服务工作。

29日 禄劝彝族苗族自治县音乐家协会成立暨第一次代表大会在禄劝举行。会议明确今后五年的目标任务，选举产生音乐家协会第一届理事会。

10月

8日 省政协副主席黄毅率云南农业大学中药材产业专家组到禄劝调研中药材林下种植、天麻种植基地建设等情况。

13日 省残疾人联合会副理事长马自荣到禄劝调研残疾人社会保障体系建设工作。

13—15日 澳门中华民族文创学会调研组到禄劝调研文化产业发展工作，并与县教体局签订教育帮扶合作框架协议。

21日 市委常委、市纪委书

记、市监委代理主任杨大庆到禄劝调研脱贫攻坚、基层党风廉政建设等工作。县长李开德，县纪委书记、县监委主任阮世伟等参加调研。

15—26日 “文化大篷车·千乡万里行”惠民演出活动在禄劝启动，该活动由省文化和旅游厅、市文化和旅游局主办，在禄劝演出20场次。

30日 市委副书记杨正晓到中屏镇、撒营盘镇调研电商中心建设、脱贫攻坚与乡村振兴衔接等工作。

11月

1日 县档案局（馆）搬迁至禄劝国家综合档案馆新馆，地址位于屏山街道旧县社区东华村禄大路旁。

同日 禄劝彝族苗族自治县第七次全国人口普查入户登记启动仪式在屏山街道北街居委会举行，登记阶段工作正式开始。全县17个乡（镇、街道）共划分为197个普查区1914个普查小区，配备普查指导员、普查员2353人。

7日 全县疫情防控工作调度会议在禄劝会堂召开。会议贯彻落实省疫情防控工作电视电话会议精神，部署全县冬季疫情防控工作。

8—13日 云南农村干部学院决战决胜脱贫攻坚“激发内生动力”专题研讨班在禄劝举行，来自全省各县区130名扶贫干部参加培训。

11日 省档案局副局长张文芝到禄劝开展云南省档案工作规范化管理示范档案馆复查暨业务指导工作。禄劝档案馆通过复查，继续保持云南省档案工作规范化管理示范档案馆牌子。

25—29日 第一届西南坚果博览会在禄劝举行。国家林业和草原局GEF（全球环境基金）项目国家执行办公室顾问、森林资源管理司原副司长张松丹，中国产业联合会副会长、秘书长王满，省林业和草原局局长任治忠，市政协主席熊瑞丽，市人大常委会副主任金志伟，市政协副主席、县委书记焦林，县长李开德等出席开幕式。博览会期间，第一届西南坚果博览会坚果产业发展论坛同步举行。

25日 市政协副主席李冰晶到禄劝调研经济发展工作。

30日 全县村（社区）“两委”换届推进暨业务培训会在县城召开，换届工作正式开始。

12月

10日 由禄劝公积金中心开办的企业“一窗通”网上服务平台正式上线使用。

11日 省档案局副局长张文芝到禄劝开展档案工作规范化管理认定复查工作。

17日 国家卫生健康委员会副主任于学军一行到禄劝调研健康扶贫和环境卫生整治工作。副省长李玛琳，副市长周红斌，市政协副主席、县委书记焦林，县长李开德等参加调研。

18日 全县“军人之家”第一次议事代表会议召开。机关“军人之家”议事代表和退役军人事务局全体干部职工参加会议。

22日 禄劝彝族苗族自治县生态环境保护委员会正式成立。

24日 昆明市延安医院禄劝医院正式挂牌，昆明市延安医院全面托管县第一人民医院。

25日 中国共产党禄劝彝族苗族自治县第十四届委员会第十次全体会议在禄劝会堂召开。

30日 禄劝傈僳族传统文化传习所在皎平渡镇杉乐村委会揭牌成立，禄劝傈僳族传统文化基地正式落成。

禄劝概览

责任编辑　李　欢

基本地情

经济和社会发展

云龙水库自然风光（云龙水库水源保护区管理局 供）

基本地情

【地理位置】 禄劝彝族苗族自治县是昆明市远郊县，位于滇中北部，北纬25°24′30″～26°22′00″，东经120°14′00″～102°56′10″。地处横断山纵谷区东部边缘，金沙江南岸，普渡河下游，东北接东川区；东与寻甸回族彝族自治县相连；南与富民县接壤；西、西南同楚雄彝族自治州的武定县毗邻；北以金沙江为界与四川省的会理县、会东县隔江相望。

【自然概貌】 全县总面积4233.91平方千米，山区面积占98%。耕地面积85万亩，占总面积的13%。县内最高海拔4247米，最低海拔746米，县城海拔1679米，属亚热带季风气候。2020年，年平均气温16.7℃，平均相对湿度68%，总降水量904毫米。

【资源特产】 禄劝境内林木有云南松、华山松、云南油杉、冷杉、旱冬青、白杨、栗树、桉树、樟树、椿树等，经济林木有板栗、核桃、花椒、橘子、黄果等，绿化防护林有梧桐、香樟、柳树、圣诞树、竹等。其中，有国家二级保护植物苏铁、急尖长苞冷杉和三级保护植物黄杉、三尖杉、大王杜鹃等珍稀树种。全县森林覆盖率61.62%。

禄劝野生食用菌品种众多，鸡枞、松茸、牛肝菌、虎掌菌、青头菌、谷熟菌、奶浆菌、红菌等较为常见。

境内矿藏丰富，主要有铁、铜、铅、锌、银、硫铁、钛、磷、芒硝、石棉、石膏、石灰石、砂岩等。

境内有轿子雪山、云龙水库、马鹿塘杜鹃花海、金沙江大峡谷、普渡河大峡谷等自然风光。地方名特产品有撒坝火腿、乌骨鸡、黑山羊、丝绵被、核桃、野生菌、轰隆隆黄果、甲岩橘子、中村花椒、岔河脐橙、马鹿塘土豆、皎平渡红糖、云龙板栗、阳光玫瑰葡萄、林下乌天麻等。

【历史沿革】 禄劝境内营盘山有新石器时代遗址，证实禄劝在新石器时代就有人类居住。战国、秦时，禄劝属滇国地。唐初南诏大蒙国时期，属姚州总管府。唐贞观四年（630年），改属戎州都督府。南诏时期的东爨37部中，禄劝占3部，即罗婺部、掌鸠法块部、洪农碌券部。宋淳熙年间（1174—1189年），大理段氏以阿而为罗婺部长，境内隶属大理国。阿而筑易龙城，禄劝界内之有城始于此（1999年掌鸠河饮水工程开工建设，易龙城遗址被淹没于云龙水库之下）。元代改“碌券”为禄劝，沿用至今。元至元二十六年（1289年），设禄劝州，领易龙、石旧2个县。明洪武十五年（1382年），设武定军民府（府治在今屏山街道鲁溪村委会南甸村），领和曲、禄劝2个州，南甸、元谋、易龙、石旧4个县。明洪武十七年（1384年），裁撤易龙县入禄劝州。明正德二年（1507年），又裁石旧县入禄劝州。明嘉靖四十五年（1566年），武定府治由禄劝境内南甸村迁到武定（今武定县近城镇旧城村后一带，府治驻南甸前后历184年）。明隆庆元年（1567年），改土归流。明万历初，武定军民府改称武定府（旋称军民府）。武定军民府领和曲、禄劝2个州，元谋1个县。万历中，复改军民府为武定府，旋再称军民府。万历四十五年（1617年），废南甸县。清乾隆三十年（1765年），裁武定军民府之名，改称武定府。清乾隆三十五年（1770年），降禄劝州为县，隶武定直隶州。民国二年（1913年）由武定直隶州改隶滇中道。民国四年（1915年）裁滇中道，直隶云南省公署。

1949年12月13日，禄劝解放。1950年，禄劝县人民政府正式成立。1958年4月，楚雄彝族自治州成立，禄劝隶属楚雄。1983年9月9日，禄劝改隶昆明市。1985年6月11日，经国务院批准，撤销禄劝县，设立禄劝彝族苗族自治县；11月25日，在县城举行自治县成立庆祝大会。2011年1月1日，转龙镇、乌蒙乡、雪山乡划归昆明市轿子山旅游开发区和倘甸工业园区托管（行政区域界线不变）。2011年6月，撤销屏山镇设立屏山街道。2018年1月1日，昆明市轿子山旅游开发区和倘甸工业园区管委会撤销，转龙镇、乌蒙乡、雪山乡经济社会管理职能划回禄劝管辖。2019年12月28日，将屏山街道析置为屏山和崇德2个街道。

【行政区划】 2020年，禄劝彝族苗族自治县辖屏山街道、崇德街道、翠华镇、茂山镇、团街镇、中屏镇、撒营盘镇、皎平渡镇、乌东德镇、九龙镇、转龙镇、云龙乡、汤郎乡、马鹿塘乡、则黑乡、乌蒙乡、雪山乡共17个乡（镇、街道），197个村（居）委会、社区，2610个村民小组，2374个自然村。

【名胜古迹】 凤家城遗址　位于屏山街道克梯村委会咪达拉村北侧的三台山顶，距县城10千米（直线距离）。城堡始建于元末明初，明嘉靖四十五年（1566年）损坏，没有再修复（重建）。建筑布局大体为古城堡，用粗条石垒砌，城墙厚1.5米，残留段最高2米，周长360米，内径南北向118米，东西向102米，为坐北向南并呈台降的四重院。正堂后墙与左右山墙，为精工细条石石灰浆砌，墙厚1米，条石长1米，厚0.2米，宽0.3米；残留山墙最高为19层石灰浆砌条石，高4米；正堂格式为5个开间、6个架、9根梁，无柱的彝族古式居宅建筑。城堡的四周，分别建置晒场、粮仓、兵营、监狱、引水设施等，与主建筑一同构成一个完整的生产、生活体系。古城堡遗址，残砖碎瓦散落于荒草中，许多条石上刻有精致的浮雕花纹图案，整个城堡结构严密，布局得当，反映了当时彝族的建筑工艺水平。

镌字岩　位于屏山街道发明村北侧掌鸠河西岸上，始建于元末明初。景点由二方汉文石刻和一方彝文石刻组成。汉文石刻分别为“武定军民府土官知府世袭脚色记”“凤公世系”。“武定军民府土官知府世袭脚色记”楷书阴刻于10米高的峭壁上，为明弘治十三年（1500年）武定军民府第八代传袭土知府凤英所题，共1189字，主要记述了凤英的祖母直至凤英时的130年间凤氏家族政治、军事活动。“凤公世系”为明嘉靖十二年（1533年）禄劝知州徐进所题，叙述了自宋淳熙十四年（1187年）黑彝首领阿而为罗婺部长至明嘉靖十二年（1533年）凤氏14代17世知府的主要政治事迹。最大特色是这方彝文摩崖，主要记述罗婺部（凤氏）十四代世袭土官350多年的谱系，是最古老的彝文石刻之一，是研究彝族的发展历史、语言文字、文学艺术等方面的珍贵金石文献。

三台山摩崖造像　境内俗称“石大人”的摩崖造像，位于屏山街道克梯村委会咪达拉村北侧的三台山峭壁上。摩崖为两尊天王造像，右边为“大圣摩诃迦罗大黑天神”，左边的叫“大圣北方多闻天王”。两个造像互相关联，高浮雕和浅浮雕互相配合运用，构图饱满严谨，疏密有致。气势雄伟的悬崖，雕琢精湛的天王造像，反映了往昔罗婺部的强盛。

金沙江皎平渡口　为全国文物保护单位和省级爱国主义教育基地。位于县城北部的皎平渡镇，距县城150千米。1992年建成，1998年损坏，2002年修复（重建）。有红军长征渡江纪念馆、渡江广场等建筑。建筑布局大体依河而建，内有当年毛泽东接见彝族代表和地下党代表的厅堂布局原貌，并陈列文献、文物、图片近200件。1935年5月1日至9日，在毛泽东、周恩来、朱德等老一辈革命家的率领下，中央纵队、一军团、三军团和五军团共3万多人，靠6条木船，在36名当地船工的帮助下，经过9天9夜，胜利渡过天险金沙江，摆脱数十万国民党军队的围追堵截，实现北上抗日战略转移。2019年12月中旬，因乌东德水电站蓄水，红军长征渡江纪念馆被拆除。

毛主席长征路居纪念馆　1935年5月，中国工农红军长征经过禄劝时，毛泽东曾在原翠华乡界牌村一农民家居住。1973年该农宅开辟为“中国工农红军长征毛主席路居纪念馆”。馆内陈列毛泽东当年使用过的桌子、木床、马灯等物。

普渡河铁索桥及红军烈士墓　普渡河铁索桥又名普济桥，始建于1922年，红军长征两次经过这里。1935年4月29日，中央红军军委纵队及干部团从寻甸鸡街出发，顺利通过普渡河铁索桥后投宿原翠华乡界牌村，次日凌晨经团街向皎平渡进发。1936年4月8日，红军二、六军团在贺龙、萧克率领下，在铁索桥与设防阻击的国民党滇军发生激战，此次战斗，四师政治部主任萧令彬，师参谋处张主任和红十团二营五连指导员等79名红军干部战士在战斗中光荣牺牲。为纪念光荣牺牲的红军战士，1975年5月1日，中共翠华公社革命委员会在铁索桥旁修建了“红军烈士纪念碑”，同年又将距此地3000米处头哨腊水坪村的萧令彬烈士墓迁葬于此，以供后人缅怀。

【人口民族】 2020年，禄劝彝族苗族自治县有户籍人口144324户、487836人，其中，男性250777人，占51.41%；女性237059人，占48.59%。全年新出生4398人，出生率8.79‰，人口自然增长率2.72‰。年内迁入4103人，迁出4693人。境内居住着汉族、彝族、苗族、傈僳族等24个民族，其中，汉族326251人、彝族113587人、苗族16403人、傈僳族16688人、傣族5515人、壮族3460人、哈尼族2213人、回族1355人、白族868人、拉祜族138人、佤族115人，其他少数民族1243人。少数民族人口占比33.12%。

经济和社会发展

【经济】 2020年，禄劝彝族苗族自治县实现地区生产总值146.5亿元，比上年增长6.9%。其中，第一产业增加值41.64亿元，比上年增长5.6%；第二产业增加值22.04亿元，比上年增长39.5%；第三产业增加值82.82亿元，比上年下降0.3%。三次产业结构比为28.4∶15.1∶56.5。规模以上固定资产投资82.1亿元，下降6.1%。全年非公有制经济增加值完成59.1亿元，占全县生产总值比重40.4%，比上年增长0.7%。城镇常住居民人均可支配收入36807元，增长3.4%。农村常住居民人均可支配收入10553元，增长8.9%。招商引资到位市外内资60.02亿元，实际利用外资183万美元。

全年地方财政总收入73109万元，比上年下降7%，其中，一般公共财政预算收入50095万元，比上年下降5.7%。全年财政总支出45.02亿元，比上年增长0.7%，其中，一般公共财政预算支出38.27亿元，比上年下降3.2%。"八项支出"合计3.11亿元，下降47.6%。

年末全县金融机构人民币存款余额130.73亿元，比上年增长5.38%，其中，单位存款40.21亿元，比上年下降3.94%；个人存款89.91亿元，比上年增长9.8%；财政存款5022万元，比上年增长59.11%。年末全县金融机构人民币贷款余额122.61亿元，比上年增长9.99%，其中，短期贷款22.76亿元，比上年增长11.63%；中长期贷款79.91亿元，比上年增长9.66%；个人消费贷款余额21.62亿元，比上年增长29.54%；票据融资19.94亿元，比上年增长10.1%。

全年实现农林牧渔业总产值65.74亿元，比上年增长7%。农业产值31.21亿元，比上年增长8.8%。林业产值5.06亿元，比上年增长12.6%。牧业产值28.72亿元，比上年增长3.3%。渔业产值1635万元，比上年下降10.6%。农林牧渔服务业产值5789万元，比上年增长2%。

全县规模以上工业在库企业20户，总产值完成25.82亿元，比上年增长190.4%。全部工业完成增加值14.55亿元，比上年增长190.7%，占全县生产总值比重10%。规模以上工业企业增加值比上年增长267.1%，规模以下工业增加值比上年下降52.6%。全年建筑业总产值7.57亿元，比上年下降40%。主要工业产品为水泥，产量345.97万吨。建筑业增加值比上年下降42.2%，占全县生产总值比重5.1%。为5户企业争取补助资金80万元，其中，固定资产投资补助1户45万元，升规补助3户30万元，清洁生产补助1户5万元。培育规模以上工业企业2户。

全年社会消费品零售总额57.33亿元，比上年下降5.8%。限额以上社会消费品零售总额2.85亿元，比上年下降20.7%。按销售单位所在地分，城镇49.02亿元，比上年下降5.4%；乡村8.31亿元，比上年下降7.7%。按消费形态分，餐饮收入11.75亿元，比上年下降4.4%；商品零售收入45.58亿元，比上年下降6.1%。在库限额以上商贸企业29户，批发业商品销售额5.43亿元，零售业商品销售额33.84亿元。通过澳门南光集团引荐，云南轿子雪山水业有限公司轿子山泉矿泉水出口中国澳门，禄劝奇诺威肠衣有限公司肠衣制品出口欧洲。

全县有旅游景点7个，年内接待游客78.6万人次，实现旅游综合收入35170万元，比上年增长10.9%。轿子山大酒店投入运营，银杏假日酒店主体建设完成。红色旅游环线年接待游客10万余人，旅游综合收入超过4000万元。转龙镇、中屏镇、九龙镇、乌蒙乡成功创建为云南省旅游扶贫示范乡镇，中屏镇火本村、转龙镇桂泉村成功创建为云南省旅游扶贫示范村。全年接待自驾车露营、农业生态观光等游客8万余人，旅游经济综合收入3000余万元。凤家古镇申报创建为国家AA级旅游景区。第一届西南坚果博览会成功在禄劝举办。组织旅游从业人员培训达500余人次，对60%以上的旅游直接从业人员进行业务技能和相关知识的培训。完成2201家涉旅企业的诚信评价工作。

【教科文体】 2020年，禄劝彝族苗族自治县有幼儿园80所，在园（班）幼儿9588人，幼儿园专任教师506人。学前三年毛入园率90.6%。有义务教育阶段学校57所（小学41所，初中16所），在校生40110人（小学25274人，初中14836人），小学适龄儿童入学率99.85%，初中毛入学率107.02%。小学专任教师1965人，初中专任教师1388人。有完全中学2所，高级中学1所，高中毛入学率90.94%，在校学生8026人（民办高中1所，在校生475人），高中专任教师546人。全县义务教育阶段适龄（6～15周岁）残疾儿童少年496人，实际在校就读489人（县外就读65人，县内就读424人；随班就读395人，送教上门94人），毛入学率99.51%。组织撒营盘民族小学、皎平渡中心小学、则黑中心小学、中屏中心小学、九龙中心小学利用特殊教育资源教室开展特殊教育。禄劝特殊教育学校已完成装修，有编制46人。全县少数民族在校生61189人，其中，少数民族学生24567人，有民族实验中学、民族小学、九龙镇文林民族小学、翠华镇兆乌民族小学、茂山镇丽山民族小学、云龙乡民族小学、撒营盘镇民族小学、思源实验学校8所民族学校。全县有职业教育学校3所（2所公办，1所民办），其中，教师进修学校1所；职业高级中学1所，在校学生3465人，职业学校专任教师150人。2020年，高考文科最高分645分，理科最高分714分。文科600分以上7人，理科700分以上1人，600分以上23人。一本上线126人，上线率5.71%；二本上线811人，上线率36.75%；本科上线937人，上线率42.46%；专科上线1269人，上线率57.50%；合计上线2206人，上线率99.95%。

全年实施高中免费教育惠及7173人，拨款653.67万元。国家、省、市、县政策资助学生154180人次，补助资金8653.88万元。其中，建档立卡户学生资助22794人次，资助资金1289.43万元。签订大学生生源地助学贷款合同2204份，发放助学贷款1735.5万元。资助各类大学生2669人，资助资金1846.7万元，其中，建档立卡户大学生1104人，资助资金763.87万元。

全年科技经费投入939万元，占财政支出的0.25%。实施重大科技计划项目1项，获专利授权58件，其中，发明专利3件。全年组织科技培训192期，培训48883人次。发展科技示范户65户，累计2538户，户均收入11457元。组织企事业单位申报科技计划和各类补助项目8项，其中，科技部1项，省科技厅2项，市科技局2项。组织乡村科技带头人培训，培训1450人次。组织3家企业申报省、市“星创天地”，获得省级认定1家，市级认定2家。建成6个成果转化示范基地和6家成果转化示范企业。推荐申报16名云南省科技特派员，全部获得聘任。引进15名边远贫困地区、边疆民族地区和革命老区人才到企事业单位开展科技服务。

全县有数字电影院1个，文化馆1个，有综合文化站的乡（镇）16个，有文化活动室的村189个。全县从事文化工作专职人员共81人，其中，电影放映人员3人，图书馆工作人员7人，文化馆工作人员17人，文物管理所工作人员3人，集体经济文化站工作人员51人。县文化馆通过评估定级为国家三级馆。

全年开展文化惠民演出361场次，其中，县文化馆45场次，17个乡（镇）文广中心和业余文艺团队演出316场次，受惠群众370410人。举办大型活动5次。举办阅读推广读书活动5次，1580人参加，送新书700册。举办展览5次，1700人参加。开展文化、科技、卫生“三下乡”活动，为群众送去年画、春联800余份、书籍200余份、过刊500余份。举办讲座5期，132人参加，举办文化志愿者培训1期，开展农家书屋图书管理员培训1期。开展“书香禄劝”全民阅读活动，发出“悦读卡”5000张。图书馆每天为读者开放8.5小时，外借册次7031册，流通6653人次。

全年整理禄劝民歌80首，谚语100条。组织编写《中国少数民族大辞典》——《禄劝傈僳族辞典》。创作抗疫作品6个、扶贫作品3个，歌曲《最美的承诺》《情怀》，小品《代价》，快板《抗疫翻身战》《抗疫跟党走》等备受好评，抗疫快板《抗疫翻身战》《抗疫跟党走》翻译成傈僳语版拍摄视频进行宣传。扶贫作品有小品《厚养薄葬》，歌曲《蓝图》《号角声声》。《欢乐的傈僳人》参加市民族民间歌舞乐展演获优秀奖和二等奖。《傈僳族口弦舞》《欢聚一堂》《雁落背弓》获市民族民间歌舞乐展演优秀奖，《阿德乐》获传承奖，《彝家转转酒》获三等奖，《禄劝傈僳族舞》获省级三等奖。

开展“文化和自然遗产日”非遗展示活动，展示彝族刺绣、苗族芦笙舞曲、傈僳族口弦演奏、彝族月琴演奏、花灯戏剧演唱等，展出30余件非遗作品，32名传承人参加活动。组织传承人对外培训10期，培训500余人。完成3名申报县级传承人视频、图片拍摄，5名申报市级传承人视频、图片、文字数据采集，完成禄劝蚕丝被制作过程的视频、图片拍摄，禄劝羊毛毡制作、羊毛毡画染数据采集。新建皎平渡镇杉乐村委会傈僳族传统文化传习所，展示作品50余件。非遗传承人游定美当选年度中国纺织非遗推广大使。

开展文物安全管理，检查省级文物保护单位4项12次，市级文物保护单位9项16次，县级文物保护单位15项9次。争取文物保护资金112.5万元。完成三台山摩崖石刻、彝汉文摩崖石刻维修方案编制规划。“普渡河铁索桥维修工程”通过省、市文物专家实地验收。完成24项县级文物保护单位保护范围、建设控制地带的划定工作。完成县级文物保护单位周恩来长征路居旧址、团街红军总部驻地旧址调查，开展周恩来长征路居旧址抢救性维修。开展国家级文物保护单位金沙江皎平渡口纪念设施迁建前期的各项准备工作和红色文化公园建设项目规划工作。

开展体育工作，完成6块足球场地建设。配合第一届西南坚果博览会活动，组织开展2020年昆明市定向越野联赛第三站暨第一届“禄劝地标”穿越城市定向赛。组队参加昆明市第五届青少年校园足球比赛暨校园足球特色学校联赛、昆明市2020年中小学生运动会、2020年昆明市广播体操比赛、2020年昆明市外来务工人员运动会、2020年社会体育指导员技能大赛，参赛代表队均取得良好成绩。

【卫生健康】 2020年，禄劝彝族苗族自治县有各类卫生机构272个，其中，医院、卫生院30个。有卫生床位2631张，卫生技术人员2601人，其中，执业医师和执业助理医师751人，药师74人，技师114人，注册护士1005人，其他卫生技术人员657人。有政府办卫生院的乡（镇）16个，有全科医生的乡（镇）16个，16个乡镇卫生院均有卫生厕所和污水处理系统。

2020年，全县各医疗机构报告传染病1948例，报告率100%。无甲类传染病发生，乙类传染病发病777例，发病率158.62/10万。报告乙、丙类传染病2034例，发病率415.22/10万。突发公共卫生事件报告2起，调查处置2起。聚集性事件5起，调查处置5起，调查处置率100%。完成手足口病采样送检34份。落实新冠肺炎疫情防控措施，采集标本679人次，其中，疑似病人9人，确诊病例

2020 年掌鸠河新貌（县住建局　供）

密切接触者27人，无症状感染者密切接触者3人，其他地区入禄和高风险人群环境监测集中留观人员592人，看守所羁押人员27人，国外入境人员1人，其他20人。完成返禄人员排查1331人，完成标本采集226份。流调组派出流行病学调查人员323人次，出车107车次，处置相关疫情108起，流行病学调查3543人。消杀组派出189人次，出车26车次，消毒117场次。

全年新出生人口4572人，孕妇住院分娩4571人，住院分娩率99.98%。年内孕产妇死亡1人，孕产妇死亡率21.87/10万；婴儿死亡30例，婴儿死亡率6.56‰。医疗机构内首次签发出生医学证明3068份，换发22份，补发71份。组织开展优生优育和农村妇女"两癌"检查工作，免费孕前优生健康检查2501对。免费婚前医学检查3231人，完成率98.29%。开展宫颈癌和乳腺癌免费检查项目，完成宫颈癌检查12645例，完成乳腺癌检查12800例。实施农村妇女免费增补叶酸预防神经管缺陷，增补叶酸3550人，完成率109.56%。新生儿听力筛查2908人，筛查率95.41%。全年承保计生系列保险18420人，收取计生家庭意外伤害保费150.1万元，完成市下达目标任务的127.18%，理赔金额99.88万元，赔付率99.87%。

【社会生活】 2020年，禄劝彝族苗族自治县提供有效就业岗位1903个，城镇新增就业人员1904人，城镇失业人员再就业621人，就业困难人员再就业411人，开发公益性岗位371个。组织高校毕业生就业服务月活动招聘会1场，提供岗位433个，提供就业指导120人次，促进就业112人。设立就业创业服务窗口，为高校毕业生提供创业服务，接受各类咨询200余人次。14家见习单位新增见习人员112人，累计在岗人员172人。城镇登记失业率3.95%。实名登记高校毕业生1095人，实名登记就业1020人，实名登记就业率93%，困难高校生毕业就业率100%。农村劳动力转移就业28083人，转移就业收入41882万元。发放创业贷款346户（"贷免扶补"放贷165户，创业担保贷款放贷180户，小微企业贷款1户），发放贷款5465万元，带动就业548人，小微企业贷款1户。"禄劝青年移民大学生创业园"有入驻企业122家，新入驻企业19家，成功孵化出园32家，累计带动就业728人。"禄劝特色农林众创孵化园"成功创建为市级优秀创业园，获得资助10万元。九龙镇教务营村"无量药谷农业创业示范园"创建成功并通过市级验收，获得补助资金20万元。推荐32户创业户参加第九期"泛海扬帆昆明大学生创业行动"评审，成功通过初审29户，9家企业获得资助34.5万元。推荐39个创新创业项目参加"春城创业荟"创业大赛，6个项目进入前十名。推荐参加"中国创翼"创业大赛项目6个，其中2个获得昆明地区选拔赛第二名、第三名，禄劝获"优秀组织奖"。

全县城乡居民养老保险参保人数290308人，城乡居民养老保险参保率102.55%。城镇职工基本养老保险参保人数26018人，其中机关事业单位职工参保人数为9106人，参保率100%。城镇职工失业保险参保人数11600人，参保率96%。农民工参保2940人。城镇职工工伤保险参保人数22970人，其中，机关事业单位职工参保人数为9106人，参保率100%，参加医疗保险职工人数19815人。参加居民医疗保险人数426203人，居民医疗保险参保率96.32%。城镇居民最低生活保障247户、366人，农村最低生活保障7883户、14291人。城乡特困供养人数1537人，城乡临时救济人数23690人。中央拨付的低保资金4190.32万元，其中，城镇180万元，农村4010.32万元。年末有农村敬老院7个，床位750张。

全县有60岁以上的人口77647人，占总人口的15.9%；65岁以上的人口59808人，占总人口的12.3%；80岁以上的老年人10526人，其中，80至89岁9211人，90至99岁1292人，100岁以上23人。办理云南省老年优待证934本。完成失能老年人评估工作，核准贫困老年人14334人，核准失能老年人813人，大数据研判失能高风险老年人2263人。

2020年，城镇居民人均可支配收入36807元，同比增长3.4%。城镇居民人均消费支出24335元，同比增长27.4%。农村常住居民人均可支配收入10553元，同比增长8.9%。农村居民人均消费支出9417元。

（县志办整理）

中国共产党禄劝彝族苗族自治县委员会

责任编辑　赵文富

综　述

重要会议

综合党务管理

组织工作

宣传工作

统战工作

政策研究

机构编制管理

老干部工作

党校教育

党史研究

综　述

【民主政治建设】 2020年，中共禄劝县委学习贯彻习近平新时代中国特色社会主义思想、习近平总书记考察云南重要讲话精神以及党的十九届四中、五中全会精神，坚持"四班子"带头、党员领导干部带头，抓好各级领导班子集体学习，组织全县党组织书记培训班、科级领导培训班、"万名党员进党校"集中培训等，加大理论宣讲、政策宣传、成就展示，引导各族群众深刻感受中国共产党领导的政治优势和中国特色社会主义制度优越性，教育党员干部增强"四个意识"、坚定"四个自信"、做到"两个维护"。

【全面从严治党】 2020年，中共禄劝县委启动实施"智慧党建"三年行动计划，完成党支部规范化达标创建480个，整顿提升软弱涣散基层党组织9个。坚持新时期好干部标准，积极稳妥推进职务与职级并行，提拔使用干部96名、晋升461名。驰而不息正风肃纪，深入开展以案促改"十个一"专项行动，纪检监察机关立案111件，处分116人，运用"四种形态"处理403人次，推动党风政风持续好转。

【经济社会发展】 2020年，中共禄劝县委深化经济形势分析研判，着力发展实体经济，建立复工复产复商复市复业和企业帮扶工作机制，45个项目新开工建设，首届西南坚果博览会成功举办，全县经济稳步复苏。2020年完成地区生产总值146.5亿元，固定资产投资75亿元、一般公共预算收入50095万元、旅游综合收入35170万元。"放管服"改革持续推进，营商环境不断优化，招商引资到位市外内资60.02亿元。

【城乡统筹发展】 2020年，中共禄劝县委坚持一体推进美丽县城、美丽集镇、美丽乡村建设，农村集体产权制度改革基本完成，香港铜锣湾禄劝城市综合广场、乌东德农旅小镇等项目开工建设，武倘寻高速公路禄劝段、皎马公路基本建成，团云公路、禄大公路提升整治工程顺利推进，完成生命防护工程603千米、农房抗震安居工程649户、农村户厕4557座、公厕45座，真金万水库、住基水库等水利工程建成投用。推进爱国卫生"7个专项行动"，创建省级卫生乡（镇）9个、省旅游扶贫示范乡4个、示范村2个，打造"传统村落""红军村""旅游村"56个。

【生态环境保护】 2020年，中共禄劝县委坚持实施"蓝天、碧水、净土、青山"保护行动，全面落实"三级河长四级治理"责任，开展断面水质监测21个，城乡黑臭水体全面消除，云龙水库水质稳定达标。长江"十年禁渔"深入实施，生物多样性保护工作扎实推进。抓实中央和省市环保督察反馈意见整改，化肥农药减量化、土壤污染治理、大气污染防治工作成效明显，空气优良率100%。

【社会民生事业】 2020年，中共禄劝县委持续办好惠民实事，民生领域投入26.47亿元，"三名"（名校、名校长、名教师）工程卓有成效，资助政策全面落实，职业高级中学实训基地、新兴职业学院二期建成投用，完成"一村一幼"项目106个。完成延安医院托管县人民医院工作，推进县中医院整体搬迁项目。全面深化殡葬改革，新建或提升改造农村公益性公墓42个。开展民族文化体育活动，第一届"禄劝地标"穿越城市定向赛、"奔跑吧禄劝"大众欢乐跑成功举办。第七次全国人口普查工作顺利推进。《云南省禄劝彝族苗族自治县自治条例》修订实施，"扫黑除恶"专项斗争三年为期目标圆满完成，成功创建"全省民主法治示范村"3个。

（县委办）

重要会议

【县委全会】 2020年，召开县委全会3次。

县委十四届八次全体会议　1月9日，中国共产党禄劝彝族苗族自治县第十四届委员会第八次全体会议在禄劝会堂召开。会议听取县委十四届六次全会以来县委常委会工作报告和禄劝彝族苗族自治县2019年党的建设工作专题报告（书面），审议《中共禄劝彝族苗族自治县委关于深入学习贯彻党的十九届四中全会精神的实施意见（讨论稿）》和《中国共产党禄劝彝族苗族自治县第十四届委员会第八次全体会议公报（草案）》。

县委十四届九次全体会议　8月10日，中国共产党禄劝彝族苗族自治县第十四届委员会第九次全体会议在禄劝会堂召开。会议传达学习市委十一届九次全会精神，听取县委十四届八次全会以来县委常委会工作报告，审议《中国共产党禄劝彝族苗族自治县第十四届委员会第九次全体会议公报（草案）》。

县委十四届十次全体会议　12月25日，中国共产党禄劝彝族苗族自治县第十四届委员会第十次全体会议在禄劝会堂召开，会议传达学习市委十一届十一次全会精神，听取县委常委会工作报告、禄劝彝族苗族自治县2020年党的建设工作专题报告和中共禄劝彝族苗族自治县委2020年落实全面从严治党主体责任情况专题报告，审议《中共禄劝彝族苗族自治县委关于制定禄劝彝族苗族自治县国民经济和社会发展第十四个五年规划和二〇三五年远景目标的建议（草案）》和《中国共产党禄劝彝族苗族自治县第十四届委员会第十次全体会议公报（草案）》。

【十四届县委常委会会议】 2020年，共召开县委常委会会议34次。

十四届县委第105次常委会会议　1月7日上午在县级机关办公楼五楼一号会议室召开。会议讨论研究10项议题：研究县委十四届八次全体会议相关事宜，《关于中国共产党禄劝彝族苗族自治县第十四届委员会第八次全体会议方案、须知（送审稿）》《县委十四届八次全体会议工作报告（送审稿）》《中共禄劝彝族苗族自治县委关于深入学习贯彻党的十九届四中全会精神的实施意见（送审稿）》《2019年党的建设工作专题报告（送审稿）》；研究《2020年春节慰问活动安排表（送审稿）》；研究《2020年经济社会发展主要指标计划建议（送审稿）》；传达学习《中共云南省委组织部关于印发〈云南省村党组织书记县级党委备案管理办法〉的通知》，研究禄劝贯彻落实措施；研究《关于补选禄劝彝族苗族自治县第十七届人民代表大会代表的请示》；研究《关于提请审定〈云南省禄劝彝族苗族自治县自治条例〉修正案的请示》；研究《中共禄劝彝族苗族自治县人大常委会党组关于召开禄劝彝族苗族自治县第十七届人民代表大会第四次会议的请示》；研究《中共政协禄劝彝族苗族自治县委员会党组关于召开政协禄劝彝族苗族自治县第九届委员会第四次会议的请示》。研究县委政协工作会议相关事宜，研究《县委政协工作会议方案（送审稿）》《关于新时代加强和改进人民政协工作的实施意见（送审稿）》；研究《关于召开中共禄劝彝族苗族自治县纪委十四届五次全体会议的请示》。

十四届县委第109次常委会会议　1月15日上午在县级机关办公楼五楼一号会议室召开。会议讨论研究4项议题：传达学习十九届中央纪委第四次全体会议精神；研究《中共禄劝彝族苗族自治县纪委十四届五次全体会议工作报告（送审稿）》；研究党纪政务处分事宜；研究《关于核定崇德街道科级领导职数的请示》《关于核定崇德司法所、崇德市场监督管理所科级领导职数的请示》。

十四届县委第110次常委会会议　1月16日在县级机关办公楼五楼一号会议室召开。会议讨论研究2项议题：研究党纪政务处分事宜。研究干部人事议题。

十四届县委第111次常委会会议　1月30日在县级机关办公楼五楼一号会议室召开。会议有3项议程：副县长李兴翠汇报全县疫情防控工作开展情况；县委副书记、县长李开德传达学习中央、省、市关于应对新型冠状病毒肺炎疫情防控工作重要指示批示和会议精神；县委书记焦林讲话。

十四届县委第112次常委会会议　2月1日在县级机关办公楼五楼一号会议室召开。会议听取各战区指挥长汇报各战区应对新型冠状病毒感染的肺炎疫情防控工作情况，对全县疫情防控工作进行再安排再部署。

十四届县委第113次常委会会议　2月24日在县级机关办公楼五楼一号会议室召开。会议研究9项议题：传达学习中央统筹推进新冠肺炎疫情防控和经济社会发展工作部署电视电话会议精神；传达学习《中共云南省委关于认真传达学习贯彻落实习近平总书记考察云南重要讲话精神的通知》《中共昆明市委关于认真学习贯彻落实习近平总书记考察云南重要讲话精神的通知》；传达学习《中国共产党宣传工作条例》《云南省贯彻落实〈中国共产党宣传工作条例〉实施方案》；传达《中共昆明市委办公室关于昆明市2019年度党风廉政建设责任检查考核情况的通报》，昆明市党风廉政建设责任制工作领导小组办公室《检查考核情况反馈》，研究禄劝整改意见；听取全县脱贫攻坚情况汇报，研究《禄劝彝族苗族自治县脱贫攻坚挂牌督战工作方案（送审稿）》；听取全县新冠肺炎疫情防控情况汇报，研究下步疫情防控和经济社会发展工作；研究《关于自治县第十七届人民代表大会第四次会议有关事项的请示和说明》；研究《关于召开政协禄劝彝族苗族自治县第九届委员会第四次会议有关事项的请示和说明》；研究《2019年度党建目标责任制考核结果相关事宜》。

十四届县委第115次常委会会议　3月17日在县级机关办公楼五楼一号会议室召开。会议研究11项议题：传达学习全国、全省、全市宣传部长会议和全市宣传文化工作会议精神；传达《中共云南省纪律检查委员会云南省监察委员会关于大理州大理市违法扣押征用防疫口罩问题问责情况的通报》；传达学习《关于认真做好2019年省对市党政领导班子和领导干部推进乡村振兴战略实绩考核和“三农”发展综合考评结果整改工作的通知》；研究2020年全县统一战线和民族宗教工作；听取全县“扫黑除恶”工作情况汇报，研究部署下步工作；研究《十四届县委第十轮巡察工作情况报告（送审稿）》；宣布相关党籍处分决定；研究党纪处分意见；研究《2019年市管领导干部年度考核情况》；研究职级晋升事宜；研究干部人事议题。

十四届县委第116次常委会会议　3月26日在县级机关办公楼五楼一号会议室召开。会议有4项议程：副县长李俊汇报县委经济工作会分组讨论情况；与会领导发言；县委副书记、县长李开德讲话；县委书记焦林讲话。

十四届县委第117次常委会会议　3月27日在县级机关办公楼五楼一号会议室召开。会议研究2项议题：研究《市委第六巡察组开展“两湖”治理专项巡察和巡察“回头看”反馈意见整改落实情况的报告（送审稿）》；研究干部人事议题。

十四届县委第118次常委会会议　4月3日在县级机关办公楼五楼一号会议室召开。会议研究7项议题：宣布市委有关干部任职决定；研究全县森林防火工作；研究全县疫情防控工作，传达学习《关于设置境外入昆人员集中观察指定酒店（第三批）的通知》；研究全县脱贫攻坚互检自查工作；研究转龙片区项目推进工作；听取屏山街道、崇德街道析置工作推进情况汇报；研究《联合国生物多样性第十五次缔约方大会禄劝彝族苗族自治县安全保卫组工作方案（送审稿）》。

十四届县委第119次常委会会议　4月15日在县级机关办公楼五楼一号会议室召开。会议研究13项议题：研究县委书记、副书记和县委常委工作分工的相关事宜；研究调整完善县脱贫攻坚战区指挥长、副指挥长的相关事宜；研究《中共禄劝彝族苗族自治县委常委会2020年工作要点（送审稿）》；研究《中共禄劝彝族苗族自治县委常委会会议2020年度议题计划（送审稿）》；研究《禄劝彝族苗族自治县人大常委会2020年工作要点和会议议题安排（送审稿）》；研究《政协禄劝彝族苗族自治县委员会常务委员会2020年工作要点和会议议题计划（草案）（送审稿）》；研究《2020年禄劝彝族苗族自治县宣传思想文化工作要点（送审稿）》；研究《2019年地方财政预算执行情况和2020年地方财政预算（草案）报告（送审稿）》；传达学习《中共云南省委、云南省人民政府关于贯彻落实〈交通强国建设纲要〉的实施意见》，研究全县交通重点项目及美丽公路建设工作；研究生态环境保护及美丽河道建设工作：听取全县生态环境保护工作情况汇报、全县河道治理及美丽河道建设工作推进情况汇报；研究东西部协作工作；研究乌东德镇新村移民安置点社区组建工作；研究干部人事议题。

十四届县委第120次常委会会议　5月8日在县级机关办公楼五楼一号会议室召开。会议研究11项议题：传达学习《中共中央办公厅、国务院办公厅印发〈关于推动基础设施高质量发展的意见〉的通知》；研究《关于召开禄劝彝族苗族县十七届人大四次会议有关事项的请示》；研究《关于召开政协禄劝彝族苗族自治县第九届委员会第四次会议有关事项的请示》；研究《禄劝彝族苗族自治县2019年国民经济和社会发展计划执行情况与2020年国民经济和社会发展计划草案的报告（送审稿）》；研究《关于加强耕地保护和改进占补平衡的实施意见（送审稿）》；研究审查征收农用地区片综合地价相关问题；研究全县民族宗教工作；听取县法院“扫黑除恶”专项斗争工作情况汇报；研究《禄劝彝族苗族自治县文明村镇、文明单位、文明社区、文明行业、文明家庭创建管理办法

（送审稿）》；研究禄劝彝族苗族自治县法检两院人员职务与职级套转事项；书面通报全国、全省、全市统战部长会议精神。

十四届县委第121次常委会会议　5月18日在县级机关办公楼五楼一号会议室召开。会议研究4项议题：传达学习《中共云南省委办公厅、云南省人民政府办公厅印发〈关于深化新时代学校思想政治理论课改革创新的若干措施〉的通知》；传达学习《市委书记程连元在2020年市委党的建设工作领导小组会议暨第一次党建工作例会上的讲话》；研究全县经济工作及项目推进情况；研究《2020年政府工作报告（送审稿）》。

十四届县委第122次常委会会议　6月9日在县级机关办公楼五楼一号会议室召开。会议研究12项议题：传达学习赵乐际和杨晓渡在全国巡视工作会议暨十九届中央第五轮巡视动员部署会上的讲话精神；传达《关于深化改革加强食品安全工作的实施意见》，研究全县食品安全工作；传达《昆明市乡村振兴办公室关于印发〈昆明市乡村振兴项目储备库（一期）建设方案〉的通知》，研究全县乡村振兴项目库工作；传达学习2020年市委对台工作会议精神，研究台侨相关工作；研究《禄劝彝族苗族自治县政法系统政治督察制度实施意见（试行）（送审稿）》；研究《禄劝彝族苗族自治县贯彻〈中国共产党政法工作条例〉具体办法（送审稿）》；研究《关于加强和改进全县机关党的建设的实施意见（送审稿）》；研究《关于加强和改进党的新闻舆论工作的实施方案（送审稿）》；研究《关于召开禄劝彝族苗族自治县残疾人联合会第七次代表大会的请示》；听取全县通行量大、隐患等级高公路生命防护工程推进情况汇报；听取“两违”（违法用地、违法建设）整治工作情况汇报；研究《武倘寻高速公路项目建设征地搬迁安置方案（送审稿）》。

十四届县委第124次常委会会议　8月7日在县级机关办公楼五楼一号会议室召开。会议研究16项议题：传达学习《关于中共云南省委、云南省人民政府〈印发云南省推进新型基础设施建设实施方案（2020—2022年）〉的通知》；传达学习《中共云南省委办公厅、云南省人民政府办公厅关于红河州有关单位和泸西县建水县经济普查违纪违法问题的通报》；研究县委十四届九次全会相关事宜；研究《关于中国共产党禄劝彝族苗族自治县第十四届委员会第九次全体会议方案、须知（送审稿）》《县委十四届九次全体会议工作报告（送审稿）》；研究《中共禄劝彝族苗族自治县委关于废止、宣布失效和修改部分规范性文件的决定（送审稿）》；听取县人大常委会党组2020年上半年工作汇报；研究《禄劝彝族苗族自治县人民代表大会代表建议、批评和意见处理办法（送审稿）》；研究《关于〈云南省禄劝彝族苗族自治县自治条例修正案〉公布施行的请示》；听取县政协2020年上半年工作情况汇报；研究撒营盘镇招桂村等5个村（社区）党组织书记调整相关事项；研究2019年度村（社区）党组织书记考核结果事项；研究《2020年度党风廉政建设责任制考核工作实施方案（送审稿）》；研究《禄劝至则黑公路工程中屏至则黑段PPP（政府和社会资本合作）项目投资协议及PPP合同（送审稿）》；传达学习《中共昆明市纪律检查委员会、昆明市监察委员会关于加强干部队伍教育管理的纪检监察建议》；研究《禄劝彝族苗族自治县晋升三级调研员人选建议名单（送审稿）》；研究违纪处分事项；研究干部人事议题。

十四届县委第126次常委会会议　8月18日在县级机关办公楼五楼一号会议室召开。会议研究17项议题：传达学习《关于印发〈中共昆明市委2020年落实全面从严治党主体责任任务安排〉的通知》；研究《关于调整县委办科级领导级别的请示》等6个请示；研究禄劝彝族苗族自治县科级领导班子和领导干部2019年度考核等次；研究《禄劝彝族苗族自治县县管领导班子和领导干部年度考核办法（试行）（送审稿）》；听取2020年上半年党风廉政建设和反腐败工作情况报告；听取2020年上半年全县安全生产工作情况报告；听取县公安局2020年上半年工作情况报告；研究《中共禄劝彝族苗族自治县委关于加强新时代公安工作的实施意见（送审稿）》；研究《禄劝彝族苗族自治县优化提升营商环境责任追究办法（试行）（送审稿）》；听取美丽河道建设推进情况汇报；听取美丽公路建设推进情况汇报；听取全县生态环境保护及云龙水库水质治理工作情况汇报；听取全县“两违”集中整治推进情况汇报；听取全县民族宗教工作情况汇报；传达学习2020年市委议军会暨国动委第十三次全会会议精神；研究《禄劝彝族苗族自治县残疾人联合会换届人事安排建议方案（送审稿）》；研究干部人事议题。

十四届县委第130次常委会会议　9月22日在县级机关办公楼五楼一号会议室召开。会议研究10项议题：传达学习习近平总书记向中国人民警察队伍授旗时重要训词精神；传达学习《中共昆明市纪委办公室关于加强监督执纪坚决制止餐饮浪费行为的通知》；研究《关于人大预算审查监督重点向支出预算和政策拓展的实施方案（送审稿）》；研究《关于建立县政府向县人大报告国有资产管理情况制度的意见（送审稿）》；研究《十四届县委第十一轮巡察工作情况及上两轮巡察整改情况的报告（送审稿）》；研究县委联系专家调整补充有关事项；研究《禄劝彝族苗族自治县2020年目标管理绩效考核办法（送审稿）》；研究《禄劝彝族苗族自治县深入开展爱国卫生专项行动工作方案（送审稿）》；研究《禄劝彝族苗族自治县党政领导干部食品安全责任清单（送审稿）》；研究《14个乡（镇）污水处理设施及配套管网项目建设及运营方案（送审稿）》。

十四届县委第134次常委会会议　10月28日在县级机关办公楼五楼一号会议室召开。会议研究12项议题：传达学习中央和省、市巡视巡察工作会议精神；研究《2020年度党风廉政建设责任制检查考核方案（送审稿）》；传达学习保密相关文件精神，研究全县保密工作；研究全县基层党建工作情况；研究《禄劝彝族苗族自治县"智慧党建"行动计划（2020年—2022年）》；研究《禄劝彝族苗族自治县森林公安机关管理体制调整工作实施方案（送审稿）》；研究全县信访维稳工作；听取全县批而未供、闲置土地、违法用地和乱占耕地建房清理整治工作情况汇报；研究《第一届西南坚果博览会活动策划实施方案》；研究违纪处分事项；书面通报近期省市扶贫领域监督执纪问责相关会议精神；研究干部人事议题。

十四届县委第135次常委会会议　11月6日在县级机关办公楼五楼一号会议室召开。会议传达学习党的十九届五中全会、十一届市委常委会第155次（扩大）会议精神，研究禄劝学习贯彻工作。

十四届县委第136次常委会会议　11月23日在县级机关办公楼五楼一号会议室召开。会议研究14项议题：通报《市委专题会对禄劝县委履行全面从严治党主体责任反馈意见》，研究下步整改工作；研究《格润云品生物产业园项目战略合作框架协议（送审稿）》；研究《高原特色农产品智能化深加工及小黄姜种植产业扶贫开发项目合作框架协议（送审稿）》；研究《板栗深加工合作框架协议（送审稿）》；研究《红色文化培育和发展项目合作框架协议（送审稿）》；研究《香海文博小镇一期开发建设投资协议（送审稿）》；研究《禄劝"五馆两中心"建设项目合作框架协议（送审稿）》；研究《昆明市延安医院与禄劝彝族苗族自治县人民政府战略合作协议（送审稿）》；研究宗教工作；研究《关于增设县纪委县监委纪检监察干部监督室领导职数》等2个机构编制事宜；研究《禄劝彝族苗族自治县成立村（社区）"两委"换届工作领导机构及相关工作组（送审稿）》；研究《禄劝彝族苗族自治县2019年至2023年党员教育培训工作规划（送审稿）》；研究职级套转事宜；研究干部人事议题。

十四届县委第137次常委会会议　12月21日在县级机关办公楼五楼一号会议室召开。会议研究14项议题：传达学习市委十一届十一次全会精神；传达学习习近平总书记关于应急管理、安全生产、防灾减灾救灾工作的重要论述、重要讲话精神；听取2020年全县安全生产工作情况汇报，研究下步安全生产工作；研究县委十四届十次全会相关事宜，研究《县委十四届十次全会方案、须知（送审稿）》《县委十四届十次全体会议工作报告（讨论稿）》《县委关于制定禄劝彝族苗族自治县国民经济和社会发展第十四个五年规划和二〇三五年远景目标的建议（讨论稿）》《2020年党的建设工作专题报告（讨论稿）》《县委2020年落实全面从严治党主体责任情况专题报告（讨论稿）》；研究推荐申报"双整百千"（整县提升、整乡推进、百村示范、千组进位）四级联创农村基层党建"示范""达标"乡镇；研究全县197个村（社区）"两委"换届党组织书记候选人预备人选的建议名单；研究《关于补选禄劝彝族苗族自治县第十七届人民代表大会代表的请示》；研究《关于对县司法局开展政治督察的请示》；传达《中共云南省纪律检查委员会云南省监察委员会关于西南林业大学原党委书记吴松严重违纪违法案件的通报》《中共云南省纪律检查委员会云南省监察委员会关于楚雄州中级人民法院党组书记、院长马俊杰漠视纪律规矩敷衍应付函询违纪问题的通报》；传达《关于德宏州瑞丽市疫情防控严重形式主义、官僚主义问题问责情况的通报》；研究《2020年度党风廉政建设责任制考核情况报告（送审稿）》；研究党纪处分事项；研究《2020年党风廉政建设和反腐败工作情况报告》（书面汇报）；研究干部人事议题。

【县委全面深化改革委员会第三次会议】 2020年1月3日召开，县长李开德传达中央和省、市委全面深化改革委员会近期召开的会议精神。会议研究审议通过：县纪委县监委《关于深化县纪委县监委派驻机构改革的实施意见》；县农业农村局《关于推动农村土地所有权承包权经营权分置的实施意见（送审稿）》；县发改局《关于贯彻落实国家和省市深化投融资体制改革的实施方案（送审稿）》；县卫健局《禄劝彝族苗族自治县计划生育协会改革方案（送审稿）》；县文联《禄劝彝族苗族自治县文学艺术界联合会深化改革方案（送审稿）》；书面审议县委改革办《关于2019年全面深化改革工作推进落实情况全面督察的报告(送审稿)》；农村综合改革专项小组、文化教育卫生体制改革专项小组、社会体制改革专项小组分别汇报本领域2019年改革工作推进落实情况。

【“不忘初心、牢记使命”主题教育总结大会】 2020年1月14日召开，县委书记焦林作讲话，市委第一指导组组长赵春泉到会指导并讲话。县长李开德，县人大常委会主任张光文，县政协主席张庆学等实职副县级以上党员领导、市委督导组全体成员、近三年退休的副县级党员领导干部；县委各部委、县级机关各委办局、省市驻禄单位、各乡（镇、街道）党（工）委书记、部分党员干部职工代表等参加会议。

【民族宗教界代表人士新春座谈会】 2020年1月16日召开，县委书记焦林传达市委十一届八次全会、县委十四届八次全会精神，并对参会的民族宗教界人士提出3点希望：希望大家坚持正确方向，做社会主义的拥护者；希望大家紧跟发展大局，做全面小康

2020年县委重要文件一览表

表一

文号	文件标题	发文时间
禄发〔2020〕1号	中共禄劝彝族苗族自治县委关于深入学习贯彻党的十九届四中全会精神的实施意见	2020年1月13日
禄发〔2020〕2号	中共禄劝彝族苗族自治县委、禄劝彝族苗族自治县人民政府印发《禄劝彝族苗族自治县关于贯彻落实国家和省市深化投融资体制改革的实施方案》的通知	2020年1月23日
禄发〔2020〕3号	中共禄劝彝族苗族自治县委关于新时代加强和改进人民政协工作的实施意见	2020年2月18日
禄发〔2020〕4号	中共禄劝彝族苗族自治县委、禄劝彝族苗族自治县人民政府关于印发《禄劝彝族苗族自治县新时期产业工人队伍建设改革实施方案》的通知	2020年2月28日
禄发〔2020〕5号	中共禄劝彝族苗族自治县委关于印发《县委常委会2020年工作要点》的通知	2020年4月24日
禄发〔2020〕6号	中共禄劝彝族苗族自治县委、禄劝彝族苗族自治县人民政府关于推进防灾减灾救灾体制机制改革的实施意见	2020年5月20日
禄发〔2020〕7号	中共禄劝彝族苗族自治县委、禄劝彝族苗族自治县人民政府关于加强耕地保护和改进占补平衡的实施意见	2020年5月20日
禄发〔2020〕8号	中共禄劝彝族苗族自治县委、禄劝彝族苗族自治县人民政府关于全面实施预算绩效管理的实施意见	2020年5月27日
禄发〔2020〕9号	中共禄劝彝族苗族自治县委关于加强和改进全县机关党的建设的实施意见	2020年6月22日
禄发〔2020〕10号	中共禄劝彝族苗族自治县委关于印发禄劝彝族苗族自治县贯彻《中国共产党政法工作条例》具体办法的通知	2020年6月27日
禄发〔2020〕14号	中共禄劝彝族苗族自治县委关于建立县人民政府向县人大常委会报告国有资产管理情况制度的意见	2020年9月30日
禄发〔2020〕15号	中共禄劝彝族苗族自治县委关于制定禄劝彝族苗族自治县国民经济和社会发展第十四个五年规划和二〇三五年远景目标的建议	2020年12月31日

的建设者；希望大家强化自身建设，做团结奋进的示范者。县委常委、县委统战部部长钟佳文，县人大常委会副主任张成武，副县长、县公安局局长李植红等领导出席会议。县彝学会、苗学会、傈僳族文化研究学会主要负责人及县基督教、佛教、伊斯兰教、道教代表40余人参会。

【脱贫攻坚挂牌督战工作会】 2020年2月27日召开，县委书记焦林作要求。县长李开德安排部署2020年度脱贫攻坚暨挂牌督战工作，县人社局、农业农村局，转龙镇、则黑乡负责人发言。县人大常委会主任张光文，县政协主席张庆学等县领导参加会议。

【全县公安工作会】 2020年3月11日召开，副县长、县公安局局长李植红总结2019年公安工作，安排部署2020年公安工作；会议表彰2019年度全县公安工作先进集体和先进个人。县委书记焦林讲话提出要求，县长李开德，县政协主席张庆学等县领导参加会议。

【党的建设暨政法工作会】 2020年3月17日召开，县委书记焦林出席并讲话。副县长、县公安局局长李植红，县委常委、县委宣传部部长付应芝，县委常委、县委组织部部长李忠华，县委常委、县委统战部部长钟佳文分别传达中央和省、市委相关会议精神，总结回顾2019年工作，安排部署2020年工作任务。九龙镇党委、发改局党委、自然资源局党组分别代表乡镇、街道、县级机关与县委签订2020年意识形态、统一战线综治维稳工作《目标责任书》。县长李开德，县人大常委会主任张光文，县政协主席张庆学等县领导参加会议。

【县委经济工作会议】 2020年3月26日召开，县委书记焦林出席会议并讲话。县长李开德传达中央和省委、市委经济工作会议精神；县发改局、交运局、水务局、住建局、农业农村局、国投公司汇报当前经济工作和2020年工作思路。县人大常委会主任张光文，县政协主席张庆学等县领导参加会议。

【县委全面依法治县委员会第二次会议】 2020年6月23日召开，会议传达中央全面依法治国委员会第三次会议、省委全面依法治省委员会第二次会议和市委全面依法治市委员会第二次会议精神；研究审议通过《2020年全面依法治县工作要点》；审议《关于加强法治保障力度依法做好疫情防控工作的实施方案》《关于加强综合治理从源头切实解决执行难问题的实施意见》《禄劝彝族苗族自治县法治工作重要决定和方案备案工作制度》《2020年法治督察工作计划》。市政协副主席、县委书记焦林，县委副书记王亚芳，县人大常委会主任张光文，县政协主席张庆学，县委全面依法治县委员会委员、联络员及县级相关部门负责人参加会议。

【县委统一战线工作领导小组会议】 2020年6月30日召开，研究部署全县统一战线领域重点工作。市政协副主席、县委书记、县委统一战线工作领导小组组长焦林主持会议并讲话。会议审议通过县委统一战线工作领导小组相关文件，听取县工商联第七届执行委员会工作情况汇报，并对民族宗教领域工作进行安排部署。

【县委常委班子汲取王林案深刻教训专题民主生活会】 2020年11月3日召开，市政协副主席、县委书记焦林代表县委常委班子作对照检查发言，查摆问题，剖析产生问题的原因，提出整改措施。县委常委班子成员围绕主题逐一进行对照检查，作自我批评，其他成员对其提出批评意见。市纪委市监委、市委组织部领导讲话。县委书记焦林作会议小结并提出整改工作要求。

【县委经济工作会】 2020年11月6日召开，市政协副主席、县委书记焦林出席会议并讲话，县长李开德安排下一阶段的经济工作任务。县人大常委会主任张光文，县政协主席张庆学等县领导参加会议。

【庆祝禄劝彝族苗族自治县成立35周年座谈会】 2020年11月25日召开，市政协副主席、县委书记焦林主持会议并讲话。县长李开德通报禄劝创建民族团结进步示范县和脱贫攻坚情况；各位参会老领导积极发言，对禄劝经济社会发展建言献策。市委统战部副部长、市民宗委主任毕春华，1980年以来禄劝历任四个班子主要领导代表，县人大常委会主任张光文，县政协主席张庆学等县领导，县级相关部门、乡（镇、街道），彝族、苗族、傈僳族协会，社会各界人士代表等参加座谈会。

（全　蕊）

综合党务管理

【综合协调】 2020年，县委办公室完成全国脱贫攻坚普查、全国脱贫攻坚考核评估工作现场观摩会、第一届西南坚果博览会，县委全会3次、县委常委会会议34次、周工作例会48次、挂牌督战现场会10次、县委经济工作会2次、专题会议150余次和理论学习中心组学习8次的服务保障。组织党政办公室业务培训400余人次，召开“五办”联席会12次，召开党政办主任会2次。实行公务车辆集中管理、定点维修、统一调度，全年出车350余次，行程12万余千米，安全行车无事故。

【文稿起草】 2020年，县委办公室完成县委全会报告、脱贫攻坚汇报材料、党风廉政建设、经验典型等综合文稿180余篇。制发各类公文956件，其中，纳入规范文件统计口径139件。向市委办公室报备党内规范性文件27件，完成全县党内规范性文件第二次集中清理工作。处理上级来文3051份、密件690份。

【督促检查】 2020年，县委督查办下发督查通知49个，编发《督查通报》22期、《督查专报》12期。调整考核方式方法和分值，提高经济社会发展分值权重，“五大建设”分值提高到720分，强化过程管理、季度考核和结果导向，扣分事项较上年减少10项。落实基层减负各项措施，定期进行监测、抽查，对指标超出限额的部门进行提醒警示，全县召开会议233次，同比减少2.51%；发文608件，同比减少28.13%。

【信息服务】 2020年，县委办公室向市委办报送信息1087条，完成年度任务的251.3%，得分在相同考核等次的7个县区中位居第一。上报贯彻落实类、表态发声类、重大紧急类、问题建议类、网络舆情类、经验做法类、智库资政类信息1000余条，较上年增加270.2%，其中，《基层反映警惕政府消费券成为羊毛党的“牟利券”》等19篇反映基层教育、脱贫攻坚、基层减负等方面问题的信息被中办、省办采用。上报应急信息201篇，其中，《春节期间全县社会和谐稳定节日氛围浓厚》《翠华镇火灾情况报告》等重大紧急信息分别被中办、省办采用。

【机要保密】 2020年，禄劝召开保密委会议1次，开展保密检查24次，各类考试保密监管检查5次，在岗涉密人员保密承诺书签订率100%，全年无泄密事件。

【国家安全】 2020年，县委国安委制定印发《党委（党组）国家安全责任制实施细则》等制度，建立《国家安全危机管控机制》《社会安全工作协调机制》《生态安全工作协调机制》等12个机制。把国家安全知识纳入县委理论中心组学习、全县科级领导干部轮训、“万名党员进党校”培训学习内容，累计培训630人次，张贴宣传标语1000余条。

（马元元）

2020年11月25日，庆祝禄劝彝族苗族自治县成立35周年座谈会在禄劝会堂召开（县委统战部　供）

组织工作

【党员干部教育培训】 2020年，县委组织部组织理论中心组学习8次，开展"领导干部大讲堂"36期，编制"三个记录本"下发1425个基层党组织19223名党员。开展"大培训、大学习、大遍访、大调研"活动8次，习近平总书记考察云南重要讲话精神宣讲报告22场，开列、检视、整改问题1872条，发放《习近平谈治国理政（第三卷）》1500册，"学习强国"学习平台注册使用8230人、20000分以上237人，"云岭先锋"手机App注册使用率90%。开展"万名党员进党校"培训132期，打造党员教育培训基地26个，开展"党课开讲啦""学习身边榜样"活动1500余场次。宣传基层党组织典型，2部党员教育视频片被省委组织部在省级信息化平台推广学习，《点亮书西》被省委组织部作为优秀课件推荐报送中组部。

【基层党组织建设】 2020年，禄劝基层党组织实施"双整百千"四级联创，17个乡（镇、街道）、190个村（社区）完成达标创建，申报13个农村基层党建"达标"乡镇、3个农村基层党建"示范"乡镇和农村基层党建"达标县"。创建示范社区3个，红色物业2家。1863名在职党员到社区报到为群众服务160次。创建"四星级"党组织11个，"五星级"党组织8个，税务局机关第一支部成功创建为省级"规范化建设示范党支部"。"两新"组织发展党员31人，非公有制企业、社会组织党组织覆盖率分别为91.23%和92.86%。整顿软弱涣散基层党组织8个。创建10所省市级和谐寺观教堂，命名20个县级"民族团结进步示范宗教活动场所"。建立农村老党员生活基金，县级财政预算420万元为3699名农村老党员每月发放生活补贴。下拨党费80万元、16757名党员捐款169万余元助力疫情防控，成立疫情防控临时党组织4个，129支党员志愿服务队2356名党员担任复工复产企业的"办证员""采购员""监督员""指导员"，97名党员志愿者驻厂帮助企业复产。4月底，辖区内小微企业、沿街商店全面复产，复工企业的"返工率""达产率"100%。组建党员先锋队、群众志愿队、民兵应急队、巾帼服务队、青年突击队、移民理事会"六支队伍"，建立党员网格责任区30个，配合完成3个乡（镇）、7个行政村、30个村民小组、1195户、4162人乌东德水电站移民搬迁，建成搬迁社区党支部3个。

【党建扶贫"双推进"】 2020年，禄劝建设扶贫产业链党组织23个，组织实施财政扶持壮大村级集体经济项目15个，187个村（社区）集体经济收益超过5万元。回引农村人才76人，储备村级后备力量504名，选树省市级"百名好支书"2人，从出列贫困村村干部中定向招录培养事业单位人员、公务员9名。组织480名驻村工作队员（第一书记）培训2期，开展政策再学习、村情再了解、民情再熟悉"大走访"活动4次。安排34名处级领导担任乡（镇、街道）战区指挥长，187名科级领导联系包村，5418名机关干部结对帮扶贫困户。

【干部选拔】 2020年，禄劝储备后备干部99名，在疫情防控和脱贫攻坚一线建议提拔使用干部41名，调整干部9批次，建议提拔干部96名。推荐2名科级干部到上海市普陀区学习锻炼，选派6名干部到中央、省、市及经济发达地区学习和挂职锻炼。组织开展5批次、57名干部的试用期满考核，完成878卷科级干部档案的查缺工作。完成县十七届人大四次、县政协九届四次会议选举，指导7个乡镇人大代表选举工作，完成32名干部退休审核、报批、待遇核算。

【监督管理】 2020年，县委组织部委托审计局对5名科级领导开展任期经济责任和自然资源资产责任审计。全县约谈脱贫攻坚落实不力、工作不在状态的驻村干部5名，科级领导干部2名。从乡镇乡科级正职中晋升一级主任科员71人（主要领导29人），乡科级副职晋升三级主任科员48人，一级科员晋升四级主任科员74人。

【人才工作】 2020年，县委组织部制定《人才工作要点》，出台《关于鼓励引导人才向脱贫攻坚和乡村振兴一线流动的若干措施》，成立禄劝青年企业家商会，吸纳商会会员48人，创建昆明市延安医院云南省科技惠民专项OBS—3D技术推广应用工作站、朱勤庄名医工作站、陈顺荣名医工作室三个专家工作站，引进26名省市医疗专家进行手术指导、带教查房，邀请31名省市专家开展种养殖技术培训。开展卫生、农业、科技等人才能力提升培训174期、2万余人次，选派6名医生到昆明市延安医院脱产研修，91名医护人员到省市医院进修学习，推荐35名技能人才参加市级技能提升培训，推荐4名专业技术人才申报云南省“高层次人才培养支持计划”，3人参加“享受国务院特殊津贴”“享受省政府特殊津贴”“云南省有突出贡献优秀专业技术人才”评选，获云南省科技特派员43人。建立17个乡（镇、街道）产业扶贫技术专家组，组建4个种养殖业专家服务团队，选聘1677名农技员、科技特派员进驻115个贫困村开展定点服务。

【县直机关党建】 2020年，禄劝有机关党组织165个，其中，机关党委1个、党总支13个、党支部151个。机关党员1825名，其中：女性455人，占比24.93%；大专以上文化程度1711人，占比93.75%；少数民族592人，占比32.44%。2020年，规范基层党组织支部委员会设置2个，整建制转移党支部1个。督促和指导任期届满的20个党组织按规定程序组织换届补选。完成支部规范化达标建设10个，累计达标率100%，创建“四星级”党支部7个、“五星级”党支部3个，命名省级规范化建设示范党支部1个，新发展机关党员15名。举办县直机关“万名党员进党校”培训班2期。组织机关党组织和在职党员开展“双报到双报告”志愿服务活动180余次，组织1200余名党员捐款15.76万元支持新冠肺炎疫情防控，成立50支党员志愿服务队。

（杨文忠　陈奕蓉　谢　宇）

宣传工作

【意识形态】 2020年，县委常委会专题研究意识形态工作2次，向市委报告4次，分析研判4次，开展党委书记专题述职评议会1次。各级领导班子民主生活会、述职评议和县委专项巡察纳入意识形态工作内容。开展“正道”“新风”集中行动，推动“扫黄打非”工作，召开2020年全县“扫黄打非”工作会，调整充实全县“扫黄打非”工作领导小组，层层签订《2020年“扫黄打非”工作目标管理责任书》。

【理论武装】 2020年，禄劝开展县委理论学习中心组集中学习8次，开展习近平新时代中国特色社会主义思想宣讲3247次，开展深入学习贯彻习近平总书记考察云南重要讲话精神宣讲报告会22场。开展爱国主义教育实践活动、社会主义核心价值观主题教育5000余人次，开展其他教育实践活动60余场次，参加人数4000余人次。开展第一届学习强国学习平台推广先进（优秀）单位和个人评选活动，经推荐、后台数据分析和审核，综合评定10家先进单位、5家优秀单位、30名先进个人。开展学习习近平新时代中国特色社会主义思想知识竞赛活动，全县1906名党员干部群众参加竞赛，禄劝代表队在市级总决赛上获二等奖。参加昆明市“党的创新理论我来讲——沿着习近平总书记指引的方向奋勇前进”理论宣讲大赛，禄劝两名选手分获语言类和艺术类二等奖。完成2020年度党报党刊征订任务，党报党刊征订完成优秀单位（4家）：汤郎乡、中屏镇、则黑乡、县税务局；较好单位（6家）：皎平渡镇、翠华镇、转龙镇、撒营盘镇、县公安局、县供电公司。

【新闻宣传】 2020年，禄劝开展疫情防控、脱贫攻坚、乡村振兴等主题宣传15次。在中央、省、市级新闻媒体刊播宣传稿件1521条，向新华社推送的《美！云南禄劝4000亩杜鹃花开了》《带你看四月飞雪的昆明轿子雪山》等短视频达到100万+的浏览量，配合完成中央电视台大型政论专题片《摆脱贫困》在禄劝的拍摄。通过“云南通·禄劝”党政App手机客户端发布信息303条，县政府门户网站发布信息4153条，“昆明禄劝发布”政务微博发布信息8740条，官方微信公众号“魅力禄劝”发布信息981条，禄劝融媒App手机客户端发布信息4374条，禄劝融媒·抖音发布信息227条，禄劝融媒·快手发布信息70条，禄劝手机报发布信息128期、60余万字。诗歌《一天》获昆明作家协会2020年抗疫诗歌“文学相伴”十大优秀诗歌，散文《桃花湾的颜色》被省委宣传部收录在《我和我的祖国——云南省庆祝中华人民共和国成立70周年故事汇》，脱贫攻坚长篇小说《苹果红了》获昆明市脱贫攻坚文学主题作品一等奖。

【文化产业发展】 2020年，禄劝凤家古镇创建为昆明市三星级文化创意产业园区。全县创建市级文明单位4个、市级文明村镇10个、市级文明校园6个、昆明市

"最美家庭"7户、昆明市"文明家庭"4户。命名表彰禄劝彝族苗族自治县第三十四批县级文明单位8个，县级文明村(社区)86个，第二批县级文明校园7个。建成县级新时代文明实践中心1个、分中心1个、实践所17个、实践站194个，并通过市级验收。组织脱贫攻坚、乡村振兴、农村人居环境整治、社会治理、爱国卫生等宣讲300余次，技能培训500余次，志愿服务活动2000余次。

【网络安全管理】 2020年，网上开展2020年"12·5"国际志愿者日、爱国卫生"7个专项行动"、新时代文明实践志愿服务集中活动等。组织爱国卫生"7个专项行动"问卷调查和知识测试，全县53418人参加线上知识测试，31914人参加线上问卷。

（石　红）

统战工作

【概况】 禄劝彝族苗族自治县选配1名党外干部任县人大常委会班子成员，2名党外干部任县政府领导，2名党外干部任县政协领导，2名党外干部担任政府部门(单位)主要领导。2020年，新提拔党外干部5名。九届政协设置委员219名，实推荐215名(预留届中机动4名)，其中，非中共委员129名，占60%。组织开展党外干部培训1期、37人。完善239人的党外干部数据库、186人的新的社会阶层代表人士数据库、203人的党外知识分子数据库、11人的民主党派成员数据库。推荐3名党外知识分子参加省党外知识分子联谊会(简称知联会)，成立知识分子工作站2个。组织知联会和新的社会阶层人士联谊会(简称新阶联)各开展活动4次。成立新的社会阶层人士工作站10个、联系点15个。搭建新阶联网上平台，开通禄劝新阶联微信公众号。禄劝掌讯文化传媒有限公司获"2020年度昆明市网络人士统战工作实践创新基地"称号。

【非公有制经济领域统战】 2020年，县委统战部制定出台《关于构建"亲""清"新型政商关系的实施意见》，开展联系活动11次。协同县发改局、县民政局建立商会退出、注销机制，完善商会评价办法和管理办法。组织全县非公企业参与"万企帮万村"精准扶贫行动，捐款捐物170余万元。组织全县民营企业和商会参与疫情防控，捐款捐物75.44万元。审核申报200户"贷免扶补"材料，发放贷款100户、1500万元。申报3家劳动密集型企业，获得250万元资金扶持。组织青年企业家商会50余名会员参加工商联"应对疫情、稳定经济发展"惠企政策宣讲，18名县青年企业家赴官渡区考察交流，40名非公企业代表参加《中华人民共和国民法典》宣讲活动，20家民营企业到县检察院开展"六稳""六保"护航民企发展活动，45名非公经济人士到延安开展理想信念教育活动。培训非公经济代表人士1期、175人，完成10名民营经济代表人士的综合评价。禄劝民营企业投诉中心和昆明禄劝政商智通车协调处理民营企业投诉案件1件。县工商联获昆明市"万企帮万村"先进集体、"春融同心，共战疫情"先进集体称号。

【海外联络】 2020年，县委常委会研究拨付侨务领域工作经费5万元。争取市级资金18700元，救助13名困难归侨侨眷。更新完善侨务数据库，增加华人9人，减少华侨9人，减少侨眷31人，更改信息65条，更改信息23条。召开2020年侨台界"迎中秋、庆国庆、爱祖国"座谈会，组织学习《中华人民共和国归侨侨眷权益保护法》和昆明市惠台"78条措施"。

【台胞活动】 参加省台湾同胞联谊会(简称台联)组织的"台湾青年云南夏令营"活动。组织禄劝籍台属参加昆明市台胞台属"不忘初心跟党走"两岸一家亲演讲活动，获第二名。

【统战宣传】 2020年，县委统战部向上级报送统战工作信息102期，被中央统战部采用3期，省委统战部采用20期，市委统战部采用93期。完成宗教工作调研报告、新的社会阶层人士调研报告、党外知识分子调研报告各1篇，实践创新成果1篇。"禄劝统战"公众微信平台刊登信息160条，宣传和展示禄劝统一战线工作特色经验。开展"春融同心·保护环境我先行"志愿服务活动2次。创建"四星级党支部"并通过市委组织部验收。成功创建"云南省党政机关社会团体档案工作规范化管理示范单位"。凤家古镇统战文化基地获评2020年"春融同心·昆明市统战文化基地"优秀创建单位。

（张小晨）

政策研究

【课题调研】县委政策研究室制定2020年重大课题调研计划10项，实行支部班子成员带头认领重大课题制度，完成3个重点课题调研任务。起草《2020年禄劝政策研究和重大改革研究课题计划》《中共禄劝彝族苗族自治县委关于深入学习贯彻党的十九届四中全会精神的实施意见》《中共禄劝彝族苗族自治县委关于制定国民经济和社会发展第十四个五年规划和二〇三五年远景目标的建议》等。完成《县政协拓展协商方式对策研究》《关于脱贫攻坚与乡村振兴有机衔接的调研报告》《禄劝加快推进教育现代化对策研究》等调研文稿。完成《禄劝打造“绿色食品牌”问题分析与发展对策研究》《禄劝打造昆明绿色发展新高地的路径模式研究》2个市级课题。

【深化改革】2020年，县委深化改革委员会组织召开办公室主任会议暨专项小组联络员会议3次，委员会会议3次，专题改革协调推进会12次，传达学习中央、省委、市委全面深化改革委员会会议精神，推动全县改革工作。制定下发《县委全面深化改革委员会2020年工作要点》，形成《任务分工方案》，明确94项重点改革任务，20项重大改革事项。开展全面深化改革重大改革专题调研7次，形成《禄劝加快推进教育现代化对策研究》《禄劝“十四五”工业发展研究报告》等6期调研报告。建设17个乡（镇、街道）新时代文明实践所，覆盖率100%。对30项县委改革要点和20项重大改革事项立项督查，对十八大以来出台的330项改革方案“回头看”，开展全面督察2次，专项督察12次。编印《禄劝改革信息》20期，《禄劝政策研究》10期，推送改革信息300余条，中央和省、市媒体宣传推广92条，《云南脐橙远销澳门》《昆明市禄劝：为推动市域社会治理现代化贡献智慧力量》《禄劝彝族苗族自治县乡镇街道产业发展路线图确定》等稿件被《人民日报（海外版）》、新华网、《云南日报》等媒体刊登。

（陶腾霄）

机构编制管理

【机构改革】2020年，县委深化党政机构改革领导小组聚焦市场监管、生态环境保护、文化市场、交通运输、农业等领域，进一步统一执法主体，减少执法层级，推动执法力量下沉，并结合市、县政府部门职责边界清单编制工作，梳理生态环境等执法领域有关职责边界，挂牌成立农业、交通运输、市场监管、文化市场综合行政执法队伍（生态环境已上划管理）。

2020年5月7日，县委全面深化改革委员会第四次会议召开（县委政研室　供）

【机构编制管理】 2020年，县委编办比对核查全县400余家部门（单位）机构编制、人员基本信息数据35万条，修正差异数据5万处。新增县卫生健康局10名事业编制，用于传染病救治、疾病预防控制、急救等机构的编制保障。配合完成“财政供养人员只减不增”事项审计。2020年全县招录公务员编制使用计划44名，其中，县级机关单位7名，乡（镇、街道）37名。全县事业单位公开招聘人员编制使用计划36名。完成禄劝超审批权限设置、违规核定领导职数等问题自查自纠工作，禄劝不存在超审批权限设置机构、违规核定领导职数、自行设置领导职务名称和超规格配备领导干部的问题。完成机构编制文件拟定报批等工作。2020年，召开县委编委会议2次，通报机构编制事项3个，研究机构编制事项14个，议题涉及屏山街道析置、设立新机构、规范县级事业单位机构编制设置和领导职数调整等内容，凡涉及领导职数事项的，均按程序报县委常委会会议研究审核。析置后，屏山、崇德街道各设置5个综合办公室、7个事业单位，各核定街道领导职数11名，其中，正科级职数3名、副科级职数8名。

【机关事业单位登记管理】 2020年，县事业单位登记管理局完成事业单位年度报告公示152家，办理事业单位设立登记5家，法人变更22家，注销登记3家，重新申领证书3家。办理机关群团统一社会信用代码证书初领2家，变更17家，注销2家。随机抽查7家单位2020年度事业单位法人年度报告公示信息，核查结果在县政府网站公示。

（槐苑楠）

老干部工作

【概况】 2020年，县委老干部局服务管理离退休老干部381人（离休干部17人），其中，异地安置2人。代管离休干部2人，退休干部486人。

【政治待遇】 2020年，县委老干部局组织离退休干部学习党的路线方针政策和重大决策部署14次，活动中心专设阅文室，每星期二组织老干部阅读文件。全年通报县情3次。1月16日，通报禄劝2019年经济社会发展情况及2020年工作计划。6月15日，通报上半年全县离退休老干部工作开展情况。8月17日，通报全县脱贫攻坚以来工作基本情况、工作做法、主要取得的成效、脱贫攻坚经验启示。6月2日至3日，组织全县50多名离休干部及县处级退休干部到禄劝忠爱医院参加健康体检。6月15日，举办老干部健康知识讲座，邀请县疾病预防控制中心医师钟玉美进行讲授。10月22日，举行首次干部荣誉退休仪式，为2020年达到退休年龄的9名科级退休干部颁发退休荣誉证书和慰问金。

【生活待遇】 2020年，县委老干部局按时足额发放离休干部离休费和护理费，实报实销离休干部医疗费用，保障无固定工作离休干部遗孀生活补贴，发放遗孀生活补助费4.32万元，落实享受中央13号文件及云南省“8・13”意见的新中国成立初期参加革命工作退休干部的各项生活医疗待遇。

【走访慰问】 2020年，县委老干部局全年走访慰问离退休干部及困难党员86人，县级在职领导春节前走访慰问同级退休老干部34名，发放慰问金6.8万元。建党99周年组织慰问离退休干部481人，发放慰问金144300元。国庆节组织慰问离退休干部73人，发放慰问金36500元。10月走访慰问96岁高龄的离休干部、抗美援朝老战士陈世芳。

【文体活动】 2020年，县委老干部局组织老干部参加省、市老干部活动中心竞技、诗词比赛，组织开展2020年昆明市“第七届滇剧艺术周”禄劝彝族苗族自治县老年大学戏曲进校园展演活动。庆祝建党99周年，举行诗词书法绘画摄影作品展。10月1日，在凤家古镇举办“迎国庆中秋”主题诗书画摄影作品展。

【老年大学】 2020年，禄劝完成乡镇老年大学至少开办一个班级的任务。县老年大学本部开设21个专业65个班，招收学员3433人次，其中，有乡（镇）分校17个，招收学员909人。

（李德慧）

党校教育

【干部教育主体班次培训】 2020年，县委党校举办全县驻村工作队长培训班1期、231人，全县入党积极分子培训班1期、264人，2020年“万名党员进党校”暨县级机关党组织书记培训班1期、214人，禄劝2020年村（社区）党组织书记培训班1期、204人，禄劝科级领导干部学习贯彻党的十九届四中全会和习近平总书记考察云南重要讲话精神专题培训班3期、653人，县直机关工委“万名党员进党校”培训班2期、732人，全年完成主体班次培训9期，培训学员2298人次。承办2020年“云南省领导干部时代前沿知识讲座”“昆明市领导干部培训日”专题讲座16讲，参训干部1780人次。

【委托班次培训】 2020年，县委党校举办云南省农村干部学院决战决胜脱贫攻坚工作各类培训班6期、595人，县气象局人工影响天气作业指挥人员培训班1期、70人，县水务局2020年“万名党员进党校”培训班1期、74人，县财政局2020年全县会计人员继续教育培训班1期、400人，昆明交运集团禄劝汽车运输公司2020年“万名党员进党校”培训班1期、13人，县统计局第七次全国人口普查第二期综合业务培训1期、249人，崇德街道“2020年万名党员进党校”培训班1期、300人，完成省、市、县相关部门委托班次12期，培训学员1701人次。

【现场教学】 2020年，县委党校建立现场教学点3个，禄劝脱贫攻坚纪实展览馆、县职业中学教育扶贫示范点、团街镇治安村委会脱贫攻坚产业发展示范点。组织开展现场教学3次。

【会议服务】 2020年，县委党校承办县“两会”、脱贫攻坚普查会、昆明市2020年统战工作交流座谈会等各类会议14期，为3752人次提供会务服务。

【乡镇党校】 2020年，县委党校指导乡（镇、街道）党校开展“万名党员进党校”培训，推选优秀教师送教到乡（镇、街道）党校讲授党课、理论宣讲。全年送课下乡、进基层51场，参训学员11000人次，其中，宣讲9场，参训学员2100人次；授课42场，参训学员8900人次。

【村干部学历教育】 2020年“禄劝村（社区）干部能力素质和学历水平‘双提升’行动计划”项目有2个年级4个班82名学员，完成34门课程教学工作。

（吴绍秀）

党史研究

【概况】 2020年，县委党史研究室完成《2019年度中共禄劝彝族苗族自治县委执政纪要》《禄劝县委党史大事记（2001年—2012年）》《口述禄劝》《禄劝红色记忆》编撰印刷成书工作。上报《中共昆明历史大事记2019年》（禄劝部分）。完成《昆明市党的建设（1978年—2012年）》《昆明市国有企业改革与多种所有制共同发展（1978年—2012年）综述》《昆明市流通、财税、金融改革与发展（1978年—2012年）》禄劝部分3个专题研究。

【党史宣传】 2020年，县委党史研究室与县教体局共同开展“党史进校园”活动，在秋季学期向全县部分义务教育八年级学生免费发放《中国共产党昆明历史读本（1926年—1950年）》，并在试点学校开展发放一本党史教材、出一期黑板报、开展一次主题班会、上一堂党史思政课活动。与县委组织部联合印发《禄劝彝族苗族自治县开展党史、中华人民共和国史、改革开放史、社会主义发展史学习教育活动方案》，在各乡（镇、街道）党委、县级部门党组织中开展“四史”学习教育活动。在县体育场西侧建成面积155平方米的“禄劝红色文化长廊”室外展览，展览由五个分部、十个版面组成，以红军长征两次过禄劝为主线，按红军经过禄劝的时间、地点轴线布展，展示禄劝境内12个红色遗址点。开展第三批“党史讲解员”培训工作，组织3个乡（镇）和县文化和旅游局（简称文旅局）10名党史讲解员到威信扎西现场教学。

【革命遗址保护】 2020年，县委党史研究室向省、市党史部门争取资金70万元，修缮“翠华周恩来长征路居旧址暨干部团驻地旧址（白家大院）”厢房、照壁、大门等，年内完成工程量的80%。到中屏镇、武定县、楚雄州查阅党史资料、问询相关人员、召开座谈会、查看中共滇北地委成立地遗址，开展“中共滇北地委成立地”遗址调研。

（曹艺萍）

禄劝彝族苗族自治县人民代表大会

责任编辑　赵文富

综　述

重要会议

人事任免

人大代表工作

监督工作

人大专门委员会工作

综 述

【概况】 2020年，在县委领导下，县人大常委会高举习近平新时代中国特色社会主义思想伟大旗帜，把学习贯彻党的十九大和十九届二中、三中、四中、五中全会精神贯穿于人大各项工作中，坚持和完善人民代表大会制度，推进社会主义民主政治建设，全面履行法定职责，充分发挥代表作用，切实加强自身建设，完成县十七届人大四次会议确定的各项任务，为高质量打赢“十三五”收官战，高标准推进县域治理现代化，保持经济持续健康发展、社会大局和谐稳定贡献人大智慧和力量。全年召开常委会会议8次，听取和审议“一府两院”专项工作报告20项，组织开展执法检查3次，进行专题询问2次，作出决议决定9项，提出意见建议63条，人事任免105人次。完成《云南省禄劝彝族苗族自治县自治条例》修正工作。

【机构人员】 县人大常委会设工作机构8个。其中，县人大专门委员会6个：县人大监察和法制委员会、县人大财政经济委员会、县人大城乡建设环境保护委员会、县人大社会建设与教育科学文化卫生委员会、县人大农业与农村委员会、县人大民族宗教华侨委员会。县人大常委会工作委员会和办事机构2个：县人大常委会人事代表工作委员会、县人大常委会办公室。县人大机关编制35名，其中，行政编制28名，工勤编制7名；实有40人，其中，公务员33人，工勤7人。

（李俊莉）

重要会议

【县十七届人民代表大会第四次会议】 2020年5月21日至23日在县城召开，应出席代表217名，实际出席代表210名。县委、县人民政府、县监察委员会、县人民法院、县人民检察院及有关方面负责人50人列席会议。会议审议通过《禄劝彝族苗族自治县人民政府工作报告》《禄劝彝族苗族自治县人民代表大会常务委员会工作报告》《禄劝彝族苗族自治县人民法院工作报告》《禄劝彝族苗族自治县人民检察院工作报告》《云南省禄劝彝族苗族自治县自治条例修正案》，审查和批准《禄劝彝族苗族自治县2019年国民经济和社会发展计划执行情况与2020年国民经济和社会发展计划（草案）报告》，批准《禄劝彝族苗族自治县2020年国民经济和社会发展计划》；审查和批准《禄劝彝族苗族自治县2019年地方财政预算执行情况和2020年地方财政预算（草案）报告》，批准自治县2020年地方财政预算；选举王开富、付秀美（女，彝族）为禄劝彝族苗族自治县第十七届人民代表大会常务委员会副主任；李绍芬（女，傈僳族）、张宁（彝族）、张兴团（彝族）、顾军、钱启言为禄劝彝族苗族自治县第十七届人民代表大会常务委员会委员；阮世伟为禄劝彝族苗族自治县监察委员会主任；杨文昆（白族）为禄劝彝族苗族自治县人民法院院长；马伟为禄劝彝族苗族自治县人民检察院检察长。

【县十七届人大常委会常委会议】 2020年，十七届人大共召开常委会会议8次。

第二十八次会议 1月19日召开，县人大常委会副主任吴明泽主持会议，县人大常委会主任、副主任、委员20人出席会议。会议作出2020年2月17日至22日在县城召开县十七届人民代表大会第四次会议的决定；补选钱洪生为昆明市第十四届人民代表大会代表。

第二十九次会议 3月12日召开，县人大常委会主任张光文主持会议，县人大常委会主任、副主任、委员22人出席会议。会议审议通过《县人大常委会代表资格审查委员会关于代表变动情况和代表资格审查情况的报告》。

第三十次会议 4月27日召开，县人大常委会副主任朱淑芬主持会议，县人大常委会主任、副主任、委员20人出席会议。会议审议通过《县人大常委会2020年工作要点和会议议题安排》。

第三十一次会议 6月29日召开，县人大常委会副主任吴明泽主持会议，县人大常委会主任、副主任、委员25人出席会议。会议传达学习第十三届全国人民代表大会第三次会议精神；审议通过《县人民法院关于执行工作情况的报告》；审议通过《县人民政府贯彻执行〈中华人民共和国水污染防治法〉情况的报告》《关于疫情防控工作情况的报告》。作出确认许可对县十七届人大代表张学聪、杨志刚采取强制措施的决定。

第三十二次会议　7月29日召开，县人大常委会副主任王开富主持会议，县人大常委会主任、副主任、委员23人出席会议。会议审议通过《县人民检察院关于“认罪认罚从宽”制度落实情况的报告》；审议通过《县人民政府关于2020年上半年国民经济和社会发展计划执行情况的报告》《关于县城区城中村、老旧小区提升改造和管理情况的报告》《贯彻执行〈云南省陆生野生动物保护条例〉情况的报告》《关于开展农村劳动力培训和转移就业情况的报告》。

第三十三次会议　9月28日召开，县人大常委会主任张光文主持会议，县人大常委会主任、副主任、委员27人出席会议。会议审议通过《县人民政府关于“扫黑除恶”专项斗争情况的报告》《2019年财政决算和2020年财政预算执行情况的报告》《县人民政府关于新兴职业学院禄劝校区项目建设情况的报告》《关于落实少数民族专项资金补助项目及繁荣发展少数民族文化事业项目情况的报告》《关于办理县十七届人大四次会议代表议案建议情况的报告》，审议通过《2019年度财政预算执行和其他财政收支审计暨上年度审计查出问题整改情况的报告》，并进行专题询问；作出《关于公布施行〈云南省禄劝彝族苗族自治县自治条例修正案〉的决定》。

第三十四次会议　11月27日召开，县人大常委会副主任朱淑芬主持会议，县人大常委会主任、副主任、委员25人出席会议。会议审议通过《县人民政府关于国有企业资产管理情况的报告》《关于旅游扶贫情况的报告》《关于都市驱动型乡村振兴实验示范区建设推进情况的报告》《关于全面推进殡葬改革和农村公益性公墓建设情况的报告》；审议通过《关于贯彻执行〈云南省消防条例〉情况的报告》，并进行专题询问。

第三十五次会议　12月24日召开，县人大常委会副主任吴明泽主持会议，县人大常委会主任、副主任、委员22人出席会议。会议审议通过《县人民政府2020年地方财政预算部分变更的报告》，作出《关于批准禄劝彝族苗族自治县2020年地方财政预算部分变更的决议》。

（李俊莉）

人事任免

【人事任免决定】 2020年1月19日，县十七届人大常委会第二十八次会议决定：任命杨文昆为禄劝彝族苗族自治县人民法院审判员、审判委员会委员、副院长，决定为代理院长；任命马伟为禄劝彝族苗族自治县人民检察院检察员、检察委员会委员、副检察长，决定为代理检察长。

3月12日，县十七届人大常委会第二十九次会议决定：免去唐春宗禄劝彝族苗族自治县第十七届人民代表大会民族宗教华侨委员会副主任委员职务；免去李德泰禄劝彝族苗族自治县第十七届人民代表大会农业与农村委员会副主任委员职务；免去李炳付、蒋志刚禄劝彝族苗族自治县第十七届人大常委会屏山街道工作委员会委员职务；免去文琪禄劝彝族苗族自治县人民政府办公室主任职务；免去李彝葵禄劝彝族苗族自治县人民法院审判委员会委员职务；免去卢玉富禄劝彝族苗族自治县人民检察院副检察长、检察委员会委员、检察员职务。任命吴胜超为禄劝彝族苗族自治县第十七届人大常委会崇德街道工作委员会委员、主任；任命李炳付、李朝卫、蒋志刚、赵怀仙为禄劝彝族苗族自治县第十七届人大常委会崇德街道工作委员会委员；任命杨海明、徐华琼为禄劝彝族苗族自治县第十七届人大常委会屏山街道工作委员会委员；任命王兴华为禄劝彝族苗族自治县人民政府办公室主任；任命文琪为禄劝彝族苗族自治县交通运输局局长。

4月27日，县十七届人大常委会第三十次会议决定：免去赵忠山禄劝彝族苗族自治县林业和草原局局长职务；免去蒋传有禄劝彝族苗族自治县政务服务管理局局长职务；免去杨仕乔禄劝彝族苗族自治县监察委员会副主任职务。任命张绍平为禄劝彝族苗族自治县林业和草原局局长；任命杨明国为禄劝彝族苗族自治县政务服务管理局局长；任命桂超为禄劝彝族苗族自治县监察委员会副主任。

7月29日，县十七届人大常委会第三十二次会议决定：任命张玉宇等75人为自治县人民法院人民陪审员。

9月28日，县十七届人大常委会第三十三次会议决定：免去刘春禄劝彝族苗族自治县人民代表大会社会建设与教育科学文化卫生委员会副主任委员职务；免去赵文兵禄劝彝族苗族自治县人大常委会办公室副主任职务；免去夏飞禄劝彝族苗族自治县科学技术和工业信息化局局长职务，任命罗铁为禄劝彝族苗族自治县科学技术和工业信息化局局长；免去刘宗涛禄劝彝族苗族自治县文化和旅游局局长职务，任命杨子艳为禄劝彝族苗族自治县文化和旅游局局长；任命俎广浩、郭蕊、杨怀智为禄劝彝族苗族自治县人民检察院检察委员会委员。

11月27日，县十七届人大常委会第三十四次会议决定：免去张大福禄劝彝族苗族自治县人民政府副县长职务；免去李俊禄劝彝族苗族自治县人民政府副县长职务；免去罗代平禄劝彝族苗族自治县人民检察院副检察长、检察委员会委员、检察员职务。

12月24日，县十七届人大常委会第三十五次会议决定：免去汪雁冰禄劝彝族苗族自治县人民法院副院长、审判委员会委员、审判员职务；免去李光学禄劝彝族苗族自治县人民法院执行局局长职务；免去曹开智禄劝彝族苗族自治县人民法院转龙人民法庭庭长职务；免去李志平禄劝彝族苗族自治县人民法院民事审判第三庭庭长职务；免去王洪斌禄劝彝族苗族自治县人民法院审判员职务；免去李美孝禄劝彝族苗族自治县人民法院审判员职务。决定任命皮忠厚为禄劝彝族苗族自治县人民政府副县长。任命李光学为禄劝彝族苗族自治县人民法院副院长；任命田燕为禄劝彝族苗族自治县人民法院副院长；任命曹开智为禄劝彝族苗族自治县人民法院审判委员会委员；任命李志平为禄劝彝族苗族自治县人民法院团街人民法庭庭长；任命孙丽敏为禄劝彝族苗族自治县人民法院立案庭（诉讼服务中心）庭长；任命张金鸿为禄劝彝族苗族自治县人民法院民事审判庭庭长；任命杜海峰为禄劝彝族苗族自治县人民法院刑事审判庭副庭长；任命潘志强为禄劝彝族苗族自治县人民法院团街人民法庭副庭长；任命张宏坤为禄劝彝族苗族自治县人民法院撒营盘人民法庭副庭长；任命毛浩名为禄劝彝族苗族自治县人民法院转龙人民法庭副庭长。

【人事辞职决议决定】 1月19日，县十七届人大常委会第二十八次会议决定：接受卢玉富辞去昆明市第十四届人民代表大会代表职务；接受郑洪斌辞去县人民法院院长、审判委员会委员、审判员职务；接受杨竹芳辞去县人民检察院检察长、检察委员会委员、检察员职务。

3月12日，县十七届人大常委会第二十九次会议决定：接受张成武、刘琴芬辞去禄劝彝族苗族自治县人大常委会副主任职务，报县十七届人大第四次会议备案。

9月28日，县十七届人大常委会第三十三次会议决定：接受张永康辞去禄劝彝族苗族自治县人民代表大会监察和法制委员会主任委员职务；接受唐春宗辞去禄劝彝族苗族自治县第十七届人大常委会委员职务。

11月27日，县十七届人大常委会第三十四次会议决定：接受李永超等6名代表辞去禄劝彝族苗族自治县第十七届人民代表大会代表职务。

（李俊莉）

人大代表工作

【代表履职】 2020年，禄劝完成190个人大代表工作站、联络室建设，市县人大代表全部进驻代表工作站、联络室。组织部分代表列席县人大常委会会议，参加县人大常委会组织的视察调研、执法检查等活动。开展全体代表法规政策和专业知识培训。

【代表议案建议办理】 县十七届人大四次会议提出1件议案和283件建议，截至2020年年底已经解决的（A类）84件，占建议总数的29.68%；列入计划逐步解决的（B类）137件，占建议总数的48.41%；因条件限制或其他原因暂时不能解决的（C类）62件，占建议总数的21.91%。争取市人大代表重点建议办理资金90万元。

【重点议案办理情况】 禄劝彝族苗族自治县第十七届人民代表大会第四次会议决定，将《关于创建国家生态文明建设示范县的议案》作为该次会议议案。11月5日，成立以县委、县政府主要领导为双组长的禄劝彝族苗族自治县国家生态文明建设示范县创建工作领导小组，领导小组下设办公室在市生态环境局禄劝分局，由副县长张世斌兼任办公室主任，胡玉祥兼任办公室副主任。负责统一领导、组织、协调全县国家生态文明建设示范县创建工作，研究制定推动国家生态文明建设示范县创建的政策措施，对国家生态文明建设示范县创建工作进行统筹安排部署；组织编制《禄劝彝族苗族自治县国家生态文明示范县建设规划》，研究部署国家生态文明示范县建设的重点工作和重点工程，制订出台推动国家生态文明示范县建设工作方案；督促和指导各乡（镇、街道）、县级各部门国家生态文明建设示范县创建工作。

【代表小组活动】 11月23日，为全面推进"美丽河道"创建工作，巩固全面推行河长制工作成果，根据县委安排部署，经县人大常委会主任会议研究决定，昆明市人大代表禄劝代表小组对"美丽河道"建设工作情况进行视察。

（李俊莉）

监督工作

【工作报告听取和审议】 2020年，县人大常委会听取和审议县人民政府专项工作报告18项，提出审议意见53条。听取和审议县人民法院专项工作报告1项，提出审议意见4条。听取和审议县人民检察院专项工作报告1项，提出审议意见3条。

【执法检查】 2020年，县人大常委会检查县人民政府贯彻执行《中华人民共和国水污染防治法》情况，提出审议意见3条。检查县人民政府贯彻执行《云南省陆生野生动物保护条例》情况，提出审议意见3条。检查县人民政府贯彻执行《云南省消防条例》情况，提出审议意见4条。

【专题询问】 2020年9月28日，在第三十三次常委会上对审计查出问题整改相关工作进行专题询问，县财政局、县审计局主要负责人到会应询。11月27日，在第三十四次常委会上对贯彻执行《云南省消防条例》相关工作进行专题询问，县应急管理局、县消防救援大队主要负责人到会应询。

（李俊莉）

2020年11月27日，县人大对贯彻执行《云南省消防条例》相关工作进行专题询问（县人大办　供）

人大专门委员会工作

【监察和法制委员会】2020年，县人大监察和法制委员会遵规履程，开展立法工作。强化党领导立法的意识，加强请示汇报，建立健全自治县立法起草、论证、审议协调机制，执行立法工作向县委请示报告制度。执行立法技术规范、审议工作程序规定、地方性法规立项、立法后评估、法规清理等办法，保证人大代表参与立法活动，加强基层立法调研，发挥基层立法作用。根据云南省人民代表大会民族委员会《关于落实省人大常委会办公厅〈省十三届人大常委会主任会议关于修改云南省民族自治地方自治条例的工作安排〉的通知》精神，经县人大常委会党组会议研究并报请县委同意，对《云南省禄劝彝族苗族自治县自治条例》进行修正。《自治条例修正案》于2020年11月25日起正式施行。推进《云南省禄劝彝族苗族自治县掌鸠河保护管理条例（草案）》制定。组织县人大常委会有关委室和相关部门，对市人大下发的《昆明市公安机关警务辅助人员条例（草案）》《昆明市人民代表大会常务委员会规范性文件备案审查规定（修订草案）》等进行认真研究，提出修改意见建议。完善干部任前法律知识考试制度，凡提请县人大常委会任命的干部，必须参加任前法律知识考试，年内对6人进行考试。9月，接县人民政府《关于禄劝彝族苗族自治县集体林地林木流转管理办法实施细则的备案报告》，并组织审查；结合昆明市人民政府办公室政策法规处相关审查意见，发现该实施细则涉嫌增设许可审批事项、增加申请人义务、限制申请人权利，对该实施细则不予登记。

【财政经济委员会】2020年，县人大财政经济委员会组织财政经济审查专家咨询组对《禄劝彝族苗族自治县2019年国民经济和社会发展计划执行情况和2020年国民经济和社会发展计划（草案）报告》以及《禄劝彝族苗族自治县2019年地方财政预算执行情况和2020年地方财政预算（草案）报告》进行初审并提出初审意见。会议期间组织财政经济委员会委员对两个报告进行进一步审查，向大会主席团报告并建议批准以上两个报告。制定并报县委下发《中共禄劝彝族苗族自治县委关于建立县人民政府向人大常委会报告国有资产管理情况制度的意见》《中共禄劝彝族苗族自治县委印发〈关于人大预算审查监督重点向支出预算和政策拓展的实施方案〉的通知》。完成《关于县人民政府国有企业资产管理情况的报告》《禄劝彝族苗族自治县2020年上半年国民经济和社会发展计划执行情况的报告》《县人民政府2019年财政决算和2020年财政预算执行情况的报告》《县人民政府2019年度财政预算执行和其他财政收支审计暨上年度审计查出问题整改情况的报告》《县人民政府2020年财政预算部分变更的报告》等审查工作。利用已建成的预算联网监督系统，继续强化预算监督工作，适时把相关数据上传，提升财政预算执行的监督实效。

【城乡建设环境保护委员会】2020年，县人大城乡建设环境保护委员会组织开展《中华人民共和国水污染防治法》《中华人民共和国消防安全法》专项执法检查、《县城区城中村、老旧小区提升改造和管理情况》等专题调研检查，提出10条高质量、有针对性的意见、建议。

【社会建设与教育科学文化卫生委员会】2020年6月10日，县人大社会建设与教育科学文化卫生委员会到乌东德镇及乌东德电站工区，采取以点带面的方式，对新冠肺炎疫情防控工作情况进行调查。通过实地调研，指出存在问题，为推动疫情防控起到积极作用。9月11日，开展学校建设情况调查。通过实地查看项目建设、召开座谈会等方式，到新兴职业学院禄劝校区进行调查，发现3个问题：地方政府与学校的沟通协调不够；校园安全工作中食品安全、用电、出行等方面存在很多隐患；校园文化氛围缺失、绿化等配套建设亟待加强。针对这些问题，提出3点建议：崇德街道办事处要主动上门，服务学校发展；市场监督、安全监督管理、公安等职能部门，要主动对接，做好学校的食品安全、交通安全方面的服务、指导、监督、管理工作；县教体局要指导、督促学校美化绿化校园环境，特别是要注重文化氛围的打造，为新兴职业学院禄劝校区全院师生创造一个良好的教书育人环境。11月11日，开展文化旅游视察调查。到乌蒙乡、翠华镇，对贫困地区的旅游资源及发展状况进行实地调查。通过调研，发现存在3个问题：红色元素、民族元素在全县旅游扶贫工作中体现不明显；旅游扶贫项目带动作用不明显；旅游扶贫推介工作还有待加强。针对这些问题，提出3点建议：要进一步挖掘红色、民族文化资源，为禄劝的旅游注入丰富的文化内涵和独有的特色亮点；要积极引导、培植具有地域特色的旅游产品，打造禄劝旅游品牌；加大旅游宣传推介力度，吸引更多游客到禄劝观光游览，带动旅游扶贫工作。

【农业与农村委员会】 2020年，县人大农业与农村委员会落实《全国人大常委会关于全面禁止非法野生动物交易、革除滥食野生动物陋习，切实保障人民群众生命健康安全的决定》，将《云南省陆生野生动物保护条例》列为2020年执法监督重点，对县人民政府贯彻实施《云南省陆生野生动物保护条例》工作情况开展执法检查。检查组到屏山街道绿槐村委会耿家村龙源农业科技开发有限公司、咪油村委会马一村禄劝嘉隆农业开发有限公司实地查看豪猪养殖。到恒辉农贸市场、恒亚大酒店、景森食府等地开展实地检查并听取县林业和草原局、县市场监督管理局、县农业农村局、县公安局森林警察大队等相关部门对贯彻执行《云南省陆生野生动物保护条例》情况的报告，发现3个问题：宣传方式单一，宣传覆盖面不够广泛深入，部分干部群众对自觉保护野生动物重要性的认识有待深化；依法处置未批先养的人工养殖户的处置工作还不到位，未经许可从事人工驯养野生动物的现象依然存在；持证驯养野生动物养殖户的安置处置机制尚未建立，封控时间长、喂养成本高，养殖户经济压力倍增。提出3条审议意见：深入广泛宣传，全面提升干部群众自觉保护野生动物的意识；严格执法监管，形成打击查处涉野生动物违法行为的高压态势；制定处置机制，确保持证养殖户的合法利益得到最大程度保障。11月12日，对“县人民政府关于都市驱动型乡村振兴实验示范区建设推进情况”开展视察调查，到中屏镇、撒营盘镇对都市驱动型乡村振兴实验示范区建设推进情况开展实地调查，并听取县农业农村局等相关部门关于都市驱动型乡村振兴实验示范区建设推进情况的汇报，调查组发现存在2个问题：乡村振兴总体规划编制质量不高，县域乡村振兴战略推进缺乏科学有效的规划引领；农业产业规模不大，产业规模效应、带动效应、聚集效应、品牌效应尚未形成，农业增效、农民增收成效不够显著。提出3条审议建议：找准定位，编制规划，引领乡村振兴有序推进；把握重点，彰显特色，创活乡村产业振兴引擎；典型引路，示范带动，总结推广典型经验做法。

【民族宗教华侨委员会】 2020年，县人大常委会完成《云南省禄劝彝族苗族自治县自治条例》修正工作。此次《自治条例》修正工作从4个方面进行：认真贯彻习近平新时代中国特色社会主义思想和党的十九大、十九届二中、三中、四中全会精神，体现增强“四个意识”、坚定“四个自信”、做到“两个维护”，突出指导思想上的与时俱进；增加铸牢中华民族共同体意识、社会主义核心价值观等时代内容；对照《云南省民族团结进步示范区建设条例》，作出相应修改；按照全省人大工作座谈会要求，统一思想认识，统筹条例修正工作。新修正的《自治条例》从2020年11月25日起正式施行。做好《云南省禄劝彝族苗族自治县掌鸠河保护管理条例》立法续订工作。完成《禄劝彝族苗族自治县人大常委会“十四五”立法规划（2021—2025年）》制定及上报工作。履行监督职责，针对全县农村劳动力培训和转移就业工作情况进行会前调查，查找存在困难及问题，分析原因，提出有针对性意见建议并形成常委会审议意见后交由县人民政府具体办理。针对全县落实少数民族专项资金补助项目及繁荣发展少数民族文化事业项目情况开展会前调查，查找存在困难及问题，分析原因，形成审议意见交县人民政府办理。针对全县推进殡葬改革和农村公益性公墓建设情况开展会前调查，查找存在困难及问题，分析原因，形成审议意见交县人民政府办理。

（李俊莉）

禄劝彝族苗族自治县人民政府

责任编辑　赵文富

综 述

【政治建设】 2020年，县人民政府党组参加县委理论中心组学习8次、开展反腐警示教育9次，党组成员撰写学习心得体会和理论学习交流材料80篇。严格落实“三会一课”制度，认真执行领导干部双重组织生活制度，县政府领导班子成员以普通党员的身份参加县政府办党（总）支部活动122人次。召开县政府常务会18次、县政府党组会17次，传达重要会议、文件精神20个，研究人事任命155人次，研究重要工作154项。

【经济社会发展】 2020年，禄劝彝族苗族自治县落实新发展理念，加强和改进党对经济工作的领导，深化经济运行分析研判，建立项目管理体系和投资工作推进机制，对135个重点项目精准调度，45个项目新开工建设，乌东德水电站首批机组投产发电。农业园区、工业园区入园企业分别达31户、70户；农业园区完成投资5094.4万元、实现主营业务收入1.86亿元；工业园区实现工业总产值52.72亿元、主营业务收入50.95亿元。规模以上工业增加值完成14.54亿元，增长36%。三江口温泉、马鹿塘杜鹃花海、轿子雪山景区等开发建设有序推进，第一届西南坚果博览会成功举办，转龙镇、乌蒙乡、中屏镇、九龙镇成功申报省旅游扶贫示范乡，中屏镇火本村、转龙镇桂泉村成功申报省旅游扶贫示范村，实现旅游综合收入5.8亿元，增长83%。电子商务、现代物流等产业加快发展，实现社会消费品零售总额57.33亿元。营商环境不断优化，争取中央和省市资金36.93亿元。完成招商引资任务，到位市外内资60.02亿元，实际利用外资183万美元。

【城乡统筹发展】 2020年，禄劝一体推进美丽县城、美丽集镇、美丽乡村建设，禄劝铜锣湾广场综合体、香海文博小镇、三个留地安置等项目加快推进。“智慧禄劝”建设成效明显，投资8000万元建成开通5G基站136个。武倘寻高速禄劝段、皎马公路顺利推进。硬化农村道路77千米，实施生命防护工程603千米，实施农村“水窖替代”和巩固提升工程220件。移民搬迁安置扩容工程加快实施，完成抗震安居工程649户，轿子雪山小镇、乌东德特色小镇建设步伐加快。推进农村人居环境整治提升工程，建立“六有”（有房住、有产业、有水喝、有学上、有病能就医、有活动场地）村庄长效管护机制。推进爱国卫生“7个专项行动”及农村“厕所革命”，开展乡村“两污”（生活垃圾、污水）治理，创建省级卫生乡镇9个、省级美丽乡村1个（评审中）。强化传统村落和乡村风貌，打造“传统村落”“红军村”“旅游村”56个。

【生态环境保护】 2020年，禄劝立足“生态涵养示范区、特色农旅创新区”发展定位，实施“碧水、蓝天、净土、青山”保护行动，实施水源涵养林建设1.77万亩，农改林1.1万亩。推进河岸带生态保护与修复、水源区村庄污水收集处理等项目建设，化肥农药减量化、土壤污染治理、危险废物医疗废物收集处理工作成效明显，云龙水库水质长期稳定达标。实施生物多样性保护工程，落实长江“十年禁渔”计划，完善轿子山国家级自然保护区、生态保护红线监管制度，实施天然林保护439.4万亩，草原生态修复2.9万亩，完成营造林建设13.95万亩，全县森林覆盖率61.62%，创建国家森林乡村7个。抓实抓好中央、省、市环保督察反馈意见整改，加快推进水源区重点村庄水环境整治，开展断面水质监测21个，17个断面水质稳定或变好，城乡黑臭水体全面消除。推进大气污染防治，空气优良率100%。

【社会民生事业】 2020年，禄劝社会民生领域投入持续加大，民生领域投入资金26.47亿元，占一般公共预算支出的83.1%。全民参保计划深入实施，精准推进社会保险扩面提标，基本医疗保险参保率超过96%，基本养老保险覆盖近26.9万人。充分发挥“贷免扶补”等就业政策带动作用，新增城镇就业2019人，城镇登记失业率3.76%，农村劳动力转移就业24005人，安排乡村公益岗2973人。全面落实各项资助政策，投入资金8817.33万元，资助学生17.63万人次，推进乡镇寄宿制学校和县城学校建设，支持和规范民办教育发展，完成职业高级中学实训基地、屏山小学综合楼、旧县小学改扩建等项目建设。基本医疗服务水平逐步提升，单采血浆站、县中医院整体搬迁、感染科病房建设项目加快推进，传染病直报和预警系统投入使用。县疾控中心迁建、鸿康精神病医院、崇德卫生院、乌东德新村卫生院建设启动实施，实施重病兜底保障9307人次，慢性病救助13309人次。全面深化殡葬改革，新建农村公益性公墓27个，实施农村公益性公墓提升改造15个。实施文化惠民工程，开展民族文化体育活动，综合性文化服务中心实现全覆盖。基本养老服务体系逐步健全，全民健身计划深入实践，第一届“禄劝地标”穿越城市定向赛、“奔跑吧禄劝”大众欢乐跑成功举办。安全生产状况总体稳定，事故发生数和死亡人数分别下降57.53%、50%。团街镇卓干村和树安村、茂山镇归脉村成功创建“全省民主法治示范村”。

【改革开放】 2020年，禄劝深化政务服务改革，“一网通办”建设扎实推进，营商环境不断优化，累计减税降费6686.84万元（1月—10月）。完善发布1345个政务服务事项，完善率100%，“全程网办”比例84.02%，27家县级部门进驻政务中心，政务服务事项进驻率88.5%。深化农村集体产权制度改革，农村土地承包经营权确权登记颁证工作圆满完成。到位市外内资56.43亿元，到位省外内资49.91亿元。偿还拖欠民营企业中小企业账款13904.6万元，清欠工作任务全面完成。

【机构设置】 2020年，禄劝设政府工作部门27个：政府办公室、发展和改革局、教育体育局、科学技术和工业信息化局、公安局、民政局、司法局、财政局、人力资源和社会保障局、自然资源局、住房和城乡建设局、交通运输局、农业农村局、水务局、文化和旅游局、卫生健康局、退役军人事务局、应急管理局、审计局、市场监督管理局、林业和草原局、统计局、政府扶贫开发办公室、信访局、医疗保障局、城市管理局、政务服务管理局。合署办公机构1个：民族宗教事务局与县委统战部合署办公。上级部门派出机构1个：市生态环境局禄劝分局。直属事业单位2个：县地方志编纂委员会办公室、县防震减灾局。上级批准设置机构1个：县云龙水库水源区管理局。按全国供销系统有关改革部署设置机构1个：县供销社。

（县政府办）

重要会议

【县十七届人民政府第五次全体会议】 2020年5月27日下午召开，会议由县委常委、常务副县长张

2020年5月27日，禄劝彝族苗族自治县第十七届人民政府第五次全体会议召开（县政府办　供）

大福主持。会上，县发改局通报市级下达禄劝2020年主要经济指标，对县级各部门和各乡（镇、街道）目标任务分解进行说明；县交运局就完成重点交通工程项目进行发言；县水务局就完成重点水利工程项目进行发言；县农业农村局就培育发展农业产业进行发言；县财政局就完成财税指标任务、加强财政资金管理进行发言；转龙镇就完成全年经济社会发展目标进行发言；县长李开德讲话。

【县十七届人民政府常务会议】 2020年，十七届人民政府共召开常务会议18次。

第47次常务会议　1月6日下午召开，县长李开德主持会议。通报：生猪异常情况强制扑杀县级配套资金安排情况；县城区停车泊位第二轮经营权转让（拍卖）情况；2019年农村饮水安全巩固提升工程实施情况。传达：《昆明市营商环境"红黑榜"考核评价暂行办法》。研究讨论《关于2020年经济社会发展主要指标计划建议》；《禄劝彝族苗族自治县产业扶持资金奖补和使用管理办法（试行）》的修改工作；《关于组建S29皎平渡至禄劝高速公路（会东至禄劝高速禄劝段）项目前期公司的请示》《禄劝彝族苗族自治县集体林地林木流转管理办法（试行）》修改工作；《金沙江（禄劝段）、普渡河（禄劝段）、掌鸠河、洗马河（禄劝段）河湖管理范围划定成果》；《郎之汤农业产业公司、云郎酱香白酒酒业公司整合重组方案》《关于退还禄劝禄铭城乡发展投资有限责任公司垫交土地报批费用的请示》《关于请求拨付2019年农村危房改造专项贷款贴息补助资金的请示》《关于将县食品药品检验检测中心实验室能力提升配套资金纳入2020年县级财政预算的请示》。

第48次常务会议　2月18日上午召开，县长李开德主持会议。传达学习《云南省人民政府关于应对新冠肺炎疫情稳定经济运行22条措施的意见》。研究讨论新冠肺炎疫情防控工作和《2020年政府工作报告》。

第49次常务会议　2月24日下午召开，县长李开德主持会议。通报《关于拨付重点项目春节维稳资金的请示》《禄劝裕农扶贫开发投资有限责任公司关于划拨融资还款资金的请示》《教育信息化促进教育优质均衡发展PPP项目实施方案》《禄劝中学PPP项目实施方案》。传达《中共中央、国务院关于抓好"三农"领域重点工作确保如期实现全面小康的意见》。讨论研究《关于审核禄劝至则黑公路中屏至则黑段PPP项目投资协议及PPP合同的请示》《关于上报2020年事业单位公开招聘人员计划的请示》《转龙北出口道路工程项目建设比选方案》。

第50次常务会议　3月27日下午召开，县长李开德主持会议。通报《地区生产总值统一核算改革相关精神》。传达《昆明市发展和改革委员会关于印发2020年全市主要经济指标预期目标分解方案的通知》。讨论研究《关于建立2020年成品粮应急大米储备的请示》《关于对部分县级储备粮稻谷进行轮换的请示》。讨论研究全县经济工作，各副县长汇报分管领域在建项目、新开工项目、项目前期、项目储备研究推进情况，县政府主要领导讲话。讨论研究《县政府关于昆明市审计局对县政府主要领导经济责任审计反馈意见的整改方案（讨论稿）》，政府投资审计"三个转变"工作，《2019年国民经济和社会发展计划执行情况与2020年国民经济和社会发展计划草案的报告》《2019年地方财政预算执行情况和2020年地方财政预算（草案）报告》《联合国生物多样性公约第十五次缔约方大会禄劝彝族苗族自治县安全保卫组工作方案》《禄劝彝族苗族自治县人民政府关于做好第七次全国人口普查工作的通知》《乌东德水电站移民社区组建工作》《转龙镇人民政府关于帮助解决转龙镇北出口环线道路工程拆迁补偿资金的请示》《关于拨付城乡建设用地增减挂钩项目相关工作经费的请示》《禄劝彝族苗族自治县城市管理局关于聘用城市管理协警人员的请示》《关于对2019年见义勇为先进群体进行表彰奖励的请示》。

第51次常务会议　4月20日下午召开，县长李开德主持会议。通报《2020年一季度安全生产工作情况》。讨论研究《白鹤滩水电站禄劝移民安置实施细则》《禄劝白鹤滩水电站移民搬迁安置点建设征地拆迁补偿标准》《关于进一步加强农村饮水安全保障工作实施方案》《关于加强耕地保护和改进占补平衡的实施意见》《禄劝第四次全国经济普查暨地区生产总值统一核算改革有关情况报告》《2019年国民经济和社会发展计划执行情况与2020年国民经济和社会发展计划草案的报告》《昆明市创建第四批国家公共文化服务体系示范区禄劝工作推进情况》《调整公务员医疗补助待遇有关工作》。

第52次常务会议 5月6日下午召开，县长李开德主持会议。讨论研究《皎平渡镇人民政府关于申请皎平渡镇长麦地村委会依照康组移民享受水源区能源补助政策的请示》，研究《关于审查征收农用地区片综合地价制定成果的请示》，研究《关于在县中医院整体搬迁建设项目中增设县级感染性疾病科的请示》。

第53次常务会议 5月29日下午召开，县长李开德主持会议。通报《脱贫攻坚社会救助兜底保障专项行动工作情况》《乌东德特色小镇规划投资建设运营"四位一体"合作开发投资合同》《通行量大隐患等级高公路生命防护工程实施情况》。传达《昆明市固定资产投资工作考核办法》。讨论研究《关于审核禄劝至则黑公路工程中屏至则黑段PPP项目投资协议及PPP合同的请示》《关于请求将原水务局办公楼划拨给县交运局使用的请示》《武倘寻项目拆迁安置方案》《禄劝污水处理设施及配套管网建设项目建设及运营费用价格方案》。

第54次常务会议 7月3日下午召开，县长李开德主持会议。通报《县政府主要领导经济责任审计反馈意见整改落实情况》《县政府主要领导自然资源资产责任审计反馈意见整改落实情况》《清理拖欠民营企业中小企业账款工作情况》《2020年上半年全县食品安全工作情况》。讨论研究《2020年项目推进工作》，书面通报2020年县政府各副县长分管挂包项目推进情况，县政府主要领导安排部署2020年项目推动工作；《2020年人大代表建议、政协委员提案办理工作》《关于脱贫攻坚普查经费使用和管理方案》《禄劝优化营商环境责任追究办法（试行）》《禄劝居住服务租赁安全管理实施方案》《东绕城线入口片区房屋拆迁补偿安置方案》；研究《2020年控辍保学工作》；研究《2020年在全国范围内公开选调优秀教师工作方案》《2020年公开选聘县内基层学校教师到县城任教工作实施方案》《禄劝城市精细化管理实施方案》《电子商务进农村综合示范项目整改方案》《关于申请脱贫攻坚普查经费的请示》《关于请求帮助解决屏山街道主城区北街等4个社区第二批旱厕改造资金的请示》《关于解决县级会堂礼堂等音响设备购置费用的请示》《关于重度精神病人托养经费的请示》《关于给予解决营商环境工作经费的请示》。

第55次常务会议 7月8日上午召开，县长李开德主持会议。通报《昆明市人民政府关于印发支持实体经济发展的若干措施的通知》《航空航天太空育种科创产业园及中央国家机关老干部养生养老（云南禄劝）基地建设合作框架协议》。讨论研究《禄劝彝族苗族自治县人民政府与中国长江三峡集团有限公司云南分公司合作框架协议》《关于进一步整治违法用地和违法建筑的通告》《14个乡（镇）污水处理设施及配套管网建设项目建设及运营方案》。

第56次常务会议 7月22日上午召开，县长李开德主持会议。通报《2020年上半年全县安全生产工作情况通报》《2019年—2020年农村饮水安全项目工程完成情况》《团街大牲畜交易市场项目遗留问题清算协议》《大数据云计算产业园建设项目框架协议书》《工业园区洗马塘片区建设项目合作框架协议》。讨论研究《禄劝开发区优化提升工作实施方案及禄劝产业园区情况及发展规划的报告》《第二批地方政府专项债券项目前期规划及咨询服务费用合同》《禄劝"两违"集中整治工作实施方案》《禄劝流动人口和出租房屋服务管理工作领导小组办公室关于整合人员设置流动人口专职协管员的实施方案》《禄劝2020年—2022年精准防贫保险协议书》《关于撤销啊高咪老木桥、解仕英墓等四项县级文物保护单位的请示》《关于申请禄劝国家综合档案馆库房建设资金的请示》。

第57次常务会议 7月29日下午召开，县长李开德主持会议。通报《2019年—2020年农村饮水安全项目工程完成情况》《禄劝彝族苗族自治县人民政府与湖南省第一工程有限公司战略合作框架协议书》。讨论研究《2020年公开选聘县内基层学校教师到县城任教工作实施方案》《禄劝批而未供和闲置土地处置工作的实施方案》《禄劝"增违挂钩"违法用地整改实施方案》《关于请求拨付"两中心"项目建设前期资金的请示》《关于安排资金清退审计整改人防易地建设费的请示》。

第58次常务会议 8月17日晚上召开，县长李开德主持会议。通报《昆明市2020年上半年主要经济指标完成情况通报》《香港铜锣湾集团助力禄劝县脱贫固效帮扶协议书》《上海东方希望畜牧有限公司投资框架协议》《禄劝城乡融合发展公共服务配套设施建设项目战略合作框架协议》《云南启智文化传播有限公司助力禄劝脱贫固效帮扶协议》《政企合作发展禄劝民族刺绣合作协议》。讨论研究《禄劝深入开展爱国卫生专项行动工作方案》，包括总体行动工作方案，裸露垃圾全消除行动方案，公共厕所全达标行动方案，洗手设施全配套行动方案，餐饮服务环境卫生全改善行动方案，公共场所清洁消毒全覆盖行动方案，农（集）贸市场环境卫生全提升行动方案，健康文明生活方式全参与方案。讨论研究《关于征求农用地片区综合地价制定工作成果进行修改的请示》《禄劝集体林地林木流转管理办法实施细则》

2020年县人民政府重要文件一览表

表二

文号	文件标题	发文时间
禄政发〔2020〕2号	关于调整部分县政府领导分工的通知	2020年1月14日
禄政发〔2020〕3号	关于2020年度森林高火险期有关事项的通告	2020年2月6日
禄政发〔2020〕5号	关于应对疫情稳定经济运行的实施意见	2020年3月5日
禄政发〔2020〕6号	关于2020年烤烟生产收购工作的意见	2020年3月9日
禄政发〔2020〕7号	关于做好第七次全国人口普查工作的通知	2020年3月30日
禄政发〔2020〕8号	关于印发《禄劝彝族苗族自治县人民政府关于昆明市审计局对县政府主要领导经济责任审计反馈意见的整改方案》的通知	2020年3月31日
禄政发〔2020〕9号	关于转发《昆明市政府投资建设项目审计办法》的通知	2020年4月7日
禄政发〔2020〕10号	关于表彰奖励2019年见义勇为先进群体的决定	2020年4月9日
禄政发〔2020〕13号	关于进一步加强农村饮水安全保障工作实施方案的通知	2020年4月27日
禄政发〔2020〕15号	关于印发《禄劝彝族苗族自治县深化收入分配制度改革实施方案》的通知	2020年5月18日
禄政发〔2020〕16号	关于印发《禄劝彝族苗族自治县东绕城线入口片区房屋拆迁补偿安置方案》的通知	2020年7月7日
禄政发〔2020〕21号	关于印发《贯彻落实昆明市支持烟草产业高质量发展若干政策措施实施意见和工作方案》的通知	2020年9月22日
禄政发〔2020〕22号	关于禁止在禄劝彝族苗族自治县岔河水库工程占地和水库淹没区新增建设项目及迁入人口的通告	2020年11月10日
〔2020〕—002	关于建立新型冠状病毒感染的肺炎疫情防控日报告零报告制度的紧急通知	2020年1月22日
〔2020〕—003	关于印发《禄劝县防控重大疾病工作联席会议制度》的通知	2020年1月23日
〔2020〕—005	关于加强易地扶贫搬迁建设房贷款催收工作的通知	2020年3月20日
〔2020〕—006	关于印发《特殊教育学校建设工作方案》的通知	2020年3月27日
〔2020〕—008	关于印发《禄劝彝族苗族自治县建设项目管理办法》的通知	2020年4月20日
〔2020〕—009	关于印发《禄劝彝族苗族自治县投融资管理办法》的通知	2020年4月20日
〔2020〕—018	关于印发《县委党校（行政学校）办学能力提升专项资金管理办法》的通知	2020年7月27日
〔2020〕—019	关于开展安全生产专项整治三年行动的通知	2020年10月12日

《关于解决正常离任村干部生活补贴相关事项的请示》《禄劝彝族苗族自治县人民政府法律顾问聘用合同》。

第59次常务会议　9月16日下午召开，县长李开德主持会议。讨论研究《全县劳动力转移就业工作》《2020年目标管理绩效考核办法》《禄劝国有企业退休人员社会化管理服务工作实施细则》《禄劝党政领导干部食品安全责任清单》《禄劝食品安全责任约谈办法》《华新水泥窑协同处置禄劝县生活垃圾项目合作协议》；研究《禄劝彝族苗族自治县生活垃圾资源——能源清洁利用工程项目投资框架协议》；研究《关于贯彻落实昆明市支持烟草产业高质量发展若干政策措施实施意见的工作方案》《关于开展安全生产专项整治三年行动的通知》《县级储备粮管理办法》；研究《关于解决县级储备产品粮大米轮入资金贷款的请示》《禄劝本业水库扩建工程征地拆迁补偿标准》《全县农村集体产权制度改革工作》《全县人居环境整治工作》《华新水泥崇德有限公司矿山扩征项目征地拆迁实物补偿方案》。

第60次常务会议　10月20日上午召开，县长李开德主持会议。通报《2020年三季度安全生产工作情况》《香海文博康养小镇开发建设框架协议》《禄劝中学建设项目征地拆迁实物补偿及安置工作方案》。传达学习《云南省"美丽县城"建设评价考核办法(试行)》。讨论研究《全县批而未供、闲置土地、违法用地和乱占耕地建房清理整治工作》，县长李开德传达昆明市批而未供闲置土地违法用地农村乱占耕地建房问题清理整治暨2020年土地例行督察动员部署会议精神，研究全县批而未供、闲置土地、违法用地和乱占耕地建房清理整治工作。讨论研究《禄劝本业水库扩建征地拆迁补偿标准》《华新水泥崇德有限公司矿山扩征项目征地拆迁实物补偿方案》《禄劝工业园区洗马塘片区开发建设项目征地拆迁实物补偿方案》《2020年度退役士兵岗位安置计划方案》《禄劝改革完善医疗卫生行业综合监管制度的实施意见》《东西部扶贫协作工作》《关于县裕农公司债务偿还情况报告》《关于帮助解决十四届县委第十二轮巡察工作经费的请示》。

第61次常务会议　10月27日下午召开，县长李开德主持会议。传达《云南省推进爱国卫生"7个专项行动"考核办法》。通报《农村乱占耕地建房问题摸排工作实施方案》。讨论研究《农村污水治理专项规划》《第一届西南坚果博览会活动策划实施方案》《禄劝第七次全国人口普查工作》《关于调整禄劝中学PPP项目实施方案的请示》《关于练甸村打井项目缺口资金的请示》《关于团街镇集镇供水项目缺口资金的请示》《关于公共绿化管养资金的请示》。

第62次常务会议　11月10日晚上召开，县长李开德主持会议。讨论研究《禄劝"增违挂钩"违法用地整治处置细化方案》《昆明延安医院与县人民政府战略合作协议》《关于请求解决非煤矿山企业信息化综合管理服务平台建设项目前期运行经费的请示》《关于请求批准禄劝非煤矿山企业信息化综合管理服务平台建设项目建设方案的请示》《关于提高禄劝宗教教职人员生活补助标准的请示》。

第63次常务会议　11月21日上午召开，县长李开德主持会议。讨论研究《禄劝红色文化培育和发展项目合作框架协议》《香海文博小镇一期开发建设投资协议》《禄劝"五馆两中心"PPP建设项目合作框架协议》《高原特色农产品智能化深加工及小黄姜种植产业扶贫开发项目合作框架协议》《格润云品生物产业园项目战略合作框架协议》《板栗深加工合作框架协议》《关于开展团街交警中队营区和完善禄大公路三岔箐公安检查站项目建设的请示》《关于请求解决"5·14"火灾事故调查工作经费的请示》《关于解决团山水厂支付工程款项的请示》。

第64次常务会议　12月23日上午召开，县长李开德主持会议。通报《2020年禄劝法治政府建设工作情况》《2020年四季度全县安全生产工作情况》《2020年全县食品安全工作情况》《禄劝2020年政府信息与政务公开工作情况》。讨论研究《禄劝2020年预算部分变更草案》《关于废止部分行政规范性文件的决定》《转龙镇平安福项目建设征地补偿实施方案》《禄劝工业园区洗马塘片区开发一期建设项目征地拆迁实物补偿方案》《金沙江(禄劝段)及普渡河(禄劝段)流域重点水域"十年禁渔"工作情况》《关于成立禄劝中小企业服务中心的请示》《关于县级机关办公区高压供电设施改造资金的请示》《关于禄劝会堂礼堂主席台维修改造资金的请示》。

【全县深化殡葬改革工作会】 2020年1月10日召开，县委书记焦林讲话提出要求，县长李开德对全县深化殡葬改革工作作全面安排，按照《禄劝彝族苗族自治县关于全面深化殡葬改革工作的实施方案》，明确要求从2月1日零时起，全县辖区内100%划为火葬区，除国家允许遗体可以不火化的10个少数民族外，遗体100%火化、骨灰100%入公墓安葬。县人大常委会主任张光文，县政协主席张庆学等县领导参加会议。

【新型冠状病毒感染的肺炎疫情防控工作会】 2020年1月22日召开，副县长李兴翠通报疫情情况，传达中央、省市对新型冠状病毒感染的肺炎疫情防控会议精神。县长李开德对新型冠状病毒感染的肺炎疫情防控工作进行安排并提出要求：各单位要压实工作责任，成立疫情防控工作领导小组，依法依规开展疫情处置工作。“两办”值班人员要把疫情防控作为主要工作，医疗机构要加强值班值守人员，确保应急工作人员充分，准备到位。

【农村水利工作暨农业产业发展工作会议】 2020年3月12日召开，县长李开德要求做好农村水利查缺补漏工作，加快推进2019和2020年度农村饮水安全工程建设，解决农村饮水安全。副县长闫国勋，县级相关部门及各乡（镇、街道）负责人等参加会议。

【一季度重点项目集中签约仪式】 2020年3月26日在县城举行。县长李开德分别与华新集团、昆明滇池水务股份有限公司、禄劝康德养老服务有限公司、昆明梁信投资集团负责人签订项目合作投资协议。县委书记焦林，县人大常委会主任张光文，县政协主席张庆学等县领导参加签约仪式。

【全县防汛抗洪救灾视频会议】 2020年7月14日召开，县长李开德出席会议并讲话，副县长闫国勋传达学习习近平总书记、李克强总理关于防汛抗洪救灾工作的重要指示批示精神，并对全县防汛抗洪救灾工作作安排。

【香海文博康养小镇开发建设签约仪式】 2020年9月22日在县城举行，香海古镇文旅开发（禄劝）有限公司总经理母光远介绍项目规划情况。县长李开德代表县人民政府与企业法定代表人、执行董事杜晓利签订协议。市政协副主席、县委书记焦林，县委副书记王亚芳，县人大常委会主任张光文，县政协主席张庆学等县领导，香海古镇文旅开发（禄劝）有限公司董事长雷良钿等参加签约仪式。

【全县第七次全国人口普查登记工作会】 2020年11月1日召开，县统计局负责人传达国务院、省第七次全国人口普查登记工作动员视频会议精神，通报全县人口普查入户摸底工作情况，对全县人口普查登记工作提出建议。县长李开德，副县长王丕兴等县领导参加会议。

【2021年森林草原防灭火工作电视电话会议】 2020年11月30日召开，副县长闫国勋安排部署防灭火工作，并与各乡（镇、街道）签订2021年森林草原防灭火责任状；县林草局负责人汇报2020年度全县森林草原灭火目标管理责任考核情况。县长李开德参加会议。

【2020年四季度安全生产暨自然灾害应急管理委员会（扩大）会议】 2020年12月16日召开，传达习近平总书记关于安全生产的重要论述和指示批示精神，全国、全市安全生产和消防安全工作电视电话会议精神，对迎接省安委会2020年度安全生产目标责任制实地考核巡查有关工作作安排；县安全生产委员会办公室（简称安委办）、县交通安全委员会办公室（简称交安委办）、县消防安全委员会办公室（简称消安委办）分别通报2020年度全县安全生产、交通安全、消防安全工作情况，并对2021年一季度工作进行安排部署。县长李开德，副县长王丕兴参加会议。

【新冠肺炎疫情常态化防控工作暨爱国卫生“7个专项行动”第四次督办工作推进视频会议】 2020年12月31日召开，副县长李兴翠通报近期疫情防控形势并就"常消毒""众参与"2个专项行动相关工作作安排部署；副县长张世斌就冷链食品及进口商品管理及"清垃圾""扫厕所""勤洗手""净餐馆""管集市"5个专项行动进行安排部署；副县长、县公安局局长李植红就入境及"三非"人员管控工作进行安排部署。县长李开德作工作要求，副县长王丕兴等参加会议。

（张国稳）

综合政务管理

【内部建设】 2020年，县人民政府办公室开展模范机关建设，围绕县委、县政府中心工作，推动办公室在做到"两个维护"上走在前。加强能力建设，开展公文办理、政务公开、议案办理、应急值守、保密工作等业务培训6期，开展公文提质增效活动4次，选派优秀干部到市政府办开展素质提升培训，全面保障全县政府系统办公室服务能力。开展违规借贷等专项整治，完成互联网+"两个责任"监督管理系统安排任务，上传74个方面任务落实情况资料528份。履行党组织监督责任，将"四种形态"贯穿于党员干部日常管理和监督执纪全过程，全年开展谈话125次。执行中央八项规定精神，无用水、用电、用纸浪费现象，领导干部办公用房无超标情况。印发工会经费收支管理制度，会费使用、公务接待、公务用车、财务报销全年无违规。完成脱贫攻坚"挂牌督战"专项行动现场推进会、脱贫攻坚普查迎检工作会、全国2020年脱贫攻坚评估工作会禄劝现场会、第一届西南坚果博览会等一系列重要会议活动和重点项目集中开工仪式的筹备、组织、协调、服务工作，确保政府工作高效运转。

【办文办会】 2020年，县政府办对照《报送市人民政府公文质量测评办法（试行）》56项测评要求，审核上报市人民政府文件，禄劝文稿质量在全市排名靠前。执行"县政府政策性文件原则上不超过10页"的要求，以县人民政府和县政府办公室名义向县、乡两级发文319件，较2019年同期减少29.47%。县政府办承办省、市发文8991份（其中，省级140份，市级8851份），县级来文9573份，无文件超时积压。精简会议，压缩会议时间，筹备县政府常务会17次、县政府党组会15次、经济形势分析会7次、各类政府专题会议300余次，较2019年会议减少0.8%。

【信息公开】 2020年，政府门户网站主动公开信息数4794条。其中，公开政策与规范性文件21条，财政资金类信息197条，行政许可类处罚类信息20条，社会保障类信息20条，环境保护类信息14条，建议提案办理结果14条。全年无影响社会稳定、扰乱社会管理秩序的虚假或者不完整信息。按照《昆明市人民政府办公室关于规范政府信息公开平台有关事项的通知》要求，重新设计县人民政府门户网站"政务信息公开"栏目。改版栏目包括政府信息公开指南、政府信息公开制度、法定主动公开内容、政府信息公开工作报告4个一级栏目，15个二级栏目。健全"互联网舆情风险评估和预警、互联网舆情监测和研判、网上信息发布和引导"机制，制定常态化监测工作方案，对政府网站、政务微博、政务微信实行常态化监测，每月形成监测报告，发现和整改问题。设立"我为政府网站找错"平台，全年修改网站错误字近百个。

【政务信息】 2020年，县政府办全年报送信息228条，被采用134条，累计得分超过1100分，完成全年目标任务。收到各单位稿件3400余篇，编发《禄劝政务信息》24期、疫情防控工作简报52期。

【议案办理】 2020年，县政府办成立议案科，有专兼职工作人员2人，专门负责人大代表建议、政协委员提案的办理工作。年内，禄劝承办人大代表建议、政协委员提案383件，其中，市人大代表建议6件、市政协委员提案4件，县人大代表议案1件、建议283件，县政协委员提案89件。县政府办印发《关于认真做好2020年县人大代表议案建议和政协委员提案办理工作的通知》，明确议案建议、提案办理工作责任、要求和时限。截至12月，议案建议提案办理工作已完成，办结率100%，代表、委员满意率100%。

【督查督办】 2020年，县政府办围绕县委、县政府中心工作和群众关注热点焦点问题开展督查工作，组织实地督查64次，开展书面督查100余次、电话督办1000余次。开展“基层减负年”工作，控制发文、会议、督查检查数量，累计发文345件，占全年计划的88.7%，召开会议108次，占全年计划的91.5%。

【机关事务管理】 2020年，禄劝会堂礼堂主席台维修和县级机关办公区高压供电设施改造完成。全县开展公共机构节水创建工作，26家县级党政机关创建为节水型单位，创建比例52%。开展公共机构节能工作，2020年全县公共机构人均综合能耗、单位建筑面积能耗、人均水耗节能指标较2019年分别下降1.85%、1.75%、2%。完成党政机关公务用车制度改革。根据公务接待相关要求承办各类公务接待，全年无违规或超标接待。按照《党政机关办公用房建设标准》要求，对县级党政机关办公用房实施调剂管理，清理腾退超标准使用办公用房。

【县长热线】 2020年，禄劝收到市级转交办理的来电（信）3783件、市民直接来电178件，答复3961件，其中，民生类3053件，举报投诉类648件，咨询建议类260件，答复率100%。来电（信）人满意率98.62%。

（李俊梅）

信访工作

【群众来信来访】 2020年，县信访局全年受理群众来信来访511批、1235人次，其中，来访182批、906人次，来信211件，人民网网上信访53件，领导信箱65件。5人以上集体访24批、652人次，集体访占信访总量的53%。

【信访矛盾纠纷化解】 2020年，禄劝实行县级领导包案化解工作机制，对较为突出的28件重点信访案件列入县级领导包案，制订下发《2020年县级党政领导包案化解信访案件工作方案》，责任单位主要领导亲自抓研究分析，亲自抓化解疏导，亲自抓协调落实。开展治理重复信访、化解信访积案专项行动，分解细化任务，强化跟踪督导。通过集中攻坚已化解22件，减少信访存量。对县级领导接待日接待信访事项及时交办、督促办理和答复。全年开展县级领导接待9场（次），接待群众15批、94人次。推进信访工作制度改革各项措施的落实。加强信访法治化建设，抓好“智慧信访”系统建设、“信访代理制，最多访一次”工作。加强依法逐级走访、诉访分离和依法分类处理信访诉求的宣传和引导，提升信访事项登记、受理、办理、答复等基础业务规范化水平。组织开展矛盾纠纷排查化解活动，对排查出的隐患问题分别建立合理诉求、教育疏导、帮扶救助和依法处理“四个清单”，有针对性制定工作措施。综合运用法律、行政、律师参与等方式推动脱贫攻坚领域、移民搬迁、留地安置、房地产领域、农民工讨薪等矛盾纠纷和信访问题的化解。对涉众型群体及近年来反复规模性聚访的信访动态，做到早发现、及时化解；对可能造成重大影响的信访信息，第一时间报送，及时妥善处置。

【涉疫情矛盾纠纷排查化解】 2020年，县信访局落实新冠肺炎疫情防控措施，引导群众采用来信和网络信访方式反映诉求，防范接访场所人员聚集可能带来的疫情风险。配合相关部门做好复工复产工作，为“六稳、六保”工作提供服务保障。发挥基层党组织战斗堡垒和网格化管理作用，从源头上预防涉疫情信访矛盾纠纷的产生。聚焦受疫情影响的野生动物养殖户、服务行业经营户以及从业人员等民生领域敏感、热点问题，把各类矛盾因素和群体性苗头隐患发现在萌芽、化解在基层。涉疫信访案件均优先受理、优先办理。全年受理疫情方面信访问题6件，均已办结。

（晏和认）

政务服务

【政务服务事项】 2020年，禄劝有27家县级部门进驻政务中心，进驻率82%。进驻实体大厅的政务服务事项数量1352项，进驻率

88.5%。可全程在线办理政务服务事项数量1044项。全年办件量153127件，其中，自然人办件量150267件，法人办件量2860件。进驻行政审批事项1170项，完善发布1136项，完善率100%，“全程网办”比例85.2%。县政务服务中心全年接件129841件，办结129841件，按时办结率100%。17个乡（镇、街道）为民服务中心接件23286件，办结23286件，按时办结率100%，受理业务咨询20000余件。梳理完成“七办”清单，涉及35家部门796个事项，其中，一窗通办883项，一网通办1157项，一次办1306项，马上办400项。“跨省通办”运行正常，梳理企业职工基本养老保险关系转移接续等服务事项6项。全县“最多跑一次”事项清单221项，全年办理“最多跑一次”事项147707件，受理投资审批项目155件，并对有审批服务职能的34家单位进行印章备案。

【政务服务便利化】 县政务服务大厅设置商务中介窗口，银行、刻章公司、邮政快递等已进驻，设置残疾人服务区，配备残疾人专用轮椅、残疾人专用拐杖。休息等候区提供免费充电设施和急救药箱。提供免费打印机、复印机、传真机等便利化设施，提供代为网上事项填报与申请服务。设置24小时自助服务专区，配备政务服务自助办理机1台、交通违法自助缴费机1台、出入境自助办理机1台。2020年，全县开办新设立企业461户，免费刻章企业411户，刻章1456枚，价值1.29万元。免费打（复）印材料4.5万余份，为办理人节约资金3万余元。提供审批结果物免费邮寄服务，免费邮寄结果物60余件，快递费1150元。

【权责清单动态调整】 2020年，禄劝对行政许可事项进行动态调整，调整后，全县行政许可事项219项，行政职权11类5723项。行政职权对应的“责任事项”4.64万项，“追责情形”3.83万项。

【“一部手机办事通”】 2020年，县政务服务局推进“一部手机办事通”的普及应用，在全县17个乡（镇、街道）和县级部门办事服务窗口及党政宣传栏张贴海报，全覆盖政务服务大厅及办事服务点，安排专人指导，以点带面式开展工作。制作“一部手机办事通”App展架65个，发放宣传海报5000余份。全县“一部手机办事通”梳理上报11个部门，涉及59个事项，实名注册使用人数6.54万人，总办件量19.5万件，查询办件量16.85万件，预约办件量56件。

【公共资源交易】 2020年，禄劝完成各类公共资源进场交易项目166个，成交总额30.47亿元，节约资金7161万元，节资率2.3%。其中，完成政府采购项目64个，成交总额8.94亿元，节约资金2532万元，节资率2.75%。建设工程项目81个，成交总额18.64亿元，节约资金4629万元，节资率2.4%。土地交易项目15个，成交总额21297万元，均以底价成交。矿业权交易项目5个，成交总额6482万元，均以底价成交。产权交易项目1个，成交总额1140万元，以底价成交。云南省投资审批中介超市发布采购公告2个，成交金额2.58万元。

【优化营商环境】 2020年，禄劝成立以县委、县政府主要领导为双组长的县优化营商环境工作领导小组，办公室设在县政务服务局，负责营商环境工作的统筹协调和日常工作。评价指标牵头部门明确分管领导和具体业务负责人。出台《禄劝彝族苗族自治县优化提升营商环境责任追究办法（试行）》。将“放管服”改革和优化营商环境纳入年终目标考核。2020年昆明市营商环境“红黑榜”评价第一期和第二期全市排名均为第八名。

（杨海燕）

中国人民政治协商会议
禄劝彝族苗族自治县委员会

责任编辑　赵文富

综　述

重要会议

视察调研

提案工作

文史资料

委员工作

综 述

【概况】 2020年，在中共禄劝彝族苗族自治县委的领导和市政协的指导下，政协禄劝彝族苗族自治县第九届委员会常务委员会坚持以习近平新时代中国特色社会主义思想为指导，充分发挥专门协商机构作用，认真履行政治协商、民主监督、参政议政职能，切实加强思想政治引领，广泛凝聚共识，为高质量脱贫推动高质量发展作出积极贡献。政协禄劝彝族苗族自治县第九届委员会常务委员会坚持县委的领导，加强请示汇报。强化政治引领，组织、支持委员参与视察调研、小组活动、界别活动，教育引导委员不断增进对中国共产党和中国特色社会主义的政治认同、思想认同、理论认同、情感认同。充分发挥专门协商机构作用，服务改革发展大局。践行履职为民服务理念，助力民生改善。加强团结协作交流，广泛凝聚思想共识。加强自身建设，加强“政协委员之家”“委员联络组”建设。落实乡（镇、街道）党（工）委专职副书记负责联系政协工作制度。争取县委支持，出台《关于充分发挥政协专门协商机构作用推进“协商在基层”建设的实施意见》。完成崇德街道、团街镇示范点议事平台建设，依托为民服务中心、村（社区）为民服务站等场所，开展协商活动，推动政协协商向基层延伸，与基层治理有效衔接。自觉接受县委巡察，认真抓好整改落实，注重发挥派驻纪检监察组的监督指导作用，持之以恒抓好党风廉政建设，确保政协机关风清气正。

【机构人员】 2020年，政协禄劝彝族苗族自治县第九届委员会设工作机构8个，其中，专门委员会7个：县政协委员联络委员会、县政协提案委员会、县政协经济和农业农村委员会、县政协人口资源环境和城乡建设委员会、县政协教科卫体委员会、县政协社会法制和民族宗教委员会、县政协文化文史和学习委员会；设县政协办事机构1个：县政协办公室。县政协行政编制26名，截至2020年12月31日，县政协机关实有干部职工37人，其中，公务员编制32人，机关工勤5人。

（张　莉）

重要会议

【政协九届四次会议】 2020年5月20日至22日在县城召开。大会应出席委员217人，实到委员207人。市政协副主席、县委书记焦林，县委副书记、县长李开德等县领导出席大会。大会由县政协副主席王永云主持，县政协主席张庆学代表县政协常委会做工作报告，县政协副主席张怡代表县政协常委会做提案工作情况报告。会议听取并协商讨论李开德所作的政府工作报告，协商讨论县人民法院、县人民检察院工作报告和其他相关报告。会议选举政协禄劝彝族苗族自治县第九届委员会副主席1人，秘书长1人，常务委员7人。会议审议通过政协禄劝彝族苗族自治县第九届委员会第四次会议政治决议。

【政协常委会会议】 2020年，政协九届常委会会议共召开5次。

九届十三次常委会会议　4月30日召开，会议由县政协副主席张怡主持。县政协主席、副主席，县政协党组成员、副主席候选人，政协常委出席会议，委员活动小组负责人及界别召集人参加会议。会议协商通过《政协禄劝彝族苗族自治县委员会常务委员会2020年工作要点和会议议题计划》《政协禄劝彝族苗族自治县委员会2020年委员小组活动安排意见》《政协禄劝彝族苗族自治县委员会2020年政协界别活动安排意见》；协商通过《关于张运平同志免职的主席会议建议案》《关于同意张运平同志辞去县政协九届委员会委员职务的主席会议建议案》《关于段绍春同志免职的主席会议建议案》《关于同意沈洪良同志辞去县政协九届委员会常务委员职务的主席会议建议案》《关于同意和亮佺同志辞去县政协九届委员会委员职务的主席会议建议案》《关于杨加林同志任政协禄劝彝族苗族自治县委员会委员联络委员会主任的主席会议建议案》《关于增补李永超等9位同志为政协禄劝彝族苗族自治县委员会委员的主席会议建议案》；听取2019年政协委员履职考核情况通报。

九届十四次常委会会议　6月29日召开，会议由县政协副主席王永云主持。县政协主席、副主席、秘书长及政协常委出席会议。会议听取县人民政府《关于2020

年上半年国民经济和社会发展计划执行情况的通报》《关于全县退役军人事务工作情况的通报》《关于全县疾病预防控制工作情况的通报》；协商讨论社会法制民宗委《关于对全县道路交通安全管理情况进行的视察报告》，教科卫体委《关于对全县医疗保障工作情况的调研报告》，经农委《关于全县巩固脱贫攻坚成果，探索建立解决相对贫困长效机制情况的调研报告》《关于全县进一步深化放管服改革，着力优化营商环境情况的调研报告》。

九届十五次常委会会议 9月28日召开，会议由县政协副主席赵明主持。县政协主席、副主席、秘书长及政协常委出席会议。会议听取县人民政府《关于全县畜牧业发展情况的通报》；听取人资环委《关于全县爱国卫生专项行动开展情况的视察报告》，经农委《关于全县核桃、板栗产业发展情况的调研报告》，社会法制民宗委《关于全县安全生产工作情况的调研报告》，教科卫体委《关于全县教育扶贫工程实施情况的调研报告》。协商通过《关于王启军同志任免职务的主席会议建议案》《关于朱晓霞同志任职的主席会议建议案》《关于罗朝志同志任职的主席会议建议案》《关于周星娅同志任职的主席会议建议案》。

九届十六次常委会会议 12月29日召开，以“殡葬改革及农村公益性公墓建设情况”为主题召开专题议政性常委会会议，会议由县政协主席张庆学主持。副主席、秘书长及政协常委出席会议。会议听取县人民政府副县长张世斌《关于全县殡葬改革情况的通报》，围绕“全面推进殡葬改革和农村公益性公墓建设情况”开展协商议政，6名政协常委、委员进行大会发言。会后，形成专报报县委、县政府主要领导，相关意见建议被批转整改落实。

九届十七次常委会会议 12月29日召开，会议由县政协副主席李永超主持。县政协主席、副主席、秘书长及政协常委出席会议。会议听取县人民政府《关于美丽县城建设情况的通报》，县人民政府办公室《关于政协九届四次会议以来委员提案办理情况的报告》；协商讨论县政协九届五次会议常委会工作报告、县政协九届五次会议常委会提案工作报告，确定报告人；协商讨论县政协九届四次会议有关事项；通报县政协民主评议县农业农村局、县林草局工作情况；通报政协九届委员会常务委员2020年度履职情况。

（张　莉）

视察调研

【禁止非法野生动物交易　革除滥食野生动物陋习情况专题调研】 2020年3月24日，县政协人资环委牵头对全县开展禁止非法野生动物及其制品交易，革除滥食野生动物陋习的工作情况进行专题调研。通过实地查看、情况座谈等形式，围绕认识不足、陋习尚存、相关法律法规不健全、对现有的养殖动物处置政策不明、排查整治难度大等存在的困难和问题，提出3条工作建议：加大宣传，提高认识；科学分类，防止“一刀切”；加强综合执法，加大打击力度。

【易地扶贫搬迁后少数民族村可持续发展情况专题调研】 2020年2月，县政协社会法制民宗委牵头对全县易地扶贫搬迁后少数民族村可持续发展情况进行专题调研。因新冠肺炎疫情防控要求，主要通过提交书面材料和电话、微信交流访谈等形式，围绕技能培训针对性不强、产业支撑乏力、稳定就业率低等存在的困难和问题，提出4条工作建议：强化技能培训针对性；加强产业脱贫政策扶持力度；进一步精准利益联结机制；加强产业脱贫带动模式。

【全县道路交通安全管理情况视察】 2020年4月14日，县政协主席、副主席、秘书长率部分市、县政协委员和有关职能部门负责人，对全县道路交通安全管理情况进行视察。视察组一行先后实地视察禄大路花石滩岔路口“五小工程”、事故高发点段；到车梁子岔路口（禄大路K24）查看钓鱼岛路面隐患、生命防护工程；到三岔箐查看交警执法站工作情况；查看县城禄武路环岛红绿灯建设情况等，现场听取相关责任人情况汇报，并召开座谈会，听取县公安局关于禄劝道路交通安全管理情况汇报、县交运局关于G245（禄大路）基本情况汇报。针对道路交通安全隐患依然突出、县城区交通基础设施滞后、交通拥堵、事故日益增多、部分群众安全意识和交通法治观念淡薄、管理难度大等困难和问题，提出4条工作建议：加大执法力度，增设附属设施，加强养护管理；完善县城区道路交通管理设施建设，合理规划停车位；进一步提高道路交通管理执法能力；加大道路交通安全宣传引导。

【全县医疗保障工作情况专题调研】 2020年6月11日，县政协教科卫体委牵头组织部分政协委员及相关职能部门负责人对全县医疗保障工作情况进行专题调研。通过实地查看、情况座谈等形式，围绕办公条件有限、队伍建设需进一步加强、基层乡镇无医保机构、基层卫生院医疗服务能力需进一步提升等困难和问题，提出5条工作建议：加大医保政策宣传力度；切实加强监管服务能力；加强对定点医疗机构监管；加大医保基金安全监管力度；切实提高乡镇卫生院的医疗服务水平。

【全县巩固脱贫攻坚成果，探索建立解决相对贫困长效机制工作情况专题调研】 2020年4月28日，县政协经农委牵头组织部分政协委员及相关职能部门负责人对全县巩固脱贫攻坚成果，探索建立解决相对贫困长效机制工作情况进行专题调研。通过实地查看、情况座谈等形式，围绕产业发展带动还需进一步强化、防止发生返贫还有一定压力、群众内生动力还需进一步激发等困难和问题，提出4条工作建议：持续抓实返贫预警工作；持续采取针对性措施，防止返贫现象发生；持续加大产业就业扶贫力度，保障群众稳定增收；持续激发群众内生动力，巩固脱贫攻坚成果。

【全县进一步深化“放管服”改革着力优化营商环境工作情况专题调研】 2020年6月10日，县政协经农委牵头组织部分政协委员及相关职能部门负责人对全县进一步深化“放管服”改革，着力优化营商环境工作情况进行专题调研。通过实地查看、情况座谈等形式，围绕思想认识、人员编制、基础设施建设、政务服务事项、事项标准化、事中事后监管不到位等困难和问题，提出5条工作建议：继续推动政府职能转变，建立优质高效的政务环境；保障市场主体合法权益，建立公平竞争的市场环境；健全完善制度保障，建立公正有序的法治环境；持续推动作风转变，建立便民利民的服务环境；加强沟通协调联系，构建纵横相互合作的长效机制。

【全县教育扶贫工程实施情况专题调研】 2020年9月9日，县政协教科卫体委牵头组织部分政协委员及相关职能部门负责人对全县教育扶贫工程实施情况进行专题调研。通过实地查看、情况座谈等形式，围绕义务教育城乡发展不均衡、教育教学质量需进一步提升、特殊教育和职业教育等还需加强、教育信息化整体水平不高、教育扶贫政策持续性有待加强等困难和问题，提出5条工作建议：推进实施城乡义务教育均衡发展；认真宣传落实资助政策；切实推动控辍保学动态归零；开展多元化的心理辅导；加快现代职业教育发展。

【全县爱国卫生专项行动开展情况视察】 2020年9月18日，县政协主席、副主席、秘书长率部分市、县政协委员和有关职能部门负责人，对禄劝爱国卫生专项行动开展情况进行视察。视察组一行先后实地查看崇德街道片区市政建设、爱国卫生专项行动开展情况；县体育场公厕“四净三无两通一明”达标、周边公共洗手台安装情况；泰和超市“门前三包”和公共环境消毒情况；海田街道路破损、向阳集贸市场集市整治情况；民族餐厅“净餐馆”14项指标达标情况；滨河公园垃圾清理、公共设施破损等情况，并召开座谈会，听取县政协人资环委汇报视察前分组调研发现问题情况及相关部门关于推进爱国卫生“7个专项行动”工作情况。针对垃圾处理设施设备不足、垃圾处理不及时、老旧小区管理难度大、县城区基础设施建设薄弱、餐饮服务业就餐环境还需改善、集贸市场不达标、掌鸠河及南塘河污水排入量大等困难和问题，提出5条工作建议：广泛宣传，营造浓厚氛围；建立健全长效机制；强化工作措施；突出重点，强化整治力度；强化督导督查，严厉通报问责。

【全县安全生产工作情况专题调研】 2020年8月26日，县政协社会法制民宗委牵头组织部分政协委员及相关职能部门负责人对全县安全生产工作情况进行专题调研。通过实地查看、情况座谈等形式，围绕部分企业安全生产意识淡薄、安全形势依然严峻、应急管理体制机制不健全等困难的问题，提出4条工作建议：进一步落实企业主体责任，切实消除安全隐患；加大隐患排查治理，有效预防安全事故；健全应急管理体制机制，提升安全监管保障能力；健全应急管理体制机制，提升安全监管保障能力。

【全县核桃板栗产业发展情况专题调研】 2020年9月1日，县政协经农委牵头组织相关委室、部分政协委员及相关职能部门对全县核桃板栗产业发展情况进行调研。通过实地查看、情况座谈等形式，围绕核桃板栗产量较低、品质还需持续提高、产业融合不够紧密、病虫害严重、群众的种植积极性还需持续提高等困难和问题，提出4条工作建议：强化品牌建设，加快林特产业发展；强化市场体系建设，融合产业发展；强化提质增效，提升管理水平；强化企业引领，推动产业化进程。

（张　莉）

提案工作

【委员提案】 2020年，县政协九届四次会议期间收到提案材料125件，经审查立案119件，并案后89件，其中，集体提案11件，委员个人提案56件，联名提案22件，立案率95%。在立案的提案中，提案内容涉及交通通信方面15件；城建管理方面21件；财税金融方面6件；农林水扶贫国土方面17件；教文卫旅方面14件；社会事务方面1件；环境保护方面7件；组织人事方面3件；公检法司方面4件；民族宗教方面1件。提案内容紧紧围绕县委、县政府中心工作，对全县脱贫攻坚成果巩固、民生改善、产业发展、乡村振兴、社会治理、生态建设、作风建设、城乡环境提升等重点工作以及交通建设、医疗卫生、教育科技、文化旅游、食品安全等事关群众切身利益的热点、难点问题提出意见和建议。

【提案办理】 经立案分类，89件提案分别送交30个相关承办单位办理，未立案的提案材料作为委员来信转有关部门处理。提案所提问题得到解决或基本解决（A类）的有54件，占承办总数的61%；列入工作计划或规划的（B类）有29件，占承办总数的32%；因条件限制或政策原因不能解决，需向委员作出解释的（C类）有6件，占承办总数的7%，提案面商率、解决率、委员满意率逐年提高。确定3件重点提案，由县委书记、县长、常务副县长分别领办，县政协领导重点督办。2020年11月30日，立案交办的提案全部按时限要求答复办理完毕。

（张　莉）

文史资料

【文史资料出版】 把握文史工作的统战特色和服务先进文化建设的方向，加强与各族各界人士联系，突出史志价值，存好禄劝历史、讲好禄劝故事。召开政协文史资料审稿会，完成《禄劝文史资料》（第二十六辑）征集、编撰、出版工作。

【资料赠阅】 积极推介，广泛交流。向政协委员、有关部门和友邻县（市）区政协，赠阅各类文史资料1000余册，扩大文史资料存史、资政、教化、交流、宣传、鼓舞的作用。

（张　莉）

委员工作

【界别设置】 政协禄劝彝族苗族自治县第九届委员会设20个界别：中共界、共青团界、工会界、妇女联合会界、工商联合会界、民营经济界、经济界、文化体育新闻界、台侨属界、非中共人士界、少数民族界、科学技术界、教育界、宗教界、社会科学界、农业界、医药卫生界、社会保障界、政法界、特邀界。县政协第九届委员会委员设置名额为219名，截至12月31日，实有217名（预留届中机动2名）；常务委员及组成人员设置43名，实有43名。

【委员管理】 依据政协章程和《政协委员管理办法》，调整特邀界1名政协委员任职职务，同意2名政协委员辞去委员职务、1名政协常委辞去常委职务，届中增补委员9名，常委7名。制订《委员小组活动安排意见》《界别活动安排意见》，完善主席会议成员联系专门委员会、专门委员会联系界别活动制度，发挥好专门委员会的基础性作用。制定《委员联络实施办法》《走访看望委员制度》《常务委员提交年度履职报告工作办法》，建立健全委员履职档案，定期通报委员履职情况，推动委员管理制度化、规范化。

（张　莉）

中国共产党禄劝彝族苗族自治县纪律检查委员会 禄劝彝族苗族自治县监察委员会

责任编辑　李凤先

综　述

【概况】 2020年，全县纪检监察机关增强“四个意识”、坚定“四个自信”、做到“两个维护”。忠实履行党章和宪法赋予的职责，一体推进疫情防控、经济社会发展、监督执纪问责，一体推进不敢腐、不能腐、不想腐，一体推进纪检监察“三项改革”，着力肃清白恩培、仇和特别是秦光荣流毒影响，充分发挥监督保障执行、促进完善发展作用。全县纪检监察工作在高质量发展上迈出坚实步伐，推动党风廉政建设和反腐败斗争不断向纵深发展。

【机构人员】 2020年，县纪委监察委机关有内设机构14个，分别为：办公室、组织部、宣传部、信访室、党风政风监督室、案件审理室、案件监督管理室、第一至第六纪检监察室、纪检监察干部监督室。县纪委县监委向县级党和国家机关派驻纪检监察机构11个，其中，综合派驻8个：驻县委办、驻县政府办、驻县人社局、驻县财政局、驻县住建局、驻县水务局、驻县交运局、驻县教体局纪检监察组。单独派驻3个：驻县公安局、驻县人民检察院、驻县人民法院纪检监察组。县委巡察机构设县委巡察办和5个巡察组。设机关党总支，总支下设8个党支部，有党员102人（退休党员10人）。县纪委县监委领导班子职数11名，现有9名。县纪委县监委机关、11个派驻机构和县委巡察机构核定编制数101名，其中，县纪委县监委机关核定编制37名，11个派驻机构核定编制46名，县委巡察机构核定编制18名。2020年，有在职在编人员97名，其中，公务员89名，机关工勤8名，空编11名。

【监督对象情况】 2020年，全县监督对象为2.7万人，其中，县管科级领导干部669人，党员1.9万

2020年11月13日，昆明市2020年度党风廉政建设责任制检查考核禄劝县汇报会在禄劝会堂召开

（县纪委县监委　供）

余人，公务员及参公管理1900余人，事业单位人员1400余人（不含非监督对象的教师、医生），村组干部4800余人。

（宗欢欢）

重要会议

【十四届纪律检查委员会第五次全体会议】 2020年1月21日，中国共产党禄劝彝族苗族自治县第十四届纪律检查委员会第五次全体会议在县城召开。县委书记焦林出席会议。县委常委、县人大常委会、县政府、县政协领导，县人民法院代理院长、县人民检察院代理检察长出席会议，有关方面负责同志参加会议。会议全面贯彻落实党的十九大精神和十九届中央纪委四次全会、省纪委十届五次全会、市纪委十一届五次全会、县委十四届八次全会精神，总结2019年全县党风廉政建设和反腐败工作，部署2020年工作任务。审议通过县委常委、县纪委书记、县监委代理主任阮世伟代表县纪委常委会所作的《践行初心使命　忠诚履行职责　为加快绿色经济发展全面建成小康社会提供坚强保障》工作报告和会议公报。会议提出，2020年，县纪委县监委要以习近平新时代中国特色社会主义思想为指导，深入贯彻落实党的十九大和十九届二中、三中、四中全会及十九届中央纪委四次全会、省纪委十届五次全会、市纪委十一届五次全会、县委十四届八次全会精神，不忘初心、牢记使命，增强“四个意识”、坚定“四个自信”、做到“两个维护”，坚持稳中求进工作总基调，弘扬改革创新精神，忠诚履行党章和宪法赋予的职责，坚决贯彻落实党中央和省委、市委、县委的决策部署，坚定不移深化全面从严治党，坚定不移推进党风廉政建设和反腐败斗争，充分发挥监督保障执行、促进完善发展作用，推动党风廉政建设和反腐败斗争不断向纵深发展，为开启社会主义现代化禄劝建设新征程提供坚强保障。

【十四届县纪委常委会会议】 2020年，十四届县纪委共召开常委会会议32次。

第78次会议　1月2日，县委常委、县纪委书记、县监委代理主任阮世伟主持会议。专题研究《关于召开中共禄劝彝族苗族自治县纪委十四届五次全会的请示事项》。

第79次会议　1月14日，县委常委、县纪委书记、县监委代理主任阮世伟主持会议。传达学习十九届中央纪委第四次全体会议精神。会议专题研究讨论《中共禄劝彝族苗族自治县纪委十四届五次全体会议工作报告（讨论稿）》。

第80次会议　1月16日，县委常委、县纪委书记、县监委代理主任阮世伟主持会议。传达学习习近平总书记在十九届中央纪委第四次全会上的重要讲话精神，《中国共产党第十九届中央纪律检查委员会第四次全体会议公报》，省委书记陈豪在十届省纪委五次全会上的讲话精神。研究4名人员的党纪政务立案、处分、问责等事宜；研究县纪委县监委党总支2020年春节慰问活动方案。

第81次会议　1月21日，县委常委、县纪委书记、县监委代理主任阮世伟主持会议。会议专题听取分组学习讨论县委书记焦林讲话，县纪委工作报告和全会公报（草案）情况汇报，对各组提出的意见建议进行研究讨论。

第82次会议　2月6日，县委常委、县纪委书记、县监委代理主任阮世伟主持会议。研究2名人员的党纪政务立案、处分、问责等事宜；研究关于对乌东德镇扶贫领域问题线索核查情况报告。

第83次会议　2月11日，县委常委、县纪委书记、县监委代理主任阮世伟主持会议。研究3名人员的党纪政务立案、处分、问责等事宜；研究审议《2020年党风廉政建设和反腐败工作主要任务分解方案（送审稿）》。

第84次会议　2月25日，县委常委、县纪委书记、县监委代理主任阮世伟主持会议。会议专题研究干部人事议题。

第85次会议　2月25日，县委常委、县纪委书记、县监委代理主任阮世伟主持会议。会议专题研究干部人事议题。

第86次会议　2月26日，县委常委、县纪委书记、县监委代理主任阮世伟主持会议。传达学习《中共云南省委关于深入学习贯彻习近平总书记重要讲话的通知》《中共云南省纪律检查委员会　云南省监察委员会关于大理州大理市违法扣押征用防疫口罩问题问责情况的通报》《中共云南省纪委　云南省监委关于新型冠状病毒感染肺炎疫情防控工作不力6起典型问题的通报》文件精神。研究15名人员的党纪政务立案、处分、问责等事宜。

第87次、88次会议　3月18日，县委常委、县纪委书记、县监委代理主任阮世伟主持会议。会议专题研究干部人事议题。

第89次会议　3月18日，县委常委、县纪委书记、县监委代理主任阮世伟主持会议。传达学习习近平总书记在决战决胜脱贫攻坚座谈会上的讲话精神、《关于纪检监察系统认真学习贯彻习近平总书记在十九届中央纪委四次全会上重要讲话精神的通知》《省委办公厅〈关于印发陈豪同志在全省电视电话会议上的讲话〉的通知》《市纪委书记杨正晓在市纪委十一届五次全会所作的工作报告》。研究3名人员的党纪政务立案、处分、问责等事宜；研究审议《关于规范运用监督执纪提醒谈话、诫勉谈话的实施办法（送审稿）》；研究审议《禄劝彝族苗族自治县脱贫攻坚挂牌督战工作责任追究办法（送审稿）》；研究审议《禄劝彝族苗族自治县重点工作责任追究办法（送审稿）》；研究审议《县纪委县监委六个纪检监察室职能职责和联系分工方案（送审稿）》；研究审议《创建全县党风廉政建设示范点工作方案（送审稿）》；研究关于选调王双全到县纪委县监委机关工作的请示；研究关于十四届县委第十一轮巡察工作业务培训方案。

第90次会议　4月7日，县委常委、县纪委书记、县监委代理主任阮世伟主持会议。传达学习昆明市人防系统腐败问题专项治理工作推进会议，《中共昆明市纪委办公室关于2019年全市纪检监察宣传工作情况的通报》，市委第十一轮巡察工作动员部署暨全市对村（社区）党组织巡察工作推进电视电话会议精神。研究9名人员的党纪政务立案、处分、问责等事宜；研究审议《县纪委常委县监委委员工作分工（送审稿）》；研究审议《县委巡察机构组办联席会议制度（试行）（送审稿）》等八项制度；研究干部人事工作。

第91次会议　4月23日，县委常委、县纪委书记、县监委代理主任阮世伟主持会议。传达学习2020年度全省第一次贫困县纪委书记工作例会精神，《印发〈中央纪委国家监委关于做好失实检举控告澄清工作的意见〉的通知》，《中共昆明市委印发〈昆明市关于中央第十二巡视组对云南省开展脱贫攻坚专项巡视“回头看”反馈意见的整改方案〉的通知》，省委书记陈豪、省长阮成发在2020年省委理论学习中心组第二次集中学习时的讲话，市委书记程连元在2020年市委理论学习中心组第一次学习暨滇中新区党工委理论学习中心组第一次学习时的总结讲话精神，《中共昆明市纪委办公室关于对全市审查调查安全检查发现问题的通报》。研究10名人员的党纪政务立案、处分、问责等事宜；研究《中共禄劝彝族苗族自治县纪委工会委员会关于划拨工会经费的请示》；研究县纪委县监委征订《国家监察》《纪检监察业务应知应会系列丛书》明细；研究《禄劝彝族苗族自治县纪检监察新闻宣传考核办法（试行）（送审稿）》；研究《关于中央第十二巡视组对云南省开展脱贫攻坚专项巡视“回头看”反馈问题涉及县纪委县监委部分整改落实方案（送审稿）》。

第92次会议　5月13日，县委常委、县纪委书记、县监委代理主任阮世伟主持会议。传达学习《中共昆明市纪委办公室关于印发〈中央纪委国家监委对云南省扶贫领域腐败和作风问题专项治理调研反馈意见涉及市纪委市监委整改问题的整改措施〉的通知》《关于在新冠肺炎疫情防控常态化新形势下进一步依法做好适用留置措施工作的通知》《中共昆明市纪委办公室关于全市人防系统腐败问题专项治理情况的通报》。研究15名人员的党纪政务立案、处分、问责等事宜；研究《县纪委县监委2019年目标管理绩效考核奖二次分配方案（送审稿）》；研究《县纪委县监委机关公务员职级晋升工作方案（送审稿）》《县纪委县监委综合派驻纪检监察组公务员职级晋升工作方案（送审稿）》《县纪委县监委单独派驻纪检监察组公务员职级晋升工作方案（送审稿）》《县委巡察机构公务员职级晋升工作方案（送审稿）》；研究省纪委省监委2020年公开遴选公务员县纪委县监委干部报名情况；研究县纪委县监委2019年新闻宣传稿件稿费发放事宜；研究办公用品购置事项；研究六楼会议室会标电子显示屏制作事宜。

第93次会议　5月29日，县委常委、县纪委书记、县监委代理主任阮世伟主持会议。会议专题研究对1名人员的监察立案事宜。

第94次会议　6月1日，县委常委、县纪委书记、县监委主任阮世伟主持会议。传达学习《印发〈关于贯彻落实党中央决策部署紧紧围绕统筹疫情防控和经济社会发展跟进监督精准监督全过程监督的工作意见〉的通知》《印发〈关于进一步规范纪检监察网络举报工作的意见〉的通知》《关于对中央纪委国家监委第十监督检查室调研组对墨江县扶贫领域腐败和作风问题专项治理调研发现问题的调研督导情况报告》《中共云南省纪律检查委员会云南省监察委员会关于楚雄州查处交通运输系统不正之风和腐败问题的通报》，禄劝彝族苗族自治县第十七届人民代表大会第四次会议精神，政协禄劝彝族苗族自治县第九届委员会第四次会议精神。研究对4名人员的党纪政务立案、处分、问责等事宜；研究关于人防易地建设费用于平衡本级财政预算的情况报告；研究关于公务员职级晋升初步人选的情况说明；研究关于支付云南报业传媒（集团）有限责任公司专版发布业务费用相关事宜；关于十四届县委第十一轮巡察各巡察组开展工作需支出费用的情况报告。

第95次会议　6月4日，县委常委、县纪委书记、县监委主任阮世伟主持会议。研究对3名人员的党纪政务立案、处分、问责等事宜。

第96次会议　6月28日，县委常委、县纪委书记、县监委主任阮世伟主持会议。传达学习《中华人民共和国公职人员政务处分法》《中共中央办公厅、国务院办公厅〈领导干部干预司法活动、插手具体案件处理的记录、通报和责任追究规定〉》等“三个规定”，《中共云南省纪律检查委员会云南省监察委员会关于楚雄州禄丰县纪委监委违规使用监察权问题的通报》。研究对19名人员的党纪政务立案、处分、问责等事宜；研究公益性岗位招聘事项；研究公务用车购置事项。

第97次会议　7月6日，县委常委、县纪委书记、县监委主任阮世伟主持会议。研究关于公务员职级晋升考察对象建议人选的情况报告；研究审议《禄劝彝族苗族自治县2020年度党风廉政建设责任制检查考核实施方案（送审稿）》和《禄劝彝族苗族自治县2020年度党风廉政建设责任制检查考核办法（送审稿）》；研究《十四届县委第十二轮巡察后勤保障工作方案（送审稿）》；县委常委、县纪委书记、县监委主任阮世伟对监督执纪提工作要求。

第98次会议　7月22日，县委常委、县纪委书记、县监委主任阮世伟主持会议。研究关于公务员职级晋升确定人选；研究涉黑涉恶线索核查“回头看”工作。

第99次会议　7月24日，县委常委、县纪委书记、县监委主任阮世伟主持会议。传达学习省纪委书记冯志礼在全省纪检监察干部队伍建设座谈会暨培训班开班动员会上的讲话精神，市纪委书记杨正晓在昆明市上半年纪检监察工作座谈会暨纪检监察干部队伍建设、干部监督工作座谈会上的讲话精神，《中共云南省纪委云南省监委关于普洱市6名纪检监察干部违规聚餐饮酒问题的通报》《中共云南省纪委办公厅关于昭通市纪委市监委在领导班子成员职务调整中违反程序问题的通报》《中共云南省纪委办公厅云南省监委办公厅关于加强依规依纪依法安全文明办案的通知》《中共禄劝彝族苗族自治县委办公室关于印发〈党委（党组）国家安全责任制实施细则〉的通知》《关于印发〈县委国家安全委员会2020年工作要点〉的通知》《关于印发〈县委全面依法治县委员会2020年工作要点〉的通知》《关于印发〈禄劝彝族苗族自治县防范电信网络诈骗宣传工作方案〉的通知》。研究12名人员的党纪政务立案、处分、问责等事宜；研究《县纪委县监委干部参加外单位公开遴选等公开选拔的管理规定（试行）（送审稿）》。

第100次会议 7月28日，县委常委、县纪委书记、县监委主任阮世伟主持会议。研究讨论2名人员的党纪政务立案、处分、问责等事宜。

第101次会议 8月6日，县委常委、县纪委书记、县监委主任阮世伟主持会议。会议集中观看《叩问初心》警示教育片，传达学习《关于进一步加强监督执纪等工作协作配合的意见》《中共云南省纪委办公厅关于深入学习宣传贯彻〈中华人民共和国公职人员政务处分法〉的通知》《中共昆明市纪委昆明市监委关于四起形式主义、官僚主义典型案例的通报》《2020年1至6月全市纪检监察机关监督检查审查调查统计情况通报》，市委十一届九次全会精神。研究讨论9名人员的党纪政务立案、处分、问责等事宜。

第102次会议 8月21日，县委常委、县纪委书记、县监委主任阮世伟主持会议。传达学习《中共云南省纪律检查委员会云南省监察委员会关于省工商联原副主席严重违纪违法案的通报》。研究讨论5名人员的党纪政务立案、处分、问责等事宜。

第103次会议 9月4日，县委常委、县纪委书记、县监委主任阮世伟主持会议。传达学习习近平总书记在纪念中国人民抗日战争暨世界反法西斯战争胜利七十五周年座谈会上的重要讲话精神，市纪委办公室《关于加强办案场所安检及看护工作的通知》《禄劝彝族苗族自治县2020年“扫黄打非”行动方案》，市纪委关于印发《昆明市纪检监察工作人员干预执纪执法工作备案和责任追究办法（试行）》的通知，市纪委市监委《关于废止、宣布失效和修改部分规范性文件的决定》。研究讨论：研究7名人员的党纪政务立案、处分、问责等事宜；研究审议《县纪委县监委干部网络学习教育监督管理制度（试行）（送审稿）》。

第104次会议 9月24日，县委常委、县纪委书记、县监委主任阮世伟主持会议。传达学习：2020年度全省第二次贫困县纪委书记工作视频会精神，《关于规范地方各级监察委员会向本级人大常委会报告专项工作的指导意见》《省纪委省监委进一步加强对州（市）纪委监委领导和监督的意见（试行）》，省纪委省监委《法规适用答复选登》（第五期）。研究9名人员的党纪政务立案、处分、问责等事宜；研究关于十四届县委第十二轮巡察各巡察组开展工作支出费用的情况报告；研究县纪委县监委部分干部职工岗位调整方案；研究县纪委县监委2020年省级文明单位奖励发放事项、2019年度应休未休年休假工资报酬发放事项。

第105次会议 10月26日，县委常委、县纪委书记、县监委主任阮世伟主持会议。传达学习全省纪检监察信访举报工作会议精神，杨大庆同志在2020年度全市第二次扶贫领域监督执纪问责工作例会上的讲话精神，中央第十巡视组巡视云南省工作动员会精神。研究6名人员的党纪政务立案、处分、问责等事宜；研究审议《禄劝彝族苗族自治县2020年度党风廉政建设责任制检查考核方案（送审稿）》；研究审议《禄劝县纪委监委检举控告交办工作办法（试行）（送审稿）》；研究关于陈燕东延迟办理退休涉及的各项退缴资金事宜；研究审议《禄劝县纪委监委信息公开网（频道）建设工作方案（送审稿）》；研究县纪委县监委会计业务外包服务事项；研究审议《关于领导干部插手干预公共资源交易活动的记录、报备和责任追究规定（试行）（送审稿）》；研究《十四届县委第十三轮巡察后勤保障工作方案（送审稿）》。

第106次会议 11月12日，县委常委、县纪委书记、县监委主任阮世伟主持会议。传达学习中国共产党第十九届中央委员会第五次全体会议精神，中央省市保密文件精神并安排保密工作，《中共云南省纪委办公厅关于学习贯彻杨晓渡同志批示精神强化“走读式”谈话安全工作的通知》，《中共云南省纪委 云南省监委 云南省审计厅关于印发〈云南省纪检监察机关与审计机关进一步加强协作配合的意见〉的通知》。研究1名人员的党纪政务立案、处分、问责等事宜；研究2019年新录用公务员试用期满考核任职、2020年拟录用公务员考察、脱贫攻坚评选表彰推荐有关事项；研究关于增设县纪委县监委内设机构干部监督室和增加一名副科级领导职数的请示；研究林业司法鉴定及费用相关事项；研究县纪委县监委留置办案区建设和谈话区建设改造质保金支付事项；研究县纪委县监委办案区卫生间改造、办公楼屋面及给水立管更换、办公楼洗手台建设、驻政府办纪检监察组办公室维修资金结算事宜。

第107次会议　11月26日，县委常委、县纪委书记、县监委主任阮世伟主持会议。传达学习市委书记程连元在十一届市委常委会第155次（扩大）会议上的讲话，省委书记陈豪、省长阮成发在2020年省委理论学习中心组第七次集中学习时的讲话，省爱卫专项办《关于印发〈云南省推进爱国卫生“7个专项行动”考核办法〉的通知》。研究7名人员的党纪政务立案、处分、问责等事宜；研究审议《2020年度党风廉政建设责任制考核情况报告（送审稿）》；研究审议《2020年党风廉政建设和反腐败工作情况报告（送审稿）》；研究审议《禄劝县纪委监委2020年干部职工体检方案（送审稿）》；研究审议《关于废止、宣布失效和修改部分规范性文件的决定（送审稿）》；研究审议《县纪委监委保密工作规定（试行）（送审稿）》；研究纪检监察干部监督室成立事项。

第108次会议　12月16日，县委常委、县纪委书记、县监委主任阮世伟主持会议。传达学习省纪委省监委《关于德宏州瑞丽市疫情防控严重形式主义、官僚主义问题问责情况的通报》。研究17名人员的党纪政务立案、处分、问责等事宜；研究审议《关于进一步规范党风廉政意见回复工作的通知（送审稿）》；研究审议《2020年度党风廉政建设责任制检查考核情况报告（送审稿）》；研究县检察院关于拨付办案协作经费的说明；研究关于十四届县委第十三轮巡察各巡察组开展工作支出费用的情况报告；研究《县纪委工会委员会关于在2021年元旦节期间采购贫困地区农副产品慰问工会会员的工作方案（送审稿）》。

第109次会议　12月31日，县委常委、县纪委书记、县监委主任阮世伟主持会议。传达学习中央农村工作会议精神（新闻稿），省委《关于制定云南省国民经济和社会发展第十四个五年规划和二〇三五年远景目标的建议》，省纪委办公厅《关于切实做好纪检监察系统疫情防控工作的通知》，省纪委办公厅《红河州县级纪检监察干部监督室从“有形覆盖”向“有效覆盖”迈进　实现留置案件零突破》工作经验，市委办公室《关于认真学习宣传贯彻市委十一届十一次全会精神的通知》，市纪委办公室《关于做好2021年元旦春节期间正风肃纪工作的通知》，市爱国卫生“7个专项行动”第4次督办工作推进会暨新冠肺炎疫情常态化防控工作电视电话会议精神（新闻稿），县委十四届十次全会精神（工作通报第9期、全会公报）。研究12名工作人员的党纪政务立案、处分、问责等事宜；研究关于县纪委县监委公务员及工勤人员2020年度考核评定等次的情况报告；研究《县纪委县监委2021年度学习资料征订方案》；研究县纪委县监委脱贫攻坚驻村工作队2020年1月至12月补助事宜；研究县纪委县监委公益性岗位就业人员2020年6月至12月补贴事宜；研究县纪委县监委抽调公安勤务辅警人员2020年10月至12月补贴事宜；研究县纪委县监委纪检监察专网密级提升改造及外网建设费用事宜；研究县纪委县监委保安保洁人员的保洁及绿化管护补贴事项；研究调离、退休干部职工慰问事宜。

（宗欢欢）

重要工作

【党风廉政建设和反腐败】 2020年，县纪委县监委分解2020年度党风廉政建设和反腐败工作主要任务并检查考核。报请县委听取党风廉政建设工作汇报，县委常委会研究党风廉政建设和反腐败工作10次，研究党员领导干部违纪违法处分事宜4批次，周例会听取专项纪律检查情况汇报33次。严把党员干部政治关、思想关、形象关，审查回复党风廉政意见5689人次，开展新任科级领导干部任前廉政谈话223人次。对科级领导干部婚丧嫁娶事宜报备登记。打造县人社局等6个县级部门、撒营盘镇等5个乡（镇、街道）、杉乐等34个行政村党风廉政建设示范单位。

2020年10月28日，禄劝召开2020年度落实党风廉政建设责任制检查考核动员会（县纪委县监委 供）

【反腐倡廉宣传教育】 2020年，县纪委县监委组织全县处级领导干部集中观看《政治掮客苏洪波》《叩问初心》《围猎：行贿者说》等警示教育片，在全县党组织书记培训班、科级领导培训班、“万名党员进党校”培训班中讲授专题廉政党课6期。开展警示教育和家风教育“三个一”系列活动，开展廉政家访，拍摄《清白家风不染尘》等宣传片。开展以案促改“十个一”活动，制作廉政宣传展板13版，通过新媒体平台推送廉政信息58期。上报中央、省、市各级媒体信息稿件330余篇，网评文章60篇，上报纪检监察信息113篇。

【案件查办】 2020年，县纪委县监委召开县纪委书记（县监委主任）专题会18次，县纪委常委会（县监察委员会）会议32次，全县纪检监察机关运用监督执纪“四种形态”处理403人次，其中，第一种形态273人次，占68%；第二种形态80人次，占20%；第三种形态20人次，占5%；第四种形态30人次，占7%。

【信访举报】 2020年，《禄劝彝族苗族自治县纪检监察机关检举控告交办工作办法（试行）》制定出台，22名干部通过书面澄清、会议澄清等方式澄清正名。全县纪检监察机关受理信访举报和群众诉求件360件，较上年下降26.4%，党纪政务处分数较上年下降10.6%，处置问题线索265件，立案111件，留置5人，处分党员和公职人员110人，移送审查起诉6人，挽回经济损失225万元。

【党风政风监督】 2020年，禄劝查处违反政治纪律案件3件、3人，违反组织纪律案件9件、9人。制定出台《重点工作责任追究办法》，针对工作推进不力、影响全县经济社会发展等问题，问责党员干部57人，约谈提醒374人。做好疫情防控监督，成立4个专项督查督办组、3个“单元制”监督组开展监督检查52次，发现问题62个，处分7件、7人，问责11人，批评教育45人。开展“回访式”监督检查29轮次，发现并督促整改问题251个，提出意见建议81

条，处分32人，问责25人，提醒、诫勉谈话258人，通报典型案例21期、29起。开展领导干部违规借贷问题、农村乱占耕地建房问题、违建别墅问题、餐饮浪费问题等20余项专项整治，问责41件、57人，提醒、诫勉谈话374人。开展形式主义、官僚主义和不担当、不作为、慢作为、乱作为问题监督检查，处分2人，问责17人，提醒、诫勉谈话134人。

【纪律作风监督检查】 2020年，县纪委县监委组织派驻机构、乡（镇、街道）纪（工）委、“单元制”监督组，开展纪律作风监督检查5批次，发现问题46个，下发整改通知29份，处分6人，问责6人，组织处理3人，提醒谈话11人，通报典型案例5起。处分酒驾醉驾26人，其中，公职人员12人，开除公职3人，通报典型案例10起。

【“扫黑除恶”工作】 2020年，县纪委县监委受理“涉黑涉恶”问题线索23件，办结18件，党纪立案查处3件、3人，问责2件、3人，提醒、诫勉谈话4件、8人，责令辞职1人，下发纪律检查建议书1份。制订《进一步加强对“扫黑除恶”专项斗争监督检查的工作方案》，开展监督检查2批次。

【派驻纪检监察组工作】 2020年，县纪委县监委完成派驻机构更名授牌工作，赋予派驻机构监察权。建立县纪委县监委各纪检监察室与派驻机构、乡（镇、街道）纪（工）委、巡察机构工作会商、线索通报移交和联系指导工作机制，推进“四个监督”同向发力。

【巡察工作】 2020年，禄劝开展3轮巡察，对10个县级部门、8个乡（镇、街道）、154个村（社区）党组织进行“政治体检”，实现对村（社区）巡察全覆盖，发现问题1145个，立案23人，处分19人，问责7人。完成全县2.27万名监督对象信息采集。

【专题警示教育】 2020年，县纪委县监委开展严重违纪违法案专题警示教育，对照纪检监察干部“12项负面清单”，召开专题组织生活会。制订2020年纪检监察干部培训计划，召开干部职工例会学习18期，开展干部职工大讲堂6期，开展学习贯彻十九届中央纪委四次全会精神专题培训1期，脱贫攻坚知识培训2期，组织干部参加省、市培训10期14人次，到省、市纪委跟班学习4人次。

【纪检监察系统纪律作风专项整治】 2020年，全县纪检监察机关主要领导与班子成员、班子成员与干部职工开展谈心谈话180余人次。处置纪检监察干部违纪违法问题线索2件，政务处分1人，问责1人，提醒谈话5人。对监督责任落实不力的13名乡（镇、街道）纪（工）委书记提醒约谈。组织开展全县纪检监察机关分级分类考核评比，对全体干部考核结果进行排名通报，并抄报县委作为干部选拔任用依据，年内交流提拔纪检监察干部14名。

（宗欢欢）

世纪中心店
“迎国庆，爱国卫生大扫除”爱国卫生专项活动

群众团体

责任编辑　李凤先

禄劝彝族苗族自治县总工会

共青团禄劝彝族苗族自治县委员会

禄劝彝族苗族自治县妇女联合会

禄劝彝族苗族自治县工商业联合会

禄劝彝族苗族自治县文学艺术界联合会

禄劝彝族苗族自治县科学技术协会

禄劝彝族苗族自治县残疾人联合会

禄劝彝族苗族自治县红十字会

禄劝彝族苗族自治县总工会

【工会组织建设】 2020年，禄劝有基层工会组织728个，职工会员19312人。年内，投入资金69万元在屏山街道秀屏社区建设生态文明移民搬迁工会服务站，吸收4600多名移民群众加入工会组织。9月25日，25家“两新”组织（新经济组织、新社会组织）加入工会，全县党组织的“两新”组织工会达到全覆盖，共有66家企业加入工会组织。在15个乡（镇、街道）工会联合会、10家单签企业成立工会劳动法律监督委员会。

【职工维权帮扶】 2020年，禄劝各级工会组织签订工资集体协商合同36份，覆盖企业476户，职工6188人，其中，签订区域性工资集体合同14份，覆盖企业413户，职工4530人；签订行业性工资集体合同2份，覆盖企业55户，职工1383人；25人以上企业单独签订工资集体协商合同20份，覆盖职工1370人。办理职工医疗互助补助287人次，报销医疗互助金21.27万元。对137名患大病致困职工（农民工）发放救助金52.8万元。发放小额担保贷款1050万元，用于70户下岗职工、失业人员，返乡农民工、大学生创业。发放“金秋助学”资金38.05万元，资助考入高校的76名困难职工（农民工）子女。在元旦、春节、中秋节和国庆节期间，慰问生产一线职工、劳动模范、困难职工（农民工）1813人、82.76万元。

【工会活动开展】 2020年，县总工会投入资金12万元，在医疗、教育和农业系统工会组织开展6个工种12个专场职业技能竞赛，全县1600多名职工参与。新冠肺炎疫情期间，工会困难职工帮扶中心开通便民电话，以随访的形式对部分企业和职工的生产生活情况进行调查，了解和掌握疫情对职工生活的影响。开展各级劳动模范推荐申报，推荐基层代表杨文权、张泽清和王詠为云南省第二十三届劳动模范和先进工作者候选人；推荐张天富为全国劳动模范候选人。组织2020年昆明市外来务工人员运动会和2020年昆明市广播体操比赛企业组赛事，其中，广播体操团体获“二等奖”，农民工运动会获“优秀组织奖”。创建乌东德镇移民安置点社区和屏山街道秀屏社区管委会2个云南省流动职工书屋。

（张学胜）

共青团禄劝彝族苗族自治县委员会

【县纪念五四运动青年座谈会】 2020年4月28日，团县委组织召开2020年禄劝青年纪念五四运动座谈会。县委副书记王亚芳出席会议并讲话，十四届团县委委员、各乡（镇、街道）团（工）委专职副书记、部分县直机关负责团组织（青年工作委员会）工作的人员、部分青年代表、受表彰的优秀集体和个人代表等40余人参加会议。会议总结全县团员青年抗疫工作；表彰2019年度全县青年工作优秀集体和个人，通报表扬2020年优秀抗疫青年志愿者；来自全县各领域、各行业的4位优秀青年代表（优秀抗疫青年志愿者代表、脱贫攻坚一线青年代表、青年人才代表和团干部代表）结合自身工作实际作交流发言。

【青年志愿者服务】 2020年，团县委组织全县各级团组织和专业志愿者队伍开展“助力脱贫攻坚”“助力疫情防控”“爱国卫生7个专项行动”等主题志愿服务活动18次，参与人数1000余人。选出2019年度“五四红旗团（工）委”4个，“五四红旗团（总）支部”4个，“优秀共青团干部”15名，“优秀共青团员”25名，命名禄劝彝族苗族自治县气象局等10个县级“青年文明号”。微信公众号“青春禄劝”自制、转发信息286篇，向相关部门和媒体报送信息105条。

【团组织建设】 2020年，团县委在微信公众号“青春禄劝”开设专栏“青年大学习”等网上主题团课，2020年参加学习3万余人次。开展“两新”组织团建行动，完成社会领域团组织建设20个。

【青年创业就业】 2020年，团县委承办“贷免扶补”、小额创业贷款120户1800万元，扶持创业青年120余人。开展禄劝彝族苗族自治县电子商务培训4期，“青创

10万+"青年创业考察学习3次，覆盖创业青年400余人，培训清晨阳光志愿协会等青年电商助力消费扶贫。指导清晨阳光志愿者协会、乡土青年、中屏镇、乌蒙乡等第一批青年电商网店和个人典型创业就业。清晨阳光志愿协会微店开店以来销售崇德六合村高山南瓜1.5万千克，崇德岔河村脐橙4500千克，马鹿塘普福村委会火葱头2万千克，销售金额11.2万元。培育青年电商、大学生村官、致富带头人、团干部等青年人才成为网络主播，代言家乡美景、美食和农特产品。开设"禄劝共青团助力消费扶贫带货直播间"，按照"团干部+社会组织+主播"的网络直播带货模式，开展"团团为家乡代言"直播带货2期。11月29日，邀请主播开展"团团陪你游轿子雪山"抖音直播活动，通过抖音直播方式对轿子雪山景区推介。

【青少年维权帮扶】 2020年，团县委配合县关心下一代工作委员会（简称关工委）开展未成年人司法保护工作，配合县公安局派遣合适成年人参与未成年人刑事诉讼。开展希望工程贫困生资助、"爱心助你上大学"行动，协调省、市青少年发展基金会（简称青基会）、童泰公司等向200名禄劝大学生和中小学生发放助学金和爱心包。暑期组织云南大学等高校的禄劝籍大学生到皎平渡镇开展为期15天的"青才倾智耀禄劝"大学生暑期社会实践活动，服务留守儿童50名。

（向昱帆）

禄劝彝族苗族自治县妇女联合会

【组织建设】 2020年，县妇联在"两新"组织中创建妇联组织8家，指导村（社区）妇女组织按期完成换届选举工作。向市妇联推荐 三八红旗集体2个，三八红旗手5名，优秀妇联执委2名，优秀基层妇联干部2名，功勋基层妇联干部5名，抗疫典型家庭7户，抗疫一线医务人员3名，巾帼志愿者1名。9月17日，市妇联系统"美丽乡村·女子学堂"妇女素质提升行动启动会在禄劝召开，全年举办4期"美丽乡村·女子学堂"妇女干部素质提升培训班，1100名妇女代表参训。推荐25名妇女干部（代表）参加省、市妇联举办的培训。创建"优秀妇女之家"15个，"美丽乡村·女子学堂"示范点34个，其中，市级示范点3个。

【"双学双比""巾帼建功"】 2020年，县妇联组织举办贷款政策宣讲6场，为创业就业妇女、女大学生等提供创业担保贷款300户4500万元。与县人社局联合举办为期7天的2020年创业培训，探索互联网服务妇女发展的新方式。举办春风送岗就业行动线上招聘活动6场、巾帼创业就业大讲堂20期。创建九龙镇领航养殖合作社为云南省"巾帼脱贫示范基地"。组织"爱国卫生7个专项行动"巾帼志愿服务活动530次，1.7万人参与。

【妇女儿童合法权益维护】 2020年，县妇联开展法治宣传活动，发放法律法规宣传资料1万余份。邀请云南华度律师事务所专职律师、云南省"12338"妇女维权公益服务热线咨询专家李灵和国家二级心理咨询师、国家一级婚姻家庭咨询师甘群为各级妇女干部、机关女职工及部分妇女代表开展普法宣传暨婚育新风宣讲。

【妇女儿童关爱帮扶】 2020年，县妇联在县职业高级中学继续开办160人的"春蕾职业高中班"，每生每年资助600元，连续资助3年。为80名贫困女童争取"爱心护春蕾 共筑中国梦"救助金16万元。为24名农村"两癌"患病贫困妇女争取救助金18.99万元。为200名乡村女教师提供价值10万元的宫颈癌预防基因检测试剂。

【巾帼家风建设】 2020年，县妇联开展寻找"最美家庭"活动，李斌、李剑、李有芬3户家庭被评为昆明市"最美家庭"。组织广大妇女收看"爱在春城人家"昆明市2020传承好家风好家训主题活动视频直播。组织开展"别样'三八'巾帼最美"纪念三八国际妇女节110周年系列活动。组织开展2020年家庭亲子阅读暨"同阅书香、相伴成长"亲子阅读活动。

（刘兴慧）

禄劝彝族苗族自治县工商业联合会

【组织建设】 2020年，禄劝建立县级领导挂钩联系重点企业制度，全县39位县级领导挂钩联系全县109家重点企业，协调解决企业发展中存在的问题。印发《关于构建"亲""清"新型政商关系的实施意见的通知》，规范政商交往。县工商联协同县发改局、县民政局建立商会退出、注销机制。向民政部门提交禄劝民营企业商会、禄劝中药材行业商会、禄劝云龙行业商会脱钩相关材料。成立禄劝彝族苗族自治县商会纠纷人民调解委员会。筹备成立企业家俱乐部，作为县委领导、职能部门领导和企业交流、答疑解难平台。

【服务非公经济】 2020年，县工商联召开会长会议2次、执委会议2次、开展执委活动2次，座谈会议1次，组织39家非公企业参加西南坚果博览会、昆交会、农博会产品展销。组织60家非公企业对29家县级职能部门进行网上评议。组织25家非公企业参与县委、县政府会议。组织会员企业外出考察学习2次。完成150户"贷免扶补"承办任务，发放贷款2250万元。

【非公经济人士学习教育】 2020年，县工商联组织干部职工及非公企业开展培训5次、123人。组织工商联界别、民营经济界别政协委员、工商联执委45人到延安开展非公经济人士理想信念教育实践活动。

【引导非公企业参与公益事业】 2020年，县工商联积极引导社会力量参与"万企帮万村"精准扶贫行动和疫情防控工作，云南天之昱房地产开发有限公司、禄劝昱华建材煤业有限公司等出资100余万元，修建茂山镇富源街、禄大路与禄撒路之间的进村道路。昆明恒铭矿业有限公司、云南双星建筑工程有限公司等53家非公企业和个人出资86.59万元帮助中屏镇、撒营盘镇、转龙镇1738名贫困学生。会员企业捐款助力疫情防控，累计捐赠物资及现金147.44万元。2020年，县工商联被市委统战部、市工商联评为"春融同心，共战疫情""万企帮万村"精准扶贫行动"先进县级工商联"。云南双星建筑工程有限公司、禄劝振华商贸有限公司、禄劝昱华建材煤业有限公司被评为"万企帮万村"精准扶贫行动先进民营企业。

【企业维权】 2020年，县工商联与县人民检察院联合开展"检察

2020年，县工商联引导社会力量参与"万企帮万村"精准扶贫行动，图为爱心企业向马鹿塘乡捐赠空调（县工商联 供）

护航”行动，为企业保驾护航。与县人民法院、县司法局成立商会调解中心，为会员企业协调处理投诉案件2件。

（张庆彩）

禄劝彝族苗族自治县文学艺术界联合会

【重要会议】 2020年1月5日至6日，禄劝彝族苗族自治县文学艺术界联合会第三次代表大会在县城召开。会议听取和审议县文联第二届委员会工作报告，修改并审议通过《禄劝彝族苗族自治县文学艺术界联合会章程》，选举产生县文联第三届委员会。同时召开县文联三届一次全体会议，选举产生县文联领导班子，李点芳当选县文联第三届委员会主席，角春留当选县文联第三届委员会副主席兼秘书长，王开富、刘宗涛、杨崇杰当选县文联第三届委员会兼职副主席。9月29日，禄劝彝族苗族自治县音乐家协会成立暨第一次代表大会在凤家古镇举行。30日，禄劝音乐家协会暨禄劝文联音乐创作基地在凤家古镇揭牌成立。

【《轿子山文艺》编辑出版】 2020年，《轿子山文艺》编辑出版4期，共130篇文章32万字，刊出时政、书法、美术、摄影作品110幅。刊物通过挖掘典型，弘扬民族精神，讴歌脱贫攻坚、新冠肺炎疫情防控等展现禄劝奋斗历程和工作轨迹。刊物主要发行到县级各机关部门、各中学、中心学校，并对省内外85家县市（区）级文联进行交流，年发行量4000余册。

【“禄劝文艺”微信公众号】 2020年，“禄劝文艺”公众号发布本土文艺信息，选登本土优秀文艺作品，促进传统文艺与网络文艺融合发展。刊发《无声禄劝：靖疫思》《心歌禄劝：春之望一》《心歌禄劝：春之望二》《丹青禄劝：彩云飞》四期“禄劝文艺战‘疫’在行动”专题作品。从《轿子山文艺》遴选优秀作品通过公众号向广大读者进行推介，促进优秀文艺作品传播。

【文艺主题活动】 2020年，县文联组织脱贫攻坚文化采风、“文润乡村·芳香自来”普渡河文艺采风、“云南名家看禄劝”采风活动。在文联文艺创作基地与县书画家协会共同举办“端午正好·全民花山”主题书画展、庆祝中华人民共和国成立71周年美术展、“县庆大幅油画展”、西南坚果博览会书美摄影文学作品展，展出书法作品180幅，美术作品230幅，摄影作品30幅。展览重点体现全县脱贫攻坚、

2020年9月30日，禄劝音乐家协会暨禄劝文联音乐创作基地在凤家古镇揭牌成立（县文联　供）

常态化抗疫工作和全县经济建设与社会各项事业取得的成就。

【文学创作成果】 2020年昆明市“决胜全面小康·决战脱贫攻坚”主题文学作品征集活动中，刘继慧的长篇小说《苹果红了》获一等奖；池也的报告文学《遥望二道坪》获二等奖；李荣文的散文《驻村纪事》、角春留的古体诗词《扶贫诗词》获三等奖。2020年“文学相伴”昆明诗歌征集活动中，铁柔、刘继慧获“优秀诗人”称号。12月，《定格的时光驿站》编辑出版，以文图方式记述乌东德水电站淹没区的历史面貌以及移民搬迁情况。

（角春留）

禄劝彝族苗族自治县科学技术协会

【科普宣传】 2020年1月19日，县科学技术协会在皎平渡镇举行禄劝文化科技卫生“三下乡”服务活动启动仪式。8月28日，在县民族文化广场举办2020年禄劝“科技战疫、创新强国”主题科技活动周宣传活动。9月29日，在云龙乡开展以“决胜全面小康、践行科技为民”为主题的全国科普日集中宣传活动。全年发放科普宣传资料20余种1.2万余份，接受群众科技咨询5000余人次，义务诊疗700余人，参与群众1.1万人次。编发《禄劝科普信息》12期。发挥科普e站、科普长廊、科普网站等宣传阵地的作用，探索创新“科普中国”落地模式。每月组织1～3次科普活动的e站194个；每季度组织1～3次科普活动的e站40个，运行效果总体评价好的e站229个，评价一般e站5个。

【青少年科普教育】 2020年，县科协实施《全民科学素质纲要》，推进全民科学素质和青少年科普教育工作。与县职业中学合作打造科技馆，展馆面积1200平方米，巡展展品54件套，价值200余万元，2020年年底完成布展。

【农村实用技术培训】 2020年，县科协开设蜜本南瓜种植、魔芋种植、藜麦种植、波棱瓜种植等农函大专业班，覆盖全县17个乡（镇、街道），培训学员1700余人次，通过市级考核。

【农民技术职称评定】 县科协组织、动员从事农村经济技术、管理和推广普及的工作者，农村专业技术能手、种植大户、科普带头人、农民企业家，热心农村专业技术协会工作的干部申报农业技术职称，2020年向市中评委申报评定农民技师3人。

【农村专业技术协会】 县科协对全县农村专业技术协会采取调研、指导、扶持、清理、完善等措施，要求各协会依法做好登记，完善合法性。2020年，新发展农村专业技术协会2个，引进藜麦种植技术尝试推广，组织优秀协会代表参加昆明市2020年农技协领办人培训班。

（王　力）

禄劝彝族苗族自治县残疾人联合会

【队伍建设】 2020年，县残联组织干部职工、乡（镇、街道）残联、村（社区）专职委员参加市、县举办的残疾人基本服务状况和需求信息数据动态更新、康复就业、辅具适配等业务培训，提升业务能力。为17个乡（镇、街道）残联集中采购配发办公电脑、打印机、移动硬盘及文件柜等办公设备，用于残疾人基本服务状况和需求信息数据动态更新工作。9月21日，县残疾人联合会第七次代表大会在县城召开，139名代表出席会议。

【残疾证办理】 2020年5月16日，全县残疾人评定、办证启动仪式在撒营盘镇举行。集中和入户评残办理残疾人证，在屏山街道、撒营盘镇、转龙镇3个片区开展集中评定现场办证2117本，评定医师对瘫卧在床、年纪较大等疑似残疾人入户评定办理残疾人证281本，全年累计办证3300本。清理违规办证和第三代残疾人证智能卡，发放昆明市第三代残疾人证智能卡12067张。

【残疾人康复】 2020年，县残联实施“0～14岁残疾儿童抢救性康复工程”，对62名残疾儿童实施康复治疗。完成残疾人辅具需求调查和适配工作，为1759名残疾人适配轮椅、腋杖、盲杖、助听器、假肢等辅具。对592名重度精神病患者进行托养，投入省、市、县托养补助资金150万元。对1431名残疾人进行精准康复，投入精准康复资金26.74万元。

【残疾人教育】 2020年，县残联为98名适龄残疾儿童送教上门。投入助学金33.6万元，对209名考取大、中专和在校高中残疾学生、残疾人子女进行资助。

【残疾人就业】 2020年，县残联配合税务部门开展残疾人就业保障金征收工作，完成83家按比例雇佣残疾人就业单位年审。投入扶持资金31.6万元，扶持35名自主创业残疾人。投入资金7.6万元，补贴取得机动车驾驶证的残疾人。投入培训资金50万元，对1000名残疾人开展农村实用技术培训。投入培训资金3.9万元，对39名残疾青壮年开展扫盲培训。成功申报禄劝龙源农业科技开发有限公司、昆明水霖农业发展有限公司、禄劝奇诺威肠衣有限公司3家公司为“昆明市残疾人扶贫示范基地”。

【残疾人权益保障】 2020年，县残联接待残疾人来信、来电、来访372人（次）。办理“12345”市长热线转办信访件5件，外省籍残疾人来访求助15件，来信来访回复率100%，办结率100%，满意率100%。全年无残疾人群体上访、越级上访和到京上访。

（洪　梅）

禄劝彝族苗族自治县红十字会

【组织建设】 2000年，翠华中学、翠华镇噜姑村委会和屏山街道咪油社区3个基层红十字会成立。5月中旬，组建禄劝红十字赈济救援队，有县红十字会干部职工及志愿者代表10名队员。制定下发《禄劝彝族苗族自治县红十字会志愿服务管理制度（试行）》和《小桔灯志愿服务队募捐资金管理使用办法（试行）》，将“小桔灯”志愿服务队人、财、物收归县红十字会规范管理。

【人道救助】 2020年，县红十字会开展“红十字博爱送万家”活动，向上级红十字会及社会爱心企业和爱心人士争取款物11.3万元，慰问屏山街道、翠华镇、团街镇、撒营盘镇、则黑乡5个乡（镇、街道）的7个村委会、2个敬老院、香海庵及鸿康医院540户、1817人。开展人道救助活动，协调市红十字会救助大病患者5人，发放慰问金2.1万元。筹资9万余元，救助慰问孤寡老人、贫困学生、大病患者、困难老党员等152人。慰问禄劝首例人体器官捐献者家属1000元。

【救护培训】 2020年，县红十字会开展公益性应急救护知识普及培训30期、1624人。到驾校开展公益性救护员培训3期、109人，向参训学员普及心肺复苏术、止血、包扎、固定、搬运等创伤救护知识。

【宣传筹资】 “世界红十字日”“世界急救日”“世界艾滋病日”和卫生救护培训活动期间，县红十字会在社区、学校、机关企事业单位及学员中进行“无偿献血、无偿捐献造血干细胞、无偿捐献人体器官”宣传，提高干部群众知晓率。发放宣传材料3000余份，更新宣传栏5个，悬挂条幅26幅，粘贴平面公益广告6幅。全年募集款物351.85万元，其中，筹款264.73万元，筹物87.12万元。

【红十字志愿服务】 2020年，县红十字会开展“欧莱雅红十字志愿者暖冬关怀”活动，为160名“小桔灯”志愿者发放由欧莱雅中国分销中心提供的美宝莲唇膏800支，价值8.72万元。筹款4万余元为茂山镇娜拥村委会60岁以上老年人开展“中秋送温暖”活动。开展其他志愿服务活动20余场（次）。组织县红十字会“小桔灯”志愿服务队到公园、广场和市政道路开展环保活动7次，300多人次参与。

【项目建设】 2020年，县红十字会“博爱家园”项目以小额无息借贷、五户联保的方式为30户贫困户发放生计金30万元，发展养牛产业，发展周期为一年，2020年第一周期结束统计，30户养牛户平均每户增收0.4万元，合计增收12万元。“99公益日项目”筹集爱心款3.17万元，用于翠华镇噜姑村委会龙则片区7个村小组、226户、1186人饮水安全提升改造。

（杨慧梅）

民族 宗教

责任编辑　李　欢

民族工作

【民族人口】 2020年，禄劝彝族苗族自治县总人口487836人，其中，汉族326251人、彝族113587人、苗族16403人、傈僳族16688人、傣族5515人、壮族3460人、哈尼族2213人、回族1355人、白族868人、蒙古族375人、拉祜族138人、佤族115人、布依族104人、纳西族97人、布朗族58人、景颇族57人、瑶族38人、藏族38人、普米族19人、满族18人、水族14人、阿昌族13人、怒族11人、德昂族3人、独龙族1人，其他少数民族397人。

【宣传贯彻民族政策】 2020年，县民宗局以民族节庆活动、“民族团结进步宣传月”等活动为平台，利用广播电视、学校、宗教活动场所、少数民族聚居区等宣传阵地，开展民族团结宣传教育活动。1月16日，召开民族宗教界代表人士新春座谈会。5月15日、10月28日，组织各乡（镇、街道）分管领导及民族宗教助理员召开民族宗教形势研判会及业务培训会。12月1日，县民宗局、县司法局、翠华镇司法所、卫生院在翠华镇联合开展2020年禄劝“宪法宣传周”暨民族宗教政策法规系列宣传活动。发放《中华人民共和国宪法》《中华人民共和国民族区域自治法》《昆明市清真食品管理办法》《关于中国公民确定民族成份的规定》《宗教事务条例》等宣传材料4000余份，接待政策咨询100多人次。全年接待民族成份更改申请32件，更改8件。完成中考审核少数民族学生民族成份认定1600多人。在全县中小学开设民族政策、民族常识课，开课率100%。利用文化馆、图书馆等平台，开展民族宗教政策、知识的宣传教育。各乡（镇、街道）、各部门利用宣传栏、展板、橱窗等形式开展“民族团结公约”宣传活动。

【民族团结工作】 2020年，县民宗局接待来访群众54人次，办结率、答复率、满意率100%。办理人大代表建议案7件、政协委员提案2件，面商率、办结率、满意率100%。修订完善《县民宗局影响民族团结矛盾纠纷排查调处研判机制》《县民宗局民族宗教矛盾纠纷排查调处工作实施办法》《县民宗局处理涉及民族宗教领域突发事件应急预案》。实行“零报告”制度和应急值班值守制度，做好节假日及重要会议、重大活动期间维稳工作和信息预警工作。全年报送信息简报86期。

【民族节日】 2020年6月，禄劝在翠华镇、中屏镇组织开展“花山节”活动，宣传民族政策，促进民族团结，增强各民族的凝聚力。年内，由于新冠肺炎疫情影响，“火把节”活动暂停举办。11月25日，庆祝禄劝彝族苗族自治县成立35周年座谈会在县城召开，市委统战部副部长、市民宗委主任毕春华，1980年以来禄劝历任四班子主要领导代表，市政协副主席、县委书记焦林，县委副书记、县长李开德等县领导，县级相关部门、乡（镇、街道）、全县各族各界代表等参加座谈会。

【少数民族干部配置】 2020年，全县有科级以上少数民族领导干部266人。实职副处及以上领导16人，占全县县级领导总数的44.44%，其中，彝族11人、苗族2人、傈僳族1人、白族2人。少数民族科级领导270人，占全县科级领导总数的37.31%，其中，彝族194人、苗族16人、傈僳族15人、白族3人、藏族1人、傣族6人、侗族1人、回族6人、满族1人、蒙古族22人、壮族4人、哈尼族1人。

【民族教育】 2020年，禄劝照顾录取少数民族初中生150人，被中央民族大学附属中学、云南民族大学附属中学、云南师范大学附属中学、昆明市第一中学、昆明市第三中学的阿诗玛班、民族班录取的少数民族考生有47名。加强与大中专院校的合作交流，彝族、苗族、傈僳族考生可报考云南民族大学中国少数民族语言专业，可报考省内外所有本科院校的民族生预科班。拨付资金16.73万元，用于补助少数民族困难学生。继续做好民族地区“双语教学”的指导、推动工作，保障“双语教学”有序开展。

【民族专项资金项目】 2020年，禄劝有省、市少数民族专项资金补助项目共计28个、1085万元，其中，省级项目5个、600万元，市级项目21个、450万元，市级文化项目2个、35万元，项目重点解决少数民族地区人畜饮水、交通运输、村内环境、产业发展等困难。推进2020年民族专项资金项目，项目严格按照《禄劝民族专项资金项目管理办法》实施，加强前期调研、中期监管和后期检查验收，保障项目和资金发挥最大的经济和社会效益。严格审批标准和流程，筛选申报2021年民族专项资金项目。

【清真食品管理】 2020年，县民宗局贯彻执行《昆明市清真食品管理条例》，加强清真食品市场监督和日常管理，保障有清真食品饮食习惯少数民族群众的合法权益。在元旦、春节、中秋节、国庆节、"两会"期间以及重要敏感节点开展清真食品安全专项检查。按照市民宗委和县委统一战线工作领导小组要求，开展清真食品安全专项检查，掌握全县清真食品安全情况。做好清真食品准营证的办证和年检工作，全县78家清真食品准营证全部年检完毕。

【民族团结进步示范县建设】 2020年，禄劝巩固和提升创建全国民族团结进步示范县成果，出台《禄劝彝族苗族自治县关于巩固和提升民族团结进步示范县创建成果铸牢中华民族共同体意识的实施意见》。实施省级"十百千万"工程项目5个，分别是中屏镇民族团结进步示范乡（镇）创建项目，崇德街道硝井村委会孙家山村小组民族团结示范村创建项目，撒营盘镇书西村委会九龙村小组民族团结示范村创建项目，云龙乡新山村委会糯沟细村小组民族团结示范村创建项目，九龙镇三哨村委会白勒村小组民族团结示范村创建项目。禄劝彝族苗族自治县被授予云南省第一批民族团结进步示范县称号，县人民法院被国务院授予"全国民族团结进步示范集体"称号。创建省级示范单位7个，市级先进单位3个，11名先进个人获省、市表彰，累计命名市级示范单位123个，县级示范单位211个。

（常皖云）

宗教工作

【概况】 2020年，禄劝境内有佛教、道教、伊斯兰教、基督教四大宗教。有县级宗教团体1个，乡(镇、街道)基督教教务组14个、妇女事工组10个、堂务组205个，佛教教务指导小组1个、管理委员会4个，伊斯兰教清真寺管理委员会2个，道教管理委员会1个。有经批准开放的宗教活动场所213所。

【宗教政策宣传】 2020年，县民宗局结合开展"和谐寺观教堂"创建、"宗教政策法规学习月""宗教慈善周"等活动，加强对宗教人员及信教群众的教育引导，帮助宗教活动场所健全完善管理制度，督促宗教活动场所严格依法依规办事，增强依法信教的自觉性，在宗教界开展宗教政策法规、爱国卫生"7个专项行动"、反恐怖主义、消防安全等宣传培训9期，培训教职人员2000余人次。

【宗教事务管理】 2020年，禄劝按照"保护合法、制止非法、遏制极端、抵御渗透、打击犯罪"的原则，坚决惩治和制止境内外敌对势力利用民族宗教进行渗透破坏活动，结合禄劝实际开展宗教专项整治工作。5月21日，县委、县政府组织召开县委统一战线工作领导小组会议，讨论通过6个关于宗教领域专项整治的工作方案。6月3日，组织召开全县宗教专项治理工作推进会，加强宗教事务管理，组织开展宗教政策法律法规培训。开展宗教活动场所春节期间、清明节期间、"两会"期间的消防安全、反邪教反恐排查督导检查工作。

（常皖云）

法　治

责任编辑　李凤先

政法委与综治

公　安

森林警察

检　察

法　院

司法行政

政法委与综治

【概 况】2020年4月24日，县委、县政府成立平安禄劝建设领导小组，县委书记任组长，领导小组下设11个专项组，办公室设在县委政法委。4月起，17个乡（镇、街道）各配备1名党委政法委员。5月7日，平安禄劝建设领导小组召开第一次会议，审议通过《平安禄劝建设领导小组工作规则》《平安禄劝建设领导小组办公室工作规则》，并对平安禄劝建设工作做安排。县社会治安维稳综合治理办公室（简称社治办）出台《禄劝彝族苗族自治县加快推进智慧安防小区建设工作方案》，推进智慧安防小区建设，2020年完成61个小区建设。每月定期开展法律进机关、进乡村、进社区、进学校、进企业、进单位活动2次，开展“法律6+N进”宣传活动156场次。县政府法律顾问室聘请5名律师为法律顾问，全县32个县级执法部门和17个乡（镇、街道）均完成2020年法律顾问聘任工作。出台《关于加强诉源治理推进诉前纠纷化解机制的实施办法（试行）》，在县公共法律服务中心建立非诉讼服务中心、县人民法院设立诉前委派调解服务中心、17个乡（镇、街道）建立非诉讼服务分中心、197个村（居）委会及社区依托法律服务工作室设立非诉讼服务窗口。组建5个速裁团队，在原有基础上，新设立7个法官工作站。开展反邪教警示教育、社会治安综合治理、“国家安全日”等宣传活动。在县委党校举办2期、623人的反邪教知识专题培训。禄劝反邪教教育警示基地和社区矫正基地创建为昆明市关爱之家示范基地。

【社会治理】2020年，禄劝印发《禄劝彝族苗族自治县落实昆明市市域社会治理现代化试点工作的方案（2020年—2022年）》，成立指挥部，县委、县政府主要领导担任双指挥长，下设17个分指挥部，办公室设在县委政法委。制定出台《禄劝彝族苗族自治县关于落实昆明市市域社会治理现代化村（社区）试点创建的工作方案》，在全县17个乡（镇、街道）分别选取1个行政村为试点，以“十无”创建标准（无纠纷、无命案、无事故、无上访、无盲区、无黑恶、无诉讼、无投诉、无盗抢骗、无黄赌毒）开展试点创建工作。

【群众安全感满意度提升】在2020年云南省群众安全感满意度调查中，禄劝彝族苗族自治县综合满意率位居全省第40名，全市第3名；执法满意率位居全省第36名，全市第1名。

（姜云伟）

公 安

【维护社会稳定】2020年，县公安局组织反恐应急演练42次，发放反恐宣传材料2万余份，群众参与微信反恐知识答题4.9万人次，全县97个重点目标单位安装反恐人脸识别前端探头156路。全县19家KTV、洗浴留宿场所100%完成人脸识别前端建设并接入公安网络。收集上报涉暴涉恐情报信息301条，反邪教信息132条，排查化解各类矛盾纠纷859起，调处率100%。完成安保维稳任务30余次，全年未发生重大涉稳案（事）件。

【刑事案件侦查】2020年，县公安局立各类刑事案件943件，比上年上升109%；破案490件，比上年下降2.9%，破获犯罪团伙20个。全年发命案4起、破4起，连续12年命案全破，与上年相比命案发案下降33.33%。破获17年前命案1起、20年前命案1起，抓获在逃二十余年命案逃犯3人，协助外省（区）抓获历年命案逃犯1人。破获电信网络诈骗案39件，比上年上升55%，抓获涉案人员20人。“金钟罩”小程序推广注册52484个，拦截劝阻被骗群众3392人次，挽回损失18.05万元。组织“5·15”专案打击侦查专班，破“盗抢骗”案件398起，刑事拘留138人、移送起诉104人、法院判刑9人，缴获电动车8辆，赃款6000余元，涉案物品折款34万元。开展惩治跨境违法犯罪专项行动，首次破获2起妨害国边境管理案，逮捕2人。侦办涉枪、网络赌博、跨境电信诈骗等案件19起，破获（逮捕、刑事拘留、治处）违法犯罪人员28人，缴获银行卡109张。

【经济犯罪案件侦查】2020年，县公安局受立各类经济犯罪案件43起、涉案金额8218.38万元，比上年立案率上升95%，涉案金额上升2.2倍。破案32起，破获犯罪嫌疑人37人，比上年破案率上升68%，破获率下降0.2%，挽回经济损失571.79万元，比上年上升22.4%。化解上级下达涉众型历史积案2起和普通型历史积案7起。联动县金融办等相关职能部门，开展涉众型经济领域风险隐患集中排查行动4次，召开联席会议4次，排查涉众风险企业5家，整改不稳定隐患1起。与县烟草专卖局联合开展烟草市场专项整治3次，查办非法经营烟草案13起，涉案价值580万余元，破获（逮捕、移送审查起诉）涉烟违法犯罪嫌疑人21人，查获初烤烟叶10.14万千克，价值319.2万元。与县金融办、市场监管等相关部门开展重点场所清查整治3次。宣传打击非法集资6次，“110”宣传日、“3·15”消费者权益保护日等发放各类宣传资料2万余份，提供咨询服务200余人次。

【“扫黑除恶”工作】“扫黑除恶”专项斗争以来，县公安局核查涉黑涉恶线索329条，侦办涉恶犯罪团伙8个，破案34起；刑事拘留109人，逮捕92人，取保候审17人，移送审查起诉104人，判决生效71人，侦办涉黑涉恶9类个案148件，刑拘293人，逮捕168人，移送起诉265人，判决225人，扣押、冻结涉案财物618.36万元，查处“保护伞”人员7人，其中，移送检察机关审查起诉3人，被县纪委党纪处分4人。发出司法建议书、公安提示函33份，牵头草拟《重点领域监管部门定期通报线索制度》等7个相关方案和制度。

【禁毒工作】2020年，县公安局立破涉毒刑事案件41起，查破零星贩毒案件31起，抓获涉毒犯罪嫌疑人36人。加强易制毒化学品及工业大麻监督管理，对企业购买、使用和工业大麻种植情况开展专项检查6次，办理易制毒化学品购买备案证明12件（次），批准购买并使用硫酸70.25万毫升、丙酮5000毫升、盐酸2500毫升、三氧烷500千克。未发生非法输入、转出和制毒案（事）件。开展禁毒宣传、培训互动活动73场次，发放禁毒宣传袋2340个，宣传光碟、资料3260份（碟），画册2630余册，接受群众咨询280人次，受教育人员5140人次。

【治安管理】2020年，县公安局受理各类治安行政案件1633件，查处1583件，治安处罚违法人员891人，其中，行政拘留629人，拘留并处罚款106人，罚款136人，警告并处罚款28人。组织集中整治统一行动88次，整治各类安全隐患528处，盘查车辆72952辆次、人员42240人次，检查物品475.2件。注册社区警务App5591个，采集更新、维护标准地址数据15.83万条，实有房屋数据15.49万条，实有单位数据8148条，实有人口数据55.17万条。推广“安家昆明”微信小程序注册34716个，信息申报58606条，发放电子化居住证11205个。审批工业炸药93.5万千克，雷管8.06万枚，导火索3.5万米。查办涉枪刑事及治安案件15件，收缴各类枪支129支。查办涉黄涉赌案件38件，刑事处罚10人、行政处罚90人，收缴赌资6.7万余元，其中，查获赌博窝点13个，卖淫窝点4个，治安处罚66人。开展旅游市场专项整治，出动警力400余人次，刑事打处11人，治安处罚23人。开展打击整治破坏生态环境违法犯罪专项行动，刑事打处15人，治安处罚12人。办理公民因私出国申请1098人次，其中，办理护照838人次、内地居民往来港澳台通行证260人次。开展“三非”（非法入境、非法居留、非法务工）外国人专项清理，限制活动范围4人、遣送出境3人。

【治安防范】2020年，禄劝建设并接入人脸识别前端180路、街面视频监控前端1475路、智慧交通前端120路、村（居）委会主要出入口卡口500余路、电子信息采集设备23套，实现县、乡、村三级视频监控网全覆盖。开展安全检查80次，发放治安管理告知书及宣传材料1.6万余份。通过巡逻防控，实现272天以上“两抢”警情零接报，“两抢”警情下降50%，现场抓获各类违法犯罪嫌疑人262人，现场调解各类矛盾纠纷1460件，盘查可疑车辆6万余辆、人员1万余人次，警务核查50余万条（含核查人员15万余人次、车辆35万条）。处置一般性突发事件57起，抓获违法当事人110余人次，参与重大救援13次，救援涉危涉险人员16人次。

【户政管理】 2020年，禄劝有常住人口144324户、487836人，与上年度相比减少2022人。其中，户籍人口最多的是撒营盘镇48457人，最少的云龙乡11091人。总人口中，男性250777人，占51.41%；女性237059人，占48.59%。县域内居住着彝族、苗族、汉族、傈僳族、傣族、壮族、哈尼族、回族等民族，其中，汉族326251人，彝族113587人，苗族16403人，傈僳族16688人，傣族5515人，壮族3460人，哈尼族2213人，回族1355人，白族868人，拉祜族138人，佤族115人，其他民族1243人，少数民族占比33.12%。迁入4103人，其中，省内迁入3951人，省外迁入152人；迁出4693人，其中，迁往省内4392人，迁往省外301人。全县城镇人口116832人，占总人口的23.95%；农村人口371004人，占总人口的76.05%。发放二代身份证23727人，清理在册出租房4769间、流动人口11425人，流动人口注销891人，居住证受理、补领、签注、换领6336人次。

【道路交通安全管理】 2020年，禄劝发生道路交通事故3017起，死亡16人，受伤90人，直接财产损失50613元，事故数比上年下降12.8%、死亡人数比上年下降30.43%、受伤人数下降28.59%、财产损失下降26.5%。查获各类交通违法案件120078起，刑事打处涉嫌交通犯罪嫌疑人274人，行政拘留交通违法人员15人。开展道路交通安全隐患排查整治，排查出隐患137个，由市、县党委政府投入资金6000万余元进行整治。建立三、四轮摩托车及老年代步车“户籍化”档案7716份，微型面包车“户籍化”档案13399份。“农交安”手机App系统采集重点车辆及驾驶人信息51715条，工作情况数据71988条，推送提示、警示信息3000余条。开展交通安全宣传活动298次，发布相关信息16期，曝光严重交通违法行为318条，发放宣传资料10万余条（份），宣传短信20万余条，警示教育驾驶人、行人8万余人次。

【车辆管理】 2020年，全县机动车保有量119404辆，比上年增加689辆（不含外地落户车辆，其中，汽车类79184辆，摩托车40077辆，电动车1162辆，其他143辆）。年内，新筹建车驾管业务代办站（点）9个。9月27日，将车管业务搬迁进驻县政务服务中心，设置窗口4个、简易交通违法自助处理终端机1个。全年办理驾驶人业务37000余件，期满换证6210人（证），遗失补证1487人（证），转入驾驶人（含摩托车驾驶人）356人，转出88人，补换检验合格标志7219人次，驾驶证记分审验学习289人，满分学习2585人，指导办事群众下载注册交管“12123”、昆明交警星级服务4000余人。驾驶人（C1及以上）科目一考试11207人，摩托车驾驶人科目一、二、三考试合格核发驾驶证568人（证）。办理车辆业务22000余件，其中，注册登记5706辆，转移登记2353辆，转入156辆，补领登记证书228辆，核发临牌3066辆，现场制作小型机动车号牌4298副。

【网络安全保卫】 2020年，县公安局承办公安部网安局督办的“2·27”网上传播淫秽物品牟利案，抓获在逃20年的命案逃犯2名。对疫情重点省（自治区、直辖市）进入县内车辆人员进行梳理排查，核查数据2.8万余条次。下达研判指令3期，抓获犯罪嫌疑人3人。主办主侦涉网刑事案件1起，刑拘犯罪嫌疑人3人，与治安部门侦办跨境网络赌博案4起，抓获嫌疑人17人，与刑侦部门侦办刑事案件164起、抓获嫌疑人132人。开展网络执法安全检查，行政处罚未落实网站备案制度单位（企业）4家。

【公安法治】 2020年，县公安局成立19个派出所案管室并加挂受立案监督管理室牌子，成立县检察院驻县公安局执法管理中心检察室。全年审核行政案件1364件，刑事案件1114件，刑事拘留289人，监视居住及取保候审336人，审核提请逮捕201人，执行逮捕195人，移送审查起诉240人，审核行政拘留585人，强制戒毒52人。制定《执法突出问题挂牌摘牌工作规范》，确定5个业务大队、19个派出所作为重点挂牌对象，确定7个方面执法突出问题作为挂牌整治重点，组织开展执法质量考评4次，下发《执法突出问题整改函》12份、《主题实践刑事立案执法突出问题整治工作提醒单》11次。巡查检查刑事受立案件550件，责成办案部门整改未履行通知告知义务案件97件，下发通报42期，执法办案部门存在问题整改清零。与县人民检察院专题研究涉黑涉恶案件定性定罪10余次。对2015年以来刑侦、国保、治安、网安、交警、经侦、禁毒等部门和警种管辖受理侦办的7000余件案件开展评查，撤销案件72件、变更强制措施990人。开展110宣传日、“6·26”禁毒宣传日、“12·4”法治宣传日等活动，发放宣传资料（含图片）2万余份，解答群众法律咨询300余人次。局领导接访49人次，信访民警走访26次，化解信访积案1件，受理公安信访件5件，均全部办结。

【看守所】 2020年，禄劝看守所收押各类犯罪嫌疑人385人次，办理出所440人次，其中，投送监狱服刑171人次、刑满释放（所内服刑短期犯）97人次、其他释放172人次，连续多年实现监所零事故目标。根据疫情防控需要，从富民县看守所转押75名在押人员到禄劝看守所关押，暂停在押人员家属送衣送物、暂停家属会见，案件侦办提讯、律师会见，法院开庭审判统一通过远程视频进行（公安、检察院各设1间远程提讯室）。监管工作人员（民警、辅警、医生、工勤）实行封闭隔离管理，全年代发代签法律文书4100余份，远程提讯1721人次，律师远程会见875人次，远程开庭278人次。完成电子脚镣配备和远程视频提讯室建设，异地羁押网上三项审批率100%。通过在押人员法治教育获取线索55条，协破案件47起，在押人员签署认罚具结书106人次。

【行政拘留所】 2020年，禄劝行政拘留所收拘违法人员725人次，办理期满出所674人次，其他出所51人次。年内，落实监区每日2次消毒，收拘人员3次体温检测、医生巡诊、每日疫情信息专报，严格落实拘留人员包保责任制，民警、职工、辅警人员严格执行封闭管理勤务模式。协调云南省新华医院到拘留所开展工作人员核酸采样23批，核酸检测313人次；安排在押人员与家属互打亲情电话1500人次，开展安全大检查45次，集体教育45次，整改安全隐患3处，调解纠纷10余起，提前发现并化解1起纠纷隐患。对拘室门窗、床铺、洗浴设施、玻璃等设施进行专项排查检查11次。投入资金1.5万元，对拘区、拘室通电线路进行改造和防爆灯具更换，全年未发生安全事故。

【警务督察】 2020年，县公安局开展提醒谈话35人次，约谈、诫勉谈话8人次，集体谈话2次156人，查处违反工作纪律案件2件2人，问责处理7人次。召开警风警纪监督员座谈会3次，征集意见建议58条，均逐条整改反馈。分两批组织102名副科级以上干部到昆明市公安局纪律教育基地开展警示教育，组织民警职工及辅警人员集中观看反腐倡廉警示教育片10场次，受教育人数1000余人次。出动督察警力260人次，开展现场督察190余次，暗访15次，专项督察27次，发现并督促问题整改20余次，下发督察通报15期，16个部门18名民警职工被通报批评。网上视频督察1599次，发现并督促问题整改32个。办理群众举报投诉157起，其中，查证属实7起，部分属实5起，基本属实2起，查证不属实140起，投诉办结率98.09%。

【公安宣传】 2020年，“禄劝警方”微信公众号刊发新闻732条，分别被国家和省级新闻媒体及市公安局“昆明警方发布”采刊52条。总结提炼全县公安机关学习贯彻习近平新时代中国特色社会主义思想、“坚持政治建警全面从严治警”教育整顿试点工作和加强队伍建设等方面的经验做法，被《昆明心安队伍快讯》及“队伍建设”专栏等采刊53条。上报舆情处置报告单10份，全年网络舆情零炒作。组织开展集中宣传活动4次，“警营开放暨开门评警开门纳谏”活动5次，展出宣传展板50余次，悬挂布标4条，设置意见箱18个，收集意见建议82条，发放宣传资料2万余份。制作防范电信网络诈骗、道路交通安全、禁毒知识、农村防火防盗音频视频宣传材料（含用少数民族语言录制2个版本），发放基层一线所队，采取全县197个村（居）委会、社区，2374个自然村“大喇叭”保点，警车“小蜜蜂”保面等方式进行滚动播放，提升辖区各族群众安全防范意识。

（李春泉）

森林警察

【林业执法】 2020年，县公安局森林警察大队开展“非法侵占林地种茶毁林等破坏森林资源违法违规问题专项整治”“打击整治长江流域非法捕捞等违法犯罪”专项行动。刑事案件立案16件，破案16件，逮捕5人，取保候审8人，移送起诉16件，林政案件立案145件，查处145件。

【森林防火巡查宣传】 2020年，县公安局森林警察大队开展“严管野外火源、严查森林火案”专项行动，立森林火灾刑事案件4件，破案4件，刑事拘留4人，逮捕3人；立森林火灾林政案件7件，查办7件，查破率100%。查破省、市督办的翠华镇本义村“3·30”森林火灾案件。开展森林防火宣传，出动警车50多次，警力120人次，发放案例宣传册1万余份。与县防火办组成检查组，对各乡（镇、街道）森林防火工作进行检查督导。将全县分3个责任区，组织警力对各乡镇、重点林区、自然保护区和林区入口交通要道进行巡逻管控。

【野生动物保护】 2020年，县公安局森林警察大队开展“打击破坏野生动物资源违法犯罪”专项行动，出动警力2764人次，出动车辆592台次，检查农贸市场4处，检查花鸟古玩市场12次，检查野生动物人工繁育场所32家，检查餐饮场所85家，拆除非法经营野生动物广告招牌4个，开展宣传教育活动5463次。办理涉及野生动物案件27件，其中，立林政案件18件，受理刑事案件11件，立案11件，没收白腹锦鸡10只（其中，死体2只），野生雉鸡13只，环颈雉1只，斑鸠2只，八哥2只，普通朱雀1只，锈脸钩嘴鹛2只，黑头奇鹛1只。

（段娅舒）

检　察

【概况】 2020年，县人民检察院在县委和市人民检察院的坚强领导下，全面落实县人大及其常委会的各项决议，自觉接受县政协的民主监督。认真履行检察工作职能职责，服务禄劝经济社会发展大局，服务脱贫攻坚工作，维护人民群众的合法权益，为建设文明、美丽、幸福禄劝提供强有力的法治保障。

【逮捕起诉】 2020年，县人民检察院受理审查逮捕案件201件、285人，批准逮捕163件、220人，逮捕率79.4%，不批准逮捕33件、57人，捕后起诉160件、256人，无捕后撤案、捕后判无罪案件；受理审查起诉案件511件、632人，提起公诉461件、576人，起诉率92.5%，不起诉案件27件、47人，公安机关撤回8件、8人，改变管辖11件、13人，法院作出一审判决474件、624人，无判决无罪案件。推进刑事案件认罪认罚从宽制度，适用认罪认罚从宽制度办理案件数占受案总数89.89%，提出量刑建议采纳率97.26%。

【公益诉讼】 2020年，县人民检察院立办公益诉讼案件17件，发出诉前检察建议17份，行政机关的采纳和整改回复率100%。立办生态环境类公益诉讼案件4件，生物多样性保护类公益诉讼案件2件。发出2份公益诉讼检察建议，6份英烈保护类公益诉讼检察建议。

【刑事诉讼监督】 2020年，县检察院开展刑事诉讼监督工作，纠正漏捕2人、漏诉3人，办理立案监督案件4件。提前介入刑事案件侦查19件次，书面纠正侦查活动违法5件，纠正审判活动程序性违法1件，提出抗诉2件，对侦查、审判中不需要继续羁押的，建议取保候审10人。开展社区矫正工作，办理监外执行检察案件70件。强化办案监督，设立派驻县公安局执法办案管理中心检察室。

【“扫黑除恶”工作】 “扫黑除恶”专项斗争以来，县人民检察院成立“扫黑除恶”专门办案团队2个。批准逮捕涉恶案件33人（含非涉恶人员，下同），提起公诉11件76人，受理的涉恶案件全部提起公诉，均做出有罪判决。协助查封、扣押、冻结财产现金30.48万元、房产2套、车位2个、车辆6辆。发出涉及社会治安、乡村治理等领域综合治理类检察建议6份，回复率100%，整改完成率100%。

【人民监督员】县人民检察院邀请人民监督员参与监督刑事出庭公诉、公益诉讼检察建议宣告送达、送法进校园、“检察开放日”、刑事申诉案件公开听证等活动。2020年，人民监督员参与监督检察办案活动7次。

【审判监督】2020年，县人民检察院办理审查民事生效裁判监督案件6件，发出再审检察建议1件。办理民事审判活动监督案件2件、民事执行活动监督案件4件。办理行政非诉执行监督案件10件，向行政机关发出检察建议5份。办理督促履行职责案件3件，发出检察建议3份。

【未成年人权益保障】2020年，县人民检察院批准逮捕侵害未成年人犯罪11人，提起公诉17人。对涉嫌轻微犯罪并有悔罪表现的未成年人，不批准逮捕11人、不起诉1人、附条件不起诉10人，发出检察建议1份。禄劝未成年被害人保护“一站式取证”中心在禄劝检察院揭牌启用，集司法询问、人身检查、证据取证、心理疏导等功能于一体，并引入援助律师、医疗卫生人员、心理咨询师等队伍，对被害人进行身体检查、鉴定和心理疏导，为未成年被害人提供“一站式”保护救助。11名检察官兼任禄劝各中学法治校长，开展法治进校园活动12次，发放法律宣传手册600余册。

【检务公开】2020年，县人民检察院案件信息公开144件，程序性信息公开661件，法律文书公开率100%。主动接受监督，邀请人大代表、政协委员、人民监督员进检察院开展监督活动。

（姚　辰）

法　院

【概况】2020年，县人民法院在县委领导、县人大及其常委会监督和上级法院指导下，坚持以习近平新时代中国特色社会主义思想为指导，坚定政治方向，认真履行宪法法律赋予的职责，服务禄劝发展大局，服务脱贫攻坚工

2020年12月28日，县法院《中华人民共和国民法典》宣讲团到崇德街道开展专题宣讲（甘添华　摄）

作，维护人民群众的合法权益，为禄劝的经济社会发展保驾护航。全年受理案件4397件，审结4224件，结案率96.07%；收结案数同比分别下降3.32%和1.22%。

【刑事审判】 2020年，县人民法院受理刑事案件514件（含旧存43件），审结490件，比上年分别上升4.9%、9.68%，结案率95.33%。判处罪犯654人，对303名被告人依法宣告缓刑，为未成年被告人指定辩护11案、14人次。审理侵财案66件、102人，涉毒案11件、11人，危害公共安全案252件、252人，贪污、贿赂案5件、5人，未成年犯罪18件、25人。自2018年开展“扫黑除恶”专项斗争以来，县人民法院受理涉黑涉恶犯罪案件15件、76人，审结15件、73人，另有3人由昆明中院提级管辖。截至7月30日，受理涉黑涉恶线索57条，全部核查完毕，发出司法建议20份。

【民事审判】 2020年，县人民法院受理民商事案件2512件（含旧存133件），其中，新收2379件，审结2406件，结案率95.78%。调解撤诉1306件，调撤率54.28%。审理民间借贷、买卖合同纠纷、劳动争议等案件496件，婚姻家庭、人身损害赔偿等案件836件。

【案件执行】 2020年，县人民法院受理执行案件1365件，执结1318件，结案率96.55%，执行到位金额1.41亿元。开展“追风行动”，对5个乡（镇）、14个村委会巡回执行，执行到位案款55万余元。司法拘留被执行人2人，移送涉嫌拒不执行判决罪2案2人至公安机关侦查，纳入失信被执行人名单1394人，限制高消费1235人次。网上司法拍卖涉案标的物168件，成交金额4448.14万元，成交转化率100%，溢价率1.19%。

【审判管理】 2020年，县人民法院以月审判管理通报、周审判管理快报的方式，研判全院收结案、审判团队办案、信息及调研任务等情况，横向比较各部门的基础数据。完成1949年以来的库存档案数字化工作，并于12月通过省级档案工作规范化管理示范单位复查。

【涉诉信访】 2020年，县人民法院推行诉讼引导、立案审查、咨询解答、诉前调解等“一站式”便民服务，在院机关诉讼服务中心设专职信访接待员2名，负责涉诉信访、涉执信访。完善院领导接访制度，由立案庭负责统筹院领导接访。2020年，收到信访案件156件，其中，执行信访案件145件，民事信访11件，均给予回复；接待来访群众154人次，其中，院领导接待来访群众6次，均答复办理。

【工作创新】 疫情防控期间，县人民法院开创“零接触”网络视频在线审判方式，网上开庭179件，其中，刑事案件142件，民事案件37件，完成电子送达28378件次。启用远程视频接访系统，提讯羁押于看守所犯罪嫌疑人、被告人54人次。运用网络执行查控系统开展保全查控和执行查控工作，通过网上财产查控执行案件1788件次。与县公安局联合制订《禄劝彝族苗族自治县人民法院安全保卫工作快反联动方案》，7月16日，县人民法院与县公安局以法院受到暴恐袭击为背景，联合开展反恐防暴处突演练。

【诉源治理】 2020年，县人民法院通过特邀调解员调解案件234件，司法确认145件。将行政调解、司法调解、人民调解等资源力量接入云解纷平台，网上调解430件。组建5个速裁团队，收案1382件，占全院收案数的31%，结案1362件，调撤802件，调撤率58.88%。8月，县人民法院设立诉前委派调解服务中心、17个乡（镇、街道）建立非诉讼服务分中心、197个村（居）委会及社区设立非诉讼服务窗口，化解诉前纠纷。成立7个法官工作站，每月开展一次工作，有案审案，无案指导调解、排查矛盾纠纷、开展诉源治理。建立法官联系乡（镇、街道）工作机制，选派20名法官挂钩联系17个乡（镇、街道），开展普法宣传、法律咨询、多元调解等事务。

（杨志成）

司法行政

【依法治县】 2020年，禄劝召开县委全面依法治县委员会第二次会议，印发《禄劝彝族苗族自治县2020年全面依法治县工作要点》《禄劝彝族苗族自治县法治工作重要决定和方案备案工作制度》《禄劝彝族苗族自治县落实昆明市市域社会治理现代化试点工作的方案(2020年—2022年)》《禄劝彝族苗族自治县2020年普法依法治理工作要点》等文件，立法、执法、司法、守法普法4个协调小组工作开展正常。

【依法行政】 2020年，县司法局拟定全县法治政府建设工作计划，完成17个乡(镇、街道)、36个县级行政执法部门行政执法主体公告。完成239本行政执法证到期换证工作。完成重大具体行政行为备案工作3件；监督、指导各乡(镇、街道)和县级有关部门开展重大决策听证工作8件。开展县级行政执法部门2020年度案卷评查96件。法律顾问审核、修改县政府及其部门合同、协议59件。

【行政复议与应诉】 2020年，县司法局审理县人民政府行政复议案件8件。完成市政府受理的禄劝行政复议案件的收件、协调、答复等工作。完成县人民政府行政应诉的联络协调、提出答辩、出庭应诉3件。

【公共法律服务】 2020年11月13日，县退役军人事务局“退役军人法律援助工作站”挂牌成立。年内，“云岭法务通”智能法律机器人实现全覆盖。完成老年人、残疾人、妇女儿童、未成年人、农民工、建档立卡户法律援助任务。派驻律师到法院、检察院法律援助工作站值班。

【法治宣传】 2020年，县司法局印发《禄劝彝族苗族自治县“七五”普法规划总结验收工作方案》，开展“法律六进”(法律进机关、进乡村、进社区、进学校、进企业、进单位)普法宣传活动136场次，开展“法律服务进校园”活动17场次。完成“民主法治示范村(社区)”创建及动态复核，创建省级民主法治示范村(社区)7个，市级民主法治示范村(社区)167个。

【人民调解】 2020年，禄劝排查调处矛盾纠纷1475件，调解成功1463件，调解成功率99%，涉及当事人3127人，协议涉及金额3601.97万元。完成张玉宇等75名人民陪审员提请任命、组织培训和选任工作。印发《县司法局关于充分发挥司法行政职能作用营造良好营商环境的通知》，在司法所设立民营企业矛盾纠纷“绿色服务窗口”。2020年12月，成立商会纠纷人民调解委员会。

【社区矫正及安置帮教】 2020年，禄劝全县有社区矫正对象326人，安置帮教对象2152人。年内，组织开展社区矫正人员集中教育和社区服务3586人次，无脱漏管及重新违法犯罪。核查刑释解矫人员特别是重点对象信息，信息核查率95%。

【律师工作】 2020年，县司法局组织辖区内7家律师事务所学习《昆明市创建规范管理律师事务所实施办法》和《昆明市规范管理律师事务所标准》，对照标准自查自评，处理投诉1起，移交纪委案件线索3起。律师参与信访接待12次，律师参与开展法律公益讲座10次。全县律师事务所收案件318件，其中，民事案件252件，刑事案件58件，行政案件8件。全县有34家行政机关及企事业单位聘请法律顾问。

【公证工作】 2020年，县司法局面向全国公开招聘执业公证员1名，开展公证质量检查和集中评查3次，办结各类公证事项2909件，公证收费130余万元。对经济困难的群众、企业减、免公证费用，办结公证法律援助案件45件。

【“扫黑除恶”工作】 2020年，县司法局召开“扫黑除恶”专题党组会2次，工作推进会3次，制发《县司法局“扫黑除恶”专项斗争领导小组2020年工作要点》《县司法局“扫黑除恶”专项斗争重点行业领域整治实施方案》《2020年禄劝司法行政系统“扫黑除恶”专项斗争宣传报道工作方案》等文件。年内，各司法所开展“扫黑除恶”宣传86次，开展“扫黑除恶”专项斗争主题法治宣传教育“法律6+N进”活动65次，发放宣传材料26839份，粘贴悬挂标语161条。

(李　玲)

2021

军 事

责任编辑　李凤先

人民武装

2020 年 3 月 14 日，禄劝召开春季征兵工作推进会（县人民武装部　供）

【思想政治建设】 2020年，县人民武装部开展“传承红色基因、担当强军重任”主题教育、疫情防控专题教育、法纪教育、保密教育、形势战备教育。组织学习《中国共产党章程》《中国人民解放军共同条令》《军队基层建设纲要》，推进“不忘初心、牢记使命”主题教育常态化；落实“三会一课”制度，强化党的作风建设。开展巡视反馈问题整改“回头看”，问题整改清零。2020年，被云南省军区评为“全面建设先进人武部”。

【战备训练】 2020年，县人武部修订完善作战、指挥、动员、应急拉动等方案计划，组织按纲施训。开展军人徒手队列训练、军事理论（军事思想、政策法规）学习、射击训练、每个工作日1小时体能训练（含每周一次3000米跑）。组织民兵应急连机动备勤和应急拉动演练。组织民兵参与抗震救灾、抗洪抢险、应急救援、脱贫攻坚战，疫情防控阻击战等工作。

【民兵整组】 2020年，县人武部调整组织布局，整合后备力量，加

2020 年，禄劝春季征兵欢送新兵现场（县人民武装部　供）

强交通运输、通信保障、抢险救灾等任务特种分队建设，完成年度民兵组织整顿任务。2020年，被昆明市警备区评为“先进民兵分队”。

【征兵工作】 2020年，县人武部召开征兵部署会、推进会、汇报会、办公室例会等10余场次。年内，完成上级下达的新兵征集任务，被昆明市人民政府征兵办公室表彰为“征兵工作先进单位”。

【后勤保障】 2020年，县人武部修订完善后勤保障预案，严格管理后勤。规范物资采购程序，严格采购询价。开展装备维护保养，检查应急器材6次、擦拭保养3次、更换保障用车2辆。完成民兵应急连实兵拉动演练和保交护路连民兵点验及伙食保障、车辆运输、服装采购等任务。

（关淑芬）

武警中队

【基层建设】 2020年，禄劝武警中队以《军队基层建设纲要》为依据，围绕“争创先进基层中队”目标，以硬件设施为基础，抓经常性基础性工作落实。完成以执勤处突为中心的各项任务，为部队安全稳定打下坚实基础。

【执勤工作】 2020年，禄劝武警中队“智慧磐石”工程建设全面展开，围绕提升官兵综合执勤能力，做到人防与技防相符。加强形势研判，突出官兵临战意识和准备，确保中心工作安全无事故。每周开展专勤专训，围绕哨兵情况处置能力进行针对性训练，以联席会议和重点敏感时期形势任务为牵引，开展联合方案演练。

【支援地方建设】 2020年，禄劝武警中队加强与禄劝县委、县政府的沟通联系，支援禄劝地方经济建设，为禄劝脱贫攻坚事业保驾护航。

（禄劝武警中队　供稿）

人民防空

【指挥通信建设】 2020年，县人民防空办公室完成人防移动指挥所通信系统开机联络、人防机动指挥车3G图传设备升级为4G图传设备和防空警报器系统测试检修等指挥通信工作。完成“9·18”防空警报试鸣，鸣响率100%。

【宣传教育】 2020年，县人民防空办公室开展人防宣传教育，突出人防宣传工作重点，加强人民防空知识宣传。

【人防工程审批管理】 2020年，县人民防空办公室做好相关项目人防施工图设计审核确认，人防工程建设项目现场监督管理及人防工程质量监督申报录入昆明市人防工程建设管理平台。

（张　力）

退役军人事务

【退役军人服务保障体系建设】 2020年，县退役军人事务局完善村级（社区）服务站建设，开展村级“军人之家”和服务站日常工作。全县17个乡（镇、街道）均配备专职工作人员1至2名，197个村（社区）均配备工作人员，实现专人负责退役军人事务工作。制定相关规章制度，明确工作职责和工作流程，下拨工作经费34万元，建立问题收集解决、议事会、宣传引导、活动组织、共建联谊等体制机制，开展退役军人各项事务。县、乡、村三级退役军人事务中心（站）以“军人之家”和“两站一中心”为载体，履行协调服务、民主议事、教育引导、组织活动、接待接访等职能职责。

【抚恤优待】 2020年，禄劝共有领取定期生活补助的重点优抚对象3759人，领取义务兵家庭优待金399户。县相关部门定期定量发放优待抚恤金、家庭优待金、伤残军人补助金、医疗补助等10项补助资金，全年共发放定期补助资金和义务兵家庭优待金4961.91万元，为烈士遗属发放烈士褒扬金80.87万元，为病故军人遗属发放一次性抚恤金15.63万元。在八一建军节和春节之际，开展慰问和帮扶解困工作，慰问抗战老兵、解放战争老兵、抗美援朝老兵、烈士遗属、伤残退役军人（1至4级）、企业军转干部、现役军

2020年5月25日，县“军人之家”进医院揭牌仪式在禄劝忠爱医院举行（县退役军人事务局 供）

人家属。年内，完成退役军人和其他优抚对象信息采集。

【转业安置】 2020年，县退役军人事务局按规定程序开展退役士兵档案审核、量化评比、选岗、公示等各项工作。接收退役士兵，符合政府政策安排工作退役士兵42名，争取协调事业岗位35个（县级岗位32个，市级岗位3个），企业岗位22个。选择事业岗位35个，占比83%；企业岗位4个，占比10%；自谋职业3名，占比7%。

【社会保险接续工作】 2020年，县退役军人事务局办理退役军人社会保险接续151人，全部完成系统录入、初审、养老保险核查、医保核查。其中，缴费办结120人，经人社核算无须补缴18人，本人自愿放弃补缴9人，未补缴3人，病故1人，完成率100%。

【“军人之家”建设】 2020年5月，禄劝忠爱医院“军人之家”挂牌成立，推出“一站式”服务平台，减少退役军人排队缴费等不便。禄劝忠爱医院投入资金110余万元购置健康体检车1台，打造为“移动式军人之家”，为退役军人提供健康服务、政策解答、法律援助、专家现场就诊等服务，辐射全县17个乡（镇、街道）、197个村（居）委会服务站。全年通过“移动式军人之家”健康服务体检车，完成重点优抚对象的健康体检和相关服务保障工作，覆盖屏山、崇德、茂山、团街等7个乡（镇、街道）。县退役军人事务局与云南耀兴卓越技工学校、云南盈丰盛创业就业驾驶培训学校达成合作，挂牌成立禄劝退役军人驾驶培训学校。与禄劝高级职业中学、禄劝新兴职业学院合作，挂牌成立退役军人学历和技能提升培训学校，便于退役军人报名就读，按照政策解决学费问题。八一建军节，组织退役军人参观军营，开展进军营“送政策、送服务、送温暖”活动。在全县机关单位成立“军人之家”，常态化开展拥军优属、帮扶援助、民主议事等工作。县司法局委托展耀律师事务所免费为全县退役军人提供法律咨询、法律援助、纠纷调解、法律诉讼代理等服务。全年悬挂光荣牌9110块，悬挂率100%。

（申 任）

经济管理

责任编辑　李　欢

发展改革

招商引资

自然资源管理

财　政

税　务

金融管理

审　计

统　计

供销合作

市场监督管理

物价管理

发展改革

【经济指标完成情况】 2020年，禄劝地区生产总值完成146.5亿元，增长6.9%。其中，第一产业增加值41.64亿元，增长5.6%；第二产业增加值22.04亿元，增长39.5%；第三产业增加值82.82亿元，下降0.3%。三次产业结构比为28.4:15.1:56.5。规模以上固定资产投资82.1亿元，下降6.1%。城镇常住居民人均可支配收入36807元，增长3.4%。农村常住居民人均可支配收入10553元，增长8.9%。招商引资到位市外内资60.02亿元，实际利用外资183万美元。

【年度计划编制执行情况】 2020年，县发改局对全县经济社会发展环境进行分析研判，把握经济运行的发展趋势，统筹谋划全县经济社会发展目标，起草《2019年全县国民经济和社会发展计划执行情况与2020国民经济和社会发展计划草案》《2020年国民经济和社会发展计划执行情况与2021年国民经济和社会发展计划草案》的报告，提交县"两会"审议通过。完成《2020年上半年国民经济和社会发展计划执行情况报告》，提交县人大常委会审议通过。

【经济运行监测分析】 2020年，县发改局牵头制定全县主要经济指标预期目标，将全县生产总值支撑性指标、固定资产投资、一般公共预算收入、争取资金、招商引资等重点指标任务细化分解到各乡（镇、街道）及业务部门。做好经济运行分析，执行经济运行分析"监测、预警、分析、会商"四项制度，关注常态化新冠肺炎疫情防控背景下经济运行的趋势、特征以及可能凸显的矛盾和风险隐患，掌握全县经济运行情况，做好月度和季度经济形势分析工作，完成全县经济运行情况分析10期，为县委、县政府领导决策提供参考。

【"十四五"规划编制】 2020年，县发改局对照国家、省、市关于开展"十四五"规划编制的总体要求，结合县情及行业发展现状，起草《禄劝彝族苗族自治县经济和社会发展"十四五"规划编制工作方案》（以下简称方案）。《方案》中安排的17个行业专题报告全部提交，10个专项规划完成征求意见稿编制。国土空间规划正在开展前期工作。由县发改局负责的《"十四五"产业发展规划》完成第二轮征求意见，形成讨论稿。《禄劝彝族苗族自治县国民经济和社会发展第十四个五年规划纲要》已完成阶段性初稿编制。征集到"十四五"规划重点项目254项，计划总投资1788.38亿元，"十四五"期间计划完成投资672.31亿元。

【重大项目投资】 2020年，禄劝开展项目前期工作53项，实施建设项目134项，年度计划完成投资92.83亿元。全县共有在库项目85个，其中，2019年结转项目41个，新增入库项目44个。全年上报项目135个，审批政府投资项目130项，总投资104.7亿元。企业投资项目备案55项，总投资285.82亿元。组织梳理"补短板、增动力"项目，申报地方政府专项债券，成功申报第一批次专项债券2个，资金支持2.7亿元。组织申报第二批次项目21个，计划总投资65.23亿元，专项债券需求28.18亿元，全部被省、市发改委锁定，已推送至国家发改委。全年争取国家及省级资金68.48亿元，完成目标任务的101.3%。争取中央资金9.93亿元，完成目标任务的128.8%。争取10个项目前期经费3035万元，争取专项债券前期工作经费500万元。

【特色小镇建设】 2020年，禄劝全面推进特色小镇建设工作。抓好轿子雪山特色小镇建设。轿子雪山小镇是云南省2017年6月公布的创建全省80个一流特色小镇之一，规划区面积3.73平方千米，核心区面积1.24平方千米，可行性研究报告中计划总投资10.06亿元。建设内容包括水彝埑、田园综合体、游客集散中心、精品酒店、轿子山大酒店、木阿落白大酒店等19个子项目。截至10月底，累计完成投资6.26亿元，平安福乡村旅游露营地、木阿落白大酒店一期、轿子山酒店、自来水厂4个项目建成投入使用。抓好乌东德特色小镇建设。乌东德特色小镇由县政府与中金国泰控股集团有限公司于5月9日签订开发合同，按EPC（工程总承包）模式合作开发建设，占地528.86亩，建设面积20万平方米，计划投资35

亿元～50亿元。9月2日，禄劝国投公司（业主方）与中标施工企业江西荣翔建设有限公司签订项目工程总承包合同。项目修建性详细规划设计方案已完成，正在复查阶段。公建配套项目规划设计、部分施工图已完成，由于建设用地指标制约、项目选址地点与禄会高速线路交会等问题，项目重新规划建设。

【美丽县城建设】 2020年，禄劝成立“美丽县城”建设领导小组，将“美丽县城”建设内容细化分解到县住建局、县城管局、县文旅局等14家相关部门。邀请省发改委对“美丽县城”建设工作进行专题培训。出台《禄劝彝族苗族自治县推进“美丽县城”建设实施方案（2019年—2021年）》，委托云南杰创工程顾问有限公司编制《禄劝彝族苗族自治县“美丽县城”建设可行性研究报告》，向市级上报《禄劝彝族苗族自治县人民政府关于创建“美丽县城”建设重点县的报告》，争取纳入“美丽县城”建设重点县，按程序制定实施《禄劝彝族苗族自治县关于加快“美丽县城”建设的实施意见》《关于推进“美丽县城”建设资金争取的意见建议》。梳理城市公厕、污水处理、环境卫生、农贸市场、小区改造、拆违拆临、空间环境、污染治理8项干净指标及25项细化要求；梳理路网建设、停车设施、供水设施、信息设施、社会民生、文化旅游、绿化美化、城市公园、家居庭院、公共安全10项宜居指标及31项细化要求；梳理风貌提升、主题街区、历史文化3项特色指标及3项细化要求；梳理基础设施、公共服务、产业发展3项智慧指标及10项细化要求。对标4大类、24项、69个子项指标，逐步提升达标率。谋划“美丽县城”建设项目，共涉及21个方面、38个项目，计划总投资22.38亿元。按照分类实施的原则，将38个项目分为“补齐短板类”和“巩固提升类”两大类，其中，“补齐短板类”属于2019年至2021年期间正在实施和计划实施的关键性、控制性重大项目，共计15个建设项目；“巩固提升类”属于着眼县城未来发展，提升城市品质，建设更高质量县城而实施的项目，共计23个建设项目。

【易地扶贫搬迁】 截至2020年底，禄劝符合易地扶贫搬迁项目的共有560户、1949人，其中，建档立卡贫困户535户、1833人，同步搬迁户25户、116人。屏山街道办冼马塘、皎平渡镇杉乐、乌蒙乡上台子3个集中安置点安置建档立卡贫困户99户、370人，同步搬迁25户、116人。分散安置的建档立卡贫困户有436户、1463人。全县易地扶贫搬迁项目共建房560套，建房总面积41533.39平方米，其中535户建档立卡户建房总面积38189.46平方米，已全部完工并搬迁入住，入住率100%。3个集中安置点配套基础设施及公共服务设施建设已完工并投入使用。全县易地扶贫搬迁建档立卡户旧房拆除工作全部完成，拆除率100%，完成复垦复绿560户，复垦复绿面积156.7亩，复垦率100%，实施城乡建设用地增减挂钩50.35亩。全县535户易地扶贫搬迁建档立卡户实现产业扶贫全覆盖，其中，旅游扶贫9户，就业扶贫254户、389人。

【石漠化综合治理】 禄劝彝族苗族自治县属于云南省岩溶地区石漠化监测和实施综合治理的65个县（区）之一。2020年，县发改局委托省农牧工程设计研究院编制完成《禄劝彝族苗族自治县石漠化综合治理工程实施方案（2011年—2013年）》。年内石漠化综合治理范围为中屏镇，计划治理岩溶面积40平方千米。项目总投资1250万元，工程初步设计包括林草植被保护和建设、小型水利水保工程建设。林草植被保护和建设总面积24254亩，其中，封山育林21500亩，人工造林2754亩。项目建设完成达标后将新增森林面积2754亩，新增生态绿地2754亩，新增灌溉面积2754亩，每年可增产粮食13.8万千克，年均增收27.5万元。小型水利水保设施工程机耕路建设8808米，引水管道26149米。

【能源工作】 2020年，禄劝建成水电站28座，拆除2座，运行26座，装机87.33万千瓦。风电场1座，装机3.6万千瓦。光伏电场2座，装机4.5万千瓦。村级光伏电站88座，装机1.73万千瓦。茂山25兆瓦光伏扶贫电站项目通过验收。完成克田电站、赛珠电站、铅厂电站、鲁基厂电站、甲岩电站5座中型水电站清理整改工作。完成全县26座中小型水电站生态下泄流量监控安装工作，全部接入市级监管平台。推进全县新能源汽车充电基础设施建设工作，完成充电桩建设82个。

【经济体制改革】 2020年，县发改局深化行政审批体制改革，继续推进“放管服”工作，不断优化营商环境，优化再造投资项目前期审批（备案）流程，精简办事环节，简化审批（备案）手续。进一步降低市场准入门槛，落实市场准入负面清单制度。实现一门受理、同步审查、限时办结。抓好重点领域改革，制订《禄劝彝族苗族自治县深化收入分配制度改革实施方案》，推进《关于推实城乡融合发展工作的实施意见》《关于推动高质量发展的实施意见》的草拟工作。

【粮食和物资储备监管】 2020年，县粮食和物资储备局从市外调入大米900余吨，投放冻猪肉66吨，采购彩条布300余件，发放应急包2.5万个，大米378吨，帐篷、棉被、棉大衣、折叠床、床上用品等6850套。开展新粮采购补库工作，入库稻谷1421吨，玉米1000吨，本地夏粮收购小麦672吨，成品粮（大米）937吨。完成地方粮食储备工作，政策性储粮18937吨，其中，省级代储粮10371吨（正浩粮油公司6371吨，县粮食购销公司4000吨），市级代储成品粮400吨，县级储备8376吨。县级粮食储备中，稻谷3571吨，小麦2868吨，玉米1000吨，成品粮（大米）937吨。落实粮食质量监管，联合市粮油饲料产品质量检验中心、县市场监督管理局对辖区批发市场、超市、“放心粮油”店等地的粮油质量进行检查，抽取大米样品12个，小麦粉样品4个，面条样品4个，食用植物油样品8个。开展4次粮食检查、抽样检验、粮情检查等监测检查工作，储备粮均符合国家标准。健全粮食应急供应保障体系，建立粮食应急网点21个，覆盖17个乡（镇、街道）。禄劝粮食公司于7月份组织抗震救灾粮食供应应急保障演练。开展《粮食流通管理条例》颁布日、食品安全活动周、粮食科技活动周、世界粮食日、全国粮食安全宣传周等宣传活动，发放宣传册1.65万份，悬挂标语22条，制作展板16块。

【安全生产管理】 2020年，县发改局落实安全生产年度责任，开展综合安全排查整治工作。在综治维稳、生产、消防、交通安全、应急管理、“扫黑除恶”、反恐、反间谍、反邪教、禁毒、森林防火、国家安全、法治政府等工作方面综合督查检查4次，排查出隐患问题清单28条，全部整改清零及闭环管理。实现全年安全事故和综治维稳、反恐、“扫黑除恶”等案件“零发生”。

【信访工作】 2020年，县发改局做好乌东德水电站移民搬迁工作和信访工作，提高信访立案结案率。接待群众来信来访19批、次433人次，其中，个人访10批、29人次，集体访6批、380人次；初访5批、25人次，重复访11批、378人次。

【政协提案和人大建议办理】 2020年，县发改局收到人大代表建议协办件5件，政协委员提案主办件2件，协办件3件。主要涉及中小企业发展、市场培育、基础设施建设、农村产业发展等方面。通过召开专题会议研究部署，组织相关科室进行调查研究，确保每件都有答复，每案都有回音，见面率、办复率、满意率100%。

（张兴奎）

招商引资

【重点招商引资项目建设】 重点工业项目建设方面：2020年，乌东德水电站首批机组投产发电，昆北换流站建成投入使用，华新崇德水泥项目投入生产。高原特色农业发展方面：年内，中草药吸品原料种植加工产业基地、禄劝黑山羊产业扶贫合作项目、禄劝大花蕙兰生产基地（三期）建设等项目继续推进，万亩西柚种植及深加工首期等项目建成投产。文化旅游项目方面：年内，云南新兴职业学院禄劝校区二期建成投用，凤家古镇文化旅游综合体继续推进。

【经济合作】 2020年，禄劝实际到位市外内资60.02亿元，增长10.05%，实际利用外资183万美元。年内，新签订重点招商引资合作协议14个，协议投资137.32亿元。主要项目有中金国泰控股集团有限公司协议投资30亿元新建乌东德特色小镇项目；中国科学院广州能源研究所协议投资

2020年，禄劝加强招商引资项目包装工作，图为相关人员参加昆明市2020年第一批重点招商引资项目策划包装培训会　（县发改局　供）

23.5亿元新建生活垃圾、建筑垃圾、餐厨垃圾、有毒有害垃圾资源——能源清洁利用工程项目；上海东方希望畜牧有限公司协议投资20亿元新建现代化生猪养殖循环产业链项目；香海古镇文旅开发（禄劝）有限公司协议投资20亿元新建香海文博康养小镇一期项目；云南华新建材投资有限公司协议投资4亿元新建华新禄劝新型环保建材产业园项目；禄劝梁信宏运农业科技发展有限公司协议投资3亿元新建大麻（无毒）生产CBD（麻宝愫）种植及加工项目；云南润苍生科技有限公司协议投资1.3亿元新建高原特色农产品智能化深加工项目；北京京福隆兴商贸有限公司协议投资6000万元新建板栗深加工项目。

【招商引资项目包装】 2020年，县投资促进局对项目包装储备工作进行专题研究和安排，储备招商引资项目52个，充实招商引资项目库。筛选10个项目上报2020年昆明市第一批重点招商引资策划包装项目，其中，7个项目入选2020年昆明市第一批策划包装项目储备级项目。梳理全县可用土地、产业规划、优惠政策、优势资源等招商载体，编制招商引资项目册、宣传片、投资指南等招商基础资料，为各级各部门外出招商提供项目支撑。

【招商活动】 2020年，县委、县政府主要领导多次率队到北京、深圳、珠海、南昌、三亚、上海等地开展招商推介、项目洽谈等系列招商活动，先后率队到香港铜锣湾集团、南光集团、三峡集团、广东耕读农业科技有限公司、深圳禾茂田园健康产业有限公司、深圳市云辉牧联科技有限公司等企业考察，宣传推介禄劝投资环境，引进一批新项目。接待客商来访200余人次，洽谈的意向投资项目主要涵盖高原特色农业、文化旅游、中药材种植加工、新能源、生猪养殖、生物医药、大健康等产业。

（张兴奎）

【商务流通工作】 2020年，禄劝在库限额以上商贸企业29户，其中，批发企业2户，零售企业18户，住宿企业1户，餐饮企业8户。培育入库零售企业5户。限额以上社会消费品零售额28497.5万元，批发业商品销售额11229.3万元，零售业商品销售额25648.2万元。培育发展云南轿子雪山水业有限公司、禄劝奇诺威肠衣有限公司2户企业拓展进出口业务，通过澳门南光集团引荐，云南轿子雪山水业有限公司轿子山泉矿泉水出口澳门，禄劝奇诺威肠衣有限公司肠衣制品出口欧洲。成立禄劝彝族苗族自治县中小企业服务中心。为普林生物、润苍生、一窝啰等5个企业解决发展困难21项。

（李春燕）

自然资源管理

【概况】 2020年，禄劝彝族苗族自治县域总面积4233.91平方千米，其中，山区面积占总面积的98%。耕地面积85万亩，占总面积的13%，基本农田68万亩，占耕地面积的80%。

【自然资源规划管控】 2020年，县自然资源局优化国土空间布局，划定城镇开发边界、永久基本农田保护红线和生态保护红线。构建全县国土空间规划体系，建立“多规合一”的规划编制审批体系、实施监督体系、法规政策体系和技术标准体系，形成全国国土空间开发保护“一张图”。城镇开发边界提交初步成果报市级审查，生态保护红线成果上报国家审查，全县2332个自然村完成影像采集、村庄规划编制。执行全县土地利用总体规划(2010年—2020年)、土地利用年度计划、农村居民建房用地计划，统筹年度新增建设用地计划，为地方发展提供用地保障。做好项目用地审批工作，办理建设项目规划条件及附图43件，办理建设用地规划许可证24本，办理建设工程规划许可证62本，出具建设项目规划核实意见44份，组织召开县城乡规划委员会5次，审议项目28个，审议通过项目17个，配合县级相关部门完成各类建设项目地踏勘选址33宗。完成屏山街道、皎平渡镇、乌东德镇、转龙镇、乌蒙乡、雪山乡土地利用总体规划(2015年—2020年)修改完善工作。完成皎平渡至马鹿塘三级公路土地规划修改暨基本农田补划，完成年度国土空间规划“一张图”实施监督信息系统填报工作。

【耕地保护】 2020年，县自然资源局开展全域永久基本农田划定工作，上级下达划定任务62.18万亩，禄劝划定永久基本农田62.19万亩，实现超额划定。建立健全耕地保护制度，县委、县政府下发《关于加强耕地保护和改进占补平衡的实施意见》和《禄劝彝族苗族自治县乡(镇、街道)耕地保护目标责任制考核办法》，将耕地保护责任目标纳入考核。执行耕地保护措施，落实“占补平衡”制度，执行“先补后占，占优补优，质量、数量双补充双到位”的政策。落实耕地保护党政同责主体责任，签订县、乡、村三级耕地保护责任书，加强耕地数量、质量的管理和保护。系统分析“十四五”耕地潜力，“十四五”期间全县未利用地可开发宗数8宗，规模0.37万亩，可新增耕地0.14万亩。土地综合整治新增耕地潜力0.01万亩；高标准农田建设新增耕地建设规模3.34万亩，新增耕地潜力0.01万亩；“十四五”全县补充耕地潜力0.16万亩。

【土地储备交易】 2020年，市人民政府下达禄劝的土地收储任务为682.23亩，全县完成土地收储11宗，收储面积740.79亩，完成任务数的108.58%。完成土地出让13宗，供应土地374.97亩，实现土地出让金0.98亿元，完成任务数的115%。

【地籍管理】 2020年，县自然资源局开展年度土地变更调查与遥感监测工作，完成全县15000个图斑的实地调查、举证材料收集。完善第三次全国国土调查成果，做好全县土地地类的认定及核查工作。推进农村不动产确权登记发证，采集梳理全县农村不动产数据10.75万宗，经过外业实地落宗及三级认定，建立全县农村不动产登记数据库。做好地籍成果管理和应用、地籍信息系统管理及地籍信息库建设、地籍测绘成果和勘测定界成果的检查验收及上报工作，完成测绘管理相关的宣传、检查及测绘标志保护。开展全县测绘、勘测资料编制工作，完成城乡建设用地增减挂钩项目、马鹿滑雪场、扶贫光伏电站、卫片执法查处图斑等重点项目测绘工作。

【水资源管理】 2020年，县自然资源局落实节水和最严格水资源管理工作，严格按照国务院、省、市政府要求，以落实“三条红线”(水资源开发利用控制红线、用水效率控制红线、水功能区限制纳污红线)，完善“四项制度”(用水总量控制制度、用水效率控制制度、水功能区限制纳污控制制度、水资源管理责任和考核制度)为重点，加强取水许可制度的落实和节水型社会建设，加强水资源保护，加大水资源费征收力度，扩大水资源管理覆盖面，督促用水总量控制、用水效率控制、水功能区限制纳污控制等各项措施的落实，推动经济社会发展与水资源水环境承载能力相协调。持续强化水量平衡测试工作，完成禄劝忠爱医院、禄劝德泰电气工程有限公司节水型企业(单位)创建。完成全县《节约用水措施方案》备案2件，《节约用水技术方案》备案2件。将月用水量在50立方米以上非居民用水单位纳入计划用水管理，签订计划用水责任书90份，全年下达计划用水指标156.2万立方米，实际用水量150万立方米，节约用水6.2万立方米。实施海绵城市建设0.39平方千米。

【矿产资源管理】 2020年，禄劝有矿业权130个，其中，采矿权82个，探矿权48个。开展非煤矿山转型升级工作，调整后“改造升级”矿山10座（含挂牌出让7宗，采矿权出让收益7555.65万元），“整合重组”矿山2座，“淘汰关闭”矿山36座（已注销19座）。推进轿子山国家级自然保护区矿业权退出工作，办结禄劝转龙汉奎石材厂饰面用辉绿岩矿采矿权采矿许可证注销手续，办结昆明秉性遐昌矿业有限公司禄劝龙王庙磷矿、禄劝转龙磷矿勘探、禄劝落乌磷铜多金属矿勘探3个矿业延续、变更（剔除与保护区重叠部分面积）审批登记手续，办结禄劝新田铁铅锌多金属矿普查勘查许可证注销审批登记手续。完成矿业权人勘查开采信息公示工作，落实矿业权到期预警机制，向探矿权人、采矿权人发放到期告知函7份，发放预警通知书12份。成立第四轮矿产资源总体规划编制工作领导小组，下发第四轮矿产资源规划编制工作方案，并报请市自然资源和规划局备案。

【法治宣传】2020年，县自然资源局开展自然资源法治宣传教育工作，开展普法宣传活动，宣传新修订《中华人民共和国土地管理法》和《云南省土地管理条例》等政策法规。加大依法行政力度，规范行政行为，加大执法人员业务培训力度，培训执法人员80余人次。办理行政诉讼3件，重大决策听证3件。行政复议1件，重大决策听证7件。信息公开1件。办理群众来信来访，受理各级批办信访件6件，均已调查处理完毕并答复信访人，办结率100%。

【行政执法】2020年，县自然资源局加强矿山违法开采行为查处力度，建立并落实违法行为早发现、早制止、早处置机制，强化日常巡查及监管，及时发现、制止相关违法行为，遏制矿山开发破坏生态、污染环境的现象，全年开展土地矿产巡查152次，出动巡查人员274人次，发现违法行为20件，立案查处18件，其中，土地违法11件，矿产违法7件，3件矿产资源违法案件已移送公安机关处理。下达处罚决定书应收缴罚没款99.54万元，实收缴罚没款21万元。

【土地开发整理】2020年，县自然资源局做好中低产田地改造和土地整治（补充耕地）工作，完成汤郎乡2个补充耕地项目、茂山镇丽山村委会2个村土地整治项目、则黑乡贵城村委会土地整治项目的施工任务，新增耕地29公顷，完成项目市级验收。

【增减挂钩】2020年，禄劝完成省厅2019年下达节余指标跨省调剂指标任务680亩，取得跨省调剂资金1.44亿元。完成皎平渡等5个镇杉乐等16个村，雪山乡乐乌等3个村两个城乡建设用地增减挂钩项目的工程施工和验收。全县2020年争取城乡建设用地增减挂钩节余指标3140亩，取得跨省调剂资金约9亿元，所得收益全部用于深度贫困地区巩固脱贫攻坚成果和支持乡村振兴战略。全省《增减挂钩跨省调剂任务完成进度情况通报》中，禄劝6次排名第一。

【土地储备专项债券】2020年，禄劝完成乌东德镇新村集镇和屏山街道练甸片区2个土地储备专项债券项目，获批资金3.6亿元，实施面积1054亩，资金使用期限5年，银行利息3.34%。成立由县长任组长的土地储备专项债券项目实施领导小组，开展各项工作。完成项目区初步地质勘察、地质灾害危险性评估、压覆矿产调查评估等前期准备工作，完成林地报批、土地调规等工作，征收土地1129.52亩，屏山街道练甸片区完成土地出让210.12亩。

【不动产统一登记】2020年，县自然资源局受理各类不动产登记业务4048件，其中，办理不动产权证书1481本，不动产登记证明1892本，其他登记102件，注销登记573件。受理遗失补证38件，办理抵押注销退证1072件，接待司法部门、权利人零散查询查阅房产和土地档案5980人次，提供各类证明586份。不动产登记数据国家信息平台正常接入，存量数据实现系统自动上报。进一步精简和优化登记流程和办事环节，实现抵押登记、转移登记（二手房交易）5个工作日内办结，一般登记7个工作日内办结，查封登记、注销登记当天办结的改革目标。落实国家减税降费政策，全年降低标准收费132件，减免收费6.21万元。免征申请办理变更登记、更正登记的不动产权利申请55件，免征2.16万元。参加市优化营商环境（财产登记）类评估考核工作第一期评价，获昆明市县区第3名。

2020年10月30日，皎平渡等16个村增减挂钩项目拆旧区土地复垦验收检查现场会（县自然资源局 供）

【批而未供和闲置土地处置】 2020年，县自然资源局加大批而未供土地消化利用和闲置土地分类处置力度，落实节约集约用地制度，消化存量、严控增量，提高土地资源供给的质量和效益。处置批而未供土地3879.6亩，完成任务数的273.1%；处置闲置土地378.24亩，完成任务数的203%。获市级领导小组办公室通报表扬。

（杨雯洁）

财 政

【财政收入】 2020年，禄劝地方财政总收入73109万元，比上年下降7%。本级一般公共预算收入完成50095万元，较上年减少3030万元，其中，税收收入完成33847万元，占一般公共预算收入的67.6%，比上年下降3.3个百分点；非税收入完成16248万元，占一般公共预算收入的32.4%。2020年，本级政府性基金预算收入20187万元，较上年增收14194万元。

【财政支出】 2020年，禄劝财政总支出450218万元，比上年增长0.7%。一般公共预算支出（含上级专项支出）完成382655万元。政府性基金预算支出42388万元，其中，地方政府专项债券安排支出29000万元。

【财政收支平衡】 2020年，禄劝本级一般公共预算收入50095万元，加转移性收入292295万元（返还性收入9959万元，一般性转移支付收入130865万元，共同事权转移支付收入65356万元，专项转移支付86115万元），上年结转结余12891万元，地方一般债务转贷收入6000万元，调入预算稳定调节基金336万元，调入资金36631万元（基金调入4855万元，其他调入31776万元），减上解支出6134万元，县级可用财力为392114万元；本级支出382665万元，债务还本支出6514万元，补充预算稳定调节基金193万元；收支相抵，年终结转结余2752万元。2020年，基金预算收入20187万元，加上级转移支付收入22766万元，上年结转结余8267万元，地方政府专项债务转贷收入29000万元，调入资金923万元，减调入一般公共预算4855万元，基金预算可用财力为76288万元；基金预算支出67563万元，地方政府专项债务还本支出2055万元；收支相抵，年终结转结余6670万元。2020年，国有资本经营预算收入7万元，无支出，年终结转结余7万元。

【风险防控】 2020年，禄劝化解政府性债务8569万元，完成市政府明确的隐性债务年度化债目标任务，年末债务余额控制在法定限额内，债务率控制在警戒线范围内。开展防范非法集资宣传、预防套路贷、金融知识讲座进校园、进社区2次。发放防范非法集资诈骗犯罪宣传册6000余份、环保袋1万余个、现场接受群众咨询5000余人。

【财政管理】 加大预算统筹力度，完善基本支出定额标准，清理规范重点支出挂钩事项。强化预算单位银行账户管理和监控，推进国库集中支付电子化改革，全覆盖财政和部门预算执行动态监控和国库集中支付电子化管理。落实减税降费各项政策，规范国有资产管理。推动政府采购网上审批，严格政府采购监管，推进营商环境建设，推动消费扶贫。推行“阳光云财”，组织民营企业项目网上申报。落实扶贫资金管理相关规定，加大扶贫资金监管力度。

【民生保障】 2020年，禄劝民生支出318574万元，占一般公共预算支出的83.3%，其中，“三保”支出255590万元，做到应保尽保。

（李增富）

税务

【税费收入】 2020年，禄劝税费收入130775万元，比上年下降2.85%，减收3846万元。其中，税收收入60659万元，比上年下降3.07%，减收1922万元；社会保险费收入66223万元，比上年下降1%，减收372万元；非税收入3179万元，比上年增长1.63%，增收51万元。完成县政府下达的地方一般公共预算收入目标35000万元的100.53%，超收186万元。

【减税降费】 2020年，县税务局针对“非接触式”办税缴费、支持疫情防控税收优惠政策、电子税务局应用操作等内容举办培训班6次，涉及纳税人1000余户。建立7个税务助力企业复工复产工作组，问计问需企业，确保政策应知尽知、优惠应享尽享。执行国家新出台的7批28项税费优惠政策，以及云南省出台的支持经济发展的房产税、土地使用税等优惠政策，巩固减税降费政策成效。

【税制改革】 2020年，禄劝完成首次个人所得税综合所得汇算清缴任务。县税务局对内开展业务培训2场172人次，对外开展座谈会和业务培训5场531人次，组成6个“个税汇算清缴宣传队”，到扣缴单位精准辅导累计128余次。年内，有1.87万纳税人办理个税汇算申报，其中，申报补税154人43.59万元，申报退税6663人219.31万元，不补不退1.16万人，豁免243人。完成紫溪星谷一期和二期的土地增值税清算任务。开展核定征收试点项目锦绣金域和三合首座团结大厦的清算工作。推进已清算未终结审核流程的房地产项目河畔尚居和三溪温泉小镇的流程终结工作。解决因企业经营不善而未开展清算的世纪中心、精英公寓2个烂尾项目，分类分批处理其他已达清算条件的房地产项目。加强部门联动配合，协同做好应对疫情的阶段性减免企业社会保险费减、免、延、缓、退、降工作。做好城乡居民社会保险费征收工作。做好水土保持补偿费、地方水库移民基金、排污权出让收入等非税收入项目划转前期准备工作。

【依法治税】 2020年，县税务局执行《税收规范性文件制定管理办法》等文件要求，严格落实税收规范性文件备案审查和专家咨询制度，遵循“立、改、废、释”原则，建立规范性文件清理长效机制。运用“税务系统内部控制监督平台”，坚持标准导向和问题导向，确保税收执法的规范性，降低税务人员税收执法风险和廉政风险。以约束税务机关权力、保护纳税人权利为重点，建立完善落实依法行政、推进依法治税、依法决策的制度规范，促进税法遵从和税收共治。落实行政执法“三项制度”，推行“双随机、一公开”监管，落实税收违法“黑名单”制度和失信联合惩戒机制。加强税收普法宣传，开展“普法宣传日”“税法进企业”等专项活动，落实国家工作人员旁听庭审常态化制度。

【纳税服务】 2020年，县税务局引导纳税人通过“云南省电子税务局”“一部手机办税费”等渠道办理涉税业务，进行网上申领发票等。完成网上发票办理1.88万户次，发售各类发票301.78万份，网上税务登记1701户次，网上税务认定73户次，网上优惠办理31户次，网络申报率99.85%，发票“网上申领线下送达”服务推广率100%，“非接触式”办税平均率位居昆明市税务系统第4名。深化“放管服”改革，落实“最多跑一次”“便民办税春风行动”“承诺制”容缺办理等措施，做好营商环境“红黑榜”评价、纳税人满意度调查、税务服务“好差评”等工作任务。开展纳税人座谈会和问卷调查，组织纳税人学堂培训15批次1500余人，入户辅导纳税人260户，印制发放《致纳税人的一封信》1000余份。无违法行为的小规模纳税人均推行优化版简易注销流程，完成注销219户，推行办理企业容缺承诺注销12户。

【税收征管】 县税务局将2020年确定为“征管质量提升年”，制定《征管质量考核办法》，强化登记管理、申报管理、发票管理、涉税数据管理、核定管理等基础工作。推进“区块链+发票”在生活服务行业的推广运用，成功注册上链区块链电子发票企业总开票数130余份。排查金融、财产租赁、旅游等6类行业113户企业，发现问题12项并完成税款查补。清理欠税户13户，完成欠税清缴入库。加强对内控监督平台的运用，补充制定内控制度14个，明确职责权限10项，健全内部风险事前防范、事中控制、事后监督和及时纠正的动态管理机制。规范货物和劳务税、所得税、财产和行为税种管理，落实增值税专用发票电子化扩围工作安排，建立健全日报周报、问题上报处理、“一户式”管理等机制，依托前期工作成效，提前预判局势，强化组织保障和内部管控，通过做好问题跟踪问效、政策宣传培训、统一答复口径等，推进专票电子化扩围，落实相关任务要求。

（王艺瑾）

金融管理

【货币信贷】 2020年年底，禄劝金融机构各项存款余额130.73亿元，比上年增加6.67亿元，增长5.38%。各项贷款余额122.61亿元，比上年增加11.14亿元，增长9.99%。

【经理国库】 2020年，禄劝完成预算收入81744万元，比上年减少4104万元，下降4.78%；县级收入50095万元，比上年减少3030万元，下降5.7%。调拨收入38.22亿元，比上年减少7799万元，下降2%。预算支出51.26亿元，比上年减少1902万元，下降0.37%。

【调查统计】 2020年，人行禄劝支行做好小微企业融资情况调查和物价调查工作，开展小微企业融资情况调查4期，替换已经停产的企业1户。做好5000户企业调查分析工作，全年完成企业财务调查12期，企业问卷调查12期，新冠肺炎疫情跟踪调查8期，企业用工调查2期，物价调查4户12期，生猪养殖情况调查1期。

【征信管理】 2020年，人行禄劝支行引导金融机构运用应收账款融资服务平台解决中小企业融资难问题，截至12月，金融机构注册企业746户，占企业基本户的27.5%。2020年，办理企业和个人信用报告查询5654笔，比上年减少1139笔，其中，自助查询机查询5420笔，人工柜台查询234笔。

【支付结算】 2020年，人行禄劝支行提升会计核算管理水平，加强ACS（中央银行会计核算数据集中系统）业务日常管理，提高ACS业务成功率。以“防范电信诈骗、提高识骗防骗能力”为主题，开展防范电信网络诈骗、惩治跨境赌博。开展“断卡”行动，严厉惩治整治开办贩卖电话卡、银行卡违法犯罪活动。开展“抗疫情、促消费、惠民生”银联消费券营销宣传工作，刺激辖区消费，激发市场活力。做好单位银行结算账户审批工作，强化备案类账户的事后监督工作。2020年，全县开立单位银行结算账户824户，销户315户。

【货币发行和现金管理】 2020年，人行禄劝支行加强货币发行业务会计核算和出入库管理。加强辖区现金管理工作，保障禄劝的现金供应。2020年，投放现金17.87亿元，比上年下降20.31%；回笼现金3.25亿元，比上年下降19.15%；净投放现金14.62亿元，比上年下降16.41%。开展拒收现金整治和违规使用人民币图样专项整治工作，完成2020年版5元纸币发行工作。2020年，收缴假币651张、61370元，全部上交上级货币金银部门。

（石国庆）

【监管引领】 2020年3月，中国银行保险监督管理委员会云南监管局禄劝监管组成立，主要职责为在云南银保监局的授权和统一领导下，依法依规独立负责禄劝银行业、保险业机构及其业务活动的监管工作。年内，禄劝监管组引导辖内银行业金融机构把金融支持疫情防控和产业链协同复工复产等各项政策落到实处。全县金融机构各项存款余额1307320万元，比上年增加66699万元，增长5.38%。各项贷款余额1226138万元，比上年增加111387万元，增长9.99%。其中，发放涉农贷款346746万元，发放支持国家重点建设项目乌东德水电站建设贷款140000万元，确保2020年按时完工发电；发放高速公路开发贷款220000万元，确保2020年按时完工通车；发放小企业复工复产贷款600万元。

【非现场监管】 2020年，禄劝监管组发挥非现场监管的监测功能，严密监控农村信用社、村镇银行大额贷款发放情况，关注最大一户和最大十户贷款的信用风险。加大对各种报表分析，按月监测流动性、按季监测资产负债比例管理的监管指标。完成2020年度农村信用社、村镇银行的经营风险分析报告；农村信用社、村镇银行2020年度监管评级。完成2020年一、二、三季度农村信用社、村镇银行经营风险分析报告。审核2020年度农村信用社、村镇银行理事会、监事会、董事会相关资料报告6次，派出监管人员列席会议6次。按月审核农村信用社、村镇银行非现场监管“1104”工程数据，及时上报各种报表和资料，发挥非现场监管的预警作用。督促禄劝中成村镇银行、禄劝信用联社制定风险处置规划，召开审慎监管会谈，化解经营风险。

【规范市场准入】 2020年，根据省局职能调整，禄劝监管组进一步明确监管组机构市场准入职责。初审禄劝中成村镇银行行长肖霞任职资格请示，上报省局审批。开展对禄劝农村信用合作联社翠华信用社金融许可证遗失情况核查，开展中国人寿保险公司禄劝支公司金融许可证现场检查工作。

【现场检查监督】 2020年，禄劝监管组对禄劝农村信用合作联社股东股权情况进行排查，规范农村信用合作联社的股东股权管理。督促禄劝农村信用合作联社、禄劝中城村镇银行，做好市场乱象整治“回头看”非现场评估及持续整改问责工作。对禄劝农村信用合作联社金融消费者权益保护开展初评工作，禄劝农村信用合作联社2019年消费者权益保护工作符合监管要求。配合县金融办开展互联网金融风险专项整治工作，召开全县互联网金融风险专项整治工作会议，摸清风险状况。对禄劝农村信用合作联社2019年度小微金融监管进行试评价。

【金融知识宣传】 2020年9月，禄劝监管组开展2020年度“金融知识普及月”宣传活动，发放宣传资料1万余份，解答当地群众咨询800余人次，受益群众7800余人。

（李金平）

审 计

【概况】 2020年，县审计局完成审计项目46项，其中，政策跟踪审计11项，财政管理审计8项，领导干部经济责任审计和离任交接鉴证审计6项，自然资源资产审计1项，专项资金审计及审计调查6项，综合管理审计4项，政府投资审计10项。通过审计，查出问题资金22730.78万元，其中，违规资金8106.66万元，管理不规范资金14624.12万元（包括财政财务收支管理不规范资金13250.73万元，政府投资建设项目审减工程结算资金1373.39万元）。责令被审计单位上缴县级国库资金6204.42万元，上缴资金由县财政统筹安排。收缴省级国库资金55.53万元。提出审计建议118条，移送审计发现问题线索3件。

【审计体系建设】 2020年5月，禄劝在全省、全市率先制定出台《领导干部经济责任审计工作联席会议制度》，建立审前协商、审中协作、审后共享的工作机制，提高经济责任审计计划的科学性、审计实施的协同性、审计结果利用的成效性。探索数据采集分析审计，依托大数据技术，通过集中分析、锁定疑点、现场核查和疑点自证的方式，采取县级预算单位数据，对全县77家一级预算单位开展预算执行全覆盖审计调查，将审计模式由“逐个单位轮审”转变为“覆盖全部单位、核查重点问题”的全覆盖审计。通过大数据全覆盖审计发现，部分预算单位还存在应缴未缴非税收入、公务用车账实账表数据不符、公务用车改革后续机制不完善、执行新政府会计制度不到位、审核把关不严、违规发放社会救助金、公职人员违规在企业任职或兼职等问题。通过审计，查出违规资金76.29万元，管理不规范资金1040.28万元。责令被审计单位上缴县级国库资金70.76万元，由县财政统筹安排。收缴省级国库资金5.53万元。

【脱贫攻坚审计问题整改】 全县2016年以来脱贫攻坚审计发现问题42个，其中，A类问题4个，B类问题28个，C类问题10个。2020年，县审计局制定出台《脱贫攻坚审计发现问题挂牌督查督改工作推进方案》，建立县审计局领导班子和审计组“1+1”督改责任制，推动审计发现的42个问题全面完成整改和销号清零。组织开展2019年度沪滇扶贫协作资金和教育扶贫资金专项审计，查出扶贫领域问题资金1425.22万元，其中，违规资金69.36万元，管理不规范资金1355.86万元。

【审计能力建设】 2020年，县审计局从基层提拔1名年轻干部到总审计师岗位任职，对1名副科级领导干部岗位进行调整，设置1名副科级领导职数（经济责任审计办公室主任）。选拔2名年轻干部到正股所级岗位任职，对4名股所级干部进行轮岗交流。开展职级晋升工作，对表现较好的5名干部晋升职级。组织全体干部职工参加全国、全省审计机关集中整训，统一订购《审计定性处理处罚依据丛书》开展学习。2名干部通过全国中级审计师资格考试，7名干部参加行政执法培训并通过考试。制定出台《内部控制管理手册》《审计外勤经费管理实施细则》，修订《财务管理制度》。开展档案规范化建设，通过“云南省档案工作规范化管理示范单位”复审。

（罗　钧）

统　计

【各项普查调查】 2020年，县统计局开展县级粮食产量抽样调查工作。做好种植作物面积的遥感测量、实割实测工作，为争取国家农业项目扶持资金和县级奖励资金提供真实的统计数据。禄劝属于全省27个产粮大县之一，自2014年开始开展县级粮食产量抽样调查工作。全县抽取12个乡（镇、街道）、20个村委会、20个村民小组、200户调查户、3076个地块（总共5007亩）作为县级粮食产量抽样调查点，年平均粮食产量20万吨以上。自2016年开始连续4年获国家产粮大县奖励，分别是2016年1071万元，2017年1102万元，2018年1372万元，2019年1372万元，2020年1571万元。开展城乡居民住户调查工作。全县涉及10个乡（镇、街道）14个住户调查点，140户调查户。推进住户电子记账工作，确保城镇常住居民人均可支配收入、农村常住居民人均可支配收入数据客观、真实。做好第四次全国经济普查后续工作，发布普查公告。全县455名普查员耗时近一年，完成第四次全国经济普查单位摸底、入户登记、数据录入、审核上报、数据质量验收工作，发布《禄劝彝族苗族自治县第四次全国经济普查公报1～7号》，完成禄劝第四次全国经济普查工作，被云南省第四次全国经济普查领导小组授予先进集体称号。

【第七次全国人口普查】 2020年，禄劝开展第七次全国人口普查工作，组建普查机构，成立由常务副县长任组长，副县长任常务副组长，9个部门主要领导为副组长，20个部门主要领导为成员的人口普查领导小组，完成17个乡（镇、街道）普查机构的组建。做好出生、死亡台账，提前谋划普查试点、户口整顿工作。划分普查小区，严格选聘普查指导员和普查员，开展人口普查培训。完成全县197个普查区、1914个普查小区的划分工作，落实普查“两员”2353人，组织集中培训4次，培训普查“两员”2300余人次。各乡（镇、街道）分级组织开展培训17场次，培训2000余人次。加强与财政、公安、卫健、住建、民政等部门的沟通协调，及时提供部门数据信息。落实普查经费132万元，其中，省、市下拨经费82万元，县级落实50万元。各乡（镇、街道）、各部门通过悬挂宣传标语口号、设立普查宣传点、微信平台等方式，宣传普查知识。严格按照普查方案、细则和有关要求，做好入户登记、质量控制、比对复查、事后质量抽查等工作，完成第七次全国人口普查入户登记的各项任务。

【脱贫攻坚普查】 2020年，县统计局牵头组织开展脱贫攻坚普查工作，寻甸县、宜良县派驻禄劝普查工作组305人，围绕贫困人口“两不愁、三保障”实现情况、获得帮扶和参与脱贫攻坚项目等情况，依法依规开展普查，完成县普查表、187个行政村普查表和25954户普查表的现场登记、数据复核和省级审核验收。派驻普查组到东川区开展脱贫攻坚普查工作，成立禄劝派驻东川区脱贫攻坚普查工作领导小组，下设综合协调组、数据审核验收组，明确4名普查组组长、副组长及5名数据审核验收员、3名领队的工作职责，将33名普查指导员、287名普查员分为9组，明确各组负责人及联络员，完成普查任务。

【统计“四大工程”】 2020年，县统计局推进“四大工程”建设。建立一个真实完整、及时更新的基本单位名录库。通过工商、税务、民政、编办等单位的配合，县统计局组织录入、核对新增或减少的法人、产业单位具体信息，各乡（镇、街道）统计站负责调查、登记、审核法人、产业单位实际情况。全县基本单位名录库中有单位6254家，其中，法人单位5135家，产业活动单位1119家。法人新增370家，变更235家，注销262家，完成名录库季度月度维护更新。建立统一规范、方便企业填报的企业“一套表”。全县“一套表”调查单位106家，其中，规模以上服务业7家，贸易业有限额以上单位26家，建筑业19家，投资、房地产专业41家，规模以上工业13家。做好“四上”企业（规模以上工业企业、资质等级建筑业企业、限额以上批发零售住宿餐饮企业、国家重点服务业企业）的申报审批工作，确保所有符合要求的企业单位及时入库。年内“四上”企业入库9家，其中，贸易专业4家，工业专业2家，投资专业3家。年内退库16家，其中，工业专业6家，服务业专业3家，贸易专业6家，建筑业专业1家。建立功能完善、统一兼容的数据采集处理软件系统。建立联网直报系统。配合做好统计信息工程扩容改建、视频会议室建设工作。围绕第七次全国人口普查工作，做好技术保障，确保PDA设备、配套软件及系统的安全顺畅运行，加强各级信息化管理机构建设，建立健全统计信息化管理制度，强化统计信息化装备，提高统计人员信息化技术水平。

【综合统计】 2020年，禄劝彝族苗族自治县全县总人口（户籍人口）487836人。全年地区生产总值完成146.5亿元，比上年增长6.9%，其中，第一产业增加值41.64亿元，增长5.6%，拉动县生产总值增速1.3个百分点；第二产业增加值22.04亿元，增长39.5%，拉动县生产总值增速5.7个百分点；第三产业增加值82.82亿元，下降0.3%，拉动县生产总值增速–0.2个百分点。三次产业结构比28.4:15.1:56.5。人均县生产总值为38644元，比上年增长7%。全年非公有制经济增加值完成59.1亿元，占县生产总值比重40.4%，比上年增长0.7%。

【农业统计】 2020年，禄劝有15个涉农乡（镇），2个街道办事处，189个涉农村（居）委会，2610个村民小组，2374个自然村，乡村人口448386人，乡村从业人员259324人。农作物播种面积72140.8公顷，农林牧渔业总产值（现价）657351万元，比上年增长7%。粮食总产量229147吨。年末大牲畜存栏数108429头，肉类总产量36002吨。

【财政收支统计】 2020年，禄劝地方财政总收入73109万元，比上年下降7%，其中，一般公共财政预算收入50095万元，下降5.7%。全年财政总支出45.02亿元，比上年增长0.7%，其中，一般公共财政预算支出38.27亿元，下降3.2%；八项支出合计3.11亿元，下降47.6%。

【金融统计】 2020年，全县金融机构存款余额130.73亿元，比上年增长5.38%，其中，单位存款40.21亿元，比上年下降3.94%；个人存款89.91亿元，比上年增长

9.79%；财政存款5022万元，比上年增长59.13%。年末全县金融机构人民币贷款余额122.61亿元，比上年增长9.99%，其中，短期贷款22.76亿元，比上年增长11.63%；中长期贷款79.91亿元，比上年增长9.66%；票据融资19.94亿元，比上年增长10.1%。

【工业统计】 2020年，禄劝规模以上工业在库企业17户，总产值完成25.82亿元，比上年增长194%。规模以上工业企业增加值完成16.78亿元，比上年增长267.1%。规模以下工业增加值比上年下降52.6%。

【固定资产投资统计】 2020年，禄劝完成规模以上固定资产投资比上年下降6.1%，完成全年任务的91.2%，占全市投资比重1.9%。县域内投资在库项目85个（年内新增项目44个），比上年增加2个。县域内项目占比32%，下降7.5%。其中，500万元至5000万元投资项目占比8.8%，增长31.4%；5000万元及以上投资项目占比14.7%，下降27.1%；房地产开发投资项目占比8.4%，增长9.9%。跨域劈分投资项目占比68%，下降5.5%。乌东德水电站项目占比42.9%，下降28.7%；武倘寻高速公路项目占比8.1%，下降31.4%；电网建设、通信基站建设、市域中石油和中石化加油站项目占比17%。

【劳动工资统计】 2020年，禄劝从业人员年平均工资89090元，月平均工资7424元。在岗职工年平均工资92229元，月平均工资7686元。

【社会消费品零售总额】 2020年，禄劝社会消费品零售总额完成57.33亿元，下降5.8%，其中限额以上社会消费品零售总额完成2.85亿元，下降20.7%。按销售单位所在地分，城镇49.02亿元，下降5.4%；乡村8.31亿元，下降7.7%。按消费形态分，餐饮收入11.75亿元，下降4.4%；商品零售收入45.59亿元，下降6.1%。

【城乡住户调查】 城镇住户调查工作在全县建立4个调查点，有调查户40户。2020年，禄劝城镇居民人均可支配收入36807元，比上年增长3.4%。人均消费支出24335元，比上年增长27.4%，其中，食品类支出7143元，衣着类支出2157元，居住类支出4248元，家庭设备、用品及服务类支出2069元，医疗保健类支出2993元，交通和通信类支出3215元，文教娱乐用品及服务类支出2073元，其他商品和服务类支出437元。农村常住居民调查工作在全县建立10个调查点，有调查户100户。2020年，禄劝农村常住居民人均可支配收入10553元，增长8.9%。人均消费支出9417元，其中，食品烟酒类支出3695元，衣着类支出474元，居住类支出1641元，生活用品及服务类支出412元，医疗保健类支出895元，交通和通信类支出1147元，教育文化娱乐类支出995元，其他用品和服务类支出158元。

【统计服务】 2020年，县统计局编纂发行《2019年禄劝彝族苗族自治县统计年鉴》250册，《2019年禄劝彝族苗族自治县经济工作手册》100册。编辑发行《禄劝彝族苗族自治县2019年国民经济和社会发展统计公报》。围绕县委、县政府的中心工作和群众关心的热点问题，配合省、市统计部门开展调研。建立统计咨询服务台账，加大统计咨询服务工作力度。为县委、县人大、县政府年初各项会议提供统计数据并对各部门数据进行审核把关。全年撰写各类信息137篇，其中，统计与经济信息材料29篇，简报信息108篇。市统计局内部信息网采用21篇，县政府门户网站采用6篇。

【统计制度改革】 2020年，禄劝根据《国家统计局统计督察反馈意见昆明市整改方案》要求，结合禄劝督察整改工作实际，成立县防范和惩治统计造假、弄虚作假督察整改领导小组。全县17个乡（镇、街道）和23个县级部门纳入统计督察整改。县委办、县政府办印发《国家统计局统计督察反馈意见禄劝彝族苗族自治县整改方案》《禄劝彝族苗族自治县防范和惩治统计造假弄虚作假责任制和问责制实施办法（试行）》《禄劝彝族苗族自治县完善统计体制工作方案》。按统计督查整改要求，经县委编办批复，在县统计局增设统计执法监督科。组织实施统计执法“双随机”抽查制度，开展2020年度“双随机、一公开”督促检查工作，印发《禄劝彝族苗族自治县统计局全面推进“双随机、一公开”抽查监管工作实施意见》。使用国家企业信用信息公示系统（云南）对检查对象名录库和统计执法人员名录库进行随机抽取，从在库企业中抽取10户企业，其中，规模以上工业企业1户，建筑业企业2户，批发和零售业企业3户，住宿和餐饮业企业1户，房地产开发经营业企业1户，服务业企业2户，固定资产投资企业1户。《中华人民共和国统计法》纳入县委党校干部教育培训的必修课。在《中华人民共和国统计法》颁布纪念日、中国统计开放日、国家宪法日等重要节点，开展宣传活动，增强全社会的统计意识。

（时　耀）

供销合作

【企业改革改制】 2020年，县供销社推进农资公司改制，农资公司南甸仓库地块14670.62平方米，于5月14日在县公共资源交易中心拍卖成功，拍卖成交价1140万元。对全系统资产进行清查排查，各基层社、公司共有房产、地产26宗，总面积11883.93平方米，其中，有土地使用证的13宗，无产权证13宗。权属无争议18宗，权属有争议3宗，已拆除2宗，未补偿及未收回3宗。资产统一由社有资产管理有限公司托管，实行公司化管理。

【农村流通体系建设】 2020年，县供销社规范发展农民专业合作社3户，完成率150%。禄劝百卉花卉种植专业合作社创建为市级农民专业合作社示范社，属一类示范社。新建农村综合服务社6户，完成率200%。通过开放办社，依托专业合作社，成功组建翠华头哨供销社，完成1个村级基层社推广任务。

【培育新型经营主体】 2020年，通过项目带动企业发展，结合禄劝野生菌资源，4月县供销社下属企业土产日杂公司在屏山街道秀屏社区租赁商铺开展食用菌加工项目，项目占地700平方米。6月底野生菌上市后，投入资金50余万元，收购野生菌2.85万千克，实现禄劝供销改制后社有企业项目建设“零”的突破。

【教育培训】 2020年，县供销社邀请相关专家进行9期培训，提高全县乡村干部、农产品经纪人和供销系统干部职工的素质条件，推进全县供销系统内部改革，以培养“懂技术、会经营、善管理”的新型农民为目的，培训农产品经纪人610人次，完成率203%。

（林芝吉）

市场监督管理

【优化营商环境】 2020年，禄劝有各类市场主体24586户，其中，企业3803户，农民专业合作社1110户，个体工商户19673户。年内新登记并免费刻制印章市场主体3889户，申报办理登记全程电子化企业72户，实行企业登记身份管理实名验证2038人次，受理企业自主申报名称409个，窗口核准285个，对4601户次市场主体履行告知义务，向18个行政审批部门推送市场主体登记信息4601户次。压缩企业开办时间，实现开办企业最快1个工作日办结，申请材料齐全、符合法定形式的企业设立登记4个工作小时内办结，印章刻制、申领发票4个工作小时办结。办理企业简易注销131户，个体工商户简易注销1104户，通过免费在国家企业信用信息公示系统上公示“营业执照作废声明”补领企业执照81户。加强信用监管，落实市场主体年报信息公示制度，开展严重违法企业载入经营异常名录、失信惩戒、企业清理吊销及“双随机、一公开”等企业信用监管工作。全县企业年报率89.49%，农民专业合作社年报率94.6%，个体工商户年报率90.83%，清理移出经营异常名录157条，制定“双随机、一公开”抽查工作方案54个。

【国家食品安全示范城市创建】 2020年，县市场监督管理局以国家食品安全示范城市创建为契机，推进肉菜市场、粮油市场、餐饮业质量提升，推进“三小”行业、农村自办宴席和餐厨废弃物收运处置建设，全县肉菜质量安全监测总体合格率97%，粮油抽检监测合格率100%，培育放心肉菜示范超市1家，创建市级放心粮油示范企业1个，放心粮油配送中心1个，示范店3个。获证3个月以上的学校食堂量化分级率100%，持证餐饮服务单位整体量化分级管理率96%，重大活动接待单位、学校（含幼托机构）食堂、集体用餐配送单位、中型以上餐馆量化等级良好（B级）以上比例为100%，开展餐饮A级单位申报创建工作。学校食堂“明厨亮灶”比例为100%，中型以上餐馆“明厨亮灶”比例为80%。采用“6T”（天天处理、天天整合、天天清扫、天天规范、天天检查、天天改进）实务管理方法和标准的学校食堂42家。整顿规范备案食品“三小”行业154户（食品生产加工小作坊130户，小食品摊贩24户），取缔食品摊点占道经营行为350起。落实农村集体聚餐申报备案89件次。

【食品安全监管】 2020年，禄劝有食品生产经营企业5095户，其中，食品生产企业24户，小作坊130户，食品流通企业2733户，餐饮服务单位2208户。年内开展食品安全工作培训9次，培训2300余人，发放宣传材料5700余份。开展食品安全管理人员许可前培训，培训1332人，受理审批食品经营许可512件。加大学校食品安全监管，236所提供餐饮服务的学校及托幼机构全部持证。开展食品安全监督抽检和风险监测1851批次，开展食品安全快速检测507批次，开展食品安全专项整治13次，对9家白酒生产经营单位进行立案查处。开展禁止非法捕捞长江干流流域渔获物专项行动，签订责任书600份。开展重大活动食品安全保障8次，保障2.36万人次。立案查处食品违法案件96件，收缴罚没款107.7万元。开展“保健品”市场乱象联合整治行动1次，出动执法人员40人次，开展专题宣传活动1次，发放宣传材料300份，开展联合执法1次，检查保健食品经营单位14家，受理保健食品销售举报投诉2件，涉及经营者1户。

【餐饮安全监管】 2020年，禄劝有餐饮服务单位2208户，其中，大中型餐馆20户，食品摊贩备案43户，各级各类学校246所，有236所学校开办食堂。组织开展爱国卫生“净餐馆”专项行动培训会2期，开展食品安全进校园宣传3次，培训师生、餐饮服务单位2247人。结合爱国卫生“净餐馆”工作，强化食品安全宣传，在全县餐饮服务单位就餐大厅显著位置、重点部位张贴宣传海报5750份。开展餐饮服务单位达标创建，对达到“7个达标”的餐饮服务单位上达标牌947块。督促3家餐具集中消毒中心完成15万双合金筷的更换。印制《爱国卫生餐饮服务环境卫生全改善专项行动监督检查记录本》200本，《白酒生产经营专项整治监督检查记录本》80本，《禄劝彝族苗族自治县推进爱国卫生“净餐馆”专项行动清洁消毒记录》1200份。检查餐饮服务单位4000余户次，出动执法人员600余人，查处食品安全违法案件9件，罚没款9.4万元。

【药械安全监管】 2020年，县市场监督管理局受理审批药品和医疗器械经营许可28件，审批医疗器械二类备案57户，三类登记44户。变更药品、医疗器械经营许可证146件，注销7件。全县有药品经营企业230家，医疗器械经营企业126家，药品、医疗器械使用单位256家。出动执法人员615人次，执法车辆186辆次，对全县药品、医疗器械经营企业进行监督检查，检查覆盖率100%。开展“春节前禁毒宣传”活动、“3·15”国家消费者权益日活动、药品科技活动周宣传活动、全国安全用药月宣传活动，发放宣传材料6000余份。配合市局组织检查10家单位，抽检药品30批次，抽样医疗器械3批次，合格率100%。开展药品、医疗器械专项整治13次，立案查处违法案件4件。完成药品不良反应报告（ADR）评价181例，处理医疗器械不良事件1例。

【化妆品安全监管】 2020年，禄劝有化妆品经营、使用单位497家。以开展化妆品国家抽检为契机，加强化妆品市场监管，排查处置不合格化妆品，出动执法人员97人次，检查清理化妆品经营、使用单位497家，下发整改通知书2份。完成3批次爽身粉类国产非特殊化妆品抽检工作。开展“5·25”全国护肤日、全国化妆品科普宣传周等宣传活动，悬挂宣传横幅1条，制作宣传展板8块，发放宣传画册、彩页2100余份，接受群众咨询39人次，检查化妆品经营单位27家。完成化妆品不良反应评价2例。

【质量计量标准化】 2020年，县市场监督管理局组织开展“5·20”世界计量日、“6·9”世界认可日、“10·14”世界标准日、“建设质量强国，决胜全面小康”主题质量月宣传活动。组织开展计量工作，培育诚信计量示范单位5家，扶持1家企业完成计量检测保证合格确认，对1285台计量器具进行检定，为22家企业提供计量服务。组织开展标准化工作，由昆明兰露梦农业科技有限公司承建的昆明市阳光玫瑰葡萄种植标准化示范区项目通过终期考核验收。开展工业产品监管工作，对辖区内27家销售电动自行车头盔的企业开展检查。组织开展认证认可工作，辖区内检验检测机构全部完成自检自查和检验检测统计直报工作。开展“质量强县”工作，拟定“质量强县”个性考核目标并推进各项工作落实，编制《禄劝彝族苗族自治县2019年度质量分析报告》，并在禄劝人民政府网站发布。

【特种设备安全监察】 2020年，禄劝有特种设备使用单位264家，特种设备1276台，在用特种设备1059台。2020年，办理特种设备安装告知109台，其中，电梯45台，起重机械37台，压力容器13台，锅炉4台，场内车辆1台，压力管道9条。发放特种设备安全宣传资料1600余份，接受咨询360余人次。落实安全生产主体责任，与2家特种设备充装单位签订《特种设备安全责任书》。开展特种设备（电梯）应急演练1次，特种设备安全专项检查3次。

【消费者权益保护】 2020年，县市场监督管理局加强消费者权益保护，保持“12315”投诉举报电话24小时畅通，受理率、处理率、反馈率100%，发现违法线索全部“诉转案”。受理消费咨询119件。受理举报103件，核实办结103件，查证不属实73件。受理消费投诉120件，成功调解109件，终止调解11件，解决消费争议金额31.2万元，为消费者挽回经济损失29.4万元。办结市长热线交办件64件，办结“一部手机管云南”涉旅消费投诉3件，办理“诉转案”4件，收缴行政罚没款17.2万元。开展“诚信经营放心消费企业”创建工作，创建“诚信经营放心消费”承诺店（企业）7户。

【知识产权和广告监管】 2020年，禄劝拥有知识产权2039件，其中，有效注册商标1568件，已取得授权的专利471件。年内新申请注册商标114件，取得专利授权58件。“禄劝板栗”通过地理标志产品初审，进入技术审查阶段，“禄劝黄草乌”“禄劝重楼”进行地理标志产品初审，“禄劝大白芸豆”“禄劝乌骨鸡”“禄劝黑山羊”启动地理标志产品和地理标志证明商标培育的前期准备工作。开展虚假违法广告监测工作，对全县辖区户外、印刷品、期刊及互联网站发布的各类广告进行监测，重点监测各类广告243条次。

（蒋天才）

物价管理

【稳价保供】 2020年，县发改局加强市场价格监测，密切关注粮、油、肉、禽、蛋、菜等各类生活必需品库存和市场供应情况，保持价格总水平基本稳定。上报《昆明市主要居民食品价格监测表》周报表48期，《昆明市农村服务收费及农业生产资料价格监测表》报表12期。开展乌东德库区价格监测工作，按时向国家发改委上报四个季度监测报表4期。在新冠肺炎疫情期间和节假日，对辖区农贸市场、超市开展价格巡查和应急价格监测，重点检查粮油、肉禽蛋奶、蔬菜等群众生活必需品节日市场供应及价格情况。

【收费管理】 2020年，县发改局加强行政事业收费管理，全面梳理减免缓征的行政事业性收费项目。按照国家和省、市出台的减免规定，对公布取消和减免缓征的行政事业性收费项目进行逐项对照，分批分类停止收费，禁止收费部门将已取消的收费项目转为经营服务性收费或通过第三方强制收取。做好行政事业收费动态管理，完成全县36家行政事业收费统计审核，行政事业性收费统计率100%。全县有行政事业性收费31项，涉企行政事业性收费13项。有27项政府定价、政府指导价商品价格和经营服务性收费。制订农村居民生活垃圾处理收费制度及执行方案，完成机关幼儿园保育费价格调整前期工作。

【价格认定工作】 2020年，县发改局大力推进价格公共服务，维护广大消费者的价格诉求利益。开展涉案物品价格认定服务，全年受理各类价格认定495件，价格认定金额973.2万元。

（张兴奎）

融合民宿

扶贫开发

责任编辑　李　欢

脱贫攻坚

东西部扶贫协作

专项扶贫

定点帮扶

扶贫成效

脱贫攻坚

【概况】 2020年，禄劝全年召开县委常委会31次，县政府常务会16次，脱贫攻坚周工作例会42次，研究全县脱贫攻坚巩固提升工作。原县脱贫攻坚指挥部调整为县脱贫攻坚巩固提升工作指挥部，工作重心由减贫转变为巩固脱贫成效，下设11个分指挥部65家成员单位。继续落实17名县级领导包乡，187名科级领导包村，13219名干部职工包户制度。派出驻村工作队员480人，第一书记179人，187个出列村驻村队员全覆盖。投入各类财政扶贫资金13.19亿元，其中专项扶贫资金2.07亿元（中央、省级专项扶贫资金1.43亿元，市级专项扶贫资金0.64亿元）。为符合条件的3277户贫困群众提供扶贫小额信贷1.47亿元。整合涉农资金40721.35万元。

【产业发展】 2020年，禄劝整合涉农资金中投入产业项目的资金为2.7亿元。以"因地制宜，一乡一品"为原则，打造"八大重点特色农业"，初步形成"百万亩经济林果、十万亩中药材、万亩特色水果、万亩高粱、万亩西柚"的农业产业规模化发展模式。全年累计对贫困户发展产业和务工增收、新型经营主体带贫益贫、规模经营、品牌提升给予资金奖励850.51万元，惠及企业97个、贫困群众575户、2013人。培育新型经营主体，扶持和培育市级以上重点农业龙头企业23个，其中，省级4个。提升产业组织化程度，成立县、乡、村三级脱贫攻坚致富带头人帮扶协会219个，指导新注册登记合作社42家，培育189个村级重点合作社，全县有注册登记农民专业合作社1061家。培育产业扶贫带头人及经营管理型、专业生产型等高素质农民（职业农民）200余人。通过强化产品宣传、组织参加各类展销会、收集提供线上线下市场需求信息等形式拓宽农产品销售渠道，解决疫情期间15吨撒坝火腿、1.5万羽乌骨鸡滞销问题。

【就业增收】 2020年，禄劝完成农村劳动力培训25753人次，其中，引导培训20000人次，技能培训5588人次。发放外出务工奖励补助3246人次、173.35万元。组织农村劳动力外出务工，完成农村劳动力转移培训3000人，实现转移就业24005人。农村贫困劳动力"零转移就业家庭"动态清零，实现有劳动能力、有就业意愿的建档立卡户、边缘户至少1人外出务工就业。发挥创业园区带动作用，5个省市级创业园区、4个返乡创业园区、3个农业创业园区和1个农业创业孵化基地带动农村劳动力就业创业1243人，吸纳贫困劳动力255人。继续优化使用乡村公益岗2958人，开发使用扶贫特岗1030人，城镇应急公共服务岗92人，促进难外出、难就业的脱贫户家庭成员就业增收。

【消费扶贫】 2020年，禄劝组织县内企业及产品参加扶贫产品认定，全县12个企业19个产品被省级认定为扶贫产品。扶贫产品销售收入2384.2万元，带动建档立卡户5785户、19062人增收。通过"农超对接""农校对接""农批对接""农社对接""农电对接"模式，到昆明、上海、广州、澳门等地进行扶贫产品展销7次。本土电商"大学生村官帮卖网"年内累计实现扶贫产品销售收入80万元。推广使用消费扶贫"832平台"，5家扶贫龙头企业入驻，销售农产品收入59.36万元。扶贫产品入驻昆明市呈贡区上海华联超市连锁店，实现销售收入5万余元。县内"彝山土苗"农特产品品牌与昆明市儿童医院、昆明市第三中学等单位达成长期购销协议。

【复工复产】 2020年，禄劝帮助扶贫龙头企业、扶贫车间解决项目推进、复工复产中遇到的难题，引导企业在做好疫情防控的前提下加快复工复产。全县12个扶贫龙头企业吸纳劳动力就业3111人，其中，贫困劳动力824人。34个就业扶贫车间全部复工复产，吸纳农村劳动力就业4035人，其中，贫困劳动力1366人。74个涉农整合资金项目中，已完工23个，其余51个项目正加速实施。

【问题整改】 2020年，禄劝强化中央巡视反馈问题整改，中央第

2020年8月31日，县2020年电子商务专业骨干培训班（提升班）开班典礼现场（团县委 供）

十二巡视组对全省脱贫攻坚专项巡视反馈意见中4个方面、10类、19个共性问题全部整改到位。强化历次中央、省市级督查反馈问题整改，18次督查检查发现的82个方面、187个问题全部整改到位。强化脱贫攻坚成效考核问题整改，梳理全县存在的11类、56个问题，针对发现问题制定47条整改措施，56个问题已全部整改到位，并长期坚持。强化“两不愁、三保障”短板弱项整改，抽调551名工作人员组成17个实地自查组271个工作小组，入户核查30424户农户，其中，建档立卡户25954户，发现短板弱项问题户11993户，其中，信息数据疑似不一致11088户，疑似存在“两不愁三保障”短板弱项905户，于6月30日前全部整改销号。强化资金管理问题整改，制定《关于进一步加强和规范财政资金管理的实施意见》《加强扶贫资金管理十一条措施》等办法，对5家县级部门、11个乡镇开展扶贫资金检查2次，扶贫项目资金全面公开。加快资金拨付，11月底财政专项扶贫资金支出率95%，其他整合资金支出率85%。投入资金110561.76万元，做好全国扶贫开发信息系统项目库子系统内的产业扶贫、公益岗位、教育扶贫、村基础设施完善等12大类、55个小类扶贫项目建设。做好2021年项目库规划，涉及7大类、398件项目，计划总投资91371.05万元。

【脱贫攻坚普查】 2020年，禄劝成立由县党政主要领导担任组长的普查工作领导小组，建立条块结合的服务保障机制，细化制定工作方案30余个，抽调95人组成县、乡两级工作专班，统筹全县普查工作。县级领导牵头驻守17个乡（镇、街道），负责各乡（镇、街道）普查工作。对照脱贫攻坚普查的26条户指标、60条村指标、45条县指标，补齐短板弱项，督促指导各乡（镇、街道）做好迎接国家脱贫攻坚普查配合工作。到禄劝开展普查的305名普查员依法依规进行现场登记、数据复核、审核验收。完成县普查表1份，行政村普查表187份，采集建档立卡户数据25954户，并通过审核验收，普查数据上报率、复核率、验收率均100%。

【激发内生动力】 2020年，禄劝187个村（社区）开展“三讲三评”

活动870场，群众满意度99.3%。组织4897户贫困户、899名基层党员代表、1236名群众代表、480名驻村扶贫工作队员参与“自强、诚信、感恩”主题实践活动，开展宣讲1000余次。收集汇总58个脱贫攻坚典型经验选题。省、市新闻媒体刊播禄劝脱贫攻坚新闻宣传稿件543篇(条)，县电视台制作播出新闻42篇(条)，利用官方微博、微信、“云南通·禄劝”等媒体平台播出脱贫攻坚、劳动力转移、饮水安全、农村人居环境整治等信息533篇(条)。五年来，全县有31名脱贫攻坚先进工作者，8个先进集体受到省市表彰，226名脱贫攻坚先进工作者、45个先进集体受到县委、县政府表彰。

【扶贫领域监督执纪】 2020年，禄劝开展扶贫领域腐败和作风问题专项整治，检查抽查11批次，提出意见建议61条，下发纪律检查建议书6份，监察建议书1份，给予党纪政纪处分26人，问责19人，提醒、诫勉谈话227人，通报典型案例14期18起53人。整合县脱贫攻坚督导组和县纪委县监委专项纪律检查组监督力量，统筹县脱贫攻坚17个督导组，实行“一周一重点”“一周一督查”“一周一反馈”“一周一通报”的“派单式”监督检查，累计开展监督检查23次，反馈并整改问题184个。

（孙显志）

2020年7月6日，上海市普陀区对口帮扶禄劝捐资仪式（余国华　摄）

东西部扶贫协作

【组织领导】 2020年4月8日，召开对口帮扶项目推进会，研究项目前期准备工作。4月22日，召开对口帮扶项目实施方案评审会，审议各项目实施方案。5月19日，召开东西部扶贫协作项目调度会，要求明确时间、倒排工期、挂图作战。6月18日，召开项目推进会，明确项目资金拨付计划比例、确认项目完工验收时限。7月4日，召开团街镇高家村牛羊屠宰冷链物流项目建设专题会。7月6日，上海市普陀区委书记曹立强率普陀区党政代表团一行到禄劝考察，召开联席会议，并捐赠资金。7月9日，召开屏山街道种苗培育基地、食果品加工中心项目建设专题会，专题研究解决项目推进中存在问题。8月6日，上海市普陀区委常委、区纪委书记、区监委主任曹卫东率普陀区代表团到禄劝考察调研东西部扶贫协作工作。8月27日，县委副书记王亚芳主持召开2020年东西部扶贫协作小组工作会议，会议就2020年东西部扶贫协作各项工作做了安排部署。10月15日至18日，县长李开德率禄劝党政代表团到普陀区回访，并召开联席会议。10月19日，召开2020年市级东西部扶贫协作考核工作会。10月24日，召开2020年度东西部扶贫协作暨中央定点帮扶成效考核迎检专题会，研究部署2020年省对市东西部扶贫协作考核迎检工作。

【人才交流】 选派挂职干部，2020年，禄劝2名科级干部到上海挂职学习，任职期限为一年；普陀区增派沈洋任县东西部扶贫协作联络专员。开展专业人才交流，禄劝选派10名专业技术人员赴上海进修学习，分别为5名医生、5名教师；普陀区共派出2名专业技术人员到禄劝进行交流，医生、教师各1名。做好后勤保障，执行《关于进一步做好省外来滇挂职干部有关服务保障工作的通知》等文件要求，保证援建干部的食宿、出行及意外保险等服务保障工作。开展干部培训，禄劝组织党政干部赴上海培训3批42人次，其中，8月17日至23日，8月24日至30日，扶贫领域干部赴上海交通大学参加培训，共2批36人次；10月17日至23日，脱贫攻坚与乡村振兴干部赴上海华东理工大学参加培训，共1批6人次。开展专业人才培训，组织乡村幼儿园骨干教师、义务教育学校管理干部、乡镇中心校分管教学副校长到上海培训共3批23人次，其中，9月14日至28日，乡村幼儿园骨干教师2人赴上海市参加培训；10月12日至16日，义务教育学校管理干部17人赴上海市参加培训；10月13日至27日，乡镇中心校分管教学副校长4人赴上海培训。组织医护骨干、医疗卫生管理人员、医务管理干部培训共计3批19人次，其中，医护骨干赴上海培训1批1人次；10月12日至26日，医疗卫生管理人员赴上海参加业务能力培训1批17人次；10月19日至22日，医务管理干部赴昆明参加培训1批1人次。

【资金使用】 2020年，禄劝制定和执行资金项目管理办法，制定《加强扶贫资金管理十一条措施》《关于进一步加强和规范财政资金管理的实施意见》《禄劝彝族苗族自治县东西部扶贫协作资金项目管理暂行办法》等文件，为东西部扶贫协作工作提供保障。落实帮扶资金，上海市援助财政资金到位3580万元，其中，项目资金3300万元，劳务协作资金280万元。全年实施帮扶项目7个，投入资金3300万元，累计报账资金3088.56万元，报账率93.59%。用于产业扶贫2570万元，用于就业扶贫280万元，用于基础设施建设730万元。

2020年建成投入使用的禄劝屠宰冷链物流基地（团街镇　供）

【产业合作】 2020年，禄劝结合实际情况，制订《东西部扶贫协作招商引资政策扶持的实施意见》。开展产业合作，引入云南嘉荣牧业有限公司，投入资金411.3万元，用于禄劝黑山羊养殖，带动建档立卡贫困户16人增收受益，带动建档立卡贫困户4人实现就业；引入云南禄麻生物科技有限公司，投入资金1360.72万元，用于工业大麻种植，带动22人增收受益，其中，建档立卡贫困户11人。建设扶贫车间，全年援建扶贫车间4个，吸纳就业人数341人，其中，建档立卡贫困户147人。开展消费扶贫，认定扶贫龙头企业12家，认定扶贫产品11家20款；组织优秀企业参加“五五购物节”活动和普陀区共青团、普陀区总工会组织的消费扶贫活动，参加上海市、普陀区对口帮扶地区特色产品展销会。年内累计销售农特产品1393.62万元，带动455户、1500余人增收，受益贫困户181户、600余人。

【劳务协作】 印发《禄劝彝族苗族自治县2020年加强农村劳动力转移就业工作实施方案》，2020年，禄劝转移贫困劳动力到上海就业53人，就地就近就业970人，到其他地区就业28人。

【结对帮扶】 2020年，普陀区长寿街道、长风街道、石泉街道、甘泉路街道与禄劝11个乡（镇、街道）结对帮扶，签订帮扶协议书，开展走访调研和资金捐赠。普陀区34家企业与禄劝83个深度贫困村结对帮扶，签订帮扶协议书，到禄劝开展走访调研和资金捐赠。普陀区曹杨实验小学与禄劝秀屏小学、上海新杨中学与禄劝秀屏中学签订结对帮扶协议，选派1名教师到禄劝秀屏中学支教6个月。上海普陀区中心医院与县人民医院开展结对帮扶，选派1名医生到县人民医院支医6个月。争取资金帮扶，年内“携手奔小康”帮扶资金实际到账936.64万元，其中，上海市级财政资金100万元，区县级财政资金270万元，社会帮扶资金545万元，社会捐赠物资折款21.64万元。用于深度贫困村开展“三带、两转”（“三带”即带人、带物、带产业，“两转”即转观念、转村貌）工作715万元，用于开展消费扶贫100万元，用于中屏镇书多村自然能提水项目配套管网建设100万元，捐赠衣物给贫困家庭折款21.64万元。开展贫困村创业致富带头人培训，分别于8月9日至15日、8月16日至22日，选派2批18人次参加由昆明市组织的脱贫攻坚致富带头人培训班；9月24日至25日，组织112人次到昆明参加“帮扶大讲坛”禄劝出列村致富带头人培训。

（孙显志）

专项扶贫

【扶贫数据质量管理】 2020年，县扶贫办开展数据比对清洗工作，完成省扶贫办反馈20398条问题数据比对清洗，其中，贫困人口2852条，贫困户17038条，贫困村79条，扶贫项目429条。组织开展互检自查工作，完成“回头看”互检自查发现的17872条疑似问题数据比对清洗，其中，户信息不一致11051户、17142条，村信息不一致156个、399条，互检反馈问题数据331条。组织清查摸底工作人员业务培训，培训数据审核验收人员35名，清查摸底人员605名，管理员31名，包村领导189名，村委会支书及驻村工作队队长378名，以及17个乡（镇、街道）扶贫分管领导和统计分管领导。

【项目库建设管理】 2020年，禄劝项目库建设严格按照“村申报、乡审核、县审定”的申报程序逐级申报。实施项目库动态管理，完成村级“施工图”、乡级“路线图”、县级项目库的动态调整工作。5月5日至9日，组织各乡（镇、街道）、县级相关部门业务人员对项目库进行集中修改清洗，规范项目库录入项目的要素，调整库内项目安排。录入全国扶贫开发信息系统项目库子系统的共有12个大类、55个小类、1691个项目，投入资金48.69亿元。其中，产业项目308个，总投资144384.46万元；村公共服务50个，总投资12634.52万元；村基础设施663个，总投资189491.22万元；公益岗位129个，总投资14236.76万元；健康扶贫10个，总投资15130.04万元；教育扶贫68个，总投资1273.7万元；金融扶贫62个，总投资17860.84

万元；就业扶贫65个，总投资2382.48万元；生活条件改善276个，总投资26094.62万元；危房改造21个，总投资38734.23万元；项目管理费2个，总投资1240万元；易地扶贫搬迁29个，总投资11404.46万元；综合保障性扶贫8个，总投资12001.69万元。

【整合财政涉农资金】 2020年，禄劝按照各乡（镇、街道）和县级部门报送的项目资金计划，分类建立项目库。根据县财政局提供的计划整合资金规模，按照脱贫攻坚规划和巩固脱贫成果的需要从项目库中挑选出急需实施的项目，形成年度项目建设计划表，并提出项目资金分配初步计划报禄劝统筹整合使用财政涉农资金工作推进协调领导小组，领导小组召开专题会议研究决定项目资金的分配，项目建设计划表及资金分配方案经领导小组讨论审定后，领导小组办公室发文下达资金分配计划到各项目主管部门，并将资金拨付到项目主管部门，项目主管部门组织项目实施。2020年，整合涉农资金40721.35万元，投入基础设施建设12271.68万元，农业生产发展27954.67万元，“雨露计划”495万元，农业产业资金占比68.65%。

【脱贫攻坚巩固提升“回头看”】 2020年，全县抽调551名工作人员组成17个实地自查组271个工作小组，对全县187个行政村30417户（建档立卡户25954户，非卡户4463户）进行入户核查，无漏评、无错退。户自查中发现问题户11993户（全部为建档立卡户），其中，信息数据疑似不一致的11088户，疑似存在工作短板的905户。村自查中核查187个行政村，其中，贫困村115个，非贫困村72个。发现问题370条，其中，基本情况不符124条，发展情况不符107条，驻村工作队情况不符114条，签约服务团队情况不符25条。县级交叉互检中，市级业务指导组、东川区、寻甸县共计抽调91人，组成17个督导组，对禄劝17个乡（镇、街道）互检自查工作开展督导，督导组反馈问题户253户、304条，其中，建档立卡户247户、298条，卡外户6户、6条。

【村级光伏扶贫电站建设】 截至2020年底，禄劝第一批村级光伏扶贫电站建设22个，总装机容量10.73兆瓦，投入资金7000万元。第二批村级光伏扶贫电站建设66个，每个村装机规模100千瓦，投入资金3960万元。全县88个村级光伏扶贫电站全部建成投入使用，共发电2156.84万千瓦·时，收电费756.39万元，补贴2256.55万千瓦·时，补贴827.1万元，收益资金1583.49万元，扣除税费后，全部下拨到各乡（镇、街道）三资中心。

【“爱心超市”建设】 2020年，禄劝以“扶贫济困传递爱心”为宗旨，参照兰考等先进县（市）典型经验，分别在17个乡（镇、街道），建成48个“爱心超市”。年内开展积分兑换190次，开展评议176次，物资存量3.2万元。

【扶贫小额贷款发放】 2020年，禄劝发挥扶贫小额贷款帮带作用，帮助建档立卡户发展产业。全年发放扶贫小额贷款14631.96万元，完成总发放任务数的104.51%，覆盖建档立卡贫困户3277户。

【“雨露计划”】 2020年，禄劝发挥“雨露计划”帮扶教育作用，对全县建档立卡户家庭子女就读中职、高职的在读学生给予补助。组织乡镇通过人工审核申报3781人，补助标准为每生每季1500元，发放补助资金567.15万元。

【扶贫龙头企业和扶贫产品认定】 2020年，全县达到申报扶贫龙头企业条件的企业（互助社）共19家，通过市级认定12家。向上级申报扶贫产品认定公司（合作社）49家，有12家19个品牌通过省级认定。百优农业发展有限公司、昆明鸿垚农业开发有限公司等9家公司的核桃、天麻、火腿等11个品牌实现线上销售。

（孙显志）

定点帮扶

【概况】 2020年，南光集团继续定点对口帮扶禄劝，投入帮扶资金500万港元，引进帮扶资金141.68

2020年南光集团持续扶持翠华镇农户发展毛驴养殖（刘　毅　摄）

万元，培训基层干部214人，培训技术人员194人，在禄劝实施消费帮扶，通过直接采购、帮助销售禄劝农特产品81.76万元。实施帮扶项目10项，其中，产业发展类5项，基础设施建设类3项，教育帮扶类1项，培训类1项，惠及群众9560余人。

【乌蒙乡种植养殖产业发展项目】项目总投资321万元，南光集团援助88.7万元。援助乌蒙乡实施产业发展项目3项，分别是乐作泥村委会脆枣种植、基鲁村委会沃柑种植、幸福村委会肉牛养殖。该项目于2020年9月完成，项目取得收益由乌蒙乡人民政府落实带贫机制，实施各类公益扶贫等工作，惠及3个行政村、4232人。

【转龙镇中草药种植项目】项目总投资326.4万元，合作社自筹246.4万元，南光集团帮扶80万元，用于种植120亩林下天麻。该项目于2020年6月完成，并通过验收。项目资金由转龙镇人民政府入股昆明元园种养殖专业合作社，合作社向转龙镇人民政府支付分红金4.8万元/年，用于落实带贫机制，每年带动农村劳动力劳务增收，惠及农户400余人。

【中屏镇中草药种植发展项目】项目投入资金10万元，主要用于帮扶中屏镇大海资村委会发展中草药种植，发动农户20户、62人，种植木香115亩，帮扶资金主要用于购买木香种子、化肥、薄膜等物资，惠及当地农民62人。

【翠华镇新华村特色高效水果种植基地建设项目】项目投入资金120万元，援助翠华镇新华村建设1座种植面积约60亩的特色水果种植基地，帮扶资金主要用于农业生产设施建设、土地流转、购买黄桃树苗、雇佣村内劳动力落实生产运营等。该项目于2020年9月完成生产设施建设，并转入运营。项目由村委会委托村集体种植合作社实施运营，合作社每年按比例向村委会支付分红，以增加村集体经济收入，用于村委会落实村内公益事务、雇佣公益岗位、帮助贫困群众等。32户农户在土地流转中获益，惠及全村1601人。

【翠华镇新华村村小组道路硬化项目】 项目投入资金100万元，对陡山、王家、阿吉达3个村小组约3.4千米进村道路进行硬化，解决村民出行问题。该项目道路于2020年9月完成硬化，通过验收并投入使用。项目惠及3个自然村村民48户、198人。

【翠华镇奖学助学项目】 项目投入资金30万元，于2020年9月实施完成。项目资金用于奖励学业优秀学生13名，资助家庭贫困学生113名。为翠华镇营造良好的学习氛围，激励学生奋发向学，为家庭经济困难学生减轻经济压力，助其完成学业。

【基层干部业务培训及人员技术培训项目】 项目投入资金25.85万元，通过县委组织部实施，为禄劝214名基层干部提供业务培训。通过县人社局实施，为禄劝194名就业促进员提供技术培训。由县人社局牵头，动员困难群众外出就业318人。

【翠华镇新华村进县城道路硬化项目】 项目投入资金245万元，于2020年5月完工并投入使用。硬化新华村往崇德街道集贸市场方向进城道路3.5千米，缩短新华村村民进出城绕行距离10千米，解决村民出行问题，惠及村民1601人。

【屏山街道茂龙村脆枣种植项目】 项目投入资金107.17万元，帮助茂龙村委会发展脆枣种植产业，主要用于脆枣种植园大棚建设。该项目于2020年6月完成建设，并转入运营。村集体以入股形式参与脆枣种植园发展，种植园盈利后按比例获得分红，增加村集体收入。收益用于村集体产业发展、开展公益事业、帮助困难群众、雇佣公益岗位等，惠及村民2625人。

【翠华镇新华村人畜饮水安全改造工程】 项目投入资金112万元，帮助新华村补足“两不愁、三保障”短板，对村委会存在饮水问题的8个自然村进行人畜饮水安全改造，为取水点增加取水池、过滤器，增加蓄水池，更换引水主管、支管，更新村内支管、入户管，维修部分管道等，惠及新华村8个村小组、385户、1490名村民。

【帮扶资金引进】 2020年，南光集团为禄劝引进帮扶资金141.68万元。号召港澳爱心组织“黄土高原·中国偏远山区助学计划”资助禄劝贫困学生50人，资助金额10万元。派驻干部动员热心企业向新华村捐赠1.6万元，用于安装太阳能路灯。动员热心企业向新华村中老悟村小组捐赠2000元，用于村内公共设施维护。协调北京乐善公益基金会“红旗梦想智慧学校”帮扶项目落地禄劝秀屏中学，引进帮扶资金129.88万元。对接北京乐善公益基金会，在禄劝开展“红旗梦想自强班”项目，引进帮扶资金20万元，用于资助自强班贫困学生，惠及学生100人。

【派驻帮扶干部】 南光集团选派吴振华到禄劝彝族苗族自治县人民政府挂职副县长，选派刘毅到翠华镇新华村担任驻村第一书记。2020年，派驻帮扶干部挖掘禄劝当地农特产品，开展消费扶贫，将轿子山泉、岔河脐橙、野生菌干品出口至澳门。推荐、组织禄劝企业参加澳门国际贸易投资展览会、全国民族地区发展大会暨一乡一品国际商品博览会。协调禄劝轿子山泉水业有限公司与澳门世博国际商行达成合作，拓展澳门地区市场。推进禄劝职业高中“就业直通车”项目，2名汽修专业优秀毕业生被澳门中旅下属澳巴公司录取。争取澳门社会组织、团体、志愿者、市民等公益力量参与定点扶贫，港澳热心人士组织的“黄土高原·中国偏远山区助学计划”于2017年在禄劝落地，累计资助贫困学生179人次，资助金额35.8万元。

（南光集团）

扶贫成效

【教育扶贫】 2020年，禄劝落实“控辍保学”“双线十人制”“动态归零督查制”和“一票否决制”，开通控辍保学视频动态监控系

2020年则黑乡戈老村易地搬迁安置区（县自然资源局　供）

统，依法劝返辍学学生57名，实现义务教育阶段零辍学。发展职业教育，投入资金2.46亿元，改扩建禄劝职业高级中学实训基地。2020年，新招生1700人，有在校学生4298人，其中，建档立卡户家庭学生1346人。引进云南新兴职业学院，新建禄劝校区，新招生1.2万人。开展贫困学生资助救助，落实“雨露计划”“营养改善计划”，设立3200万元/年的县级教育扶贫基金，落实义务教育阶段各项扶持资助政策。全年进行教育资助176280人次（建档立卡贫困家庭学生8594人次），发放教育补助资金8817.34万元。

【农村危房改造】 2020年，禄劝开展农村危房改造“回头看”查缺补漏工作，重点排查新增危房、标识标牌不全、改造质量不高、建新房住旧房、因灾受损等问题。投入资金1233.1万元，对649户农户开展农房抗震改造工作，其中，建档立卡户38户，投入资金72.2万元，户均补助1.9万元。

【易地搬迁】 易地搬迁户560户1949人全部搬迁入住，其中，3个集中安置点安置建档立卡贫困户99户、370人，同步搬迁25户、116人；12个乡（镇、街道）分散安置建档立卡贫困户436户、1463人。2020年，全县易地搬迁旧房全部拆除，复垦复绿土地162亩，3个集中安置点配套基础设施及公共服务设施建成并投入使用。开展易地搬迁劳动力技能培训、就业安置，拓宽增收渠道。

【健康扶贫】 2020年，禄劝全面推进医疗保险、大病保险全员参保，建档立卡贫困人口和低保、特困、残疾人员等特殊群体参保率100%。建立每年各1000万元的大病、慢性病救助基金。开展大病集中救治，对农村群众进行专项救助，防止因病返贫，实施36种大病专项救治1613名，救治率100%。对符合转诊转院规范住院治疗费用单人单次实际补偿比例达不到90%和个人年度支付符合转诊转院规范的医疗费用超过农村居民人均可支配收入的部分进行医疗费用兜底，2020年县域内定点医疗机构兜底10508人次。完成撒营盘镇升发村卫生室和崇德街道角家营社区卫生室建设，并投入使用。组建家庭医生团队255个，完成家庭医生签约189528人，签约率100%，履约总次数788187次，人均履约次数4.16次；其中，高血压患者签约19226人，履约人数19226人，履约率100%；糖尿病患者签约4395人，履约人数4395人，履约率100%；严重精神障碍患者签约2193人，履约人数2193人，履约率100%；肺结核患者签约288人，履约人数288人，履约率100%；建档立卡人口签约80121人，履约人数80121人，履约率100%。做好迎接国家脱贫攻坚普查，普查期间提供佐证材料94户，实现普查期间健康扶贫“0问题”通过。全县建档立卡贫困人口患者享受“先诊疗、后付费”“一站式”结算14917人次。规范转诊转院1885人次，其中，建档立卡贫困人口患者301人次。报销108人次25.5万元。继续巩固标准化乡镇卫生院和卫生室建设成果，每个村卫生室配备药品80种以上，确保群众常见病基本用药。

【饮水安全】 2020年，禄劝投入资金4500万元，完成巩固提升、水窖替代项目2个批次，解决17个乡（镇、街道）、124个村委会、220个村小组安全饮水问题。加强饮水安全工程管护维护，全面排查解决因年久失修、老化严重、水源枯竭、水质退化、建而不管、建而不用、水利设施损毁损坏、淤堵、漏水、工程性缺水等影响饮水安全的问题，保障17个乡（镇、街道）饮水安全。完善农村饮水工程“管理机构、管理制度、管理经费”和“有偿用水”等机制，覆盖全县197个村（居）委会、社区，2556个村小组，覆盖率96.3%。

【兜底保障】 2020年，禄劝新增低保对象454户、1297人（A类9户、20人，B类219户、585人，C类226户、692人），特困对象24人，给予临时救助979人，不符合低保和特困保障条件需采取其他扶贫措施14192人。落实农村低保和社会救助动态管理，截至10月20日，发放各类社会救助资金9739.26万元，落实农村低保8020户、14592人（建档立卡户5360户、9969人），享受特困供养1534人。实施残疾人“两项补贴”人员动态管理，截至10月20日，全县困难残疾人生活补贴人数3329人，重度残疾人护理补贴人数5991人，累计拨付资金2491.71万元。居民养老保险实现城乡一体化，符合参保条件的72526名建档立卡贫困人口全部参保，15754名符合条件的建档立卡贫困老人按照政策领取待遇。优化简化审核审批程序，乡（镇、街道）临时救助资金审批额度由1000元提高到3000元，实施临时救助22379人次（建档立卡户8349人次），发放临时救助资金2875.61万元。

【精准识别】 2020年，制订下发《禄劝彝族苗族自治县精准防贫监测预警及动态帮扶工作方案》，对脱贫不稳定户、边缘易致贫户、受新冠肺炎疫情或其他原因影响导致收入骤减或支出骤增户开展全覆盖排查，加强管理监测，及时采取防贫干预措施，防止返贫和新增贫困问题。全县脱贫不稳定户646户、1985人，边缘易致贫户510户、1698人，通过针对性帮扶，已全部消除返贫风险。探索建立精准扶贫防贫保险机制，与中国太平洋财产保险股份有限公司昆明中心支公司签订《精准防贫保险协议书》，全县建档立卡贫困户及边缘户以不记名方式进行投保，保险期3年，保险期间内，建档立卡贫困户及边缘户家庭人均纯收入低于防贫保障线的，由保险公司按照协议约定的保障范围及赔付标准给付防贫保险金，实现贫困人口长期稳定脱贫。

【基础设施建设】 2020年，禄劝实施农网升级改造、农村低电压台区改造，全县贫困村均通10千伏以上动力电和网络宽带，广播电视覆盖率100%，4G网络覆盖率100%，完成5G基站建设136个。在实现行政村全部通硬化公路、危险路段防护设施全覆盖的基础上，完成进村道路硬化77千米，农村公路安全生命防护工程建设603千米，全县公交“镇镇通”覆盖率100%，建制村通客车率99.82%。

【人大代表议案建议办理】 2020年，县扶贫办承办人大代表议案建议办理件17件，其中，A类办理件7件，B类办理件10件。均在规定时限内答复代表，与代表实地踏勘率、见面面商率、代表满意率均100%。

（孙显志）

农业 农村

责任编辑　李荣文

综 述

【粮食生产】 2020年，禄劝种植粮食作物74.9万亩，粮食总产量22.91万吨。种植小春粮食作物28.26万亩，其中，小麦8.71万亩，蚕豆4.44万亩，大麦9.02万亩，薯类1.91万亩，豌豆2.03万亩，杂粮2.15万亩。种植大春粮食作物46.6万亩，其中，玉米21.84万亩，薯类13.6万亩，水稻3.52万亩，豆类2.79万亩，杂粮2.57万亩，高粱2.28万亩。实施晚秋粮食作物间套种26.3万亩，地膜覆盖玉米栽培16.13万亩。完成粮食作物高产创建5片5.17万亩，其中，玉米高质高效创建2片2.05万亩，马铃薯绿色高质高效创建2片2.02万亩，水稻绿色高质高效创建1片1.1万亩，平均亩产714.85千克。

【畜牧及渔业生产】 2020年，禄劝生猪存栏22.17万头，出栏31.27万头；牛存栏9.37万头，出栏肉牛5.12万头；羊存栏31.28万只，出栏31.8万只；家禽存栏96.08万羽，出栏242.81万羽。猪肉产量2.13万吨，牛肉产量5152吨，羊肉产量5558吨，禽肉产量4006吨，禽蛋产量3969吨。实现畜牧业总产值28.72亿元，比上年增长22.95%。实施稻田养鱼1998亩，渔业产量840吨，实现渔业产值1635万元，比上年下降11.4%。

【特色产业发展】 2020年，禄劝播种蔬菜11.34万亩，总产量19.22万吨，产值4.46亿元，比上年增长47.5%。播种无公害蔬菜8.5万亩，产量16.58万吨。种植花卉园艺7600亩，实现总产值（包括第二、三产业）13.93亿元，其中，鲜切花5775亩，产量3.75亿枝，建成鲜切花标准化示范点8个。种植特色水果4220亩，其中，樱桃李300亩、蜂糖李400亩、西柚1160亩、蓝莓320亩、草莓200亩、苹果650亩、柑橘类水果350亩、黄桃350亩、枇杷160亩、葡萄165亩、樱桃番茄165亩。全县水果种植面积4.1万亩，种植面积100亩以上的品种有24个，挂果水果3.07万亩，产量2.22万吨，实现产值1.79亿元。完成冬季深翻、修剪3.4万亩，开展高头换接2857头，推广苹果、梨、桃子、葡萄等果实套袋200万个。全县种植中药材6.8万亩，主要品种有当归、党参、草乌、天麻、紫丹参、山药、波棱瓜7个品种，其中，当归3149亩、党参3820亩、草乌2637亩、天麻2156亩、紫丹参861亩、山药381亩、波棱瓜759亩，实现中药材产值10.6亿元。县政府筹集资金1053.31万元，对115家重点发展产业及带贫益贫企业给予奖补。

（李桂兰）

【林业生产】 2020年，禄劝林业总产值208852万元。在完成市级特色经济林建设项目2万亩（核桃1万亩、板栗1万亩）的基础上，参与县级涉农资金整合项目，完成特色经济林板栗种植63152亩（核桃提质增效32500亩、板栗提质增效30652亩）。举办第一届西南坚果博览会，各级领导、专家学者和知名龙头企业参加，将禄劝坚果推向全国。申报市级林下经济示范基地4家，林产品初加工示范点4家，市级森林公园2家。

【林木种苗】 2020年，禄劝有持证苗圃66户，育苗地面积4204.14亩。开展苗木场圃检验9次，检验核桃、花椒、青椒、杨梅、板栗、藏柏、旱冬瓜等苗木316万株。开展惩治侵犯林业植物新品种权和制售假冒伪劣林木种苗专项整治工作，全县无制售假冒伪劣林木种苗行为，苗圃内未见新品种林业植物，无植物新品种侵权行为。开展核桃种质资源调查工作，在团街、云龙、九龙、则黑收集禄劝老品种核桃优株4株，果实送省产品质量监督检验研究院检测。开展本地特色乡土树种种质资源保护工作，对云南油杉、黄杉、厚皮香、清香木卫矛等乡土树种进行采子并在漩窝塘林场实验育苗。2020年，完成基地建设44.3亩，培育乡土树种云南松、华山松、云南油杉、榛子、藏柏、圆柏、台湾相思、清香木、杉木、冷杉、毛叶合欢11个树种，出苗130万株。禄劝漩窝塘云南油杉采种基地通过云南省林木品种委员会认定，是云南省唯一一个云南油杉良种基地。

【经济林果提质增效】 2020年，禄劝完成市级经济林果提质增效项目2万亩，受益农户1707户、7138人，其中，建档立卡户210户、781人。核桃提质增效3.25万亩，受益农户4420户、18859人，其中建档立卡户781户、3053人；板栗提质增效项目3.07万亩，受益农户2944户、1550人，其中，建档立卡户171户、632人。

（赵欧娇）

【经营主体培育】 2020年，禄劝新注册成立专业合作社62家，带动农户5890户、2.07万人参与发展。指导成立家庭农场13家并录入全国家庭农场名录系统。培育省级农业产业化重点龙头企业1家（昆明兰露梦农业科技有限公司）；培育市级农业产业化重点龙头企业2家（禄劝山地农林产业科技发展有限公司、禄劝圣腾元农业科技有限公司）；培育省级农民合作示范社1个（禄劝永缘种植专业合作社）；培育市级农民合作示范社1个（禄劝坤进种养殖专业合作社）；培育市级示范家庭农场1家（翠华镇荣华胖胖养殖家庭农场）；评定县级示范家庭农场15家。

【农特产品培育】 2020年，禄果红唇葡萄、禄果甜太阳葡萄、禄果草莓、美香葡萄、黄桃、阳光玫瑰葡萄、无花果、禄劝青花椒（干品）、乌东德青花椒（鲜品）9个产品获绿色食品认证，活鸡、鸡肉、鸡蛋3个产品获无公害产品认证。禄果阳光玫瑰葡萄获2020年昆明“十大名优农产品”称号，彝道滇重楼、轿子雪山乌天麻获2020年昆明“十大名中药材”称号。

【农特产品营销】 2020年，县农业农村局组织农产品销售企业与高校洽谈，开发“禄劝农产品网”助力消费扶贫，组织设计30余种禄劝农产品外包装，提升禄劝农产品市场品牌形象。组织蜂蜜、撒坝火腿、葡萄、天麻、重楼、三七、食用菌等农产品参加第十五届昆明东亚食品交易博览会、第十一届广州国际天然有机食品展览会、第二十五届澳门国际贸易投资展览会等大型博览会展销。铜锣湾集团冠名郎之汤酒对外销售，举办郎之汤酒封坛仪式。组织农产品参加第一届西南坚果博览会展销，提升禄劝农产品知名度，拓宽禄劝农产品销售渠道。

【村庄规划编制】 2020年，县农业农村局结合国土综合整治工作安排，充分整合原有村庄建设规划、村土地利用规划等乡村规划，实现土地利用规划、城乡规划等多规有机融合，制定印发《领导包村做规划，干部返乡建家乡实用性村庄规划编制工作实施方案》，对全县2601个自然村开展“多规合一”的实用性村庄规划工作，指导村庄保护、建设和发展。实现17个乡（镇、街道）乡村规划许可管理全覆盖。

【农村产权管理】 2020年，县农业农村局对全县宅基地进行摸底调查，据各乡（镇）统计，全县有村民宅基地12.09万宗，占地面积5.91万亩，涉及农户11.77万户。完成农村集体产权制度改革清产核资，全县集体资产总计15.53亿元，集体土地面积611.55万亩，确认集体经济组织成员43.86万人，完成197个村（居）委会、社区，2610个村小组2797个清查单位的股权设置及量化工作，建立村集体经济2797个。

（李桂兰）

农业安全

【动物卫生监督】 2020年，禄劝开展产地检疫工作，禄劝动物产地检疫申报点收到《检疫申报受理单》5477余份，完成动物产地检疫猪15.48万头、牛羊1.16万只、家禽11.62万羽；检出病害猪33头、牛2头，所有检出病害动物均按规定进行无害化处理，做到生猪产地检疫申报受理率100%、检疫合格持证率100%、检出病害动物无害化处理率100%。完成动物产品检疫生猪2.53万头（跨省调运生猪产品1.4万千克），牛羊3210头，白条禽9620羽、活禽11.03万羽；累计检出病害猪23头、羊1只，家禽69羽，产品3209千克，所有检出的不合格产品均按规定进行无害化处理；完成“瘦肉精”抽检980批次，非洲猪瘟PCR检测910批次，生猪入场检测非洲猪瘟5460头，落实生猪屠宰企业质量安全主体责任。开展动物疫病可追溯体系建设，订购“二维码”耳标26.4万套，其中，猪22万套，牛2.8万套，羊1.6万套，全部发放到17个乡（镇、街道），输出省外动物（猪、牛、羊）耳标佩戴率100%。抓好行业及从业人员监管，对城市动物诊疗机构、乡村动物诊疗场所及其从业人员和兽药生产、经营、使用企业进行执法检查，规范其生产、经营行为。推广兽药监管系统的使用和“二维码”追溯监管。

【重大动物疫病防控】 2020年，禄劝开展非洲猪瘟防控工作，对

17个乡（镇、街道）辖区内的生猪养殖多次进行排查，关闭活畜交易市场24个，执法人员检查屠宰场305人次，排查生猪2.14万头。完成猪口蹄疫、蓝耳病、猪瘟等疫病免疫注射124.02万头，应免密度100%；牛口蹄疫病免疫注射23.97万头，应免密度100%；羊口蹄疫病免疫注射68.42万只，应免密度100%；小反刍兽疫补免30.31万只，羊痘免疫注射1.01万只，传染性胸膜肺炎免疫注射0.14万只。完成家禽禽流感免疫注射401.68万羽，应免密度100%；犬类免疫注射0.11万只。

【免疫抗体监测】 2020年，禄劝送检猪O型口蹄疫免疫抗体检测325份血清样品，抗体转阳245份，转阳率75.3%；牛O型口蹄疫免疫抗体检测167份血清样品，抗体转阳155份，转阳率92.8%；羊O型口蹄疫免疫抗体检测324份血清样品，抗体转阳290份，转阳率89%。送检牛A型口蹄疫免疫抗体检测167份血清样品，抗体转阳147份，转阳率88%；送检羊A型口蹄疫免疫抗体检测324份血清样品，抗体转阳286份，转阳率87.6%。检测高致病禽流感H5亚型（Re-11株）免疫抗体323份鸡血清样品，合格288份，合格率89%；检测禽流感H5亚型（Re-12株）免疫抗体323份鸡血清样品，合格286份，合格率88.5%；检测禽流感H7（H7-Re2株）免疫抗体323份鸡血清样品，合格295份，合格率92%；检测鸡新城疫抗体323份，合格297份，合格率92%。检测猪高致病蓝耳病免疫抗体325份血清样品，抗体转阳296份，转阳率91%；检测猪瘟免疫抗体325份血清样品，抗体转阳284份，转阳率87.3%。检测羊小反刍兽疫免疫抗体324份血清样品，抗体转阳273份，转阳率84.2%。通过检测，春季重大动物疫病免疫抗体均在80%以上，达到重大动物疫病防控要求。

【植检植保】 2020年，县农业农村局对农业农村部公布的31种农业检疫性有害生物进行监测，每月将监测情况上报植物检疫系统。在辖区范围内开展育苗、育种企业植物检疫宣传培训，按照植物检疫条例要求进行申请、登记、备案及产地检疫工作。全年开展产地检疫马铃薯2380亩、水稻210亩、玉米16亩；对调入县内的9批芒果苗进行复检，调入签发产地检疫合格证2份。开展红火蚁及黄脊竹蝗监测防控工作，在17个乡（镇、街道）设置50个性诱监测点，在撒营盘、乌东德、翠华3个镇各建立一个远程监测系统，在乌东德镇设置一个高空监测防控灯，及时采购配备防控物资，开展草地贪夜蛾防控；做好稻瘟病、白叶枯病、稻飞虱、大（小）斑病、灰斑病、玉米螟、晚疫病、蚜虫等病虫害监测防控，全县范围未发生重大病虫灾害。

【农产品安全监管】 2020年，县农业农村局开展蔬菜水果农药残留快速抽样检测4130个，其中，合格4121个，超标9个，合格率99.78%，达到蔬菜水果质量安全控制在10%以内的目标要求。完成县级监督抽查、风险监测样本定量分析415个，合格率100%。随机抽样小农户283个样品，占抽样数的68.1%，随机抽样小农户占比达到20%的目标要求。完成市级监督抽查、例行监测检测80个样品定量分析，粮食作物玉米风险监测抽样送检10个样品。加强对全县104万亩无公害农产品产地的监管，进行专项治理41次，出动人员135人次，加强蔬菜生产环节用药指导110人次，现场培训人员1250人次。

【水产品安全监管】 2020年，县农业农村局检测水产品4批次，14个样品，合格率98%，其中，水产苗种的硝基呋喃类、孔雀石绿、氯霉素等违禁药物检测合格率100%。加强重点水产企业的食品安全跟踪检查，排查全县主要水产品生产和加工行业的质量安全风险隐患；加强水产养殖基地及重点养殖企业的“三项记录”检查，建立完善水产品质量安全可追溯制度。推行水产品产地准出和市场准入制度，开展水产品质量安全自检。

【农机安全监理】 2020年，禄劝拖拉机拥有量2320台，在册数2091台，办理拖拉机年度检验642台；拖拉机驾驶人员6220人，换证623本，考核发证27本；注销变型拖拉机374台，注销拖拉机驾驶证4本；拖拉机挂牌率91%，拖拉机检验率30.7%，持证率99%；拖拉机事故率、重伤率、死亡率分别控制在4‰、3‰、2‰以内。分别与17个乡（镇、街道）农业综合服务中心、3家农机专业合作社、1家拖拉机驾驶员培训机构签订农机安全责任书20份，督促各乡（镇、街道）农业综合服务中心分别与村（居）委会签订农机安全责任书189份，签订率100%。农机监理执法人员上路检查、到乡（镇、街道）督促检查56次，出动农机监理员124人次。春运期间到团街三岔箐交通安全执法站执勤40天，检查拖拉机110台次，检查微耕机74台次，发出违法告知书74份。

【种植业保险】 2020年，禄劝小春粮食作物小麦投保3.1万户、8.4万亩，油菜投保1.63万户、2.68万亩，马铃薯投保3284户、5892.95亩，累计投入保费209.22万元。大春粮食作物玉米投保6.95万户、34.17万亩，水稻投保1.29万户、2.63万亩，马铃薯投保2.24万户、7.06万亩，累计投入保费940.36万元。

【养殖业保险】 2020年，禄劝有能繁母羊10.55万只、能繁母猪2.77万头、育肥猪8.53万头投保养殖业保险，累计发生4158件、4581只能繁母羊死亡报案，理赔4350件，231件正在审核赔付中；发生1693件、1758头能繁母猪死亡报案，理赔1721件，37件正在审核赔付中；发生3358件、4672头育肥猪死亡报案，理赔4605件，67件正在审核赔付中。

【草原生态保护奖补】 2020年，新一轮草原生态保护补助奖励机制政策实施，下达禄劝草原生态保护补助奖励资金939.35万元，其中，禁牧38.58万亩，补助资金289.35万元；实施草畜平衡260万亩，奖励资金650万元。奖补资金全部通过“一卡通”兑现到农户，兑现率100%。

【耕地补贴】 2020年，禄劝划拨中央农业支持保护补贴（耕地地力保护补贴）资金4386万元，其中：屏山街道189.55万元，崇德街道103.42万元，茂山镇356.24万元，翠华镇407.81万元，团街镇309.45万元，云龙乡180.25万元，中屏镇271.16万元，撒营盘镇408.88万元，皎平渡镇296.69万元，汤郎乡192.48万元，马鹿塘乡258.67万元，乌东德镇199.65万元，则黑乡313.17万元，九龙镇423.23万元，转龙镇262.13万元，乌蒙乡139.84万元，雪山乡73.37万元。

【农机购机补贴】 2020年，禄劝兑付农机购机补贴资金682.88万元，受益农户及个体组织1228户（个），补贴农机具数量1900台（套），包括耕整地机械、收获机械、收获后处理机械、农产品初加工机械、畜牧机械、农业废弃物利用处理机械、动力机械、其他机械8个大类品、14个小类目。

【农业综合行政执法】 2020年，县农业农村局成立综合科、案件审理科2个科室及4个执法中队等农业综合行政执法机构，核定机构人员编制30名，配备办公室及办公设施设备，启动农业农村行政执法各项工作。

【种子管理】 2020年，县农业农村局抽取5个有代表性的玉米品种进行质量检测，涉及种子销售门市部4家，出动车辆35台次，执法人员150余人次，对全县17个乡（镇、街道）25个种子市场进行全面检查，立案查处假种子案件4件。

【农药监管】 2020年，禄劝办理农药经营许可证94本，在农药使

2020年5月15日，县农业农村局到九龙镇开展科学安全用药技术培训
（县农业农村局 供）

用高峰期到17个乡(镇、街道)开展农药检查、宣传工作，出动行政执法人员85人次，检查农药销售门市94家。设置农药监测点，重点做好农作物病虫害监测及农药田间使用情况的监测调查工作，做好监测区域农作物病虫害防治工作。查处销售假劣兽药案10件，动物卫生监督案件1件，收缴罚没款金额8325.8元。

（李桂兰）

农技推广

【畜禽品种改良】 2020年，禄劝开展畜禽品种改良工作。猪人工授精7万窝，本交2.8万窝，仔猪培育7万窝；配送水、黄牛细管冻精42000支、液氮3560升，完成肉牛动精改良2.01万头，牛本交1.4万头；羊本品种选育6.5万只，引入优良种公羊50只，杂交改良1800只，调种换种4500只。

【农业技术培训】 2020年，县农业农村局完成各类农业技术培训2.94万人次。其中：玉米育苗技术培训4期200人次；水稻塑盘育秧及精确定量栽培等技术6期300人次；科学安全用药培训19期1150人次；草地贪夜蛾等病虫害绿色防控技术培训92期、3220人次；无公害蔬菜技术、病虫害防治措施、花卉栽培技术等现场培训17期次，受训人员6482人次；农机培训25期、1275人次。发布病虫害预警信息及虫情简报5期，发放各类宣传材料1.84万份。

（李桂兰）

乡村振兴

【组织保障】 2020年，成立由县委、县政府主要领导为组长，县级有关部门负责人为成员的乡村振兴工作领导小组，办公室设在县农业农村局。领导小组设乡村产业振兴、乡村生态振兴、乡村文化振兴、乡村组织和人才振兴、乡村治理、城乡融合、宣传发动、督查问效8个专项工作组，制定出台《禄劝乡村振兴战略规划编制工作方案》《关于大力实施乡村振兴战略加快推进农业农村现代化的实施意见》等系列文件，强化顶层设计，加强组织领导，构建乡村振兴的制度和政策框架。

【规划引领】 2020年，禄劝筹集资金80万元，引进北京绿维文旅科技发展有限公司，推进乡村振兴规划，完成总体规划1个，空间规划1个，出台专项工作方案8个。完成17个乡(镇、街道)、村庄的规划编制，全面构建乡村振兴规划体系，绘就出乡村振兴蓝图。

【项目库建设】 2020年，禄劝结合中央和省、市、县“十四五”规划编制，通过省、市点题，县级思考，乡(镇)上报等模式，建立市、县乡村振兴项目库。从县级项目库来看，产业兴旺、生态宜居、生活富裕、乡风文明4类共48个项目纳入项目库管理，概算投资20亿元；从市级项目库来看，26个项目进入昆明市乡村振兴项目储备库(一期)，占全市项目入库总数的10.9%，其中，产业兴旺类项目20个，占产业兴旺类项目总数的12.2%；生态宜居类项目6个，占生态宜居类项目总数的21.4%。

【生态宜居】 2020年，推进“森林禄劝”建设，开展植树造林，国土绿化行动，完成营造林13.95万亩，绿化美化村庄20个，义务植树140万株。开展“平安林区”建设，加快森林资源监测系统建设，建立生态补偿机制，加快推进生态脆弱区修复工程。实施农村人居环境整治三年行动计划，建成乡(镇、街道)公共卫生公厕32座，行政村卫生公厕45座，村组卫生户厕4557座；完成全县2601个自然村“多规合一”实用性村庄规划编制，17个乡(镇、街道)规划许可管理全覆盖。设置村庄保洁公益性岗位2957个，安排2957名村民就业，常态化开展村庄、道路环境卫生保洁工作。创建国家级卫生乡镇2个，省级卫生乡镇7个，省级卫生村146个。

【乡风文明】 2020年，禄劝坚持教育引导、实践养成、制度保障三管齐下，弘扬民族文化精神，提振农村精气神，增强农民凝聚力，孕育乡风文明新风尚。开展清垃圾、扫厕所、勤洗手、净餐馆、常消毒、管集市、众参与“爱国卫生7个专项行动”，培育文明新风。开展“礼让斑马线·文明我先行”主题实践活动和“我们的节日”主题活动，深入推进移风易俗，弘扬文明新风。广泛开展文明村镇、文明家庭、星级文明户等群众性精神文明创建活动。推进乡(镇、街道)公共电子阅览室建设，开展流动图书读书活动，“三下乡”文艺演出活动并送年画、春联。

强化非物质文化遗产保护和传承，整理禄劝民歌80首、谚语100条。

【治理有效】 2020年，禄劝坚持“法治、德治、自治”相结合，建立健全党委领导、政府负责、社会协同、公众参与、法治保障的现代乡村社会治理体制。创建规范化基层党组织1425个，整顿软弱涣散基层党组织9个，调整撤换村党组织书记5人。开展农村基层干部综合素质提升，实施农村“领头雁”培养工程，2名村支书获省、市级“好支书”称号，3名村干部考录为国家公务员，6名村干部考录为事业人员。17个乡（镇、街道）青年人才党支部储备村级后备干部245名，锻炼使用21名。投入资金1800万元，实施财政扶持壮大村级集体经济35个，基层党支部真正成为带领群众脱贫致富的领路人。制定完善村规民约、居民公约和自治章程，推进民主管理，提升村民自治水平。鼓励和引导社会组织、社会工作人才、志愿者参与社区治理，建立和完善城乡社区治理体系，实现党领导下的政府治理和社会调节，居民自治良性互动。

【生活富裕】 2020年，禄劝坚持改善民生，促进城乡教育、医疗、养老等优质公共服务均等化，城乡融合发展。行政村公路通硬化路率100%，自然村道路通达率100%，自然村通动力电率100%。投入资金1233.1万元，改造加固农村危房649户，全部竣工投入使用。投入资金4500万元，实施农村饮水安全工程，自然村饮水安全保障率100%。实施广播电视“村村通”“中央广播电视节目无线覆盖”工程，行政村广播电视覆盖率100%。实施义务教育均衡发展，实现基础教育全面普及，乡（镇、街道）公办中心幼儿园全覆盖，幼儿园毛入园率95.12%，小学适龄儿童毛入学率99.84%，初中学生毛入学率115.52%，高中学生毛入学率90.94%。设立3200万元/年的县级教育扶贫基金，实施县域内职高、高中阶段农村学生教科书、学杂费、住宿费免费政策，对学生生活费给予补助。完成马鹿塘乡农村居家养老服务中心、翠华镇大松园村委会农村互助养老服务站建设。全县城乡居民基本医疗保险续保、参保42.63万人。完成农村劳动力技能培训19期961人次，累计完成各类农业技术培训2.94万人次，农村劳动力转移就业16.61万人次。实现农村常住居民人均可支配收入1.06万元，增长8.9%。

（李桂兰）

现代农业产业园区

【项目建设】 2020年，县农业园区培育中药材、生猪、花卉3个主导产业。云南彝道农业发展有限公司新建成重楼生产基地100亩；云南柳记农业科技发展有限公司生猪出栏1.39万头，存栏1.1万头；云南英茂花卉产业有限公司项目三期新建现代化温室大棚64864平方米，年出栏大花蕙兰44万盆。2020年完成项目投资5094.4万元。其中，时光印迹公司完成投资530万元，英茂花卉公司完成投资1320万元，旻昇园艺公司完成投资556.4万元，云君园艺公司完成投资1708万元，彝道公司完成投资980万元。

【招商引资】 2020年，县农业园区完成禄劝农特产品冷链物流基地建设及生猪和黑山羊屠宰加工厂建设2个项目包装。成功引进云南龙藏生物科技有限公司中药材工厂化育苗和绿槐片区特色水果示范种植2个项目入驻。

【基础设施建设】 2020年，县农业园区实施新建和在建项目水、电、路等基础设施建设，完成园区核心区主输水管道修复656米，修复深井水泵1个。

【入驻企业情况】 截至2020年底，禄劝入驻农业园区内培外引项目31个，其中，外引项目21个，内培项目10个。园区产值1.86亿元，其中，英茂公司销售收入5800万元，柳记公司销售收入3300万元，彝道公司销售收入2060万元，旻昇公司销售收入540万元，立云公司销售收入4100万元，时光印迹公司销售收入2800万元。

【特色亮点工作】 2020年，英茂花卉公司温室物联网项目建成，15个现代化温室大棚物联网监测报警系统投入使用。该系统充分发挥物联网技术在设施农业生产中的作用，保证温室大棚内环境作物生产，实现精细化管理。农业园区中华蜜蜂繁育养殖示范推广项目实现村集体项目收益3.17万元，其中，杉乐村委会2.5万元，半角村委会6700元。

（苏　辛）

水利 水电

责任编辑　李荣文

水　利

电　力

水 利

【概况】 2020年，禄劝建成各型水库84座，全县蓄水量1万立方米以上水库336座，坝塘1026件，抽水站149个，引水灌溉渠道103条。库塘总库容55494.3万立方米，除去云龙水库外调水量，实际可控水库总库容4095.3万立方米，兴利库容3131.5万立方米，全县有效灌溉面积37万亩，到位水利建设专项资金2.01亿元。建成农村集中式供水工程2492件，其中，千吨万人规模供水工程9件，千人以下集中供水工程2359件，分散式供水工程124件。全县农村供水人口43.19万人，其中，集中式供水人口41.42万人，水窖供水人口1.77万人，集中供水率96%，农村饮水“四项指标”达标率100%，千人以上饮水工程水费收缴率100%，小型集中供水工程水费收缴率98.5%。

【重点水源工程】 2020年，禄劝实施重点水源工程6个。真金万中型水库，总库容1807.2万立方米，主体工程建设全面完工，完成26.19千米的输水干渠建设任务，4月正式向灌区供水，有效灌溉面积1.58万亩。大河边小（1）型水库，总库容775.57万立方米，主体工程全面完工。输水线路工程总长43.6千米，总投资2.12亿元，沿线灌溉面积1.1万亩，年末完成投资1000万元。关坝河小（1）型水库，总库容333.3万立方米，有效灌溉面积7400亩，年度投资2500万元，完成导流泄洪隧洞建设、大坝封顶，开始溢洪道和配套管网施工。核桃箐小（1）型水库，总库容237.4万立方米，有效灌溉面积5178亩，年度投资3000万元，完成输水洞、溢洪道、大坝及配套管网施工，进入进场路硬化、坝顶防水等收尾工作。甲甸二水库小（1）型水库，总库容197.4万立方米，灌溉面积5360亩，年度投资306.29万元，项目工程全面完工，着手大坝蓄水安全鉴定及下闸蓄水验收等相关工作。本业小（1）型水库，有效灌溉面积4000亩，配套沟渠长3.5千米，年度投资1500万元。

【移民搬迁安置】 2020年，禄劝全面完成乌东德水电站移民安置实施阶段新增人口界定工作，累计完成移民新增人口界定155人。新村安置点扩容区规划搬迁安置移民227户、732人，实施阶段实际安置移民203户、670人。截至12月底，203户移民安置房及点内配套基础设施全面建设完成，基本具备移民搬迁入住条件。累计完成移民补偿资金兑付53008.96万元；完成新村安置点生产用地开发整理3545亩，库周交通干田坝小桥、宜岔组道路建设。实施徐家队至下龙门，鲁车至别卡，别卡至龙牛，菜园子至甘田坝道路建设32.83千米，完成总工程量的94%；完成洪门口、蚂蚁山、赊么、鲁车等6个人行渡口及3.75千米码头连接线建设。大河边水库43.6千米输水管线全面贯通正式供水，安置点外部供水工程及新村净水站等工程全部建成投入使用；建成汤郎乡细柞村委会10千伏输电线路并实现供电。10月4日，启动白鹤滩水电站船房新村移民安置点基础设施建设，白鹤滩水电站禄劝库区搬迁安置移民26户、94人，完成安置房及配套基础设施建设，基本具备移民搬迁入住条件。兑现云龙水库一级保护区移民长效补偿资金7023.65万元（含大米款），兑现全年大中型水库移民后期扶持直补资金339.33万元。投入资金896.6万元，实施屏山街道办旧县村委会南村一组文化活动室及配套设施建设。

【农村饮水安全】 2020年，制定印发《禄劝决战决胜脱贫攻坚农村饮水安全保障方案》，推进脱贫攻坚饮水安全问题整改、农村饮水工程建设、运行管理、水费定价、水费收取、巩固提升、“水窖替代工程”等任务落实。投入资金7466.42万元，实施农村饮水安全巩固提升工程项目234件，解决全县17个乡（镇、街道）、123个村委会、251个村小组、6.5万人饮水问题。抽调县水务局班子成员、34名专业技术人员组成8个检查组，对全县农村饮水安全进行全面排查，对历次发现问题整改情况、农村饮水工程建设任务、运行管理、水费定价、水费收取等工作进行检查，发现问题，立即整改。在2020年全国脱贫攻坚普查和省、市脱贫攻坚成效考核中，禄劝农村饮水安全保障

2020年3月6日，防疫监测人员对桂花箐水库饮用水进行水质检测（许世云　摄）

实现零问题反馈，农村饮水安全“四项指标”达标率100%。

【农田水利建设】2020年，县水务局全面推进农业水价综合改革，由于职能划转，自2019年以来，高标准农田等农田水利项目由县农业农村局组织实施，原已实施的云龙新山小水网工程，绿槐高效节水项目，旧铁厂水库灌区等已配套计量设施，成立用水合作组织并进行注册登记。实施封过水库灌区1.6万亩和真金万水库东干渠灌区1.58万亩的农业水价改革工作，农业用水总量分配到用水主体，落实管护主体及责任。完成绿槐山区小水网和云龙新山片区0.33万亩用水改革，实现按成本水价收缴水费。开展农田灌溉水有效利用系数测算，根据《全国灌溉水有效利用系数测算分析技术指导细则》，采用“首尾测算分析法”，在联合大沟灌区中部选择典型田块2块，大春种植水稻，小春种植蚕豆，得出农田灌溉水有效利用系数平均值0.56。

【防汛抗旱】2020年，禄劝有气象监测设施59个站点，其中，自动水位雨量站10个，自动雨量站47个，图像站2个。有预警设施277个站点，其中，预警广播205个，简易雨量报警器72个，简易预警设备（锣、鼓、哨、手摇报警器等488套）。强化对全省水库移动巡查系统运用的学习培训，邀请系统开发商北京慧图股份有限公司技术人员对各乡（镇、街道）水务站负责人及水库巡查人员进行理论及实操培训。按照“一库一策”要求，全县编制修订各类防汛抢险、汛期运用调度、山洪灾害防御、抗旱应急供水等预案162个，其中，县城防洪应急预案1个，中型水库（含电站水库）防汛抢险应急预案6个，小（1）型水库防汛抢险应急预案15个，小（2）型水库防汛抢险应急预案60个，17个乡（镇、街道）山洪灾害防御预案，52个村委会山洪灾害防御预案。完成全县14座小（1）型以上水库运行管理隐患排查、巡查指导、管理考核工作；组织各乡（镇、街道）对辖区内的59座小（2）型水库进行严格管理、认真检查、及时维修养护、加强管理考核，对全县水库工程、堤防工程、水闸泵站工程、灌区工程进行管理和保护范围划界。

【库塘蓄水】 2020年，县水务局完成106座水库出险加固工作，其中，小型水库53座，中型水库2座，小(1)型水库3座，小(2)型水库48座，全部正常蓄水。2座中型水库水雨情自动测报系统运行正常，全年市水务局下达禄劝蓄水任务5215.25万立方米，截至12月31日，全县库塘蓄水5493.36万立方米，超额完成任务。

【水土流失治理】 2020年，县水务局审批生产建设项目水土保持方案18个，完成水土保持设施自主验收备案23个，征收水土保持设施补偿费63.94万元，落实水土流失防治责任范围面积137.84平方米，依法查处未批先建项目4个，完成水土流失治理69.27平方千米。投入资金1318.26万元，实施2020年国家水土保持重点工程禄劝高安小流域治理项目，规划治理水土面积28.56平方千米。开展水土保持重点工程竣工验收工作，9月29日，禄劝芝兰河小流域和民安乐小流域水土保持重点工程通过市水务局验收。

【河(湖)长制工作】 2020年，禄劝履行河(湖)长职责，全年37名县级河长开展巡河(湖)239人次。启动普渡河流域(禄劝段)重点村落环境治理工程，完成工程进度90%。强化督查检查，由县人大和县政协领导带队，两次到17个乡(镇、街道)及30家县级成员单位，对2020年度全面推行河(湖)长制工作目标，河长履职及河、湖治理中存在的突出问题整改情况等开展全面督察，解决河、湖保护治理中的重点难点问题57件，整改河、湖保护治理问题24件。全面划定河、湖管理范围，完成金沙江(禄劝段)、普渡河(禄劝段)、掌鸠河、洗马河(禄劝段)、崇德小河、武定小河、九龙小河等30条河流的管理范围划定、上图，并在县政府政务网上进行通告。委托云南润晶工程技术(集团)股份有限公司开展金沙江(禄劝段)、普渡河(禄劝段)、掌鸠河、洗马河(禄劝段)河、湖岸线保护与利用规划编制工作。

【"十四五"水利及移民后期扶持规划】 2020年，县水务局开展"十四五"水利发展及移民后期扶持规划工作。"十四五"水利发展规划分农村供水保障规划和水安全保障规划，共17类、149件项目，工程预算总投资37.27亿元。其中，农村供水保障规划集中供水和老旧供水管网更新改造项目98件，预算投资1.48亿元，总受益人口15.99万人；水安全保障规划16类、51件项目，预算投资35.79亿元，2021年计划投资1.35亿元，启动岔河水库、金兆水库、真金万水库至县城连通城市备用水源工程，三蒙小流域治理工程，掌鸠河生态修复及环境治理工程，普渡河三江口段治理工程建设。移民后期扶持规划59个项目，预算总投资2.04亿元。

（张雪友）

电　力

【概况】 2020年，禄劝供电面积4233.91平方千米，供电人口48.7万人，用电客户17.28万户。管辖10千伏配电线路81条、3245.16千米，10千伏公用配电变压器2906台。

【经济技术指标】 2020年，禄劝供电局连续安全生产365天，历史安全记录3288天，未发生安全生产事故。完成售电量5.36亿千瓦·时，比上年同期下降3.55%；综合线损率5.16%，比上年同期下降1.29%；电费回收率100%，第三方客户满意度82分。综合供电可靠率99.47%，比上年同期上升0.06%；综合电压合格率为99.66%，与上年持平。

【安全生产】 2020年，禄劝供电局建立岗位标准化安全生产责任制，评价结果输入月度绩效。制定安全生产奖励、安全监督、安全管理组织绩效等方案。开展安全生产应急演练53次，编制应急处置卡148份，发布预警通知单5份，有效应对寒潮等突发事件。完成新冠肺炎疫情期间重要场所供电、高考、中考、十九届五中全会、第一届西南坚果博览会等10余次保供电工作。做好供电可靠性管理，分解下达年度指标和相关工作任务，按月跟踪落实，查找异常、及时纠偏，全年客户平均停电时间比上年下降10.6%。开

2020年建成投入使用的金沙江乌东德水电站输电线路（龙振江　摄）

展10条“问题线路”专项整治，影响可靠性排名前十线路故障户数比上年下降39.27%。开展配电设备差异化巡视维护，配网运维质量得到改善，缺陷、隐患排查数量持续上升，比上年增加313.9%，整改缺陷、隐患937项。利用“机巡＋人巡”的协同巡检模式提升设备运维智能化水平，完成无人机巡视输电线路778.5千米，减少客户平均停电时间户均14.96小时。

【营销与优质服务】 2020年，禄劝供电局投入资金2142.1万元，实施低压业扩延伸3557户；投入资金690.86万元，实施高压业扩延伸32个单位。严格落实新冠肺炎疫情期间电价优惠政策，优惠电费562.69万元；落实农村低保户电费补贴31676户61.07万元。全年市场化交易电量1.64亿千瓦·时，为客户节省电费1584.29万元。完成智能交费推广14.42万户，覆盖率83.1%。地方电厂自动抄表率100%，专变自动抄表率100%，公变自动抄表率99.87%，低压用户自动抄表率99.38%。不断优化电力营商环境，低压居民、低压非居民客户用电报装时限分别为2.7天和4.78天，高压客户用电报装时限缩减到33.92天。开展台区线损异常率和线路异常率治理，10千伏线路、台区线损异常率分别下降35.33%、9.55%，10千伏线路线损率3.78%，0.4千伏台区线损率3.7%。完成保供电、季节性检查67户，专变用户检查563户，累计开展周期检查2167户，查出专变68户客户缺陷、隐患158项，督促58户专变客户完成缺陷、隐患整改136项。

【电网规划与升级改造】 2020年，禄劝供电局制定“十四五”智能配电网规划，完成丽山、小团山、三江口35千伏输变电工程可行性研究报批。完成中央预算内项目投资5434万元，自筹项目投资641.63万元，第一批电网基建应急项目投资545.76万元；投入资金1553.2万元，实施两批村级光伏扶贫配套电网项目88个。实现10千伏线路可转供电率由60.87%提升至70.73%，村村通动力电，户均配变容量超过2千伏安/户，两率指标达到扶贫退出标准。

（邝松军）

华新水泥
百年品
华新水泥

工业 重点产业

责任编辑　孟舒毅

工业综述

【概况】 2020年，禄劝全部工业完成增加值14.55亿元，比上年增长190.7%，占县总产值比重10%。规模以上工业企业增加值比上年增长267.1%，规模以下工业企业增加值比上年下降52.6%。

【工业经济】 2020年，禄劝规模以上工业在库企业17户，总产值完成25.82亿元，比上年增长194%。一季度工业增加值首次实现正增长，扭转连续22个月规模以上工业增加值负增长的局面。县内主要工业产品为水泥，产量345.97万吨。县科学技术和工业信息化局（简称科工信局）为5户企业争取补助资金80万元（固投补助1户45万元，升规补助3户30万元，清洁生产补助1户5万元），培育规模以上工业企业2户。

（李春燕）

工业园区

【园区概况】 禄劝工业园区成立于2006年5月，2013年6月升格为省级工业园区。工业园区规划面积34.13平方千米，规划用地面积18.92平方千米。园区布局为“一园四片”：崇德片区规划用地面积14.24平方千米，主导产业为钛磷化工、建材、新能源产业；屏茂片区规划用地面积0.59平方千米，主导产业为农特产品精深加工、生物医药产业；团街片区规划用地范围4.09平方千米，规划主导产业为生物医药、农特产品加工；普渡河流域电矿结合开发片区规划控制范围0.94平方千米，以水电开发、电石电冶为主导产业。截至2020年，入园企业有70户（规模以上工业企业15户），其中，电力、热力、燃气及水生产和供应业14家，非金属矿物制品业及建材销售15家，矿物采选业8家，农副食品加工业13家，医药制造业7家，其他13家。

【经济指标完成情况】 2020年，禄劝工业园区完成工业总产值52.72亿元（含一、二、三产），入园主营业务收入完成50.95亿元，比上年增长7.4%；规模以上工业主营业务收入11.36亿元，规模以上工业增加值增速38.4%。地方财政一般预算收入完成6900万元，工业固定资产投资36.37亿元，新增规模以上工业企业3个，新增项目入库2个。争取上级资金2.04亿元，完成基金收入994.17万元，完成标准化厂房建设46525.15平方米。

【基础设施建设】 2020年，禄劝工业园区完成基础设施建设投资1.7亿元，完成项目供地196.43亩。北环一号路建设项目，全长5.37千米，按三级公路标准建设，完成沥青路面铺设。工业园区标准化厂房一期项目占地30亩，总投资4800万元，建筑面积14416.91平方米，完成建设并投入使用。工业园区标准化厂房二期项目占地62.92亩，总投资1.8亿元，建筑面积46525.15平方米，完成主体工程建设。新兴职业学院改道项目全长1.3千米，总投资800万元，完成路基建设。工业园区整体搬迁项目完成项目指挥部成立、总体规划编制、控制性详细规划编制等前期工作。与江苏瑞沃集团公司签订EPC项目建设合作框架协议。第一期地多至禄槐道路、砚瓦冲至董家山入园道路，2座污水处理厂及配套雨污水管网，1座自来水厂及输水管线等3个基础设施工程项目，完成招投标。

【重点项目推进】 2020年，华新水泥（禄劝）有限公司新建一条日产4000吨新型干法熟料水泥生产线项目，总投资8亿元，正式投入生产。云南润苍生高原特色农产品智能化深加工项目，投资1.1亿元，进入试生产。江苏瑞沃建设集团有限公司洗马塘片区基础设施建设项目，协议投资5.01亿元，完成EPC招标。华新禄劝新型环保建材产业园项目，总投资4亿元，包括日处理250吨的城市废弃物处置项目、年产80万立方米绿色高性能混凝土生产线、新型环保墙体建筑材料、石灰石绿色矿山4个子项目，其中，高性能混凝土生产线已投产。昆明梁信集团工业大麻提取及深加工项目，协议投资4.2亿元，正在办理林地报批等前期手续。单采血浆站项目，投资5000万元，完成厂房建设。昆明荣德管道科技有限公司PVC管道系列生产项目，投资5000万元，完成入园投产。

【招商引资】2020年，禄劝工业园区接待客商30余批次，接洽投资咨询60余次，外出招商6次，完成招商引资2.4亿元，签约项目4个，在谈项目6个，联系企业和投资机构20余家。

【企业服务】2020年，禄劝工业园区管委会做好园区工业企业生产经营情况监测，加大园区企业融资服务，帮助减产、停产企业复产走出困境。年内，为41户复工复产企业赠送新冠肺炎保险1752人，赠送保额20万元/人，累计保额35040万元；发放助企纾困融资贷款8户2980万元；新冠肺炎疫情期间园区企业复工率100%。争取市级园区软环境发展专项资金150万元，农特产品、西柚果汁、野生菌深加工标准化厂房二期项目专项债券资金9000万元，企业贷款贴息补助92981元，省、市涉农整合资金5800万元，市级财政园区规划编制经费230万元。

（文天祥）

烟草业

【育苗管理】2020年，禄劝烤烟育苗点整合为17个，各育苗点按照移栽供苗需求，合理推进育苗批量，全县育苗584.8亩15393池，全部为专业化、商品化的漂浮育苗，小苗优良率100%，实现种烟面积全覆盖。严格品种管控，各烟站（点）对种子实行统一管理，严格跟踪监管、建立发放台账，由烟站职工亲自管控，全程监督播种。成立监督检查组，强化源头管控，实行拉网式排查整治，有效杜绝非规定品种种植。实行梯次育苗，根据小苗、常规苗计划面积，科学合理确定播种期，全县分4个梯次完成育苗播种及供苗工作，提高苗龄与移栽需求吻合度。

【移栽质量】2020年，禄劝组织机耕服务队开展机械化深耕，全县机耕面积7.76万亩，占总烟田面积的92.96%，打牢烟田基础。严格按照规范化栽培的技术标准和要求，做好整地工作，同一连片严格实行划线理墒，拉线定点打塘，确保墒向统一，墒体饱满，烟株整齐，“横看竖看一条线”，切实提高预整地深耕深翻高起垄质量，确保预整地高标准、高质量完成，为最佳节令移栽打下坚实的基础。推广膜下小苗深栽，落实关键配套技术，提高移栽质量。5月5日，全面完成10.15万亩烤烟移栽，实现最佳节令移栽。

【连片种植】2020年，禄劝优化烤烟连片布局，提高种植效益，把有限的种植计划向种植条件优越、烟叶质量好、市场需求旺盛的优势区域倾斜，形成烤烟生产优势区域和优势产业带，将择优布局、规模连片种植纳入考核，调动乡（镇）、村、组三级干部积极性。16个乡（镇、街道）落实规模连片田烟5.1万亩，地烟2.97万亩，其中，核心区4.53万亩，优质区2.13万亩，适宜区1.39万亩。集中流转土地1.32万亩种植烤烟，占计划种植面积的16.34%，促进计划资源向优质烟区转移，有效保障基本烟田和铁杆烟农的双重稳定，为全面完成年度烟叶收购任务和全县烟叶生产可持续、高质量发展打下基础。

【抗旱保苗】2020年，禄劝统筹使用市级下达的抗旱资金178.5万元，组织运水车辆1199辆次，运水5995立方米，调集泵站及动力设备14台，用工1722人次，采取抽、拉、提、引等各种方式，将保苗水送到田间地头，把死苗率控制在0.5%以内，最大限度降低旱灾损失。

【中耕及中后期管理】2020年，禄劝坚持边种边管，边烤边收，做到一手抓管理、一手抓收购，指导和帮助烟农抓好烤烟生产管理，确保烤烟中后期管理各项措施落到实处，避免“前紧、中松、后不管”的现象。按照“上质量、提单产”的要求，认真抓好各环节标准化生产技术培训，政策宣传和业务指导，确保提质增效。构建“以农业防治为基础、以生物防治为重点、以物理防治为辅助”的综合防治体系，实现“优质、特色、生态、安全”的烟叶生产目标，在建立预测预报体系基础上，以“三虫三病”为重点做好绿色防控，提高烟叶质量安全，实现绿色发展。加强防灾救灾减灾措施和保险理赔工作，把烟农因灾受损降至最低，全县烤烟受冰雹、洪灾、风灾等极端特殊天气影响受灾2683.5亩，其中，绝收1276亩。

【烟叶烘烤管理】2020年，禄劝抓实上部烟叶成熟采收及采烤一体化技术，合理延长采收间隔时间，提高田间成熟度，着力提升上部烟叶烘烤质量。强化专业化烘烤服务，规范商品化烘烤，采烤一体化工作标准，严格考核管理，切实将专业化烘烤、采烤一体化、带茎烘烤等新技术、新措施落实到位，烘烤损失率得到有效控制，烘烤成本明显降低，烟农收入持续增加。

【烟叶收购监管】2020年，禄劝加强烟叶收购监管，全力维护好烟叶生产经营和市场秩序。设立巡察组2个，省际检查点2个，州际检查点3个，县际检查点4个，开展烟叶非法外流巡查工作。截至11月5日，全县累计查办涉烟案件147起，查获烟叶133.63吨，案值527.13万元。加强烟叶收购规范化管理，全力推行"阳光收购"，公开烟叶收购流程、标准、价格、举报电话等内容，设立专门举报投诉箱，自觉接受广大烟农和社会监督，坚决杜绝收购"人情烟""关系烟""面子烟"。严格按合同收购，加大查处力度，坚决杜绝内外勾结、弄虚作假收购烟叶等一切侵害烟农利益的违规违纪行为。严明烟叶收购纪律，确保烟叶收购秩序稳定。累计收购烟叶22.8万担（1140万千克），收购均价30.84元/千克，上等烟比例72.8%，烟农售烟收入3.52亿元，亩均产值4351.94元。全县种烟农户9629户，其中，贫困户2176户，户均收入3.65万元，比上年增长0.66万元；完成烟叶特产税7734.17万元，实现烟草产业高质量发展及烟农、企业、政府三满意的年度目标，为全县持续巩固脱贫成效发挥烤烟产业的作用。

【烘烤基础设施建设】2020年新建生物质新能源小烤房1080座，配套燃烧机560台，全县新型烤房、改造烤房存量达6831座，覆盖烤烟面积6万余亩，满足全县烤烟种植面积70%的烘烤需要，从根本上扭转禄劝烘烤基础设施落后于全市平均水平的局面。2016年以来，县烟办、县烟草分公司积极争取烟草补贴资金、烟草商业扶持资金、烟办渠道补贴资金、国家农机购置补助资金，累计建设、改造各类烤房5191座，为密集型烤房配置燃烧机970套。

【卷烟营销】2020年，禄劝销售卷烟1.43万箱，比上年增加25.59箱；累计销售收入47539.03万元，比上年增加3141.59万元；一、二类烟销售箱数占总数的42.41%，比上年增加10.7个百分点；单箱销售收入33316.88元/箱，比上年增加2145.81元/箱。

【案件查办】2020年，禄劝累计查办涉烟案件155件，查获各类违法卷烟9959.9条，其中，假烟6271.5条，真品卷烟3688.4条，查获烤烟135.2吨，合计涉案金额566.4万元；5万元以上案件13件，移送司法机关案件12件，立案12件，判刑12人、逮捕4人。

【证件管理】2020年，禄劝有持证烟草零售户1820户，全年受理新办证482户，零售延续309户，歇业275户，注销20户，发放许可证791户，持证供货率99.75%。

（袁美军　刘园交）

旅游业

【概况】2020年，县文化和旅游局完成《禄劝彝族苗族自治县"十四五"旅游文化产业发展规划》《禄劝彝族苗族自治县旅游业高质量发展三年行动计划》的规划编制工作。在确保疫情防控安全的前提下，文旅在建项目于4月初全面复工复产，轿子山大酒店投入运营，银杏假日酒店主体建设完成，新山垭口至四方景索道建设继续推进。2020年，全县接待游客78.6万人次，下降29%，旅游综合收入35170万元，增长10.9%。

【红色旅游】2020年，县文化和旅游局推进禄劝长征国家文化公园建设前期工作，申报"保护传承、研究阐发、文旅融合、基础设施配套、数字再现"等五大版块24个项目，报省文化和旅游厅审核。配合省、市文物部门、相关文物专家和《云南省长征国家文化公园建设保护规划》编制单位对全县的长征文物资源进行实地调研，为长征国家文化公园建设奠定基础。设立县红色文化培育和发展工作办公室，为县文旅局管理的全额拨款事业单位，深入挖掘红色文化内涵，推进革命文物集中连片保护利用工程，实施革命文物保护利用项目，建设红色旅游研学基地、红色旅游融合发展示范区，促进文化旅游深度融合。“昆明—寻甸柯渡镇丹桂村—九龙镇红军烈士洞、木克壁画—翠华镇铁索桥战斗遗址、界牌毛主席路居纪念馆—石板河战斗遗址、皎平渡红军长征渡江遗址—禄劝县城—昆明”的红色旅游环线成为重点游览线路，年接待游客10余万人，旅游综合收入超过4000万元。

【生态旅游】 2020年，转龙镇、中屏镇、九龙镇、乌蒙乡成功创建为云南省旅游扶贫示范乡镇。中屏镇火本村、转龙镇桂泉村成功创建为云南省旅游扶贫示范村。全年接待自驾车露营、农业生态观光等游客8万余人，旅游经济综合收入3000余万元。

【民族文化游】 2020旅游年，凤家古镇申报创建为国家AA级旅游景区，通过举办会展、节庆活动，吸引大批游客进入禄劝。继续打造“刺绣之乡”，加强对外宣传、交流和展示，组织彝族刺绣参加南博会“非遗”展、文化与自然遗产日活动、昆明市“非遗”保护中心举办的“非遗”展等。彝族《土司府礼仪乐》《罗婺神鼓舞》《彝族刺绣》等走进“创意云南”文化产业博览会。办好节日文化，举办第一届西南坚果博览会，不断丰富“火把节”“花山节”“阔时节”等民族传统节日活动内涵，展示各民族饮食、服饰、宗教等绚丽的民族文化，吸引各方游客。

【旅游宣传促销】 2020年，县文化和旅游局整合凤家古镇、中屏溶洞、兴隆温泉、皎平渡、铁索桥红军战斗遗迹、毛主席路居纪念馆、普渡河峡谷等重点景区和线路，制作宣传图册、招商项目书进行宣传推介。加强媒体合作，搜集整理乡村旅游、红色旅游的相关资料报昆明日报社、《都市时报》、云南信息报社、《生活新报》等多家媒体刊登出版。加强节庆宣传，把禄劝的旅游资源特色和优势通过电视、报纸、网络等平台展现出来，为禄劝民族生态旅游做好宣传。

【旅游行业管理】 2020年，禄劝建立旅游与公安、市场管理等部门的联动执法机制，完善旅游安全管理、旅游投诉处理和旅游市场综合治理机制，全年未发生重大旅游安全事故。加强与国家A级旅游景区、优秀旅游企业的合作，完善旅游教育培训和实践体系，建立健全旅游从业人员全员全岗培训制度，组织旅游从业人员培训500余人次，对60%以上的旅游直接从业人员进行业务技能和相关知识的培训。对全县旅游企业摸底排查，完成2201家涉旅企业的诚信评价工作。

掌鸠河风光（县文化和旅游局 供）

【旅游市场调查】 2020年，县文化和旅游局完成全县旅游数据上报工作。在全县各景区（点）、酒店、宾馆对游客花费情况、自然资源、民族文化资源情况进行调查，对旅游资源及现状、旅游发展的条件以及制约因素等进行分析，为禄劝旅游市场发展提供依据。

（张富君）

生态环境

责任编辑　李　欢

农村生态环境保护

林业生态建设

云龙水库水源保护管理

环境保护

农村生态环境保护

【长江"十年禁渔"】 2020年7月1日，"十年禁渔"工作正式开始。禄劝主要涉及金沙江（县域）92.55千米、普渡河（县域）153.4千米，合计245.95千米水域。成立由县政府主要领导为组长，分管副县长为副组长，相关部门及乡（镇、街道）主要领导为副组长的"十年禁渔"工作领导小组，办公室设在县农业农村局。制订《禄劝推动落实金沙江（禄劝段）及普渡河（禄劝段）流域重点水域禁捕工作实施方案》《关于进一步加强金沙江（禄劝段）及普渡河（禄劝段）流域重点水域"十年禁捕"工作的通知》等系列文件，对"十年禁渔"工作进行规范。悬挂"十年禁渔"宣传牌450块、布标13幅，发放"十年禁渔"宣传材料6.38万份，在政府门户网站、禄劝融媒体手机App播放《昆明市农业农村局关于金沙江（昆明段）流域重点水域禁捕范围和时间的通告》和《禄劝彝族苗族自治县金沙江流域重点水域"十年禁捕"告知书》，向社会公布禁捕举报电话，发动群众积极举报违法犯罪线索。成立禁捕协调组、打击非法捕捞组、市场监管整治组，出动执法人员42人次、车辆17台次，在金沙江、普渡河流域等重点区域开展专项执法行动。

【畜禽粪污资源化利用】 2020年，禄劝畜禽粪污产量106.83万吨，通过堆肥发酵、沼气开发、农业利用等模式，实现综合利用96.35万吨，综合利用率90.19%，畜禽粪污得以收集并综合利用的自然村比例在62%以上。

【受污染耕地安全利用】 2020年，禄劝成立受污染耕地安全利用工作领导小组，完成48个农产品采样点位核实、布点、采样、交接流转等工作，受污染耕地安全利用面积3.74万亩。完成农用地土壤环境质量类别划分，并列出分类清单、编制报告及绘制图件，实施重度污染耕地退耕还林还草304.05亩，耕地治理与修复工作有序开展。

【滇池流域水环境综合治理】 2020年，禄劝投入资金95万元，实施滇池流域及补水区减肥减药技术推广项目，其中，减肥技术推广投资55万元，减药技术推广投资40万元。实施绿色防控集成技术应用2个，病虫害绿色防控示范2000亩，应用辐射20000亩，完成绿色防控技术试验4组。建成农药废弃物收集处理池10个，开办农民田间学校2所，建设农药使用监测点20个，建设天敌监测点2个。实施测土配方施肥技术推广3万亩，采集土壤样品180个，示范区同田对比试验7个，实施化肥减量增效试验2组，开展农户施肥情况调查70户，设立农户施肥情况定位监测点30个，实施生物有机肥示范项目200亩，组织开展技术培训16场次。推广安装太阳能热水器600台，其中，撒营盘镇380台，云龙乡210台，屏山街道10台。推广应用省柴节煤炉灶1200台。

（李桂兰）

林业生态建设

【林业资源状况】 2020年，禄劝共有林地面积497.02万亩。全年共有森林面积363.33万亩。森林蓄积量1482.05万立方米，较上期净增35.43万立方米，单位面积蓄积量64.9立方米/公顷，森林覆盖率61.62%，较上期增加1.35个百分点。天然林面积22.9万公顷，蓄积量1351.62万立方米；人工林面积3.23万公顷，蓄积量130.42万立方米。

【造林绿化】 2020年，禄劝完成营造林13.95万亩，其中，人工造林2.55万亩，低效林改造0.05万亩，提质增效8.32万亩，封山育林3.33万亩。绿化美化村庄23个，义务植树140万株。申报国家森林乡村7个，省级森林乡村26个。对全县1331株古树名木进行挂牌。新一轮退耕还林1.55万亩，省级陡坡地生态治理0.3万亩。石漠化综合治理1.95万亩，其中，人工造林0.3万亩，封山育林1.65万亩。市级封山育林1.68万亩。木本油料提质增效8.32万亩，其中，中央涉农整合资金木本油料林提质增效项目6.32万亩（核桃提质增效项目3.25万亩、板栗提质增效项目3.07万亩），市级经济林果提质增效2万亩（板栗1万亩、核桃1万亩），"四沿"绿化0.1万亩。营造水源涵养林17660亩，"农改林"10861.1亩。

【林木管护】 2020年，禄劝天然

林资源管护面积294.79万亩，投入天然林保护工程管护资金601.43万元。公益林管护面积293.37万亩，投入中央财政森林生态效益补偿经费4270.12万元，其中，投入公益林生态补偿资金2749.85万元，投入公益林管护资金1520.27万元。聘用长期护林员881人，聘用生态护林员1100人。

【森林防火】 2020年，禄劝增加森林防火视频监控“虎威威”21个，新建森林防火检查站20座，森林防火水窖10个。修建森林防火通道168千米，森林防火瞭望塔10座。境内发生荒火7起，其中，一般森林火灾1起，较大森林火灾1起，过境火2起，过火总面积1886.4亩。当日扑灭率98%，火案查处率100%，防火期内无重大森林火灾发生，无重大人员伤亡事故发生。

【林政资源管理】 2020年，县林草局严格林地审核审批管理，上报征占用林地行政许可项目26件。取得行政许可批复的征占用林地行政许可项目12件，涉及林地面积286.55公顷，其中，国家林业和草原局审批2件，省林业和草原局审批5件，市林业和草原局审批1件，县级批复4件。严格森林采伐限额管理，审批林木采伐104份，林木采伐蓄积5389.7立方米。依法依规查处林业行政案件，受理林业行政案件20件，办结20件，收缴罚没款26.61万元。持续推进非法侵占林地种茶毁林等破坏森林资源违法图斑查处工作，全县疑似图斑数705个，涉及总面积362.63公顷；违法图斑总数352个，涉及案件280起，涉及违法总面积163.34公顷。

【森林病虫害防治】 2020年，禄劝监测森林病虫害面积167.25万亩。监测松材线虫病松林面积20.7万亩，设置监测点22个（含市级监测点2个），监测人员20人，布设松褐天牛诱捕器20个，诱芯300个，监测率100%。完成产地检疫80亩，检疫苗木140万株，产地检疫率100%。调运检疫苗木99.6万株，复检苗木102.2万株，调运检疫木材22立方米。组织开展林业有害生物防治工作，全县林业有害生物发生面积3.15万亩，防治率100%，无公害防治率100%。

2020年3月6至10日，县森林草原防灭火指挥部组织森林草原防灭火队员到云龙乡开展野外驻训演练

（县林草局　供）

【生态补助】 2020年，县林草局兑现公益林补偿金274.57万元，涉及建档立卡户12610户、44135人，公益林补偿面积50.62万亩，补偿资金506.2万元。兑现退耕还林补助资金2077万元，涉及建档立卡户747户、2777人，退耕还林面积2859.3亩，补助资金142.97万元。陡坡地生态治理补助资金840万元，涉及建档立卡户282.8亩136户、434人、14.14万元。续聘生态护林员900名，新增生态护林员200名，人均发放补贴每年9600元。

【湿地资源概况】 2020年，禄劝有湿地面积6906.09公顷，较上年增加254.85公顷。自然湿地面积3057.77公顷，因乌东德电站水利建设淹没原斑块，自然湿地调整为人工湿地231.52公顷。全县人工湿地面积3848.32公顷，较上年增加486.37公顷。全县湿地保护率43.12%。禄劝迷乐谷水库、真金万水库于11月通过市林草局一般湿地认定。

【野生动植物保护】 2020年，县林草局开展陆生野生动植物资源调查，指导陆生野生动植物的救护繁育，监督管理陆生野生动植物猎捕、采集，监督管理野生动植物进出口。开展惩治野生动物非法交易防控疫情工作，对在养陆生野生动物收容调配，收容麂子61只，无害化处理在养野生豪猪347只，公告撤销驯养繁殖证2户。

（赵欧娇）

云龙水库水源保护管理

【概况】 云龙水库是昆明主城区主要饮用水源地，年均向昆明主城供水1.6亿至2亿立方米，占昆明主城供水量的60%以上。水库于1999年12月开工建设，2007年3月通水，总库容4.84亿立方米，水域面积20.66平方千米，属大(2)型水库。水源保护区控制径流面积757.14平方千米(其中，禄劝境内662.55平方千米，楚雄州武定县境内94.59平方千米)，有石板河、老木河、水城河3条入库河流，有芝兰小河、高安小河、三合小河等16条支流。县域内云龙水库水源区涉及7个乡(镇)、39个村(居)委会、392个村小组、68218人。保护区内有耕地10.32万亩，林业用地68万亩，森林覆盖率76%，水源区内无规模化养殖、无工业污染源。

【保护机制】 2020年，禄劝成立云龙水库饮用水源地保护管理协调领导小组，统筹水源区保护治理规划、综合治理、资金使用和突发应急事件处置等工作。县委、县政府每半年研究一次水源保护治理工作。印发《关于进一步明确云龙水库水源区保护治理工作职责的通知》《云龙水库水源保护区日常监督检查及行业执法和综合执法工作方案的通知》，进一步明确县级相关部门、水源区乡(镇)水源保护的职能职责，云龙水库水源保护纳入年度目标管理考核。

【综合治理】 2020年，禄劝编制云龙水库水源保护区保护总体规划、云龙水库水源地(昆明区域)保护“十四五”规划等，对产业结构调整、水环境综合治理、村庄环境卫生综合整治等方面进行系统规划。推进村庄“两污”治理，水源区128个重点村庄生活垃圾实现集中收集，做到日产日清、规范处置，其余150个村组由属地乡(镇)定期组织清运，水源区垃圾集中收集清运率46%。在水源区178个村庄建设污水处理设施，污水设施覆盖率64%。推进水源区生态建设，水源区有耕地10.32万亩，其中，一、二级保护区内有耕地4万亩，实施“农改林”15019亩，水源区涵养林17760亩。完成一、二级保护区内剩余耕地2万亩可行性研究报告编制。推进水环境综合治理，水源区建成防护隔离栏123千米，火棘生态隔离带40千米，云龙水库、双化水库一级保护区基本实现防护隔离。完成水源区招桂、照块和芝兰、三合清洁小流域治理项目建设，高安小河小流域治理项目启动建设。云龙水库水源保护区内芝兰小河、撒老坞小河等流域内67个村庄水环境整治工程完成主体工程建设，撒老坞小河生态湿地、撒营盘营门口小河口湿地、老木河上游新合村委会老板村水环境综合整治工程、石板河流域重点村落水污染防治工程、饮用水水源地绿篱工程、水源区标志工程、云龙乡污水处理厂尾水湿地净化工程全部建成并投入使用。启动云龙水库水源保护区撒营盘垃圾填埋场改造完善工程和撒营盘集镇雨水调蓄工程建设，双化水库内源污染治理、双化水库库周水环境治理与修复工程前期工作展开。

【重点工作】 2020年，县云龙水库水源保护区管理局完成《云龙水库饮用水源地（昆明区域）保护“十四五”规划（送审稿）》的编制工作，主要包括“水量保障、水质保证、生态恢复与建设、监控体系及管理能力建设、体制机制创新、水源保护区非昆明部分相关要求”6个方面，规划重点工程项目23个，投资总额10.28亿元。规划重点工程项目中，水量保障类工程项目2个，拟投资金额2250万元；水质保证工程项目15个，拟投资金额6.63亿元；生态恢复与建设工程项目4个，拟投资金额3.34亿元；监控体系及管理能力建设类工程项目2个，拟投资金额840万元。实施双化水库水源保护区招桂、照块村委会村庄水环境整治工程，对双化水库库周14个村庄进行雨污分流。招桂、照块水环境整治工程采用雨污分流的排水体制进行污水收集，收集的污水经过污水处理设备处理后再排入湿地进行二次处理，不具备建设湿地条件的通过农田灌溉的方式回用；收集的雨水经湿地处理后排入水库，双化水库水质稳定达到保护目标。

【日常监管】 2020年，云龙水库水源保护区综合行政执法大队联合撒营盘中队、云龙中队常态化开展水源区日常巡查和检查，一级保护区每日巡查，二级保护区每周巡查，准保护区每月巡查，对巡查中发现的违规放牧、复垦，私搭乱建等违法违规行为进行督促整改。加强对水源区污水处理厂、垃圾填埋场的日常监督管理，确保污水达标排放和垃圾规范处置。加强对水源保护治理资金的监管，对水源区乡（镇）及部门年度水源保护管理资金使用情况每年进行2次专项检查，确保资金专款专用。

【法治宣传】 2020年，县云龙水库水源保护区管理局开展水源区法治宣传工作，利用“世界水日”“中国法治宣传日”、赶集日等到水源区开展法治宣传工作，将《中华人民共和国水法》《中华人民共和国水污染防治法》《云南省云龙水库保护条例》列入法治宣传主要内容。年内共发放水源保护宣传册10000余册，开展政策法规讲座5场次，开展入户宣传200余次，推动水源保护法律法规宣传进乡村、进社区、进家庭。丰富和完善水源区宣传内容，进一步规范和完善标识标牌，及时更新水源区宣传栏的相关内容，扩大宣传范围，提高水源区群众积极参与水源保护的意识。

【生态补助兑付】 禄劝完成2020年度云龙水库水源区扶持补助资金的兑付工作，累计向水源区群众兑付生产生活补助4008.75万元，水源区涉及“农改林”农户户均增收约2000元。拨付生态护林员专项资金36.8万元，用于支付生态护林员劳务工资，增加建档立卡户生态护林员家庭收入。

（耿尧敏）

环境保护

【概况】 2020年，市生态环境局禄劝分局有行政编制10名，设局长1名（正科级），副局长2名（副科级），督察专员1名（副科级），内设机构3个。下设县生态环境保护综合执法大队，编制15名；设生态环境监测站，编制14名。实有公务员9名，机关工勤2名，生态环境监察大队参公管理人员11名，生态环境监测站工作人员13名。自1月起，市生态环境局禄劝分局及下属单位的公务员、机关工勤、参公人员工资和目标考核奖励等福利待遇纳入市级财政保障，生态环境监测站事业人员工资纳入市级财政保障。4月14日，县委、县政府转发《昆明市生态环境机构监测监察执法垂直管理制度改革工作方案》，明确垂直管理制度改革工作县级的相关事权。4月，市生态环境局禄劝分局干部职工转隶工作全部完成。2020年，17个乡（镇、街道）全部设置生态环境保护机构，成立生态环境保护办公室，在乡（镇）村镇规划建设服务中心加挂生态环境办公室牌子，相应职能职责由村镇规划建设服务中心履行。审批环境影响报告表（书）17个，企业自行完成环境影响登记表备案156个。12月22日，禄劝彝族苗族自治县生态环境保护委员会正式成立。

【疫情防控环境监管】 2020年，市生态环境局禄劝分局加强医疗机构医疗废物、废水及城镇污水

竞放的红杜鹃（杨长福　摄）

处理厂污水的收集、污染治理设施运行、污染物排放监管。对全县25家卫生医疗机构、3个疫情防控留观隔离点的医疗废物处置情况及医疗污水处理情况进行监督检查，各单位建立台账，完善管理制度，按规定处置医疗废物。

【生态环境专项行动】 2020年，市生态环境局禄劝分局开展生态环境专项行动，组织和参与跨部门联合执法，解决螳螂川—普渡河流域禄劝段水质不达标问题。围绕云龙水库、桂花箐水库一级、二级保护区开展16次集中式饮用水水源地现场监察。对照“千吨万人”集中式饮用水水源地环境问题清单，对涉及禄劝的8个乡（镇）级水源地开展环境问题排查。开展省级工业园区污染防治专项排查，按照排污类型分别进行现场监督检查，对重点排污单位进行监督性监测，对超标排放的企业依法进行查处。开展建筑施工扬尘、餐饮油烟污染、农村畜禽养殖污染专项联合执法行动，对砂石料加工点、建筑施工项目、畜禽养殖户开展监督检查，对存在环境违法行为的8家企业立案查处。开展轿子雪山国家级自然保护区监察，围绕2020“绿盾”行动核查发现的问题，及2019年排查的自然保护区及风景名胜区疑似人类活动点开展监察。开展加油站、汽修厂挥发性有机污染物（VOCs）收集治理工作，对全县25家正常运营的加油站、12家一、二类机动车维修企业油气回收装置的安装运行情况进行检查整治。开展中小型水电站清理整顿工作，清理整顿30座中小型水电站。完成12个尾矿库污染防治工作。

【日常监督监察】 2020年，市生态环境局禄劝分局出动执法人员400余人次，对辖区内的工业企业开展环境监察300余次。下达责令整改决定书37份，办理环境违法案件31件，罚款138.9万元。接到群众来信来访及上级转办件83件，处理率100%。

【辐射安全管理】 2020年，市生态环境局禄劝分局加强辐射安全监督管理工作，对全县使用射线装置的核技术利用单位开展执法检查。做好应急预案备案工作，登记备案企业突发环境事件应急预案18份。

【防污减排】 2020年，禄劝污水处理厂全年处理水量392.5万吨，耗电量91.67万千瓦·时，絮凝剂耗量0.94吨，脱水干污泥量501.62吨，吨水耗电量0.24千瓦·时。完成COD（化学需氧量）削减量780.49吨，氨氮削减量193.74吨。污泥由禄劝环卫站填埋。实施昆明崇德水泥有限公司日产4000吨新型干法窑烟气脱硝项目，全年熟料产量121.42万吨，生产设备运行5668.78小时，脱硝设施运行4597.3小时，脱硝系统投运率81.1%。氮氧化物（NO_x）平均排放浓度363.27毫克每立方米，综合脱硝率54.59%。发放排污许可证8家，其中，简化管理发证6家，重点管理2家。排污许可证登记管理234家。

【大气污染防治】 2020年，市生态环境局禄劝分局根据《昆明市人民政府关于印发2020年昆明市大气污染防治工作目标任务的通知》精神，结合大气污染防治工作实际，每月按时报送“禄劝大气污染防治目标任务工作进展调度表”。

【水污染防治】 2020年，市生态环境局禄劝分局贯彻落实国务院《水污染防治行动计划》《云南省水污染防治工作方案》《昆明市人民政府关于印发2020年昆明市水污染防治工作目标任务的通知》及《禄劝彝族苗族自治县水污染防治工作实施细则》。每月按时报送水环境相关资料。开展黑臭水体排查识别工作，定期对掌鸠河、南塘河县城段污水排放情况进行巡河检查。

【建设项目审批】 市生态环境局禄劝分局按授权范围和时限要求，办理各项行政许可和管理服务事项。2020年，完成审批环境影响报告表（书）17个项目，企业自行完成环境影响登记表备案156个项目。

【环境监测】 2020年，市生态环境局禄劝分局开展水质和空气质量监测。地表水监测断面有3个，分别是鲁溪大桥、背水桥、洗马河（转龙镇通共德村）。集中式饮用水源地云龙水库全年平均水质达到Ⅱ类水标准，桂花箐水库水质为Ⅲ类达标，地表水国控断面普渡河桥平均水质为Ⅲ类达标。湖库监测断面有3个，分别是则黑水库、封过水库、双化水库。则黑水库和封过水库每年1月、7月各监测1次，双化水库每月监测1次。县城区环境空气质量有效监测天数341天，优良天数341天，优良率100%，环境空气质量综合指数2.8，细颗粒物（PM2.5）平均浓度为24微克每立方米，空气质量保持优良。开展污染源自行监测管理和监督性监测工作，对云南铜业集团钛业有限公司、禄劝昶龙食品有限公司、云南国祯环保禄劝污水处理厂、崇德水泥厂、禄劝丽康垃圾储运有限公司、禄劝金航辰生农牧发展有限公司6家正常生产重点污染源企业自行监测情况进行监督管理，开展监督性监测。对县城区域环境噪声、道路交通噪声、功能区噪声进行监测。开展重点区域地表水、底泥重金属专项监测和长江经济带排污口监测。完成禄劝污水处理厂、普渡河桥断面、新房子电站断面的水质监测报告和每月全县空气质量报表编制。于每季度末形成县域生态环境质量监测季度报告，并通过系统报送数据到市环境监测中心进行现场考核。

【加油站地下油罐改造】 禄劝原有加油站31座，2020年拆除并移除罐体8座，完成加油站地下油罐防渗改造（包括拆除）29座，未完成改造的2座于7月1日下达责令关停通知书。年内，加油站地下油罐防渗改造任务全部完成。

【环境宣传】 2020年6月5日，市生态环境局禄劝分局联合县人民检察院、华新水泥有限公司，在民族广场开展“6·5”世界环境日主题宣传活动。发放环保手册2000余份，环保宣传围裙1000余条，环保抽纸2000余盒，提供法律法规政策宣传咨询。对崇德水泥厂进行环保法律法规重点宣传。

【环保督察】 2016年至2018年，市生态环境局禄劝分局办理中央、省级环境保护督察投诉交办问题和反馈问题55个，其中，投诉交办问题13个（2016年2个，2017年3个，2018年8个），于2020年底全部完成整改并通过市级验收。涉及禄劝的中央、省级环保督察反馈意见问题42个（2016年10个，2017年22个，2018年10个），于2020年底全部完成整改。

（李　梅）

ABC 中国农业银行
祝贺中国农业银行股份有限公司禄劝彝族苗族自治县支行迁址开门
24h
SELF-SERVICE BANKING
自助银行服务

金　融

责任编辑　孟舒毅

中国农业发展银行禄劝彝族苗族自治县支行

中国农业银行股份有限公司禄劝支行

禄劝农村信用合作联社

中国人民财产保险股份有限公司禄劝支公司

中国人寿保险股份有限公司禄劝支公司

中国农业发展银行禄劝彝族苗族自治县支行

【机构编制】 2020年，中国农业发展银行禄劝彝族苗族自治县支行有在编人员20人，在职12人，退休8人。领导班子4人，行长1人、副行长2人、合规专员1人。设信贷业务部、会计结算部、办公室，无分支机构。

【经营管理】 2020年，农发行禄劝支行各项贷款余额67954万元，比上年增加17446万元，增幅34.54%；各项存款余额20078万元，比上年增加4040万元，增幅25.19%；存款日均余额15671万元，比上年增加753万元，增幅5.05%。账面利润亏损66.7万元。全行各项经营安全运营无事故、无不良贷款、无违规违纪情况。

【业务经营】 2020年，农发行禄劝支行发放粮油类贷款5458万元（含政策性粮食财务挂账贷款2689万元），发放县级储备粮贷款7笔1943万元，办理地方储备粮贷款展期2笔950万元，办理粮食财务挂账贷款展期4笔2689万元。粮油贷款正常，无逾期、无欠息，粮食库存账实相符、账账相符，无挤占挪用和虚假结零。投放农村流通体系建设疫情应急贷款4300万元，解决全国性疫情防控重点保供企业流动资金短缺问题，确保新冠肺炎疫情期间所需物资的正常生产供应。投放产业扶贫贷款1笔15000万元，支持地方文化旅游产业的恢复和发展。以首年利率优惠100个基点给予小企业贷款资金支持，支持普惠农业小企业3户，投放资金638万元，用于企业发展生猪养殖、家禽养殖、酿酒原材料采购。

【风险管理】 2020年，农发行禄劝支行严把贷款客户准入关，全年完成评级客户17户，完成授信客户12户。抓实贷后管理风险防控关，全年贷款利息综合收回率98.71%。履行监督拨补职责，禄劝全年县级财政补贴拨补到位率100%。

（赵云富）

中国农业银行股份有限公司禄劝支行

【机构设置】 中国农业银行股份有限公司禄劝彝族苗族自治县支行是农业银行的县级分支机构，支行机关位于禄劝金融街25号，下辖6个营业机构：县支行营业室、屏山支行、广场分理处、秀屏路支行、乌东德支行、撒营盘支行。4个网点位于县城，乡镇2个网点分别位于乌东德小集镇和撒营盘镇。有自助银行网点3个，“惠农通”180个。设综合管理部、客户部2个部门。有在岗员工81人，其中，行长1人、副行长1人、纪委书记1人。中级职称15人，研究生1人，本科31人，专科20人。

2020年，农行禄劝支行为群众办理存取款业务（农行禄劝支行　供）

2020年，农行禄劝支行开通绿色通道为企业提供金融服务支持（农行禄劝支行　供）

【存款】 2020年，农行禄劝支行各项存款余额39.12亿元，较上年增加0.55亿元，其中，个人存款余额20.83亿元，较上年增加1.71亿元；对公存款余额18.3亿元，比上年减少1.17亿元。日均存款余额40.68亿元，较上年增加2.97亿元。其中，个人存款日均较年初增加1.61亿元，对公存款日均比年初增加1.36亿元。

【贷款】 2020年，农行禄劝支行各项贷款余额47.54亿元，较上年增加5.4亿元。其中，对公贷款余额42.75亿元，较上年增加4亿元；个人贷款余额4.79亿元，较上年增加1.39亿元。个人贷款类，“惠农e贷”增加7791万元，个人住房贷款增加4496万元，个人生产经营贷款增加506万元，个人消费贷款负增长2043万元，信用卡分期增加3131万元。法人贷款类，普惠小微法人贷款增加1986万元。

【中间业务收入及利润】 2020年，农行禄劝支行实现营业收入1.64亿元，比上年增长22.29%；实现中间业务收入1345万元，比上年增长15.85%；实现拨备前利润13706万元，比上年增长28.47%；拨备后利润13243万元，比上年增长26.79%；净利润10097万元，比上年增长27.15%。全行实现人均拨备后利润165.53万元，点均年创利2207.17万元。

【风险管控】 2020年，农行禄劝支行不良贷款179.11万元，较上年增加15.51万元。不良率0.04%，与上年保持不变。法人不良贷款余额保持为零，不良余额及不良率均控制在管控范围内。

（李奠芳）

禄劝农村信用合作联社

【存款】 2020年，禄劝信用联社各项存款79.3亿元，较上年净增3.6亿元。其中，单位存款19.75

亿元，较上年下降8218万元，个人存款59.55亿元，较上年增加4.42亿元。单位存款与个人存款分别占24.9%和75.1%。

【贷款】 2020年，禄劝信用联社各项贷款余额63.34亿元，较上年净增2.92亿元，增幅4.61%，存贷比79.81%。涉农贷款余额34.67亿元，占比54.74%，较上年增加8454万元。1000万元以下普惠型小微企业4658户，较上年增加21户，贷款余额79946万元，较上年增加4199万元，增幅5.54%。个人贷款余额297135万元，较上年净增33658万元，增幅11.33%。推出“金叶贷”“公信贷”“存量按揭贷款客户余额贷”“个人公积金消费贷”“拥军创业贷”“金果贷”相关贷款产品。全年新增贷记卡9324张，授信额度45089万元，贷记卡分期36370万元。

【扶贫小额信贷发放】 2020年，禄劝信用联社向3290户建档立卡户发放小额扶贫贴息贷款14691万元，提升对建档立卡户金融服务的精准性和质效性。发放贷免扶补贷款510户、7640万元；创业担保贷款253户、3795万元。2020年，向中国人民银行申请办理扶贫再贷款16730万元，支持农户发展生产；申请“信用贷款支持计划”1871.6万元，支持境内小微企业发展。

【政策性补贴代收代发】 2020年，禄劝信用联社代理发放城乡居民养老保险85.74万笔14623.04万元。代理发放新农合0.34万笔1649.9万元。代理发放财政涉农补贴19.26万笔6020.98万元。

【金融服务便利】 2020年，禄劝信用联社建成自助行(点)48个(自助行38个，自助点10个)，其中，21个在行式，27个离行式。现金存取功能自助设备135台，发卡机13台，回单机7台，广告机14台，纸硬币自助兑换机1台，移动营销平台48套。

（蒋学敏）

中国人民财产保险股份有限公司禄劝支公司

【公司概况】 人保财险禄劝支公司成立于1985年，位于县掌鸠河

2020年，人保财险禄劝支公司通过“警保联动”服务平台提供理赔服务，图为禄劝警保联动车驾管社会服务站

（人保财险禄劝支公司　供）

西路55号，是禄劝最早成立的保险公司。下设1室3部：经理室、综合/财务部、业务管理/农业保险/保险扶贫部、理赔分部，并在屏山街道、皎平渡镇、撒营盘镇、转龙镇、九龙镇设置5个营业网点。主要经营项目为交强险、车辆保险、农业保险、企业财产保险、家庭财产保险、责任保险、信用保险、意外伤害保险、短期健康保险、保证保险等人民币或外币保险业务以及警保联动车驾管相关业务。2020年，公司有员工26名。禄劝支公司联合党支部成立于2017年，有党员9人（含3名退休党员）。

【业务情况】 2020年，人保财险禄劝支公司全险种保费收入6119万元，其中，车险实现保费收入4098万元，非车非农险实现保费收入289万元，农业保险实现保费收入1732万元。农业保险中，烤烟承保面积8.08万亩，水稻承保面积2.63万亩，玉米承保面积34.17万亩，大春马铃薯承保面积7.06万亩，中草药（当归、党参、葛根、草乌、重楼）承保面积1551.9亩，能繁母猪、育肥猪承保14.71万头，能繁母羊承保12.19万只，稻田鱼承保1998亩。依托警保联动车驾管社会服务站，办理车辆检审、换证、号牌遗失补领、面签等业务，为车主提供保险、车检一站式服务。

【理赔服务】 2020年，人保财险禄劝支公司理赔分部有查勘员10名，乡镇网点协赔员6名，理赔车8辆，利用“警保联动”服务平台，充分发挥保险机构在事故车辆勘验、定损和理赔上的优势，参与事故快处快赔。全年出险16711件，赔款金额3235.26万元。2020年，部分乡（镇）烤烟、猪羊养殖业等遭受重大损失，赔款1356.41万元。烤烟受灾面积6869亩，赔款179.67万元；中草药受灾183.2亩，赔款9.91万元；玉米受灾9179亩，赔款119.17万元；能繁母猪、羊赔款1047.66万元。

（白明兴）

中国人寿保险股份有限公司禄劝支公司

【机构设置】 中国人寿保险股份有限公司禄劝支公司主要经营人寿保险、人身意外伤害保险、储蓄型保险。公司设经理室、综合管理部、营销发展部、收展发展部、教育培训部、多元机构部、客户服务中心7个部门，有在职员工13人。有党支部1个，党员5人。除城区营销团队外，下辖撒营盘、则黑、转龙、皎平渡、崇德5个乡（镇）营销服务部，有保险营销员748人。

【业务经营】 2020年，人寿保险禄劝支公司实现总保费6237万元，比上年增长48.25%。短险保费575.15万元，比上年下降7.1%。其中，计划生育家庭意外伤害保险承保18420人，收取计划生育家庭意外伤害保险费154万元。

【理赔情况】 2020年，人寿保险禄劝支公司受理理赔案件976件，理赔款金额622万元。其中，重疾类保险赔付384万元；意外类保险赔付238万元。意外类保险中，计划生育家庭意外伤害保险理赔225件，理赔金额141万元，赔付率91%。

（王旭东）

交通 邮电

责任编辑　李荣文

交通建设及管理

公路运输管理

公路路政管理

邮　政

电　信

移动通信

联合通信

交通建设及管理

【农村公路建设】 2020年，市级下达禄劝自然村通村公路路面硬化项目工程18个，建设里程77千米，实际完成项目9个，建设自然村公路46.2千米，剩余9个项目30.8千米自然村公路建设持续进行中。投入资金6563万元，整治农村公路隐患里程633千米，其中，安装自然村公路金属防护栏155千米，浇筑混凝土防护墙10千米。

【皎马公路建设】 皎马公路全长15.36千米，项目预算投入资金1.97亿元，按三级公路标准建设。2020年，完成全路段路基工程、桥梁工程及附属的涵洞、挡墙、排水工程，完成7千米级配碎石基层及1千米水稳层铺筑。

【武倘寻高速公路建设】 武倘寻高速公路是禄劝首条过境的高速公路，工程于2015年12月启动建设。禄劝段总里程21千米，其中，主线13.2千米，县城连接线7千米，截至2020年年底，主体工程建设完工。

【禄大公路修缮工程】 禄大公路修缮工程起于昆禄公路董家营（K0+000），止于半角（K95+600），主线全长96.44千米，工程主要内容为沉陷路基处理，边沟修缮，路面重新铺筑沥青，桥梁及公路防护栏维修，总投资3.28亿元。工程于2020年10月23日开工建设，12月底完成施工，恢复通车。

（李　媞）

公路运输管理

【安全生产监督管理】 2020年，县运管分局按照年度安全生产监督检查计划及网格化监管要求，开展安全生产监管工作，要求各道路运输企业全面落实安全生产主体责任，加强安全生产自检自查，及时发现、整改各类安全隐患。各科室根据实际情况开展安全检查，以隐患排查治理、反恐、“扫黑除恶”、火灾防控、应急管理、从业人员教育培训、车辆GPS动态监管等为检查重点，检查企业履行安全生产主体责任情况，落实隐患排查等工作，全年开展安全生产检查33次，发现整改安全隐患67条。

【春运工作】 2020年，县运管分局制订春运工作方案，在春节前，由分管领导牵头客运货运、车辆维修、机动车驾驶培训等企业负责人参加对各自监管的企业开展安全生产大检查，查出安全隐患，自行整改。要求各企业做好春节期间值班值守工作，保证各项工作平稳安全运行。稽查大队加强对客运站周边的监管力度，依法严厉查处站外揽客、倒客、甩客等违法违规行为。为期40天的春运，全县道路运输行业平稳运行，未发生交通安全事故，受疫情影响，运送旅客38686人次，比2019年春运运输旅客数下降62.81%。

【城乡公交客运】 2020年，县交管分局推进城乡公交一体化进程，做好农村客运市场的服务和监管工作。结合县域实际情况，对新开行线路、公路等级、路型认定后，联合乡（镇）政府、安监、公安、交运等部门实地勘察、会商，具备通行条件后方可开通。按照县委、县政府管理重点、整治重点、建设重点的要求，开展全面加强农村地区道路交通安全管理工作，全县有三级网络镇村公交线路24条，公交车辆136辆，农村客运站11个，其中，四级站3个，五级站2个，简易站6个。全县197个行政村全部通公交车，实现公交“村村通”、公交网络全覆盖。开展建制村通客车相关信息公示工作，村民可通过安装在各村委会的公示牌了解本村来往公交车辆及驾驶员信息，可拨打公交车驾驶员电话预约出行，亦可扫描公示牌上的微信二维码约车。印发《禄劝至昆明高等院校学生返校道路运输服务保障工作方案》，为禄劝在昆明就读的高等院校学生提供“点对点”“一站式”运输服务。

【智能出行】 禄劝通达城乡公交有限责任公司是禄劝首家城乡公交企业，公司提供智能服务，便利群众出行。2020年，公司通过“携程旅行”“同城出行”“途途行”等App及微信公众号“禄劝公交”开展网上订票业务，拓宽公交支付方式，除传统公交卡外，乘客可以通过微信、支付宝、云闪付或银行卡实现“秒支付”。禄劝安达出租客运服务有限责任公司和禄劝轿子山出租汽车有限责任公司联合推出电召服务，通过拨打城市出租汽车管理平台专线“68911456”实行电召服务，通过“本地云出行”App、微信公众号

"本地出行"开展订车服务。辖区的云南七彩筋斗云信息科技有限公司和云南舒泽科技有限责任公司，分别通过"七彩筋斗云""车能量出行"App实行网络预约，同步使用微信公众号提供经营服务。

【公路运输市场监管】 2020年，县运管分局开展逢街必查稽查工作，针对乡镇赶集日、节假日等重点时段开展车辆违法检查，确保区域内道路交通安全稳定，查扣非法运营车辆89辆，违规经营出租汽车6辆，中巴车1辆，其他违法经营行为60余起。联合县路政大队和交警大队进行巡查，在各乡镇开展联合治超宣传活动。结合禄大公路沿线各乡镇客运驾驶员反映非法营运案件线索问题，开展禄大路沿线非法客运专项整治行动，遏制扰乱正常客运市场秩序的行为。开展出租车行业专项整治工作，明确责任领导、责任人，安排出租车企业内部检查，形成具体检查工作报告，上报分局执行，并形成长效机制。分局稽查大队每周开展一次专项检查，维护出租车市场安全有序运营。

（李沛玲）

公路路政管理

【路产管理】 禄劝公路路政管理大队依法开展公路路产管理工作。2020年，累计勘查、办理交通事故损坏公路路产案件10起，办理行政许可案件1件，协助公路养护部门挽回路产损失123.26万元。查处占用公路路产建盖房屋2起。

【公路巡查】 2020年，禄劝公路路政管理大队执行《云南省公路路政管理总队公路路政巡查规范》，按巡查要求组织外勤中队上路巡查，及时发现、制止和查处路政违法行为。巡查中，发现道路安全隐患，及时函告相关责任部门处置。年内，开展公路巡查280趟（次），发送行政责令整改通知书3份，公路安全隐患告知函2份。

【依法行政】 2020年，禄劝公路路政管理大队制定年度法制工作计划，开展普法教育活动，组织干部职工通过网络在线学法，开展党规党纪、法律法规集中学习教育，促进路政执法人员遵纪守法，依法行政。大队、中队在日常工作中，按照《交通运输行政执法程序规定》，严格执法，依法查处路政案件，做到程序合法，使用法律法规和条款准确。年内，办理路政处罚案件5件，收取罚款1400元。

【应急管理】 2020年，禄劝公路路政管理大队制订公路路政管理应急预案，严格执行路政值班备勤制度，每月末编排次月路政值班安排表，遇国家法定节假日，将节日值班表报昆明路政支队指挥中心备案。大队领导坚持带头值班，路政人员以中队为单位实行轮班制，每天24小时有专人接听值班电话，接到路政报案电话，值班人员立即赶赴现场勘察处置，确保公路安全畅通。新型冠状病毒疫情暴发后，大队立即启动应急响应，全体人员暂停休假，全员上岗，参加疫情防控工作。

【行业管理】 2020年，禄劝公路路政管理大队开展安全生产大检查活动，对公路沿线广告设施安全，公路环境卫生，春运路政服务保障等工作进行整治，发放宣传资料150余份，制止、清理群众乱堆乱放12处，取缔摆摊设点25起，清理打场晒粮2处，取缔平交道口1个，联合县路政大队取缔巴金线加水点2个，查处污染公路路面行为24起，拆除商业广告设施470块。

（李 坤）

邮 政

【概况】 中国邮政集团有限公司云南省禄劝分公司设综合部、市场营销部、寄递事业部、金融中心4个部门。全县设19个邮政支局（所），其中，屏山2个，乌东德2个，其余乡（镇）各1个。对崇德、茂山、中屏、皎平渡、汤郎、马鹿塘、乌东德、乌东德水电站、则黑、翠华、九龙、转龙、乌蒙、雪山14个邮政所进行委托代办管理。全县设烟草路营业所、秀屏路营业所、撒营盘营业所及转龙营业所4个代理金融网点。有自助银行4个，其中，县城2个，撒营盘镇1个，转龙镇1个。有自助设备9台，其中，县城4台，撒营盘镇2台，转龙镇3台。年末公司有从业人员59人，其中，合同工47人，劳务派遣工6人，劳务承揽工6人，见习人员1人，退休职工53人。

【业务经营及服务】 2020年，县邮政分公司实现业务收入1737.39万元，较上年增长25%，增收342.21万元；其中，邮务类业务收入352.74万元，包裹快递类业务收入170.46万元，代理金融业务收入1120.96万元，分销、商销及其他业务收入93.23万元。累计投递国内平常函件35.04万件，给据邮件2.95万件，普通包裹2015件，快递包裹67.93万件，标准快递14.61万件，报纸296.92万份，杂志5.3万份，国际及港澳台邮件929件，机要邮件606件。

【信息化网络建设】 2020年，县邮政分公司在全县所有邮政所开通电子化支局业务的基础上，上线推广新一代寄递平台，寄递系统功能更加完善，收寄及智能跟单更加方便快捷。电子商务业务实现销售飞机票、火车票、高铁票、长途汽车票、代收电话费等功能，为群众出行提供便利。邮政储蓄全国联网并免收异地交易手续费，手机银行安全方便，报刊订阅实现联网网点实时在线收订，并开通网上订阅、微信订阅等功能，方便用户通过不同方式订阅各种报刊。县城烟草路支局、秀屏路支局开通代开税务发票系统，实现与税务系统的联网开票，2020年累计代开发票7905张、657.95万元。

【三级物流体系建设】 2020年，县邮政分公司按县人民政府“三级物流体系”建设及运营工作要求，利用中央财政安排的“三级物流体系”建设专项资金380万元，建成县级物流供配中心1个，物流公共服务平台1个，县级冷库1个，乡镇冷库2个，自动化流水线2条，购置小型运输车辆16辆，中型(5吨)运输车辆3辆，中型(3吨)冷链物流车辆2辆，并于11月5日正式投入运营。整合县域顺丰、申通等其他民营快递企业，解决县、乡、村上下行物流配送“最后一公里”的瓶颈问题，提高农村电商物流配送整体效率，实现“场站共享、服务同网、货源集中、信息互通”，巩固邮政在农村物流中的行业主导地位。

（钱丽仙）

电　信

【概况】 中国电信股份有限公司禄劝分公司下设综合服务支撑中心、网络分局、政企分局3个部门，其中，网络分局下设现场综合化维护团队，区域销售服务实行划小承包经营，县城区设立掌鸠河支局和秀屏支局2个城市支局，乡(镇)设立转龙支局、普渡河支局、团街支局、中屏支局、撒营盘支局及乌东德支局6个农村中心支局，每个乡(镇)配置专门的销售服务人员及装维服务人员。渠道建设服务设立商圈分局及核心营业厅，管理全县各乡(镇)营业厅。2020年，有正式员工53人，劳务派遣制及外包员工62人，退休、退养员工44人。

【业务拓展】 2020年，县电信公司推行“走出去，到客户中去”的服务方式，构建适应“走进客户核心信息化需求”的运营体系，聚焦5G及智家业务，做优智慧运营，建立客户全生命周期精确营销，提供客户满意的综合智能信息服务，不断满足用户美好生活需要。加快互联网新兴行业信息化应用、专线、信息与通信技术项目、IDC托管、物联网项目、云应用、智能组网等业务扩展，全面提升市场竞争力。开展“暖春行动”“平安乡村天翼看家”天翼高清4K电视村等大型营销活动，用户规模及收入得到快速增长。

【渠道建设及服务】 2020年，县电信分公司新建实体营业服务厅(点)6家，全县营业厅(点)44家。认真践行“以人民为中心”的发展思想和“以客户为中心”的经营服务理念，开展“全员服务行动”“总经理接待日”“我为服务献良策”等主题服务活动，提升员工服务意识和业务技能。强化服务监督管理，坚持客户问题导向，倒逼内部流程优化，夯实服务基础，全面提升服务质量。

【网络建设】 2020年，县电信分公司加快网络转型，提升运营效率，建设规范标准网络，推进5G精品网建设，提升4G网络效能。新建优化4G基站25个，全县4G基站333个，4G信号覆盖100%行政村、98%以上自然村及县乡公路。新建并开通5G基站123个，5G信号覆盖县城区、崇德工业园区、轿子山旅游区、乌东德水电站及各乡(镇)政府所在地。完成光缆布放260皮长千米；完成74个自然村光宽带项目建设及350个光宽带零星分纤箱增补工作。新增光宽带端口2178个，全县光宽带端口总数245782个，行政村光宽带覆盖率100%，自然村覆盖率52.5%以上。

（刘锦堂）

移动通信

【概况】中国移动通信集团云南有限公司禄劝分公司，设综合部、销售中心、网络建维中心、集团客户部和沟通100营业厅2个（北街沟通100营业厅、秀屏路沟通100营业厅），有移动综合办公楼1栋。2020年，有正式员工58人，劳务派遣员工4人，在职员工62人，党员17人，其中，大专以上学历61人。

【应急通信保障】2020年，禄劝移动分公司出动应急通信车8辆，人员160余人次，为轿子山春节旅游、脱贫攻坚验收、翠华森林灭火、西南坚果博览会等提供应急通信保障。

【移动网络建设】2020年，禄劝移动分公司投入移动网络建设优化资金1.39亿元。其中，投入资金1.02亿元用于建设无线基站，新建5G基站69个，5G基站达到85个，实现县城及轿子山旅游景区5G信号覆盖；建设室分站点4个，TDD无线拉远基站88个，FDD基站扩容11个，4G基站达到874个，自然村4G覆盖率92%。投入资金3700万元，新建农村光宽带社区，新增社区387个，覆盖用户10414户。农村社区光交箱达到680个，覆盖农村客户17.4万户，覆盖197个村（居委会、社区），新建光缆2000皮长千米，现有光缆总长9711皮长千米。

【渠道发展与服务】2020年，禄劝移动分公司渠道发展以服务客户为中心，以客户的感知和需求为出发点，构建和谐产业圈，结合禄劝实际实行“一个乡镇一片区”化管理，让客户就地交费和办理移动业务。

【移动信息富民工程】2020年，禄劝移动分公司实施农村宽带优惠、“农政通”“农信通”、农村移动惠农网建设等资源政策，提高农村移动通信普及率，降低农村入网成本和通信资费。

（张兴聪）

联合通信

【概况】中国联合网络通信有限公司禄劝分公司，主要经营移动网络业务、固定通信业务和通信设施服务、网络接入业务等与通信信息相关的系统集成业务。公司成立于2003年，秉持以“客户为本”的服务理念，通过网络、平台和多元化产品服务社会。2020年，有员工18人，员工平均年龄31岁，大专以上文化14人，业务发展及用户覆盖17个乡（镇、街道）。

【基础设施建设】2020年，县联通分公司投入资金960万元，实施5G网络规划和建设，新增5G基站103个，5G网络覆盖县城主城区及17个乡（镇、街道）重点区域。解决4G网络深度覆盖和连片覆盖问题，对一些边远乡村和信号盲区开展前期测试和连片规划，新增4G基站30个。对2G基站实行规划性“重耕”，完成网络优化7次。对学校、医院等移动网、宽带网专项资源进行优化建设，完成专项区域5G基站布局并开通新建设备。

【用户服务和支撑】2020年，县联通分公司建成配送服务站点16个，专业团队到基层开展线上便捷订购、线下专人配送、服务到家一体化等服务。为全网用户提供8小时上门服务、24小时上门维护等人性化服务通道，在操作过程中对用户信息严格保密，对服务窗口、互联网平台、“10010”服务热线、短信平台、公众广告宣传等途径实行实名认证业务办理。加强对服务窗口人员的考核及培训，有效控制诈骗电话和短信源头，降低因非实名用户引发的各类投诉及社会风险问题，通过多种公众服务平台向广大用户进行电信法治意识、常识、社会公益等宣传，维护良好的电信秩序。

【队伍建设】2020年，县联通分公司加强对《中国联通云南省分公司干部、员工的若干规定》《中国联通各级领导人员内部交往九条纪律》《中国联通工作人员涉外合作十条纪律》纪律学习和工作要求，加强对干部、员工的培训学习，做好日常生产经营工作。对敏感岗位和关键岗位开展风险防范培训和关键岗位轮岗制度；对专业队伍加大培训和相关资质认证，履行社会责任。

（赵小仪）

国 敬业 诚信 友善

城乡建设
房地产开发与管理

责任编辑　孟舒毅

城市建设

城市管理

农村人居环境整治

城市供水

建筑业

房地产管理

城市建设

【基础设施建设】 2020年，县住房和城乡建设局投入资金386万元，完成英子龙至屠宰场段2.19千米的污水管网建设。投入资金645.47万元，在县城城市主干道、公园、广场、学校、医院、客运站、室内公共场所等新建洗手设施591座，改造1103座。

【老旧小区改造】 2020年，县住建局投入资金827.43万元（住户出资43.43万元），完成老政府住宿区等12个老旧小区的屋面防水、供水一户一表、太阳能路灯等改造。改造工程涉及45栋、828户，建筑面积9.48万平方米。

（张　力）

城市管理

【环卫工作】 2020年，县城市管理局引入机械化清扫保洁设施，重点道路机械化清扫率65%以上。县城区整治垃圾乱排乱倒706起，治理重点区域脏迹1054件，道路清扫保洁面积52990万平方米，出动清扫保洁车辆11442辆次，出动保洁人员41858人次；冲洗道路1650条，出动冲洗车辆692辆次，冲洗道路面积106.22万平方米；道路洒水1448条，出动洒水车636辆次；清洗隔离栏10.6万米，出动清洗人员401人次。清理卫生死角垃圾49.3吨，清掏果皮箱43345个，倾倒垃圾桶38727个。县城区无害化处理垃圾28937吨，无害化处理率100%。县城区投入环卫工人279人，各类环卫设备车辆24辆。安装果皮箱500个，移动式垃圾收集箱186个，垃圾分类收集桶258个。制作路段环境卫生清扫保洁公示牌，明确段长、路长及相关管理（保洁）人员责任地段、电话号码、工作职责，将责任路段区域内（环境卫生、市容秩序、“门前三包”）包干到位，由社会各界共同监督。

【市政服务】 2020年，县城管局新建城市公厕3座，采购卫生纸670箱、洗手液5吨、香薰2000盒、各类保洁用品550件。加强公厕维修维护，巡查检查86次。修复或更换相关配套设施329件，修复或疏通管道23次。修复人行道地板砖200平方米，修复或更换路缘石77米，填补路面坑塘216个。提升城市排水管网服务能力，更换配套设施或设备132套，清掏雨污井、地漏等各类设施1596个（次），疏通排水（雨、污）管网38千米，清掏清运污泥72立方米，新挖排水沟（渠）、排水管网改造30.4米。

【市容市貌综合整治】 2020年，县城管局整治占道经营，开展“引摊入市”工作，集中整治47次，查处占道经营15852起，查处超门店经营1665起，查处违规促销活动100起。发放《“门前三包”倡议书》1400余份，悬挂“门前三包”责任牌1270块，签订《“门前三包”承诺书》1270份，督促落实“门前三包”责任制、教育整改不落实“门前三包”行为2165件。查处辖区乱堆、乱放、乱倒垃圾等行为644起。整治渣土运输违法违规行为，对施工工地进行巡查216次，查处违规渣土运输车辆未覆盖26起，查处车辆带泥污染路面21起。做好户外广告管理，查处散发小广告等违法行为。2020年，拆除违法户外广告牌、灯箱、匾牌243块，拆除布标、布幔440条，查处没收小广告129起20万份。

【城市亮化】 2020年，县城管局维护县城路灯5460组，县城路灯亮化率98%。定期对路灯用电设施进行用电安全大检查24次，更换高压钠灯、镇流器312套，更换灯泡176支，修复供电电缆3752米。

【城市绿化】 2020年，禄劝建成丹堤名苑附属绿地、县职业高级中学附属绿地、圣果树庄园北区附属绿地、圣果树庄园北区西侧掌鸠河公园空地绿地等城市绿地，新增城市绿地面积45.45亩。新建花卉主题小游园1个，提升改造花卉主题公园绿地1个，提升改造道路绿化1条。2020年，县城区绿化覆盖率38.71%，道路绿化普及率96.17%，林荫路推广率64.02%，河道绿化普及率85.75%，公园绿地服务半径覆盖率89.21%，县城区人均公园绿地面积13.44平方米。19个小区获市级“园林小区”称号，6个小区获省级“园林小区”称号，27个单位获市级“园林单位”称号，11个单位获省级“园林单位”称号。

2020年12月12日，县住建局检查转龙银杏假日酒店项目（县住建局 供）

【数字化城市管理】 2020年，“数字城管”平台立案3877件，累计应结案3928件，其中，结案3884件，按期结案3842件，结案率分值平均98.85%。按期派遣3981件，按期结案率98.84%。全年清洁指数平均分值89.03分，公众举报率平均分值99.94分，综合考核成绩平均得分97.1分。

（周　巍）

农村人居环境整治

【卫生厕所建设】 成立农村改厕技术指导组，派出技术指导员230名，到乡（镇）指导改厕工作。全年改造村民无害化卫生户厕4557座，行政村卫生公厕45座，实现187个行政村无害化卫生公厕全覆盖。完成农村无害化卫生公厕建档立卡工作，相关数据录入云南省农村人居环境整治信息管理平台。建立农村公厕管护制度。

【农村生活垃圾治理】 建立健全农村生活垃圾集运处置体系，新建垃圾房20个，购置生活垃圾收集车500辆，增加生活垃圾收集桶300组，整治垃圾违规堆放点1个。建设农村生活垃圾热解处理站5座，每个自然村均配备必要的垃圾收集设施，实现全县农村生活垃圾全收集、全处理。

【农村生活污水治理】 根据《云南省农村生活污水处理专项规划编制指南》《云南省农村生活污水处理设施水污染物排放标准》要求，编制《禄劝农村生活污水处理专项规划》，合理确定不同区域、不同村庄治理任务。优先整治云龙水库水源保护区和县级集中饮用水水源地周边重点区域，完成污水治理的自然村145个，全县累计933个，占全县自然村总数的35.87%。实施农村生活污水就地、就近资源化利用，减少边远地区农村生活污水乱排乱放。启动13个乡（镇、街道）污水处理厂建设，提高乡（镇）污水处理能力。建立生活污水处理设施管护制度，乡（镇）污水设施、村庄生活污水处理设施正常运行率100%。

【村容村貌提升】 创建省级卫生乡（镇）6个、省级卫生村65个，全县累计创建国家级卫生乡（镇）2个、省级卫生乡（镇）7个、省级卫生村146个，省级卫生乡（镇）

2020年，翠华镇大松园村委会以它地村小组新貌（县住建局 供）

比例为52.9%、省级卫生村比例为75.25%。硬化村组公路78.61千米，全县行政村公路硬化率100%，自然村通公路率100%，所有自然村100%通动力电。绿化美化村庄20个，巩固提升2万农村人口饮水安全，全县自然村饮水安全保障率100%。全县无人畜混居现象，畜禽养殖粪污通过种养结合方式进行资源化利用。

【农村环境管护】 全县所有自然村均设立公益性岗位，建立村庄保洁队伍，常态化开展村庄、道路卫生保洁工作。修订完善村规民约，将农村人居环境整治内容纳入村规民约，建立农村道路、垃圾处理设施、水利设施等公共设施管护制度，加强公共设施管理。建立垃圾收费制度，保障垃圾处理。

（李桂兰）

城市供水

【概况】 2020年，县自来水公司主要承担县城区及周边村组6.3万人的供水任务。下设科室6个、调度所1个、水厂3个、二级提调抽水站1个，日平均供水1.27万立方米。全年销售水量470万立方米，其中，居民生活用水303万立方米，非居民生活用水157万立方米，特种行业用水2.4万立方米。上缴业务税金59万元。全年接听用户报修、报漏咨询服务电话323次，办理投诉案件12件，“12345”市长热线信访交办件8件，县长热线信访交办件4件。

【水质管理】 根据《生活饮用水卫生监督管理办法》要求，2020年，县自来水公司每月对水源水、出厂水、管网水的常规项目进行检测，全年检测12次，检测结果合格率均达标。2020年水质综合合格率达到(常规)99.25%，其中，管网水细菌合格率100%，管网水大肠菌群合格率100%，管网水浊度合格率99%，管网余氯合格率98%。县疾控中心每月定期对管网水“七项监测”1次，每季度定期对出厂水“七项监测”1次，监测结果上报政府部门进行公示。

【设备安装维护】 2020年，县自来水公司新装水表249户，全年抢修供水主管143次，维修支管漏水点127处，出动526人次。更换计量不准水表109只，协助用水户更换球阀及二次供水池、水箱浮球阀60只，整改不规范水表52只。营业回收率98%，年末到户水表总数24619只。

（李 静）

建筑业

【概况】 2020年，禄劝建筑业总产值75681.1万元，比上年下降40%。建筑业增加值比上年下降42.2%，占全县地区生产总值的5.1%。

【行政许可审批】 2020年，县住建局办理工程报建7项，审批发放施工许可证7项。加强对建筑企业资质申报管理，受理建筑业企业资质申请8家，其中，增项4家，新申请资质4家。

【工程质量监督管理】 2020年，禄劝新建住宅及公共建筑16项，建筑面积56.19万平方米。新办理质量监督手续的工程项目10项，签署授权书、承诺书工程10项。新办理竣工验收备案工程5项，设立永久性标牌工程5项。开展各类专项及综合监督检查工程80余次，下发工程质量、安全监督巡查、抽查记录（含工程质量整改通知书）80余份。

【工程安全生产管理】 2020年，禄劝有在建项目15个，市政基础设施项目2个，主体施工项目6个，停工项目3个，危险较大工程3个。全年开展检查156次，出动检查人员468人次，下发《禄劝彝族苗族自治县住房和城乡建设局建设工程安全生产文明施工监督检查记录通知书》109份。发现较大安全隐患4个，督促项目限期整改。发现隐患483条，隐患整改后方可使用。下发机械设备停止使用通知书14份，下发安全停工通知书1份，责令停工整改项目4个。限期拆除物料提升机11台，塔吊10台，爬架2栋。

【工程竣工消防验收管理】 2020年，县住建局受理消防验收工程20项，核发消防验收意见20项。下发消防工程整改通知3份，收到整改回复3份。

（张　力）

房地产管理

【房地产项目建设】 2020年，紫溪星谷、秀河映锦一期项目竣工验收，面积188481.25平方米，投资53784.08万元。三溪鼎晟温泉城六期、南塘公园里、迦南苑项目、秀河映景二期开工建设，面积263824.69平方米，投资113894.8万元。

【房地产业运行】 2020年，禄劝全县商品房（含期房、现房）销售总面积195170平方米（1634套），同比增速27.8%。销售金额95669.37万元，其中，商品住宅销售面积173191平方米（1334套），同比增速25.33%，销售金额81555.71万元。全县存量房交易总面积131915平方米（1028套），同比增速-11.4%，交易金额52040.88万元，其中，住宅交易面积116251平方米（895套），同比增速-19.98%，交易金额46742.16万元。全县商品房价格处于平稳上升态势，2019年年底，商品住房均价4577.01元/平方米，2020年商品住房均价4692.3元/平方米，同比上涨2.52%。

【房地产业监管】 2020年，县住建局签订凤家古镇44个地块、伽南苑小区等5个项目预售资金监管协议。新冠肺炎疫情期间推进企业复工复产，审核批准拨付温泉小镇等房地产项目预售款申请10批次，核准使用预售款9600万元。

【小区物业管理】 2020年，禄劝住房维修资金缴存金额1353.04万元，使用122.77万元。开展物业秩序维护整治工作，规范物业服务管理，解决小区停车难、秩序乱、安全隐患突出的问题。推动物业小区反恐人脸识别前端探头安装，25个物业小区已安装反恐人脸识别探头。

（张　力）

禄劝第一中学
团结奋进 求实创新
一个人遇到好老师是人生的幸运，一个学校拥有好老师是学校的光荣，一个民族源源不断涌现出一批又一批好老师则是民族的希望。
——习近平
民族团结 你我同创

教育 科学技术

责任编辑　孟舒毅

教 育

【学前教育】 2020年，禄劝有幼儿园80所，在园幼儿9588人，幼儿园专任教师506人。学前适龄幼儿毛入园率90.6%。

【义务教育】 2020年，禄劝有义务教育阶段学校57所（小学41所，初中16所），在校生40110人（小学25274人，初中14836人），小学入学率99.85%，初中毛入学率107.02%。初中专任教师1388人，小学专任教师1965人。

【高中教育】 2020年，禄劝有完全中学2所，高级中学1所，在校学生8026人（民办高中1所，在校生475人），高中专任教师546人。

【特殊教育】 2020年，禄劝有义务教育阶段适龄（6～15）周岁残疾儿童少年496人，实际在校就读489人（含县外就读65人、县内就读6～17周岁424人；其中，随班就读395人，送教上门94人），毛入学率99.51%。因家长要求暂缓入学7人，入学率98.28%。组织撒营盘民族小学、皎平渡中心小学、则黑中心小学、中屏中心小学、九龙中心小学开展特殊教育。禄劝特殊教育学校完成装修，县编办批复编制46人。

【民族教育】 2020年，禄劝有少数民族在校生24567人，有民族实验中学、民族小学、九龙镇文林民族小学、翠华镇兆乌民族小学、茂山镇丽山民族小学、云龙乡民族小学、撒营盘镇民族小学、思源实验学校8所民族学校。组织师生参加云南省第三届民族团结教育活动培训并上报参赛作品。推选参加云南省第三届民族团结说课比赛教师1人；民族团结教育骨干人才培训1人。组织教师参加云南省学校民族团结经典文化教育活动，11人获省级表彰。

2020年12月30日，禄劝一中2020级红旗梦想自强班开班（吴荣华　摄）

【职业教育】 2020年，禄劝有职业教育学校3所（公办2所，民办1所），其中，教师进修学校1所，职业高级中学1所，在校学生3465人，职业学校专任教师150人。县级财政投入资金24600万元，实施职业高级中学改扩建和实训基地建设项目，学校占地面积202亩，总建筑面积80026.05平方米，新建教学楼、实训楼、科技楼、报告厅、运动场、学生食堂、标准化宿舍、汽车4S店、幼儿园、五星级酒店等，部分项目竣工并投入使用。

【学生资助】 2020年，禄劝继续实施高中免费教育，惠及7173人，拨款653.67万元；2020年国家省市县政策资助学生154180人次，补助资金8653.88万元。其中，建档立卡户学生资助22794人次，资助资金1289.43万元；签订大学生生源地助学贷款合同2204份，发放助学贷款1735.5万元。大学生各类资助2669人，资助资金1846.7万元，其中，建档立卡户大学生1104人，资助资金763.87万元。引进北京乐善公益基金会帮扶资金20万元，在禄劝一中开展“红旗梦想自强班”项目，惠及贫困学生100人。

【教学管理】 2020年，禄劝高考文科最高分645分，理科最高分714分（全省理科第36名，全县考生首次进入全省前50名）。全县700分以上1人，670分以上4人，650分以上6人，630分以上14人，600分以上30人。其中，文科600分以上7人，理科700分以上1人、600分以上23人。一本上线126人，上线率5.71%；二本上线811人，上线率36.75%；本科上线937人，上线率42.46%；专科上线1269人，上线率57.5%；合计上线2206人，上线率99.95%。中考最高分583分，580分以上2人，570分以上10人，560分以上29人，550分以上63人，500分以上467人，全县升学总分平均分(含加分)356.84分。

【教师队伍建设】 2020年，禄劝完成180名“云南省应对新冠肺炎影响面向全国开展基础教育学校专项招聘优秀高校毕业生”的聘用，完成46名免费师范生分配工作，完成6名普岗教师招聘工作。选聘乡(镇)50名优秀教师到县城学校任教，在全国范围内选调3名优秀教师、引进5名名师到禄劝工作。组织“三区”人才支持教师专项计划的实施，做好7位支教人员的管理及审核上报工作。完成20名公费师范生申报。完成2017年招聘的42名特岗教师转岗工作。完成校(园)级领导推荐及审批工作，完成57名高级教师、71名一级教师、40名二级教师职称申报和155名教师职称定级审批及评审工作。完成2名一级主任科员、4名三级主任科员的公务员职级晋升工作。完成2019年3688名教师首次教师资格注册合格确认及2020年319名教师资格注册的初审工作。完成2020年春季幼儿园、小学及初级中学教师101名资格认定工作。

【教师培训】 2020年，县教育体育局组织国家、省、市各级各类项目培训24期161人，其中，国家级培训3期12人，省外培训6期29人，省内省级培训5期40人，省内市级培训10期80人。完成云南省乡村从教20年以上优秀教师5名、昆明市乡村从教20年以上优秀教师11名、昆明市第十四届“优秀园丁”5名、昆明市第十四届“杰出园丁”1名和乡村优秀青年教师培养奖励计划1名、昆明市第二届名校长4名的申报推荐工作。组织开展禄劝第十三届小学幼儿园学科带头人和骨干教师评选工作，评选出学科带头人及骨干教师80名，其中，学科带头人30名，骨干教师50名。组织开展昆明市第十二届小学幼儿园学科带头人和骨干教师评选活动，禄劝有7人被评为昆明市学科带头人及骨干教师，其中，学科带头人4名，骨干教师3名。

【艺术活动】 2020年，县教育体育局举办“阳光下成长——禄劝第十五届学生艺术节合唱视频比赛、舞蹈视频比赛、朗诵比赛、美术书法摄影比赛”工作。组织师生参加禄劝首届坚果博览会美术与设计、摄影比赛。组织全县音乐、美术教师参加中国少年儿童文化艺术基金会“高举红旗，精准扶贫，走好新时代长征路”系列活动之“红旗梦想艺术课堂”禄劝第一期音乐、美术公开课培训。

【校园安全】 2020年，县教育体育系统开展防震减灾、火灾逃生、防暴恐、防拥挤踩踏等各类应急演练1280场次。排查整改学校安全隐患256项，调研督查校园安全工作4次，组织各类检查9次，接受国家、省、市检查6次。2020年，县教体系统没有发生较大校园安全事故。

(保银伟)

科学技术

【科技工作】 2020年，县科学技术和工业信息化局组织企事业单位申报科技计划和各类补助项目8项，其中，科技部1项，省科技厅2项，市科技局2项，完成目标任务数的160%。开展农村科技带头人培训，参训1450人次。组织3家企业申报省、市“星创天地”，获得省级认定培育1家，市级2家。建成6个成果转化示范基地和6家成果转化示范企业。推荐申报16名云南省科技特派员，全部获得聘任。以项目形式预申报云南省科技特派员9人，4人通过初审。组织2名副高以上人才申报云南省科技领军人才专项计划。引进15名“三区”人才到企事业单位开展科技服务。推荐申报昆明市有突出贡献专家1人。推荐申报正高级职称1人。

【信息产业工作】 2020年，禄劝通信基础设施建设投资12025.8万元，其中，5G通信基站建设超过8000万元。年内新建开通5G基站135个(其中轿子雪山新建开通4个)，开通使用的5G基站达到151个，县城区5G通信网络覆盖率100%。全县电子政务网络系统运行正常，电子政务网络主干畅通。全年召开视频会260次，其中，中央、省、市、县级会议134次，县乡视频会议126次。开展无线电宣传管理工作，做好高考及公务员考试期间无线电保障，全年在县城内查处无线电非法基站案件3起。

(李春燕)

气象服务

【气象观测】 2020年，县气象观测站严格执行全年24小时值班制度，地面气象观测质量稳定，全年无错情出现，无重大责任性事故发生，大监站资料传输及时率99.98%，数据可用率99.99%；区域站资料传输及时率99.08%，数据可用率99.94%；自动土壤水分资料传输率99.98%，数据可用率99.91%。乌东德地面气象观测站落实24小时专人值班制度，为乌东德水电站预报服务提供准确的基础气象观测资料，气象站测报错情率为零。杨梅山雷达站运行正常。

【主要气象要素】 降水 2020年，禄劝总降水量904毫米，比历年平均值955.8毫米偏少51.8毫米，属略少范围。乡镇年降水量除云龙、茂山正常，则黑偏多外，其余均较历史平均值偏少。2020年初夏降水偏少，县城雨季开始期为7月1日，较常年特迟；雨季结束期为10月11日，较常年正常。乡镇雨季开始期除乌东德和雪山偏早外，其余均偏迟或特迟。主汛期全县出现大雨（日降雨量≥25毫米）以上天气过程8次，其中，暴雨（日降雨量≥50毫米）3次，未出现秋季连阴雨。

气温 2020年县城平均气温16.9℃，比历年平均值15.9℃偏高1.0℃，属偏高范围。年极端最高气温34.0℃（6月8日），年极端最低气温-1.4℃（1月27日）。乡镇年平均气温除则黑、云龙正常，中屏略偏低外，其余乡镇均为略高至偏高。12月11日为初霜日，年日照时数3191.5小时，较历史同期偏多60.5%。

异常气候现象 2020年，禄劝雨季开始期为7月1日，属特迟，自1959年建站以来，仅1960年、1967年和1977年雨季开始期推迟至7月，近40年均未出现该情况。5至6月全县多为晴热高温天气，无有效降水出现，森林火险气象等级高，初夏干旱严重，全县达到重度气象干旱到特旱。

关键天气 3月各乡（镇）均出现大风天气，特别是午后风速较大，全月发布大风蓝色预警信号20期，大风天气次数较历史同期偏多。3月30日，翠华镇烂泥箐发生1起森林火灾，持续3天，过火面积1680亩。5月至6月，全县大部分地区出现重度气象干旱到特旱，对农业和人、畜饮水造成不良影响。

持续天气不利影响 2020年3月，全县平均降水量5.8毫米，与历年同期相比偏少57.6%；5月到6月全县平均降水量102.4毫米，与历年同期相比偏少29.8%，特别是南部乡镇降水特少，降水时空分布极度不均。1月1日至6月7日，全县出现13次分散性阵雨天气，其余时段都是以晴热天气为主，并伴有大风，全县森林火险等级高，出现重度气象干旱到特旱。

气候综合评价 2020年禄劝气温较历史平均值偏高，日照时数偏多，属于一个雨量稍欠、光热资源充足的年景。春末夏初旱情较常年偏重，森林火险气象等级持续偏高，雨季开始期严重偏晚。主汛期降雨量大部分地区偏少，单点性大雨暴雨天气过程多发，暴雨洪涝及冰雹灾害较往年偏轻。

【气象预报】 2020年，县气象局建设和完善重大天气预报服务流程和记录制度，气象业务服务实现双岗24小时值班制和领导带值班制度。全年发布“短期气候预测”12期、“禄劝未来一周天气预报”53期、“气象灾情预警信号”149期、“重要天气消息”14期、“气象干旱专题分析”9期、“各乡镇雨量统计”105期、“森林防火气象服务专题”25期，“气象服务专题”283期，通过电子显示屏滚动发布短临预报1200条，24小时预报600条，气象灾害预警信息120条，综合信息900条，预警信号发布5.68万人次。

【执法检查】 2020年，县气象局联合县安委会印发《关于做好2020年防雷安全工作的通知》，并对重点监管行业开展防雷安全大检查2次，检查对象27家，发放防雷安全重点监管单位告知书41份。利用“3·23”世界气象日、“5·12”全国防灾减灾日、6月“安全生产月”进行气象防灾减灾宣传活动，提高公众的气象意识和防灾减灾意识。

【人工影响天气】 2020年，禄劝14个人工影响天气作业点围绕库塘增蓄、农业生产抗旱、森林防火、农业生产防雹开展作业326次，用弹896枚。烤烟理赔面积、理赔金额创近5年新低。

【气象现代化建设】 2020年，县气象局完成“三温三雨”观测系统建设，完善薄弱环节67项。建成负氧离子监测设备及户外显示大屏1套。“钉钉”办公软件升级、语音输入、语音直译等现代化办公手段投入使用。自动气象站阈值预警软件投入使用。完成茂山镇永定村委会猕猴桃基地自动气象观测站建设。对9个防雹固定作业点的装备进行更新，实现方位、仰角、发射等功能自动化。与国防科技大学专家开展雷达、发射架联动系统项目研究。

（黄　靖）

防震减灾

【震情跟踪】 2020年，县防震减灾局上报震情跟踪工作月报12期。按时组织开展月、季、年度会商工作，提高会商意见和报告质量并编写震情会商意见上报市防震减灾局。

【群测群防】 2020年，禄劝设立固定地震宏观观测点14个，有地震宏观联络员28人，实行地震宏观异常零报告制度。每个乡（镇、街道）设防震减灾兼职助理员1名。制定《禄劝地震宏观信息联络员管理制度》，密切关注地震宏观异常，全年上报宏观异常信息12次。2020年，禄劝周边发生有感地震2次，结合震情，县防震减灾局召开地震紧急会商2次，季度会商1次，并将会商意见及时反馈上级业务部门。1月17日至3月6日期间，完成乌东德水电站下闸蓄水地震临时监测工作，确保监测信息及时准确传输和分析。3月8日，到云龙乡金乌村委会林草局野外训练营地对森林防火队伍及地震应急志愿者队伍进行防震减灾科普知识培训160余人。7月16日，召开2020年防震减灾工作联席会议，17个乡（镇、街道）主要领导以及38家县抗震救灾指挥部成员单位主要负责人参加会议。完成转龙镇、撒营盘镇、乌东德镇3个国家地震烈度速报预警工程云南子项目台站工程场地建设及仪器设备安装工作。开展办公院内地震监测深井TBT–28两分量倾斜仪改造升级，该项目进入调试安装阶段。强化短临跟踪宏微观异常调查核实，组织专家开展调查3次、核实蓝湾温泉气氡前兆异常情况，并上报市防震减灾局。完成县民族小学、禄劝第一中学、翠华中学、中屏中心小学、团街中学、茂山中学地震烈度预警终端的安装调试。10月23日，召开全县地震宏观信息联络员工作会，完善《地震宏观联络员管理制度》《防震减灾宏观异常落实制度》等制度。10月28日，对部分乡（镇、街道）2020年抗震救灾准备工作进行检查。依据《破坏性地震应急管理条例》和《云南省地震应急预案》《昆明市地震应急预案》《禄劝彝族苗族自治县防震减灾应急行动工作预案》指导各乡（镇、街道）、部门完成地震应急预案修订。

【强震动台站管理】 2020年4月、10月，县防震减灾局对7个乡（镇）的强震动台站的交流供电、综合电源、电瓶电压、数采装置、路由器等设备的运行情况进行全面检查2次，并开展人工触发实验。

【震情值班】 2020年，县防震减灾局严格执行24小时值班制度，做到值班有专人、领导有督查、交接有记录、值班有记载和信息有报告的完整值班要求。坚持24小时人员值班和领导带班制度，确保值班信息完整。

【科普宣传】 2020年，县防震减灾局编印《防震减灾科普知识读本》1万册，《地震宏观异常调查落实工作手册》2000册，制作防震减灾科普宣传展板6个。利用防震减灾科技“三下乡”活动、“5·12”全国防灾减灾日，“11·6”全省防灾减灾宣传日开展防震减灾科普宣传活动4次，组织防震减灾科普讲座2次，发放《防震避震常识》《防震减灾科普知识读本》《地震应急自救互救手册》《防震减灾法》等宣传材料1.5万册，防震减灾科普宣传袋1200个。开展防震减灾现场咨询130余人次，悬挂防震减灾宣传布标3条。创建县级防震减灾科普示范学校1所。5月13日，县防震减灾局在九龙镇树渣村委会开展以“提升基层应急能力，筑牢防灾减灾救灾的人民防线”为主题的地震应急演练活动。

【设施建设】 2020年，县防震减灾局完成禄劝掌鸠河公园、县体育场两个Ⅲ类地震应急避难场所提升改造工程，对应急避难场所指挥、应急供水、供电、消防、避难蓬宿区、医疗救护等应急避险功能场所标识标牌、配套设施进行提质改造。经改造，县体育场应急避难场所提升为Ⅱ类地震应急避难场所，并配备地震应急物资及设施。

（皮臣科）

昆明市第十届少数民族传统体育运动会开幕式

文化 体育

责任编辑　李风先

文化综述

【公共文化均等化】 2020年，县文化和旅游局完成第四批国家公共文化服务体系示范区创建。争取公共文化服务资金730万元，完善"基层公共文化服务包"。投入资金35万元，完善乡（镇、街道）公共电子阅览室建设，对县文化馆和图书馆排练室、录音室、陈列室、服装室、阅览室等进行升级改造。以公共图书馆、文化馆等为重点领域，推动公共文化机构建立以理事会为主要形式的法人治理结构，吸纳有关方面代表、专业人士、各界群众参与管理，落实法人自主权。运用"禄劝文化馆""书香禄劝"数字平台和"文苑禄劝"等微信公众号发布活动预告等服务内容，提供"菜单式"和"订单式"服务，保障人民群众基本文化权益。县文化馆评估定级为国家三级馆。完善公共文化数字化建设，禄劝图书馆网站建设完成，网站具有信息发布、文献检索、数字文献阅览、视频阅览、读者服务、信息咨询等功能。禄劝文化馆服务平台建设完成，通过建立县、乡二级总分馆服务体系，整合17个乡（镇、街道）优秀资源，实现功能共享、资源共享。实现村（社区）农家书屋与乡（镇、街道）综合文化服务站、县图书馆的资源整合和互联互通。

【群众文化】 2020年，县文化和旅游局利用"文化大篷车"、流动图书车，开展送戏下乡、送书下乡、送文化进校园、企业，满足人民群众精神文化生活需求。全县开展文化惠民演出361场次，其中，县文化馆45场次，17个乡（镇、街道）文广中心和业余文艺团队演出316场次，受惠群众37.04万人。组织第一届西南坚果博览会文艺展演、庆国庆·迎中秋文艺演出、"文化大篷车、千乡万里行"惠民演出、"决胜全面小康、决战脱贫攻坚"主题文化惠民演出，到上海普陀区参加助力扶贫交流演出活动。

【图书活动】 2020年，县图书馆举办阅读推广读书活动5次，参加人数1580人，送新书700册。举办阅读展览5次，参加人数1700人。开展文化、科技、卫生"三下乡"活动，为群众送去年画、春联800余份、书籍200余份、过刊500余份。举办讲座5期、132人参加。举办文化志愿者培训1期，开展农家书屋图书管理员培训1期。开展"书香禄劝"全民阅读，发出"悦读卡"5000张。图书馆每天为读者开放8.5小时，外借图书7031人次，流通6653人次。

【文艺精品培育】 2020年，县文化和旅游局整理禄劝民歌80首，谚语100条。组织编写《中国少数民族大辞典——禄劝傈僳族辞典》。创作抗疫作品6个，扶贫作品3个，歌曲《最美的承诺》《情怀》、小品《代价》、快板《抗疫翻身战》《抗疫跟党走》等受到好评。抗疫快板《抗疫翻身战》《抗疫跟党走》被翻译成傈僳语版拍摄视频进行宣传。扶贫作品有小品《厚养薄葬》，歌曲《蓝图》《号角声声》。《欢乐的傈傈人》参加市民族民间歌舞乐展演获优秀奖和二等奖。《傈僳族口弦舞》《欢聚一堂》《雁落背弓》参加市民族民间歌舞乐展演获优秀奖，《阿德乐》获传承奖，《彝家转转酒》获三等奖。《禄劝傈僳族舞》获省级三等奖。

【非物质文化遗产保护传承】 2020年，县文化和旅游局开展文化和自然遗产日非遗展示活动，32名传承人展示彝族刺绣、苗族芦笙舞曲、傈僳族口弦演奏、彝族月琴演奏、花灯戏剧演唱等，收集30余件非遗作品在县文化馆陈列展出。组织传承人开展对外培训10期，培训500余人。非遗传承人游定美当选2020年度中国纺织非遗推广大使，并参加9月20日至22日在沈阳召开的大会和11月1日至2日"中国故事·福田传承"2020首届非物质文化遗产家庭日活动。完成3名申报县级传承人视频、图片拍摄，5名申报市级传承人视频、图片、文字数据采集，禄劝蚕丝被制作视频、图片拍摄，禄劝羊毛毡制作、羊毛毡画染数据采集。新建皎平渡镇杉乐村委傈僳族传统文化传习所，展示作品50余件。完成《禄劝蚕丝被手工制作》数据采集。

【文物保护】 2020年，县文化和旅游局开展文物安全管理工作，检查省保单位4项、12次，市保单位9项、16次，县保单位15项、9次。争取文物保护资金112.5万元，完成三台山摩崖石刻、彝汉文摩崖石刻维修方案规划编制，通过云南省文物专家组的评审。“普渡河铁索桥维修工程”通过省、市文物专家实地验收。配合自然资源局土地勘测院完成24项县级文物保护单位保护范围、建设控制地带的划定工作。完成县级文物保护单位“周恩来长征路居旧址”及“团街红军总部驻地旧址”调查工作，配合县委党史研究室开展“周恩来长征路居旧址”抢救性维修工作。加强文物保护宣传展示，发出宣传资料1000余份。4月17—20日到撒营盘镇、翠华镇进行文物保护传统工艺人才调查工作，采集石雕、木雕工艺的工艺传承、技艺水平、作品等相关信息数据。配合县委、县政府及规划设计单位开展国家级文物保护单位“金沙江皎平渡口纪念设施”迁建前期的各项准备工作和红色文化公园建设项目规划工作。

【文化市场监管】 2020年，县文化和旅游局出动执法人员400余人次，出动车辆80余台次，对全县文化市场开展监督管理。对17个乡（镇、街道）的农村文化市场进行排查清理整治3次。开展“两节”“两会”、暑期、重大节日等重点时段的文化市场监管。对全县文化、旅游人员密集场所业主安全生产法律法规培训2次，签订《安全生产责任书》。2020年，无文化市场违法违规经营活动案件。接到“12345”市长热线、“一机游”等投诉处置平台投诉件20件，投诉办理率100%，办理结果满意率100%。开展宣传培训活动2次，与各乡（镇、街道）文化综合服务中心、文化旅游经营单位签订《“扫黑除恶”专项斗争工作责任书》，向经营单位发放“扫黑除恶”宣传册并在经营场所内醒目位置张贴“扫黑除恶”宣传材料，向群众发放“扫黑除恶”和扫黄打非宣传单4000份。

【禄劝文化馆】 禄劝文化馆于1953年建成，公共文化设施面积1550平方米，设有室内排练室、室外排练场、录音室、培训室、多功能厅（舞蹈排练室、合唱排练室、少儿暑期培训室、业余文艺队排练室、罗婺乐团排练室、民间文艺协会活动室）等6个服务窗口，设有陈列展室（书画美术摄影展室、红色文化展室、怀旧文化展室、民间艺术展室、非遗展室、农耕文化展室）。馆藏明清银饰10件、非遗展品56件、红色文化展品71件、书画美术摄影作品60件、古木匾1件、农耕展品6件、怀旧文化展板4版。常设的公共文化服务活动有文艺演出活动（广场演出、下乡演出、重大节日演出等）、展览（书、画、摄影）、文艺辅导指导、培训（舞蹈、小戏、小品、吉他、笛子、葫芦丝、电脑）等。免费为业余文艺团队提供活动场地、发放宣传材料、开展非物质文化遗产传习等活动，组织“青少年假期活动”，满足市民日益增长的文化需求。2015年12月，禄劝文化馆被文化部评估定级为国家三级文化馆。2020年，文化馆各功能厅、室内以及室外排练场地免费对外开放720场次56小时，受益群众8640人次。全年开展送戏下乡惠民演出26场次，其中，组织文艺队举办“我们的中国梦——精准扶贫文化进万家活动”和“我们的中国梦——文化进万家2020年‘三下乡’文艺演出活动”8场次；“文化与自然遗产日—禄劝‘非遗’展示在行动”活动1场次；9月30日至10月8日举办“庆国庆·迎中秋”文艺演出12场次；“文化大篷车、千乡万里行”惠民演出18场次；到上海普陀区参加助力扶贫交流演出活动4场次。创作文艺作品8个，其中，抗疫作品5个，分别是歌曲《最美的承诺》《情怀》《情满人间》，小品《代价》，快板（傈僳族语数板）《抗疫翻身战》，另有小品《厚养薄葬》，扶贫歌曲《蓝图》《号角声声》。

（张富君）

【新华书店】 2020年，禄劝新华书店完成营业收入2073万元，与2019年2000万元相比，增加73万元，比2019年增长3.65%。完成2020年春、秋教材发行、配送工作，保证全县5万名中小学生的教科书按时到位。完成全县76家单位3627册《习近平治国理政第三卷》的发行配送工作。开展全民阅读活动，培养全民阅读兴趣。与教体局共同举办第二届“新时代好少年——我为祖国点赞”活动，开展“中华优秀传统文化”知识竞赛。

（许江萍）

民族文化

【彝族文化研究】 2020年，禄劝彝族文化研究会把彝语文读书班、罗婺古乐班办学工作作为学会工作重点，邀请中国社会科学院民族学与人类学研究所博士普忠良，云南民族大学教授张纯德、副教授张会叶，彝学工作者张和东以及部分彝学专家举办专题讲座。进一步巩固和提升3个彝语文读书班教学成果，对《罗婺彝族婚礼古歌》《罗婺彝俗礼仪》等教材进行修编。在教学实践中，编研、完善和充实历算、祭祀、文学三大类古籍文献学习资料。开展民族文化宣传，5月20日至22日，配合国务院扶贫办开展集中采访活动。积极开展各类宣传活动，组织罗婺古乐团参加县老年大学"罗婺杯"文艺展演，获二等奖2个，三等奖1个。彝韵风情艺术团舞蹈《美酒飘香》在云南电视台"我要上春晚"栏目展播。通过挖掘、整理、推广罗婺古乐，打造罗婺古乐品牌，县彝学会罗婺古乐班、罗婺古乐团表演水平不断提升。加大宣传禄劝的力度，接待中国台湾南投县热爱乡民族文化参访团专访，中国澳门来禄采访，巴西等国家在禄劝组织采访活动。提高彝学研究水平，开展彝族文化交流，采取"走出去，请进来"的方法，学习借鉴外地先进经验和工作思路，年内有四川省凉山彝族自治州彝学会、雷波县彝学会和贵州省六盘水市彝学会等学会到禄劝开展彝文学术交流活动。8月，县彝学会组织彝学专家、彝文工作者和知名人士，参与中国社会科学院民族学与人类学研究所开展"教育部、国家语言文字工作委员会专项任务——中国语言资源保护工程·民族语言调查"子项目"云南省昆明市禄劝彝语东部方言滇东北次方言禄武土语纳苏话"的纸笔记录和摄录工作。

【苗族文化研究】 2020年，禄劝苗族文化研究会有会员105人，会长1人，副会长6人。全县苗族人口1.6万人，语言文字社会交际保持比较完整。出版苗语文滇东北次方言学习工具书《苗汉词典》3000册，编写苗语文初学者适用教材《苗文基础教学课本》印刷版500册，在县城举办为期15天的苗文培训班1期。会同省民语委、省苗学会在县民族小学召开"滇东北苗文计算机输入法培训工作会"，来自中国社科院研究生、全省38位苗语文专家参加培训。9月，由民宗、教育部门统筹，在苗族学生集中的县职业高级中学开展每周2节苗文课教学活动。到汤郎箐小学开展爱心助学及苗语文实地教学活动。开展学术研

2020年，县文旅局开展"非遗"传承人技艺展示活动，图为"非遗"传承人展示技艺（县文化和旅游局　供）

究，扩大苗族文化社会交流影响，出版《禄劝苗族历史文化初探》。整理、收集大量反映苗族地区经济社会发展照片，汇编出版《彩焕苗乡》，以汇集成册的方式展示脱贫攻坚以来全县苗族面貌变化。参加省教育厅、省民族出版社翻译的“小学苗文教材”、《中华人民共和国宪法》《新宗教事务条例》《习近平讲故事》《新词术语》《一家人要过好日子》的苗文翻译工作，翻译书籍已出版。开展民族团结进步教育宣传活动，到撒营盘镇三合村委会务咪苗族村等地开展脱贫攻坚政策宣传，配合县融媒体中心翻译录制疫情防控、爱国卫生“7个专项行动”苗语版政策宣传材料。

【傈僳族文化研究】 2020年，禄劝傈僳族文化学会挖掘整理优秀傈僳族文化，参与编撰《中国民族大辞典》傈僳族辞典部分昆明篇，7位理事组成编撰小组，完成280多页的禄劝傈僳族简史初稿编撰工作。开展禄劝傈僳族来源、迁徙和发展史研究，采访和拍摄有40%以上傈僳族住户的村落，涉及皎平渡、汤郎、乌东德、撒营盘、则黑、中屏、屏山7个乡（镇、街道）45个村民小组。抢救、保留、整理傈僳族优秀文化，组织实施禄劝傈僳族文化传习所项目工作，完成项目选址、设计、组织施工、验收、展品收集等工作。禄劝傈僳族文化传习所于12月30日揭牌成立，存有展品330余件。开展傈僳族文化交流活动，保山、武定傈僳族文化研究会到禄劝交流傈僳族服饰传承制作。申报非遗项目2个，1个县级非遗项目已审批。申报市级传承人2人。激励傈僳族子女积极向上，提高傈僳族文化素质，向2020年高考上重点线的5名傈僳族高考优秀学生发放一次性奖励1000元。

【民族古籍收藏】 2020年，禄劝少数民族古籍陈列室收藏378卷彝文古籍，其中，历史类37卷、天文类18卷、地理类21卷、哲学类1卷、文艺类3卷、祭典经102卷、作祭经83卷、占卜书2卷、百解经41卷、福禄经22卷、文书类48卷。馆藏民族古籍中，《夷僰祈福经》和谱牒类古籍均属于孤本，其余都属于善本。文物陈列馆共收藏文物152件，成套的民族服饰有23套，单件的有31件，其中，年限最长的有300多年。收藏用具42件，其中，年限最长的有150多年。

【民族文化古籍传承保护】 2020年，县民宗局完成《禄劝苗族历史文化初探》《禄劝彝族历史文化史料研究》出版发行工作。对馆藏于古籍办古籍陈列室的300卷古籍重新进行分类编目、拍照、登记和造册，建立古籍电子文库，每一卷古籍都有独立编号、有高清图片、有具体描述（古籍的出处、版本、材质、内容提要、时间、残损情况、收藏情况、研究整理情况等），并于3月13日通过省古籍办验收。配合省古籍办完成《云南省少数民族古籍珍本集成》（彝族卷91~94卷）古籍图片扫描及提要撰写工作。参加由云南省民委、省古籍办主办，红河州民委等相关单位承办的“传承民族记忆　铸牢中华民族共同体意识——云南省少数民族古籍文化遗产巡展（红河站）”活动，禄劝《献药经》《六祖史诗》《德高氏源流》三卷古籍及《罗婺盛世铭》拓片参展。投入资金35万元，实施繁荣发展少数民族文化事业项目2个，分别是禄劝彝族古歌“咪敖”抢救保护项目、傈僳族文化保护传承项目。完成2019年民族文化精品项目“罗婺古乐”保护传承项目资料汇编整理工作。

（常皖云）

融媒体

【基础设施提升改造】 2020年9月，禄劝融媒体中心完成办公大楼、办公室、楼道、指挥中心、演播室、安全播发室、发射台的提升改造，新建高清LED大屏，配置电脑、摄像机、航拍机器等办公设备。将原来的功能单一演播室改扩建为120平方米具备“蓝箱区、录播区、站播区、访谈区”四合一功能的演播室。年末，中心共有160平方米指挥中心1间（含新闻调度大屏位、设备陈列室），160平方米演播室1间（含导播室、设备机房、录音控制室、调光室、化妆室、设备库），专用录音室2间（含录音控制室、声闸），专用广播电视新闻制作及采编房1间（含数据中心机房），广播直播室1间（含导播室），新媒体采编用房3间。

【新媒体运用】 2020年3月，县融媒体中心完成“禄劝融媒”App、掌上融媒平台系统开发和上线使用。4月，开通禄劝抖音、快手官方账号，抖音发布作品222个，粉丝5.3万，累积点赞量超52.3万，累积浏览量超千万。“禄劝融媒”App客户端下载量14.6万余次，发布信息3300余条，阅读总量超200万人次。开展彝绣、杀猪饭、西南坚果博览会、名师公开课等特色内容27场直播活动，在线观看1万人次的超过10场。新华网·云南通官方账号年发稿300余条，微博年发稿8000余条，粉丝11万，累积浏览量超1600万。手机报年发稿3000条。政府门户网站年发稿量4000余条，月平均浏览量4万余人次。《2020年度昆明市网络综合传播指数报告》中禄劝官方微博、微信、抖音3个新媒体平台综合影响力指数位列县（区）第三，其中，官方微博“禄劝发布”以98.44分居全市第一。

【系统初验运行、检测】 2020年3月14日，县融媒体中心启动技术系统上线测试，“禄劝融媒”App客户端上线并在全县范围内推广下载使用。6月30日，县委宣传部（县广电局）组织人员对禄劝融媒体中心建设进行初验，初验合格。7月1日，进入为期3个月的系统试运行阶段。10月20日，完成网络安全二级建设，向昆明市广播电视局、市委宣传部申请进行技术系统检测。10月29日，北京专家和市委宣传部对县融媒体中心进行技术系统测评。12月10日，在云南省第三批51个县级融媒体中心省级验收中获评昆明市3家优秀单位之一。

【宣传报道】 2020年，县融媒体中心录制彝语、苗语、地方语言、普通话4种版本的音频，通过全县2460个“村村响”喇叭宣传脱贫攻坚、疫情防控、环境卫生整治等相关知识，总播时长1.6万小时。7月1日，禄劝电视台自办节目正式开播。禄劝电视发射台增加省、市、县三级自办节目，无线数字信号发射节目15套，日播17小时，改变20多年来禄劝只有一档新闻节目的局面，实现本地电视台播放新闻、天气预报、电视剧、电影、动画片等节目的功能。全年采编播出电视节目182组825条新闻，国家级媒体采用稿件31条，省级媒体采用稿件302条。曝光不文明行为和“红黑榜”17周次。

（张云松）

地方志

【年鉴编纂】 2020年3月9日，县人民政府办公室下发《关于编辑出版〈禄劝年鉴（2020）〉的通知》，对《禄劝年鉴（2020）》的编纂作出具体安排。全县各级各部门按

2020年10月29日，《禄劝年鉴（2020）》审稿会在禄劝会堂召开（县志办　供）

要求撰写报送2020年年鉴资料。5月8日，全县80个机关、企事业单位，16个乡（镇、街道）完成文字稿件和图片的报送工作。所收集到的资料中，有图片资料12000多张，文字资料80多万字，所收集内容涉及全县政治、社会发展、经济发展、民族文化、生态建设等多方面，为《禄劝年鉴（2020）》的编辑出版打下基础。8月8日，县志办完成《禄劝年鉴（2020）》送审稿分送编委会成员审阅。10月29日，召开《禄劝年鉴（2020）》审稿会，听取编委会成员的意见，完成《禄劝年鉴（2020）》文字稿的审定。11月12日，完成文字稿清样校对。12月21日，完成《禄劝年鉴（2020）》的出版发行工作。完成《禄劝年鉴（2019）》整书50万字录入中国知网（网址：http://www.cnki.net）《中国知识资源总库——中国年鉴全文数据库》的工作。

【县情资料编写上报】 按照省、市人民政府办公厅和省、市地方志编纂委员会办公室文件要求，2020年县志办组织人员收集资料，按编写《云南年鉴》和《昆明年鉴》要求进行整理、编写。6月28日，完成并审核上报《云南年鉴》《昆明年鉴》禄劝概况资料，包括文字40671字（分别为16414字、24257字）。

【地方志服务工作】 2020年，县志办为县委宣传部、县民宗局等有关单位提供县志、年鉴借阅和查询14人次。为海南史志办、五华区史志办等单位赠阅县志、年鉴53本。向全县各部门、各单位、各乡（镇、街道）发放年鉴411本。

2020年11月1日，县档案局（馆）搬迁到新馆办公，图为禄劝国家综合档案馆新馆
（县档案局 供）

【部门志编纂】 2020年6月8日，县教体局提出编纂《禄劝教育志》的申请，经研究，县地方志编纂委员会同意县教体局的编纂申请，并对县教体局《禄劝教育志》的编纂工作进行指导，帮助解决编纂志书中遇到的专业问题和政策问题。

（孟舒毅）

档　案

【国家综合档案馆整体搬迁】 “十三五”规划期间，禄劝彝族苗族自治县国家综合档案馆新馆建成。新馆占地5.3亩，投资2918.11万元，建筑面积9314.73平方米，集办公室与档案库房为一体共9层，可容纳禄劝50年内形成的馆藏档案。2020年9月，县财政拨付30万元用于购买档案密集架。11月1日，禄劝档案局（馆）搬迁至新建成的国家综合档案馆，地址位于屏山街道旧县社区东华村禄大路旁。县档案局（馆）组织干部职工对近10万卷（件）的馆藏档案和1万多册图书资料进行打包、装车、押运、上架。禄劝国家综合档案馆高34.8米，建筑面积是老馆732平方米的12.7倍。负一层为附属设备用房（消防水池水泵房和柴油发电机房）和停车库。一、二层为展室展厅，面积1874.7平方米，是老馆展室60平方米的31倍。三至七层为档案库房，面积4682.73平方米，是老馆库房

185.5平方米的25倍。八层为办公室和业务技术用房。每层配置消火栓、火灾集中报警系统、气体灭火系统（七氟丙烷自动灭火系统和自动喷水灭火系统）。整个建筑设计合理、功能完备，节水、节地、节能、节材，达到一星级绿色建筑标准。

【业务指导和示范创建】 2020年，县档案局（馆）加强对全县机构改革档案、新型冠状病毒肺炎疫情防控档案、国有企业退休人员社会化管理人事档案等档案的业务指导。2月27日，出台《关于在全县机构改革工作中加强档案工作的通知》。3月9日，出台《关于新型冠状病毒肺炎疫情防控文件材料收集归档移交工作有关通知》下发各级各部门进行业务指导。8月，首次开展国有企业退休人员社会化管理人事档案移交和管理工作和业务指导。截至12月，接收36家国有企业616名退休人员的人事档案。2020年，重点对县委统战部、县卫生健康局、乌蒙乡等12家单位开展档案业务全年跟踪指导。县委统战部、县应急管理局、县卫生健康局、乌蒙乡成功创建为“云南省党政机关社会团体档案工作规范化管理示范单位”。县司法局、县审计局、县市场监督管理局、县公安局、县人民法院、县自然资源局、九龙镇通过“云南省党政机关社会团体档案工作规范化管理示范单位”复查。县国家综合档案馆通过省档案局专家复查，继续保留“云南省档案工作规范化管理示范档案馆”荣誉牌子。至2020年年底，全县有“云南省党政机关社会团体档案工作规范化管理示范单位”46家。

【档案信息化建设】 2018年11月，县档案局启动档案数字化加工项目。2019年，完成县委办、县政府办自1950年至2017年1556卷、38017件、291886页馆藏档案的数字化扫描及加工。完成县林草局1235盒、20710件、115381页林改档案扫描。2020年，对县委办、县政府办2018年至2019年3317件、45326页文书档案和县党史研究室1974年至2019年22522页档案进行数字化加工，档案数字化加工67848页（画幅）。7月9日，与四川省遂宁市射洪市档案馆开展档案数据异质异地备份工作并签订档案数据异质异地备份协议，确保档案数据安全。

【档案接收保管】 2020年，县档案局（馆）接收永久档案4945件。现馆藏老规则档案38542卷，新规则档案55980件，内容涵盖全县政治、经济和文化等各个领域。县档案馆对档案库房的保管严格落实防火、防盗、防潮、放光、防鼠、防虫、防尘、防污染、防有害气体、防高温的“十防”措施，以最大限度地延长馆藏档案的寿命。全年无散失、泄密、火灾等安全事故发生。

【档案查阅利用】 2020年，县档案局（馆）整合接收管理科和监察科的人员，采取合署办公的形式充实档案查阅利用窗口人力，确保每天有2人为群众提供全天候的档案查阅利用服务。全年提供档案查阅利用服务815人次，查阅档案4647卷次，查阅人次比上年增加18.3%，查阅卷次比上年增加17.1%。县档案馆的馆内爱国主义教育基地展览室参观人数186人次。

【档案法规宣传和教育培训】 2020年6月9日，县档案局在县民族广场开展《中华人民共和国档案法》等法律法规业务知识宣传。12月4日，邀请云南政安防火知识宣传中心领导对全体干部职工进行消防安全培训。12月10—11日，组织全体干部职工参加国家档案局政策法规研究司和档案干部教育中心举办的新修订档案法公益大讲堂培训班的线上培训。选派12人次参加市档案局举办的业务培训。

（毛应乾　王德清）

体　育

【公共体育设施建设】 2020年，县教育体育局加强公共体育设施建设，打造“15分钟体育健身圈”。向上级争取到农民体育健身工程4个，健身路径6条。县体育场、公共篮球场、人口密集地区校园运动场逐步低收费、免费向群众开放，满足群众足球、篮球、田径、健身需求。2020年，实施3块标准足球场地和3块非标准足球场地的建设项目，其中，3块非标准足球场地建成投入使用。

禄劝实验中学足球场（县教育体育局　供）

【群众体育】 2020年，禄劝打造“一县一品牌，一地一特色”群众体育品牌赛事，开展“2020年昆明市定向越野联赛第三站暨第一届‘禄劝地标’穿越城市定向赛”“奔跑吧禄劝”大众欢乐跑等群众体育活动。

【竞技体育】 2020年，县教育体育局组织禄劝民族实验中学和转龙镇2所中学参加昆明市中小学生田径运动会，获初中组团体总分第六名、高中组团体总分第七名的成绩。6人在个人单项比赛中获得金牌。组队参加昆明市第五届青少年足球赛，在全市33支参赛队伍中取得团体第12名。在市教体局组织的2020市级联办训练点21项单项体育比赛中，参加柔道、摔跤、拳击项目的比赛。11月26—29日，参加“2020年昆明市中小学生冬季柔道比赛”获8金5银6铜团体总分第二名；11月15—22日“2020年昆明市中小学生拳击比赛”，获4金1银4铜，团体总分第三名。12月16日，参加昆明市中小学生冬季摔跤比赛。组织社会体育指导员参加昆明市举办的社会体育指导员技能大赛，禄劝社会组代表队在全市13支参赛队中获一等奖，学校组在全市16支参赛队中获二等奖。全市174名参赛选手中，禄劝12名队员获2个一等奖，4个二等奖，2个三等奖，获奖率67%。组织285名健身气功爱好者参加2020年昆明市健身气功通讯赛《八段锦》《大舞》比赛，获省级三等奖。参加2020年昆明市外来务工人员运动会，禄劝代表队取得三等奖。参加2020年昆明市广播体操比赛，91支代表队1820名运动员参加比赛，禄劝代表队分别获社会组二等奖和学校组三等奖。参加昆明市2020年“战马杯”三人篮球赛。

【老年体育】 2020年，县教育体育局组织县老体协参加市教体局主办的“2020年昆明市健身气功站(点)联赛”。1人获得单项冠军，团体获三等奖。

【体质检测】 2020年，县教育体育局做好国民体质检测和学生体质检测工作，确保学生每天锻炼不少于1小时。举办2020年三级社会体育指导员培训，培训三级社会体育指导员222人。

（保银伟）

卫生健康

责任编辑　孟舒毅

综 述

【概况】 2020年，禄劝有医疗卫生服务机构272个，村卫生室189个，规模以上民营医院11个，个体医疗诊所49个。全县有县级公立医疗机构2家，公共卫生机构2家，乡镇卫生院16家。编制床位2631张，其中，公立医院1592张，民营医院1039张。有医疗卫生机构从业人员2900人，其中，卫生技术人员2601人，管理人员51人，工勤人员120人，其他专业技术人员128人。编外聘用人员641人，其中，县级441人，公共卫生机构19人，乡镇181人。有乡村医生494人。执业医师(含助理医师)751人，注册护士1005人。

【医药卫生改革】 2020年，县卫健系统继续推进公立医院综合改革，推进一体化紧密型管理模式。县人民政府办公室下发《关于印发重大传染病救治能力和禄劝彝族苗族自治县疾病预防控制中心核心能力提升实施方案的通知》《关于推进健康禄劝行动的实施意见》。落实公立医院独立法人地位、实行院长负责制。实施药品零差率销售，减轻老百姓看病负担。发挥县级公立医院“载体”“纽带”作用，履行县级公立医院公益职责。提升县级医院服务能力，争取省、市三级医院的支持，加大对县级医院骨干医师和执业医师培训力度。健全科室，扩大诊疗范围，充分发挥县级公立医院“龙头引领”的作用。建立符合公立医院行业特点的薪酬制度，打破公立医院绩效分配“大锅饭”的体制弊端，县医院和中医院都委托北京同合至诚医院管理咨询有限公司设计医院绩效分配方案，进行薪酬制度改革，以调动广大职工的积极性。实施医疗联合体建设，县人民政府与昆明延安医院签订战略合作协议，将县第一人民医院委托由昆明延安医院进行管理，委托管理期限3年，通过引进先进人才、先进管理经验、先进医疗设备，提升禄劝医疗服务质量和水平。完成医疗机构病原微生物实验室二级备案5家，分别是县级发证的县第一人民医院、县中医院、县疾控中心、忠爱医院(秀屏分院)和市级发证的忠爱医院(新院)。

【卫生基础设施】 2020年，县卫健系统投资项目10个，其中，在建项目2个，计划新开工项目8个。在建的单采血浆站项目进入附属工程建设阶段，于12月提交省级验收后投入使用。在建的县中医院整体搬迁建设项目按计划推进。禄劝第一人民医院改扩建项目正在规划选址。禄劝第一人民医院乌东德分院建设项目待乌东德小集镇调整后的规划通过县规委会审核后再开展前期工作。县第一人民医院崇德分院建设项目正在规划选址。禄劝感染性疾病科建设项目施工图设计已完成，待通过县规委会核准后可进行施工图纸审核。县疾控中心整体搬迁建设项目正在规划选址。禄劝医疗物资储备仓库建设项目正在规划选址。县第一人民医院救治能力提升项目正在编制规划设计方案。乡镇卫生院医疗废弃物处置设施设备建设项目完成设计方案。

【中医药工作】 2020年，禄劝着力建设昆明市中医医院“管氏特殊针法学术流派”传承工作室二级工作站、何玉玲全国基层名老中医药专家传承工作室、云南青年名中医陈顺荣名医工作室、昆明市名中医专家朱勤庄传承工作室。9月23日，国医大师张震禄劝中医院二级工作站授牌暨拜师仪式在县中医院举行。10月9日，全国名老中医药专家吴荣祖“扶阳学派”基层专家工作站揭牌仪式在县中医院举行。云南省基层名中医专家朱勤庄临床经验示教室建设获得省级财政补助25万元。申报《中药封包联合石膏固定治疗急性踝关节扭伤的临床对比研究》项目，获得市卫健委1万元资金补助。县中医院纳入全国二级公立中医院绩效考核。

【卫生队伍建设】 2020年，县卫健系统招录公务员2名，招聘专业技术人员61名充实到县、乡医疗卫生机构。县中医院招聘编外岗位28人；县第一人民医院招聘见习岗位27人。引进省、市级专家14人(包括职称晋升下乡人员)。完成2020年度全国卫生专业技术中、初级资格考试工作，审核通过377人参加全国卫生专业技术资格考试。从翠华镇中心卫生院选派1名优秀人才到昆明市第一人民医院对口培养进修1年，县疾病控制中心推荐2人组建支援边境地区新冠肺炎疫情防控应急队伍。申报县人民医院副院长李珍翠、县中医院副院长朱勤庄名医专项人才项目。制定下发《禄劝彝族苗族自治县公共卫生与基层医疗卫生机构奖励性绩效工资考核实施办法》。申报市级继续医学教育项目9个，因新冠肺炎疫情影响，从9月17日开始举行线上培训，完成8个。组织医疗机构实验室管理人员参加新冠病毒核酸检测采样与病原微生物实验室安全管理培训27人次。组织医务人员到上级医疗卫生机构进修学习47人次。2020年，医师资格考试审核通过150人，护士资格考试现场确认通过102人。完成医师定期考核141人。

【"奖优免补"政策落实】 2020年，县卫健系统落实"奖优免补"相关政策，核实确认享受特别扶助金171人，享受奖励扶助金1933人，享受独生子女低保补助449户，享受失独家庭一次性抚慰金9户，享受手术并发症补助95人，享受一次性奖励60户，千元户32户，单亲户28户。农业人口独生子女享受中考升学加分145人，高考升学加分98人。享受教育奖学金1064人，其中，义务教育阶段小学288人，初中505人，享受教育一次性奖学金高中168人，大专60人，本科43人。

【健康教育】 2020年，禄劝县、乡、村有固定宣传栏340块，全年刊出新型冠状病毒感染的肺炎防控知识、艾滋病防治、健康生活方式、慢性病防治、家庭医生签约等健康知识宣传专栏6期2040个版面。召开健康教育专题培训会及基本公共卫生服务工作通报会2次。对2家县级医疗机构、7家民营医院、16个乡（镇、街道）卫生院、128个村卫生室的健康教育工作进行督查、指导4次。全年印制发放新冠肺炎防控、"爱国卫生7个专项行动"、慢性病与健康生活方式等健康教育宣传折页、新"健康素养66条"读本等宣传材料20类23.47万份，新冠肺炎防控、烟草危害、艾滋病防治等宣传品6类38156份。县、乡、村开展卫生日健康咨询宣传活动212次，覆盖67960人次。举办健康知识讲座1164期，覆盖30730人次。播放音像资料380种9109小时。个体化健康教育覆盖17791人次。全县中、小学健康教育开课率100%。

【爱国卫生"7个专项行动"】 2020年，禄劝开展爱国卫生"7个专项行动"，县城沿街门店配置垃圾桶2800余只，159个住宅小区垃圾设施全面完善。提升改造公厕67座，新建洗手设施320个、改造150个。全县参加爱国卫生大清扫、大消毒人数23879人次，清除垃圾792.68吨，清除"四害"孳生地915处，整治集贸市场121个，整治车站32个，整治背街302条，整治城中村、城郊接合部99个，整治建筑（拆迁）工地80个，整治老旧小区124个，环境消毒面积207.01万平方米。全县"爱卫月"和世界无烟日分发各单位宣传画册1.27万份，夏季"三灭"分发各单位灭蚊、灭蝇药品632千克。5月20日，开展上街义诊宣传17场次，参加医务人员60人，讲座4场，电子显示屏、布标22条，发放"三减三健"、平衡膳食等宣传折页（单）8000余份，覆盖4200余人次。全县学校新建洗手设施760座，更换改造水龙头1500个，出动"清垃圾大扫除"1500余人次。开展明厨亮灶、校园环境督查20余次。全县有A级厕所30座，2020年，在旅游景区（点）新建洗手设施9座，改扩建2座。全县"互联网＋净餐馆"达标餐饮单位974户，完成率100%。"管集市"专项行动采取"专班驻场式"监管等措施，改善农贸市场环境卫生，建立农贸市场"四级包保"长效管理工作机制。开展"餐馆动态星级评定"工作，创建星级餐馆884个。17个乡（镇、街道）垃圾收运设施100%覆盖，成功创建省级卫生乡（镇）6个、省级卫生村65个、昆明市爱国卫生先进单位和无吸烟先进单位5个、昆明市健康单位3个和无烟党政机关56个。

（傅名轩）

妇幼保健

【概况】 2020年，县卫健系统将孕产妇死亡率、婴儿死亡率控制在指标内，控制危害孕产妇、儿童的主要健康危险因素，向孕产妇、儿童免费提供国家规定的基本公共卫生服务项目。做好城乡居民健康档案、0～6岁儿童健康、孕产妇健康、新生儿疾病筛查、避孕药具等日常工作的管理、技术指导和督查。2020年，孕产妇死亡1人，孕产妇死亡率21.87/10万；婴儿死亡30例，婴儿死亡率6.56‰。严格出生医学证明管理和出生人口统计工作，全年新出生人口4572人，孕妇住院分娩4571人，住院分娩率99.98%。医疗机构内首次签发出生医学证明3068份，换发22份，补发71份；医疗机构外签发25份，换发2份。特殊换发中4份为原证手工签发，机打原证但无数据换发1份。

【优生优育】 2020年，禄劝组织开展优生优育免费孕前优生健康检查2501对。免费婚前医学检查3231人，完成率98.29%。实施农村妇女免费增补叶酸预防神经管缺陷，增补叶酸3550人。新生儿听力筛查2908人，筛查率95.41%。

【农村妇女"两癌"筛查】 2020年，禄劝开展农村妇女"两癌"检查工作，开展宫颈癌和乳腺癌免费检查项目，完成宫颈癌检查1.26万例，完成乳腺癌检查1.28万例，完成市下达目标任务数。

（傅名轩）

疾病防控

【概况】 禄劝彝族苗族自治县疾病预防控制中心属政府公益性社会福利事业机构，履行疾病预防控制工作职责。内设急性传染病防制科、免疫规划科、检验监测科、慢性非传染性疾病防制科、艾滋病防治科、公共卫生科、皮肤病性病防治科、结核病防治科、质量控制科、财务科、科教信息科、总务科和中心办公室13个科室，核定编制人数55人。2020年，有在职职工65人，其中，研究生学历1人，本科学历37人，大专学历20人，中专及以下学历7人；正高级职称3人，副高级职称11人，中级职称12人，初级职称17人，未定职称11人，辅助系列专业技术人员7人，工勤4人。承担着全县疾病预防控制、突发公共卫生事件处置、疫情报告和健康危害因素干预和控制、实验检验评价、各种传染病及慢性非传染病的健康教育和健康促进、业务技术培训和指导等职责。

【疫情报告管理及传染病控制】 2020年，禄劝传染病累计发病2856例，报告率100%。无甲类传染病发生，乙类传染病发病944例，丙类传染病1532，其他传染性疾病380例。乙类传染病发病率为192.71/10万，发病率控制在230/10万以下。突发公共卫生事件报告2起，调查处置2起。聚集性事件7起，调查处置7起，调查处置率100%。完成手足口病采样送检49份。

【鼠疫防治】 2020年，县疾病预防控制中心收到各乡镇鼠疫"疫情三报卡"192份，报告率100%；在全县13个乡镇开展鼠密度的监测工作，鼠密度1.61%。检验活鼠241只，完成动物血清鼠疫抗体检测241份，鼠肝、脾鼠疫细菌学检验341份，结果均为阴性。

【霍乱防治】 2020年，禄劝未发生霍乱疫情。县人民医院、县中医院肠道门诊腹泻病例161例、霍乱菌培养71例，培养率为44.1%，培养结果均为阴性。进行外环境及水海产品霍乱监测160件，检验结果均为阴性，其中，水海产品监测80件，外环境监测80件。每月对主要交通沿线的宾馆、旅店开展巡诊，累计巡诊43次。完成20例腹泻病例采样培养任务指标，培养结果均为阴性。每月按时对各乡镇霍乱疫情进行督查一次，累计督查160次。

【地方病防治】 2020年，县疾病预防控制中心在乌蒙乡、茂山镇、屏山街道、则黑乡、翠华镇5个乡（镇、街道）开展碘缺乏病监测，完成8～10岁儿童尿碘、盐碘含量监测200份，8～10岁儿童身高体重、甲状腺B超检测200人。孕妇尿碘、盐碘含量监测100份。在全县开展健康素养暨碘缺乏病监测，调查家庭主妇480人，孕乳妇480人，五年级学生960人。完成疟疾"三热病例"血检800份，检测结果均为阴性。完成血片复检83张，复检结果均为阴性。到茂山镇永翠村委会阿着自然村开展“云南不明原因猝死”基线调查1次，随机调查10户家庭户主，基线调查知晓率76.15%，效果评估知晓率83.85%。在翠华镇、九龙镇、转龙镇、乌蒙乡、雪山乡开展人群土源性线虫监测1005人份，其中，检出蛔虫卵感染人数为4人（均为受精蛔虫卵），分属于4个家庭，感染率0.40%，其他虫卵未检出。

【结核病防治】 2020年，禄劝接诊结核病初诊病人1411例，完成全年初诊指标1250人的112%。登记管理肺结核病人272例，其中，初治病人231例，复治病人41例。复治病人中复发27例，复治其他13例，初治失败1例。全年大疫情总共报告肺结核患者290例，禄劝定点医院纳入管理治疗的270例，登记管理率93%；非结防机构网络报告肺结核及疑似肺结核患者595例，重报71例，住院15例，其中，禄劝定点医院497例，报告肺结核患者和疑似肺结核患者的总体到位率97.6%。肺结核病定点医院同期共登记结核病人293例，其中，治愈109例，完成疗程156例，成功治疗率90.44%。对五类耐多药肺结核高危人群和新病原学阳性患者100%开展痰培养或快速检，快速检测106例，涂阴肺结核病例病原学检测率80%。1月1日至12月31日登记结核病人272例，病原学阳性病例137例，肺结核患者病原学阳性率为50.37%。肺结核可疑症状者推荐到位进行肺结核病检查人数达辖区人口数2.05‰。肺结核患者规范管理率97%，规则服药率98%。开展第二次全省结核病耐药调查工作，2019年6月1日至2020年5月31日，完成初治涂阳60例，复治涂阳16例。2020年，学校活动性肺结核病例校内和家庭密切接触者筛查率95%，校内肺结核聚集病例事件及时处置率100%。2020年全县共有8所学校肺结核病例28例，处置率100%，密切接触者1751人，筛查1751例。

【麻风病防治】 2020年，禄劝累计发现病人734例，其中，复发8例，累计治愈651例（当年治愈1例），累计现症死亡72例，累计现症其他减少9例，尚有现症病人2例，患病率0.42/10万。收集可疑麻风病线索103条，完成103条的可疑线索复查，新发麻风病0例。有存活麻风病156例，复查156例，查无复发病例。落实康复教育工作，死亡7例，失访3例，年底存活146例。未发生畸残升级病例，复查率100%。复查麻风病患者家属341人，开展患者家属体检336人次，未查出麻风病患者，体检率98.53%。完成治疗转入监测3例，治愈报批1例。现症麻风病患者2例，均完成治疗，完成化疗转入监测，规则联合化疗率100%。春节慰问麻风病人124人，发放慰问品价值7650元，慰问金1.72万元。麻风病人享受低保124人次，其中，城镇低保10人，每人每月低保金580元；农村低保100人，每人每月低保金410元。麻风病患者及康复者适龄子女14人全部就近就学。II级及以上畸残麻风病及康复者53人，已经办理残疾证40人，办证率75.47%。开展麻风病防治知识培训，本级麻风病防治人员培训5人，综合医院皮肤科和相关科室医生接受麻风病防治知识培训459人，乡镇卫生院防保和门诊医生接受麻风病防治知识培训182人，村医接受麻风病防治知识培训260人。

【性病、艾滋病防治】 2020年，禄劝上报5种性病病例342例，其中，梅毒上报病例222例，治疗190例，规范治疗率为86.8%（190/219）；梅毒、淋病、生殖道沙眼衣原体感染、尖锐湿疣、生殖器疱疹、HIV/AIDS（人类免疫缺陷病毒/获得性免疫缺陷综合症）共上报401例，374例均开展HIV及梅毒检测，检测率93.3%。从业人员体检共检查11949人次，其中，查出HIV初筛阳性3例，梅毒确诊4例。对辖区内县级医疗机构、乡（镇）卫生院防保专干开展性病知识培训2期110余人次。艾滋病感染者/艾滋病病人病例718例，死亡125例。按现住址累计存活HIV/AIDS病例593例，按现住址统计新报告病例84例，死亡7例，疫情网络直报上报率100%。完成各类人群HIV检测25.27万人份。自愿咨询检测完成148人份。到禄劝看守所对被羁押人员进行HIV抗体检测，检测335人次，检出HIV抗体阳性

0人。开展暗娼人群HIV、梅毒、淋病检测23人，吸毒人群干预覆盖率99%。

【免疫规划】2020年，县疾控中心从市疾控中心领取一类疫苗59352支，下发68341支，县、乡、村均有完整的疫苗及注射器的领取、发放记录。严格按照冷链要求做好储存、运输，疾控中心每月按时向各乡（镇）送1次疫苗，每运转完一次都及时进行盘点。常住儿童0～6岁建卡、建证率100%。居住3个月以上流动儿童建卡、建证率98%，疫苗接种率95%。全年一类疫苗应种76862剂次，实种76767剂次，报告接种率99.88%。全县保留预防接种单位115个，建成16个乡（镇、街道）卫生院接种门诊，县财政专项补助资金151.62万元。1月，采购115套电脑、打印机、扫码器等设备，下发到乡镇卫生院使用。组织乡、村级业务培训4次，对535人进行预防接种知识及“疫苗全程追溯平台”和非新生儿破伤风预防处置培训。完成疑似预防接种异常反应报告41例，其中，异常反应12例，一般反应26例，偶合症3例。加强脊髓灰质炎、麻疹、乙肝等重点传染病监测，完成疑似麻疹病例报告14例，乙肝病例监测报告55例，麻疹抗体水平监测调查、采样、录入及分析307人。为60岁及以上老年人提供23价肺炎疫苗接种，2018年免费接种14224人，2019年免费接种25566人，2020年免费接种10077人。

【老年人健康管理】2020年，禄劝有建档老年人44770人，完成常住居民体检26817人，体检率59.9%，健康管理率59.9%。高血压建档管理19329人，规范管理率79%。糖尿病建档管理4552人，规范管理率64%。

【严重精神障碍疾病患者管理】2020年，禄劝累计确诊六类严重精神障碍患者2470人，报告患病率5.96‰，参加管理2271人，管理率91.94%；规范管理1896人，规范管理率78.57%；服药人数1871人，服药率75.75%；规律服药1122人，规律服药率45.43%。精神分裂症在管人数1718人，服药人数1292人，服药率75.2%；规律服药765人，服药率44.53%。随访管理面访1845人，面访率74.7%；累计体检1864人，体检率82.07%；专科医生复诊人数1898人，复诊率78.66%。

【居民死亡原因监测】2020年，禄劝完成死因监测报告3007人，粗死亡率6.14‰（指标≥6‰）。

【卫生监测】2020年，禄劝所有监测哨点医院共报告食源性疾病病例450例，食物中毒调查处置19起。5月和8月，完成枯水期和丰水期146个样品采集检测工作并在“全国饮用水水质卫生监测信息系统”上进行填报。完成二次供水及其他饮用水检测17件，游泳池水检测3件。完成医院、住宿场所、理发店、洗浴中心等公共服务场所用品用具双随机抽检和爱国卫生专项行动“常消毒”质量抽检162家共364件，合格153家286件，用品用具合格率78.6%。消毒餐具检测4家共41件，合格2家38件，餐具合格率92.68%。完成7所监测点学校共2277人的儿童青少年学生近视调查，对全县108家医疗机构进行消毒效果监测样品采集，共采样302件，合格299件，合格率99.01%。

（詹金梅）

卫生健康监督

【信息化建设】2020年，禄劝上报国家平台经常性监督1750户次，监督覆盖率99.94%。1月1日，正式启用县卫生健康综合监督执法局自主研发的“禄劝医疗机构医疗废物申报管理系统”，形成卫生健康行政部门组织领导、执法机构监督管理、医疗机构落实主体责任齐抓共管的医疗废物规范化管理格局。

【卫生行政处罚】2020年，禄劝立案查处卫生违法案件70件，罚没款29.1万元，其中，警告17件，罚款53件，金额27.2万元；没收违法所得5件，金额19031元。

【医疗卫生监督】2020年，县卫健局出动卫生监督执法人员（包括乡镇协管员）178人次，取缔非法行医“黑诊所”8个、牙科摊点17个；立案查处非法行医案件7

件，移交公安处理1件；没收药品器械88箱、简易口腔治疗仪3台。加强医疗行业监管，立案查处40件。

【传染病防治监督】 2020年，县卫健局以医疗卫生机构、消毒产品经营单位等为检查重点，督促各单位严格落实传染病防治责任和疫情防控措施，立案查处32件。联合县疾控中心完成辖区内13家医院、16家乡镇卫生院、1家卫生服务站、1家校医室、45家诊所和42家村卫生室的消毒隔离抽检工作。出动卫生监督人员160人次，检查消毒产品经营单位80家次，未发现违法违规行为。监督检查公共场所348户次，其中，住宿场所246户次，洗浴场所71户次，歌舞娱乐场所31户次。督促全县重点场所从业人员办理健康证并进行HIV检测1687人次。针对检查中存在的问题，给予警告1户，责令限期整改10户。

【公共场所卫生监督】 2020年，禄劝有持有效公共场所卫生许可证的经营单位890户，办理公共场所卫生许可证266户，其中，新发公共场所卫生许可证129户，延续（校验）118户，变更17户，注销2户；加强住宿、沐浴、美容美发等场所的监督管理，监督检查公共场所996次，监督覆盖率99.33%。实施卫生行政处罚11户，罚款1.85万元；抽检辖区公共场所经营单位218户次，抽检样品808件，合格799件，合格率98.89%。针对抽检不合格单位下达《卫生监督意见书》6份。

【职业卫生监督】 2020年，县卫健局开展职业卫生监督检查，监督检查用人单位72家次，下达卫生监督意见书16份，立案查处6件，均以简易程序对相关的用人单位给予警告行政处罚。9月中旬完成辖区内的职业病危害现状调查工作，调查49家企业，下达卫生监督意见书6份，给予警告3家。开展尘肺病防治攻坚行动，组织卫生监督员和乡镇卫生监督协管员参加职业卫生培训，职业健康监管执法人员培训率100%。对辖区内纳入尘肺病危害重点行业整治的9家用人单位（建材行业6家、冶金1家、非煤矿山2家）进行现场检查，对4家用人单位给予警告的行政处罚。联合县疾控中心对辖区23家医疗机构放射诊疗情况进行调查，完成2家医疗机构的医用辐射监测工作。9月，中屏镇创建为省级卫生镇。

2020年9月4日，市爱国卫生技术指导中心对中屏镇创建省级卫生镇进行评审（县卫生健康局　供）

【学校卫生监督】 2020年，县卫生健康综合监督执法局加强学校卫生监督检查，监督检查学校43户次，监督覆盖率100%。对国家“双随机”抽取的8家学校开展监督抽查，对不符合卫生要求的2家学校下达卫生监督整改意见书，整改完成率100%。对云南西点禄劝实验中学、乌蒙乡中心学校、转龙镇中心学校、马鹿塘乡中学4所学校开展综合监督评价工作，4所学校均评价为合格。开展64家托幼机构及校外培训机构监督抽检，监督抽检5家托幼机构，每家抽取3个儿童活动地点对其直接天然采光、采光系数、窗地面积比及照度标准值进行采样检测；监督抽检5家校外培训机构，每家机构抽取3个教室检测8项指标。

【餐饮具集中消毒单位卫生监督】 2020年，县卫生健康综合监督执法局开展现场监督检查，对全县4家餐饮具集中消毒单位监督检查13户次，监督覆盖率100%。立案查处3家，其中，警告2家，罚款1家，金额3万元。开展卫生质量抽检，对辖区4家餐饮具集中消毒服务单位进行监督抽检3次，每次每家抽取8套餐具送检测机构检测，检测结果及时向社会公布。

【生活饮用水卫生监督】 2020年，县卫生健康综合监督执法局开展生活饮用水日常监督检查，监督检查生活饮用水供水单位54户次，生活饮用水监督检查覆盖率98.18%。开展生活饮用水卫生质量抽检，抽检二次供水52件，合格52件，合格率100%。对县自来水公司、乌东德坝区自来水厂进行监督抽查，两家水厂出厂水、末梢水自检结果均符合《国家生活饮用水卫生标准》，合格率100%。开展涉水产品经营单位监督检查，监督检查大型建材店2家，超市5家，专卖店1家，检查各单位销售的水质处理器、饮水机、输配水管材管件等11个品种的许可批件及检测报告，未发现违法违规行为。

【公共场所清洁消毒全覆盖专项行动】 2020年，县卫生健康综合监督执法局开展全县公共场所清洁消毒全覆盖培训，培训16个乡（镇、街道）卫生院院长及卫生监督协管员30人，个体诊所负责人45人，县城区住宿场所负责人170人。监督检查发现问题70家，全部整改到位。全县重点场所和其他公共场所监督检查覆盖率100%，全县重点场所累计质量抽检451家，抽检率100%；其他公共场所累计质量抽检487家，抽检率73.23%。针对不合格单位，县卫生健康综合监督执法局已下发《监督意见书》责令整改，并再次开展抽检，复检已全部合格。

（王宗梅）

县级主要医院

【县第一人民医院】 始建于1940年8月。2006年8月，医院整体搬迁至县人民政府（东山路1号）旁，占地面积18亩，总建筑面积3.6万平方米，编制床位533张，实际开放床位510张。是全国首批311个县级公立医院改革试点单位之一，获国家卫健委医疗改革委员会“2016年全国最佳百姓放心示范医院”称号，云南省医疗扶贫基金会“优秀扶贫示范县医院”，楚雄医药高等专科学校非直属附属医院，昆明学院教学医院，昆明市基层卫生人员培训临床实践基地，昆明市高校毕业生就业见习基地，昆明市卫生职业学院教学医院，昆明医科大学第一附属医院、云南省第二人民医院、昆明市第一人民医院、昆明市儿童医院等省市13家三甲医院的联盟医院。现有科室54个，其中，行政科室22个，临床科22个，医技科室9个，消毒供应室1个。

2020年1月1日，县第一人民医院执行国家基本医疗保险、工伤保险和生育保险药品目录，1月27日正式上线使用。8月，危重孕产妇救治中心、危重新生儿救治中心通过现场检查验收。10月15日，胸痛中心接受中国胸痛中心现场验收。9月10日，昆明医科大学第二附属医院眼科张远平教授在县第一人民医院设立专家工作站。11月，县第一人民医院成为第二十五批开展新型冠状病毒核酸检测的医疗机构，开展核酸检测工作。自2017年12月18日起，正式开通四重医疗保障“一站式”结算，报销一次解决，患者出院结算简便快捷、省事省时。1月1日至10月31日，住院建档立卡户患者2784人次，全部进行“一站式”结算。1月至10月，门诊医保服务群众35691人次，医疗费用收入合计867.25万元。

开展疾病诊断相关分类，内二科、外一科CMI(病例组合指数)值提升到1.0以上，位列全省37名。全年受理医疗投诉及纠纷12起，其中，8起经沟通后取得患者及家属谅解，未形成纠纷；3起构成医患纠纷，1起尚未处理，1起经鉴定构成医疗事故，上年度遗留的1起未达成协议。办结2起，赔付金额820856.57元；司法途径解决1起。办结上年度遗留2起，赔付金额115094.98元。

保障临床药品供应，1至10月，总采购金额1938.95万元，其中，基础药品1129.15万元，基药采购金额比例58.23%；药品采购总品规数634种，基药采购品规数386种，基药采购品规数比例60.88%。网下采购金额103.68万元（包括非中标备案采购品种、二类疫苗），占总采购金额的5.35%。1至10月，减少药品加成收入241.49万元，减少耗材加成收入61.89万元；调整医疗服务价格增加收入540.06万元，调整医疗服务价格减少收入9.84万元。临床药师完成会诊101次，参与疑难病例讨论1次，参与专项点评10次，指导科室和门诊用药咨询120人次。完成门急诊处方点评、慢性病处方点评、I类切口专项点评、抗菌药物专项点评和辅助用药、重点监控药品及其他药品医嘱处方专项点评9851份。救治36种大病患者1512人，完成档案资料收集整理409人。按时参加医疗责任险参保工作，2020年参保床位533张，参保手术人次2000例，参保医护人员537人，附加医疗意外责任险、医务人员遭受伤害责任险，保费总额37.87万元，较上年下降。投入资金173.5万元，采购疫情防控设备及科室紧缺设备麻醉机、呼吸机、除颤仪、监护仪、空气净化消毒机、管路消毒机等144台。检查门诊登记18.52万人次，住院登记18618次，查出传染病1372例并网络直报传染病例，卡片合格率98%，疫情报告率100%，报告及时率99%。对危急孕产妇会诊及抢救，出诊抢救46例，院外会诊25例，院内抢救66例，抢救成功率100%。危急患儿抢救198人次，抢救成功率99%。分娩新生儿的乙肝、卡介疫苗接种率97.5%，建证率100%。为1544名新生儿接种一线疫苗，接种乙肝疫苗1544例，接种卡介疫苗1238例。初筛新生儿听力1536人，初筛阳性68人，复筛43人，复筛阳性5人。

【禄劝中医院】 截至2020年10月31日，禄劝中医院接待门诊病人152875人次，收治住院病人10925人次，医院业务收入6078.89万元。开展手术治疗1481例。1月18日，正式成立儿科，有工作人员15人，其中，医生5人，护士10人。10月20日，正式启用临床辅助决策系统，并对医护人员开展专题培训。11月3日，开设中医馆，并邀请全国基层名中医专家何玉玲、昆明市级名中医苏保谦在中医馆坐诊。急诊科参加云南省中西医结合诊疗急诊科（含重症医学科）中医专科联盟。投入资金120.7万元，购置阿基米德运动康复及悬吊系统、智能冲击波治疗仪、三维立体动态干扰电疗法、三维微波治疗仪、吞咽障碍理疗仪、四肢联动训练系统用于县中医院针灸科康复能力建设。投入资金299.62万元，购置超高档实时四维彩色多普勒超声波诊断仪1台。投入资金287万元，对医院网络、老旧线路进行改造，通过信息系统二级等保测评。检验科新增α–L–岩藻糖苷酶（AFU）、血清淀粉样蛋白A（SAA）、乳酸（LAC）、β–羟丁酸（β–HB）、脂肪酶（LPS）生化检测项目及叶酸（FA）、铁蛋白（Ferritin）、维生素B12（VB12）、谷氨酸脱羧酶抗体（GAD65）、抗胰岛细胞抗体（ICA）、抗人胰岛素抗体（IAA）、胃泌素17（Gastrin–17）免疫检测项目。推进医院整体搬迁项目，建设地点位于屏山街道咪油社区，规划总用地面积45亩，建筑面积59878平方米，床位编制498张，项目估算投资3.5亿元。建设资金已筹措2.3亿元，其中，中央补助资金5000万元，地方专项债务1.8亿元。项目已完工地下层及地上一层建设。

（傅名轩）

社会生活

责任编辑　李　欢

居民生活
人口管理
人力资源
社会保障
医疗保障
住房保障
住房公积金管理
民政事务

居民生活

【城乡居民收入情况】 2020年，禄劝城乡居民人均可支配收入保持平稳增长。农村常住居民人均可支配收入10553元，比上年增加862元，增长8.9%。其中，工资性收入5105元，比上年下降181元，下降3.4%；经营净收入4305元，比上年增加933元，增长27.7%；财产性收入86元，比上年增加4元，增长4.8%；转移性收入1057元，比上年增加106元，增长11.1%。城镇居民人均可支配收入36807元，比上年增加1198元，增长3.4%。其中，工资性收入18105元，比上年下降295元，下降1.6%；经营净收入9920元，比上年下降1549元，下降13.5%；财产性收入5325元，比上年增加1672元，增长45.8%；转移性收入3457元，比上年增加1370元，增长65.6%。

【城乡居民消费情况】 2020年，禄劝农村居民人均消费支出9417元，其中，食品烟酒类支出3695元，衣着类支出474元，居住类支出1641元，生活用品及服务类支出412元，医疗保健类支出895元，交通和通信类支出1147元，教育文化娱乐类支出995元，其他用品和服务类支出158元。城镇居民人均消费支出24335元，比上年增长27.4%，其中，食品类支出7143元，衣着类支出2157元，居住类支出4248元，家庭设备、用品及服务类支出2069元，医疗保健类支出2993元，交通和通信类支出3215元，文教娱乐用品及服务类支出2073元，其他商品和服务类支出437元。

【城乡居民住房情况】 2020年，禄劝农村居民人均住房面积28平方米。城镇居民人均住房面积44.3平方米，其中，拥有四居室的住户占7.4%，拥有三居室的住户占44.4%，拥有单栋住宅的占44.4%，拥有其他住宅的占3.8%。

2020年河畔尚居新貌（县住建局　供）

【城镇居民耐用品拥有情况】 2020年，禄劝每百户城镇居民家庭拥有洗衣机100台，电冰箱81台，照相机33架，微波炉63台，沐浴热水器96台，摩托车48辆，家庭轿车89辆，移动电话318部，彩色电视机96台，接入互联网的移动电话219部，接入有线电视网络的电视机26台，接入互联网的计算机59台。

【在岗职工收入情况】 2020年，禄劝从业人员年平均工资89090元，从业人员月平均工资7424元。在岗职工年平均工资92229元，在岗职工月平均工资7686元。

（周永春）

人口管理

【人口概况】 2020年，禄劝有常住人口37.89万人，城镇人口15.48万人，城镇化率40.86%。全县户籍人口487836人，与上年度相比减少1881人。总人口中，男性250777人，占51.41%；女性237059人，占48.59%。年内迁入4103人，迁出4693人。汉族326251人，少数民族161585人，占比33.12%。全年出生人口4398人，出生率8.79‰，其中，一孩出生1931人，二孩出生2089人，多孩出生378人。全年死亡3037人，死亡率6.07‰。自然增长1361人，人口自然增长率2.72‰。

【计生服务】 2020年1月20日，县计生协开展计生特殊家庭春节慰问活动，发放春节慰问金129户4.27万元。5月25日，邀请昆明玖雍民族文化创意产品有限公司在秀屏社区为30名留守妇女进行为期5天的少数民族刺绣设计和线上线下销售培训。邀请市级医院专家为崇德小学五、六年级学生开展免费视力检查，捐赠相关少儿学习书籍和学习用具，与海宝小学学生进行联欢表演。5月29日，在崇德小学开展“5·29”计生会员活动日启动仪式暨关爱农村留守儿童和留守妇女活动，开展心理健康知识讲座、非遗(扎染)进校园、送健康进校园、助力乡村振兴、关爱农村留守儿童民族民间手工技艺传承展示、“关爱农村留守儿童”小小手艺人作品评选等活动。8月21日，市计生协会牵头市妇幼保健院、市妇幼健康服务中心组织院内耳鼻喉科、眼科、口腔科、儿保科9名儿童医疗保健专家到禄劝为来自屏山街道计生家庭、建档立卡户、移民搬迁家庭、纳入高危儿童管理家庭的110多名婴幼儿进行免费体检、义诊、咨询等服务。落实村级计生协的监督评议职责，组织村级计生协理事对计划生育奖励扶助进行资格审查和民主评议。

【特殊计生家庭护理费保险】 2020年，县计生协全面实施特殊计生家庭护理费保险工作，替142名计生特殊人员购买住院护理险1份，解决失独家庭住院无人照护的现实困难，为115户计生特殊家庭购买意外伤害保险1份。全年承保计生系列保险18420人，收取计生家庭意外伤害保费150.1万元，完成市下达目标任务的127.18%，理赔金额99.88万元，赔付率99.87%。

（傅名轩）

人力资源

【稳定就业】 2020年，禄劝全年提供就业岗位1903个，城镇新增就业人员1904人，城镇失业人员再就业621人，就业困难人员再就业411人，开发公益性岗位371个。开展就业服务，组织高校毕业生就业服务月活动招聘会1场，提供岗位433个，提供就业指导120人次，促进就业112人。设立就业创业服务窗口，为高校毕业生提供创业服务，接受各类咨询200余人次。14家见习单位新增见习人员112人，累计在岗人员172人，完成目标任务的101%。城镇登记失业率3.95%，低于4%的年度控制指标。实名登记高校毕业生1095人，实名登记就业1020人，实名登记就业率93%，困难高校毕业生就业率100%。

【转移培训】 2020年，禄劝转移就业28083人，新增转移就业4801人，有序输出23批、972人。向上海转移贫困劳动力53人，向昆明主城区对口转移3315人。转移就业收入41882万元，转移培训26903人，“零转移就业家庭”实现动态清零。创建就业扶贫车间34个，吸纳农村劳动力4035人，其中贫困劳动力1366人，补贴资金137.6万元。返乡创业家庭6户，吸纳贫困劳动力163人，补贴资金

12.9万元。开展乡村公益岗清理整顿，优化使用乡村公益岗2958人，开发使用扶贫特岗1030个，开发应急城镇岗92个，就业92人，兜底无法离乡、无业可扶、无力脱贫的县内农村贫困劳动力就业。

【创业帮扶】 2020年，县人社局发放创业贷款346户，其中，“贷免扶补”放贷165户，创业担保贷款放贷180户，小微企业贷款1户，发放贷款5465万元，带动548人就业。“禄劝青年移民大学生创业园”有入驻企业122家，新入驻企业19家，成功孵化出园32家，带动就业728人。“禄劝特色农林众创孵化园”成功创建为市级优秀创业园，获得资助10万元。九龙镇教务营“无量药谷农业创业示范园”成功创建为“农业创业示范园”并通过市级验收，获得补助资金20万元。申报农业创业示范园2个。推荐32户创业户参加第九期“泛海扬帆昆明大学生创业行动”评审，成功通过初审29户，9家企业获得资助34.5万元。推荐39个创新创业项目参加“春城创业荟”创业大赛，6个项目进入前十名。推荐参加“中国创翼”创业大赛项目6个，其中，2个获得昆明地区选拔赛第二名、第三名，禄劝彝族苗族自治县获“优秀组织奖”。

【人才工作】 2020年，禄劝完成6994人《聘用合同》签订。完成17个乡(镇、街道)、7个县级事业单位岗位设置方案、竞聘方案的审批备案。完成专业技术职称审核申报596人。完成屏山街道析置人员分流安置工作。全县事业单位新增招考录用349人。定向选拔招聘培养事业单位人员，选拔培养6名村委会干部。审核推荐35名工勤技能人员参加技术等级培训。推荐省优秀专业技术人员、享受省政府特殊津贴专家人选5人。引进医学类高层次人才41名，优秀教师3名。

【工资福利】 2020年，县人社局核定事业单位奖励性绩效工资，涉及62家单位2038人，金额1710.46万元。完成全县机关事业单位工作人员的正常晋升、职务职级调整、岗位变动、特殊岗位津贴等审批及机关(参公)单位职级套转工作。办理退休审批284人。调整退休人员一次性抚恤金162人次，下达善后处理决定52人。调整遗属生活困难补助标准750人次。审批兑现乡镇岗位工作津贴，涉及19132人次956.6万元。办理工资转移介绍150人。核定机关事业单位新录用人员工资377人。调整义务教育阶段教师工资标准3487人，月增资10.9万元，补发资金255.24万元。

【和谐劳动关系构建】 2020年，县人社局完成3956家用人单位网上劳动执法年审。受理举报投诉案件40件，一般投诉16件，移送公安机关拒不支付劳动报酬案件2件，行政处罚2件，投诉案件比上年减少12件，下降23%。追发农民工工资2743.4万元，比上年下降31.4%，涉及农民工831人，比上年下降24.4%，全县无欠薪引发的较大突发事件和极端讨薪事件发生。全年专户收取农民工工资保证金668.4万元，退款653.3万元，账户管理资金余额3111万元。为2家建设单位减半收取保证金346.5万元，1家建设单位免交保证金612万元，新冠肺炎疫情期间6家施工企业缓交保证金165.29万元。受理劳动争议仲裁案件14件，其中，调解结案10件，裁决结案4件，结案率100%，调解成功率71%。推行劳动合同制度和劳动用工网上备案登记工作，各类企业签订劳动合同241户，涉及职工24671人，合同签订率97%。推行企业集体协商和集体合同制度，审查备案集体合同17户，涉及职工415人。审查备案区域性集体合同14份，涉及企业314户，职工5114人。健全协调劳动关系三方机制，成立县协调劳动关系三方委员会，召开协调劳动关系三方联席会议4次。

【工伤认定】 2020年，县人社局收到工伤认定申请56件，其中，认定工伤46件，视同工伤6件，不予认定工伤2件，撤销申请1件，调查之中1件。

（彭熙越）

社会保障

【养老保险】 2020年，禄劝五项社会保险执行率102.81%。企业职工养老保险参保10779人，养老保险基金征缴收入5065.19万元。为2945名离退休人员发放基本养老金，社会化发放率100%，累计

2020年8月7日，县人社局到施工现场宣传工伤保险政策（县人社局 供）

支付养老金9632.84万元。机关事业单位养老保险参保9106人，养老保险基金征缴收入20528.86万元，职业年金征缴收入4467.55万元，征缴率100%。为3052名退休人员发放基本养老金，社会化发放率100%，累计支付养老金17874.83万元。城乡居民基本养老保险参保290308人，征缴基金3117.43万元，60岁以上老年人口正常领取养老金人数66950人。为贫困户代缴资金拨款567.94万元，代缴金额553.88万元，剩余金额29.19万元，60周岁以上贫困人员15769人领取养老金。完成职业年金首次归集工作，归集资金21470.91万元。完成全县10615名被征地人员基本养老保险参保人员数据比对，数据导入"城乡居民基本养老保险"系统。

【工伤保险和失业保险】 2020年，禄劝工伤保险参保企业295户，参保机关事业单位154家，全县参保人数22970人，征收工伤保险费207.13万元。为符合工伤保险待遇支付条件工伤人员支付各项待遇1035.36万元。失业保险参保11600人，失业保险稳岗返还75户，惠及职工3158人。执行新冠肺炎疫情期间社保降费减免、延缴等政策措施，为168家单位减半和免征失业保险费单位缴纳部分金额151.7万元。减免企业养老保险费3647.95万元，减免工伤保险费229.25万元。为机关事业单位减负58.49万元，为企业减负21.63万元。

【社保基金监管】 2020年，县人社局核实并追回重复领取养老保险待遇633人，追回金额112.25万元。开展社会保险基金风险防控专项检查，对发现的问题提出整改意见，并督促责任部门按期落实整改。健全完善社会保险经办机构内控制度建设，规范业务经办流程和程序，加强基金征缴、管理、使用过程事中监控，防范和化解业务经办过程中存在的潜在风险，提升社保经办风险管理水平，确保基金安全。

（彭熙越）

医疗保障

【医疗保险参保】 2020年，禄劝城乡居民医疗保险参保缴费42.62万人，城镇职工参保1.98万人，合计参保44.6万人，全县医疗保险参保覆盖率96.32%。贫困人口参保9.1万人，农村低保户参保9995人，残疾人口参保1.2万人，计生人口参保9.08万人，特困人口参保1557人，特殊群体参保率100%。

【医保基金管理】 全县城乡居民医保基金收入3.67亿元，其中，个人缴费1.07亿元，各级财政补助2.61亿元（县级财政补助639.3万元）。城镇职工医保统筹基金收入1.13亿元，个人账户划账1.08亿元。城乡居民累计就诊46.51万人次，支付医疗保险基金3.11亿元。城镇职工累计就诊11.73万人次，医保基金支出4978.31万元，个人账户支出6203.67万元。

【医疗救助】 2020年，县医疗保障局全年手工报销特殊病门诊医疗救助77人次，救助资金19.16万元。住院救助341人次，救助资金118.72万元。"一站式"救助5691人次，拨付资金463.03万元。大病救助466人次，救助资金288.23万元。

【医保资金监管】 2020年，县医保局开展打击欺诈骗保集中宣传月活动2次，"两定"医药机构集体约谈1次，对"两定"医药机构现场稽核，查处定点医药机构违规医疗费用308.47元，追回资金308.47元。

【异地就医备案】 2020年，禄劝城乡居民异地就医备案261人，其中，省内就医200人次，省外就医61人次，医疗总费用329.32万元，统筹支出173.88万元。城镇职工异地就医备案43人次，其中，省内就医21人次，省外就医22人次，医疗总费用62.41万元，统筹支出37.64万元。

【其他工作】 2020年，县医保局制作二代金融社保卡43.94万张，参保人员持卡率98.52%。医保电子凭证激活人数8.82万人。城镇职工特殊疾病、慢性病办理610人，城乡居民特殊疾病、慢性病办理6063人，建档立卡户人口特殊疾病、慢性病办理1994人。

（张广聘）

住房保障

【公租房、廉租房管理】 2020年，县住建局组织完成5批次公租房审核配租，入住和谐家园保障房小区541户。接管转龙镇公租房项目。县住建局管理的5个保障房小区运营管理费用全部纳入政府采购。启用省财政收费系统，规范租金管理。完成2020年廉租房租赁补贴审核公示等工作。

【住房补贴】 2020年，县住建局完成全县2014年后退休职工住房补贴审核汇总，资金预算计划上报县财政，住房补贴申请受理及审核工作实现常态化管理。

【抗震安居工程】 县住建局向上级争取2020年农房抗震改造指标，组织实施农房抗震改造649户，下拨农房抗震改造补助资金1235万元。

（张　力）

住房公积金管理

【概况】 2020年，禄劝彝族苗族自治县住房公积金缴存基数上限执行标准23516元，下限执行标准1500元，共有缴存单位245个，缴存职工13346人，新增缴存单位18个676人，累计归集住房公积金3.36亿元，完成目标任务2亿元的168%。年末，全县住房公积金归集余额6.19亿元，贷款余额5.79亿元，存贷比93.54%。贷款逾期率在1%以内，贷款收息率99%，收回利息1903.97万元，实现增值收益950.82万元，完成目标任务850万元的111.86%。

【住房公积金提取】 2020年，禄劝提取住房公积金54478人次，提取金额3.26亿元，与上年（2019年提取48377人次、提取金额2.83亿元）相比提取金额增幅17.03%。按提取办理渠道不同分类，其中，按月代扣41108人次、7980.83万元，柜面办理2150笔1.7亿元，"一部手机办事通"办理15笔、14万元，手机App办理592笔、366万元，微信办理10613笔、7178万元。

【住房公积金贷款】 2020年，禄劝新增住房公积金贷款319笔10017万元，其中，异地缴存职工本地购房贷款5户、182万元。完成目标任务5000万元的200.34%，其中，纯公贷商品房227笔7089万元，纯公贷二手房71笔2354.5万元，纯公贷商转公19笔513.5万元，组合贷款2笔60万元。解决职工家庭住房面积4.14万平方米。

【住房公积金结息】 2020年6月30日，昆明市住房公积金管理中心2020年度结息工作完成，为禄劝12978名职工支付住房公积金利息931.6万元，利息自动计入职工个人住房公积金账户。

（杨学艳）

民政事务

【城乡低保】 2020年，禄劝有农村低保对象7883户、14291人（A类820户、1368人，B类3278户、5682人，C类3785户、7295人）。其中，建档立卡户纳入低保5278户、9785人（A类657户、1194人，B类2262户、4012人，C类2359户、4579人）。A类年补助水平每人4920元，B类年补助水平每人4200元，C类年补助水平每人3480元。全县有城市低保247户、366人，其中，A类1户、1人，B类170户、244人，C类76户、121人。A类年补助金额每人7680元，B类年补助金额每人6960元，C类年补助金额每人6000元。

【城乡特困人员供养】 解决特困人员生产生活问题，满足特困人员基本生活需求，将符合条件的“三无”人员全部纳入供养范围。2020年，禄劝有纳入特困供养对象1537人，其中，集中供养314人，分散供养1223人。集中供养特困对象年补助标准为9984元，分散供养特困对象年补助标准为9064元。全年累计发放特困供养金1766.66万元。20世纪60年代精简社会定救人员因各种原因死亡4人，年末有社会定救人员72人，发放救助资金46.69万元。

【临时救助】 2020年，县民政局为解决困难群众遭遇突发性和因病因灾造成生活困难问题，在实施低保、特困人员供养等救助的基础上，进一步加大临时救助的投入力度，保障贫困群众的基本生活。县民政局成立督查组，重点针对乡镇临时救助资金管理不规范、资金使用后报账不及时、救助不到位等问题进行专项督查。全年累计救助23690人次，发放临时救助资金2991.24万元。

【社会救助兜底保障】 2020年，县民政局印发《禄劝彝族苗族自治县脱贫攻坚社会救助兜底保障“兜准、兜住、兜牢”行动方案》，成立以党组书记、局长为组长的社会救助兜底保障领导小组，成立7个挂牌作战小组，开展脱贫攻坚社会救助兜底保障专项行动。六类对象新纳入低保454户、1297人（A类9户、20人，B类219户、585人，C类226户、692人）；新纳入特困保障24人；“兜准、兜住、兜牢”外其他对象新纳入低保443人，特困12人；给予临时救助979人，不符合低保和特困保障条件需采取其他扶贫措施14192人。

【基层政权建设和社区建设】 2020年，禄劝推进城乡社区治理网格化，推行城乡社区网格化管理，建立网格数2625个，落实网格员3173名。指导辖区村（社区）制定完善村规民约、居民公约和自治章程，推进民主管理，提升自治水平。依托村（居）民议事会、村（居）民理事会、老年协会等，构建民事民议、民事民办、民事民管的多层次基层协商格局。鼓励和引导社会组织、社会工作人才、志愿者参与社区治理，建立和完善城乡社区治理体系，实现党领导下的政府治理和社会调节，完成22个县级村规民约示范村的创建工作。

【区划地名】 2020年，县民政局开展平安边界建设工作，配合乡（镇、街道）及有关部门对存在边界争议的地域进行实地调查，及时化解边界矛盾、消除纠纷隐患、巩固勘界成果、促进行政区域界线周边的社会稳定。完成析置后屏山街道和崇德街道边界划定工作。开展《云南省禄劝彝族苗族自治县地名志》编写、《行政区划图》绘制工作。

【婚姻登记】 2020年，县民政局推进婚姻登记服务窗口规范化管理工作，全年办理婚姻登记6665对。其中，结婚登记5259对，补发结婚证书1473份；离婚登记1406对，补发离婚证书80份。婚姻登记合格率100%。

【民间组织登记管理】 2020年，禄劝登记社会组织158个，其中，社会团体84个，民办非企业单位74个。2020年新登记成立社会组织7个，其中，社会团体2个，民办非企业单位5个。变更7家，注销12家。对2019年度的72个社会团体和68个民办非企业单位进行年度检查，其中，20个社会团体线上年检，45个社会团体线下年检，社会团体年检合格率96%。69个民办非企业单位线上年检，3个民办非企业单位线下年检，合格率100%。

【流浪乞讨救助】 2020年，禄劝明确流浪乞讨人员清理整治工作按照属地化管理原则，由县民政局牵头，县公安局、县城管局等部门协同。每天安排专人专车到各街道进行排查，及时沟通，开展劝离救助工作，年内救助流浪乞讨人员97人，发放救助金额5814元。

【殡葬管理】 2020年，制定下发《禄劝彝族苗族自治县关于全面深化殡葬改革工作的实施方案》，成立由县长任组长的殡葬改革协调工作领导小组。自2月1日起实行全面深化殡葬改革，年内全县辖区内死亡2826人，实现火化率、入公墓安葬率100%。加强殡葬改革设施的建设与管理，完成现有乡镇15个农村公益性公墓的提升改造，新建27个农村公益性公墓。开展全县辖区内活人墓拆除，大墓、豪华墓的整治工作，加强殡葬领域“违法违规”等突出问题专项整治工作。

【老年人工作】 2020年，禄劝有60岁以上人口77647人，占总人口的15.9%；65岁以上人口59808人，占总人口的12.3%；80岁以上的老年人10526人，其中，80至89岁9211人，90至99岁1292人，100岁以上23人。春节前慰问特困老年人30人，发放慰问金9000元。向县殡葬改革领导小组上报病故人员统计情况，配合县殡葬改革领导小组处理在医院病故人员3例。完成2020年全国医养结合信息管理系统数据的录入和上传工作。通过便民服务大厅为60周岁以上的老年人办理云南省老年优待证934本。印发《关于调整禄劝彝族苗族自治县老龄工作委员会组成人员的通知》。8月底，完成失能老年人评估工作，经过实地评估60岁以上建档立卡贫困老年人有16409人，核准贫困老年人14334人，核准失能老年人813人，大数据研判失能高风险老年人2263人。10月20日，市第一人民医院、市第二人民医院、市儿童医院、县人民医院专家组在县民族文化广场为老年人进行健康义诊，活动当天进行老年病及常见病的咨询及诊疗老年人300人次，发放各类宣传材料1000余份。做好高龄老年人保障工作。2月26日，全县高龄老年人保健补助工作由县卫生健康局移交至县民政局。2月27日，下拨各乡（镇、街道）2019年度高龄老年人保健补助资金11160人833.59万元。2020年，高龄保健补助年标准为：80至89岁每人720元，90至99岁每人1440元，100周岁以上每人6000元。全年发放高龄补助资金831.66万元。开展农村留守老人摸底排查工作，全县有农村留守老人1613人，均已录入“三留守”系统。完成马鹿塘社区农村居家养老服务中心、翠华镇大松园村委会农村互助养老服务站建设。完成马鹿塘社区农村居家养老服务中心、马鹿塘乡老木德村委会鲁租以都村农村互助养老服务站、马鹿塘赊角村委会农村互助养老服务站、撒营盘镇高安村委会农村互助养老服务站、屏山街道办事处六江社区六角屯农村互助养老服务站的提质改造，配备消防器材、老年人娱乐器材等设施设备。完成中屏镇安东康村委会、法格村委会和九龙镇教务营村委会农村互助养老服务站建设项目选址等前期准备工作。团街镇高家村委会农村互助养老服务站和龙海村委会农村互助养老服务站进入建设阶段。

2020年百岁老人名录表

表三

姓名	性别	年龄（岁）	民族	家庭地址	备注
杨忠英	女	100	汉族	屏山街道鲁溪村委会干坝塘	
龙正明	男	100	苗族	崇德街道马鞍轿村委会槽子地	
张自珍	女	102	汉族	茂山镇永定村委会大平地村13号	

续表

姓名	性别	年龄	民族	家庭地址	备注
李武氏	女	101	汉族	茂山镇茂山落水洞村	
罗应芝	女	101	汉族	茂山镇甲甸罗家村16号	2020年11月30日死亡
保桂兰	女	101	汉族	茂山镇归脉三队	
李景秀	女	100	汉族	茂山镇斗乌山发古村41号	
钱秀英	女	101	汉族	茂山镇永定海胜庄村	新增
沙晓花	女	100	彝族	中屏镇安福本木康	
关福祖	男	102	汉族	撒营盘镇坎邓村委会七组100号	
李开芝	女	101	傣族	皎平渡镇皎平村委会干田坝组16号	
周宗恩	男	100	汉族	马鹿塘乡撒马基村委会中队小组	
赵国林	女	101	汉族	马鹿塘乡木德村委会撒角海组	
武洋芝	女	100	汉族	则黑乡万德村委会9组	
聂正美	女	100	汉族	翠华镇红石岩村委会大尹德	
何王氏	女	102	汉族	翠华镇兴隆村委会后山	
陈火秀	女	103	汉族	翠华镇初途村委会冷水田	
武桂珍	女	108	汉族	翠华镇大松园村委会以四	
李存香	女	100	汉族	九龙镇河东村委会大龙潭下	
尚小香	女	104	汉族	转龙镇腊乌卡村委会二组	
唐自林	男	104	汉族	转龙镇桂泉村委会白竹卡村	
李美荣	男	100	汉族	转龙镇月牙村委会古宜卡村	2020年7月14日死亡
李　氏	女	104	汉族	乌蒙乡大麦地村委会	

【儿童福利】 2020年，禄劝有孤儿和事实无人抚养儿童108人，年基本生活费16044元/人，全年累计发放资金161.3万元。按照每年10000元的标准，为在普通全日制中专、大专、本科就读的10名孤儿发放“福彩圆梦·孤儿助学工程”项目资金10万元。完善农村留守儿童和困境儿童关爱服务机制。完成20个“儿童之家”项目验收移交工作，完成全县所有村（居）“儿童之家”挂牌工作。全县1782名留守儿童数据录入系统。进一步规范收养登记工作，办理收养登记11件。

【残疾人“两项补贴”】 2020年，县民政局落实困难残疾人生活补贴和重度残疾人护理补贴制度，困难残疾人生活补贴按照每人每月50元发放，重度残疾人护理补贴按照一级每人每月100元、二级每人每月50元发放。发放困难残疾人生活补贴和重度残疾人护理补贴734.93万元，其中，符合享受困难残疾人生活补贴人数3192人，补贴资金219.41万元；符合享受重度残疾人护理补贴人数5991人，补贴资金515.52万元。

（杨雨波）

应急管理

责任编辑　李凤先

综　述

应急救援

护林防火

消防救援

综 述

【概况】 2020年，禄劝全县发生生产安全事故1起，比上年下降100%；死亡2人，较上年持平；直接经济损失180万元，比上年下降55%。未发生较大以上事故。在昆明市2020年度安全生产目标责任制考核中，禄劝安全生产工作被评定为优秀等次。

【目标责任书签订】 2020年，县人民政府与各乡（镇、街道）、各目标责任单位签订安全生产和事故灾害应对目标管理责任书36份。各级各部门签订安全生产责任书2772份，安全生产“一岗双责”责任书147份。落实提示、告知、告诫等警示管理办法，向有关乡（镇、街道）、部门发出通报12份。县安委办每月向县委、县政府、县纪委、县委组织部报告1次安全生产工作情况，每半年通过云南省重点工作通报系统和政府门户网站通报1次全县安全生产情况。

【安全生产工作会议】 2020年4月21日，一季度全县安全生产委员会（扩大）视频会议召开。会上，县长与各副县长签订2020年度安全生产“一岗双责”责任书；与2020年度安全生产和事故灾害应对目标责任单位签订2020年安全生产和事故灾害应对目标责任书。7月9日，召开2020年上半年全县安全生产委员会暨自然灾害应急管理委员会（扩大）会议。县委常委、常务副县长、县安委会常务副主任、县自然灾害应急管理委员会常务副主任出席会议并讲话，传达习近平总书记关于防汛救灾工作重要指示精神，安排部署汛期和下半年全县安全生产、应急管理等工作。10月30日，召开2020年三季度县安委会暨自然灾害应急管理委员会（扩大）会议。12月16日，召开2020年四季度全县安全生产委员会暨自然灾害应急管理委员会（扩大）会议。会议传达习近平总书记关于安全生产的重要论述和指示批示精神，全国、全市安全生产和消防安全工作电视电话会议精神，通报2020年全县安全生产、交通安全、消防安全工作情况，并安排部署2021年安全生产工作。

【制度制定】 2020年，县人民政府制定《关于调整县安全生产委员会组成人员及成立安全生产行业监管指挥部的通知》《禄劝彝族苗族自治县关于推进防灾减灾救灾体制机制的实施意见》《关于开展安全生产专项整治三年行动的通知》等文件，从制度上规范安全生产体系建设。将安全生产、应急管理发展规划事项列入《禄劝彝族苗族自治县国民经济和社会发展第十四个五年规划纲要》，编制《禄劝彝族苗族自治县“十四五”安全生产发展规划》《禄劝彝族苗族自治县综合防灾减灾救灾“十四五”发展规划》2个专项规划初稿，谋划实施应急指挥中心、救灾物资储备仓库、救援队伍营房、非煤矿山企业信息化综合管理服务平台项目、应急避难场所、抗震救灾等防灾减灾救灾工程项目建设。

【网格化建设】 2020年，县应急管理局筹建禄劝“互联网+企业”非煤矿山企业信息化综合管理服务平台项目建设，实现非煤矿山等企业远程安全监管。督促企业严格按照定人、定责、建制的网格化监管要求，全面实施网格化安全监管，建立安全生产网格化监管责任清单、监管对象清单，完善安全监管网格责任人工作职责和工作内容，提高网格责任区域、重点监管企业的检查频率，全县17个乡（镇、街道）、197个村（居）委会、社区全部完成网格化职责填报和备案工作。

【安全检查督查】 2020年，县应急管理局开展非煤矿山、尾矿库、危险化学品、烟花爆竹、冶金行业安全生产专项整治和安全检查督查，组织检查组176个、督查组78个，查出并整改隐患11287条，打击非法违法行为135起。组成8个安全生产督查组，开展督查检查8次。

【安全事故查处】 2020年，县应急管理局查处结案屏山街道博汇家具城“5·14”火灾事故、掌鸠河污水管网技术工程项目“9·8”坍塌事故，给予责任单位和责任人行政处罚，罚款36.8万元，事故调查报告通过县政府门户网站公开发布。

【安全宣传教育】 2020年，县应

急管理局组织开展第19个“安全生产月”、“安全生产万里行”、森林草原防灭火知识宣传、第12个全国“防灾减灾日”、第31个“国际减灾日”等宣传活动，发放洪涝、台风、地震、风雹、地质、森林草原火灾、生物、生态环境等各类灾害以及生产安全、火灾、燃气泄漏等事故知识和防范应对宣传材料2万余份。发放平安矿山创建、省级平安县创建等宣传资料近6万份，张贴标语、宣传画等6000条（幅）。在低温雨雪冰冻天气等重点时段，利用短信平台向企业发送提示、警示安全宣传标语20余条，发送安全生产宣传短信80余条，发布预警信息4期。举办自然灾害灾情信息报送暨救灾系统操作使用业务培训班，以及企业主要负责人和安全管理人员资格培训、应急救护知识培训等5期，培训人员470人。

（张　雄）

应急救援

【应急物资储备】 2020年，县应急管理局在县城设立救灾物资储备库，17个乡（镇、街道）建立储备点。建立健全应急物资保障联动机制，实现应急物资有序调度、快速运输。做好灾后救助，科学调配和使用救灾资金，做好灾情统计、报送和审核工作，规范灾情报送流程，规范物资调拨使用程序，保障抢险救灾需要。新冠肺炎疫情防控期间，协调化工企业捐赠次氯酸钠溶液550千克，配制消毒液110吨，向全县机关、乡镇、居民小区、农贸市场、孤残儿童寄养村等地发放，为17个乡（镇、街道）4个留观点2个值勤点调拨应急帐篷100顶，棉大衣500件，被子500套，折叠床400张，床上用品200套，防寒服800套。全年接收市级救灾物资2833件，发放救灾资金856.61万元、救灾大米330吨，发放防灾减灾小应急包2.5万个。

【应急救援体系建设】 完善县、乡、村三级灾害信息员体系，2020年，全县有灾害信息员234名。各乡（镇、街道）、各部门、各生产经营单位严格执行24小时值班、领导带班制度和事故报告制度。建立完善应急处置工作机制，制定新冠肺炎疫情防控应急处置预案，做好疫情防控联动保障等工作，及时报告重点人员排查等信息。印发《新型冠状病毒感染的肺炎疫情防控应急处置预案》《乌东德水电站下闸蓄水期间应急救援预案》《“COP15”期间总体应急预案》。组建应急处置队伍，完善应急队伍备勤和值班制度，加强对县消防救援大队、森林消防中队等应急救援力量的指导，强化救援队伍调度。组建120人的民兵应急连，与企业共同开展燃气泄漏、火灾事故、防洪应急等综合应急演练。完成16家生产经营单位应急预案的备案。处置茂山镇永定村委会石庄村“3・12”森林火灾事故、翠华镇翠华村委会本义村“3・30”森林火灾事故、撒营盘镇宜岔村委会“4・15”学生溺水事故、屏山街道博汇家具城“5・14”火灾事故、掌鸠河污水管网技术工程项目“9・8”坍塌事故等。

（张　雄）

【地质灾害防治及救援】 2020年，县自然资源局加强地质灾害防治知识宣传培训和避险演练，在县城、乡（镇）集镇日发放地质灾害防治宣传材料5000份、知识手册3000册、科普知识光盘300碟，指导17个乡（镇、街道）开展地质灾害应急避险演练，提升村民知灾、防灾、避灾能力。开展汛前隐患排查、汛期防范值守，明确各级各部门工作主体责任，严格执行24小时值班制度。编制防治方案，落实群测群防，全县400个地质灾害点均设立警示标志，797名监测人员进行实时监测、巡查，向居住在400个地质灾害隐患点附近的村组、群众发放地质灾害防治工作明白卡400份、避险卡6773份、地质灾害隐患通知书400份。建立地质灾害监测网络和预警预报机制，与县气象局联合发布地质灾害气象风险预警27次。推进治理项目实施，建立重大地质灾害隐患治理项目库，完成中屏镇书多村委会大村不稳定斜坡和则黑乡凳子山村委会鲁基厂崩塌2个治理工程的自检自查及验收工作。投入资金1125万元，实施全县长江经济带废弃露天矿山生态修复项目。开展科技防灾预警工作。完成1:5万地质灾害调查工作，完善地质灾害隐患点台账和数据库，编制全县1:5万地质灾害调查成果报告，掌握全县地质灾害的分布规律、发育特

2020年6月16日，县应急管理局与县人民武装部联合开展应急演练（县应急管理局 供）

征、影响因素，对稳定性与危险性进行初步评价，建立地质灾害信息管理系统，为地质灾害群测群防、搬迁避让和工程治理提供基础数据，提升全县地质灾害技术防范水平。

（杨雯洁）

护林防火

【概况】 禄劝森林消防中队于2001年1月组建，2018年9月30日集体转隶到应急管理部，2019年12月31日正式挂牌。负责17个乡（镇、街道）的森林灭火、防汛抗洪、防震抗震等综合应急救援任务。2020年，完成团街“3·30”、翠华“3·30”、安宁青龙“5·9”等7次森林火灾扑救任务，2人立个人三等功、18人受到嘉奖，中队立“集体三等功”1次。2018年至2020年派出12人参加支队、3人参加总队、1人参加训练尖子和“火焰蓝”比武取得较好成绩，先后有2人立个人三等功、2人获单项嘉奖。6月3日，在集中总结考核时，取得负重五千米综合第一、器械综合第二的成绩。开展针对性战备教育6次，坚持每周1次战备演练。开展森林防火宣传6次，发放防火宣传资料2.6万份，教育群众4万人。严格落实值班员24小时在岗值守制度，加强装备和车辆检修保养，确保车辆、机具时刻处于良好状态。

【队伍安全管理】 深刻吸取“2·28”事故教训，2020年3月4日至13日，禄劝森林消防中队开展作风纪律教育整顿。7月17日，组织指战员观看警示教育录像片。7月27日和8月8日，组织指战员开展讨论辨析。召开消防指战员大会3次，召开安全警示教育大会，查找剖析存在的安全隐患，对手机微信好友、游戏软件、借钱贷款等进行排查。

【综合保障】 2020年，禄劝森林消防中队抓好后勤战备和专业训练工作落实，抓好经常性后勤战备教育，制订完善后勤战备方案，规范后勤应急保障。抓好“受伤救护六项技术”为主要内容的后勤训练和应急保障演练。严格落实新的财经制度，党支部每月听取1次财务汇报，研究1次大项开支，经费收支综合平衡。开展“厉行勤俭节约、反对铺张浪费”教育活动，在队员吃饱、吃好的基础上吃出营养，指战员伙食满意度100%。对营房、车辆、装备进行维护保养，提高设施保障效能。

（王　帅）

消防救援

【火灾防控】 2020年，县人民政府与17个乡（镇、街道）、24个职能部门、59家消防安全重点单位分别签订《消防工作目标管理责任书》《2020年消防安全重点单位消防工作目标管理责任状》，细化、量化消防安全工作责任。县委、县政府召开2次专题会议对消防工作进行研究部署。开展联合检查9次，开展安全生产领域"专项整治三年行动"，统筹推进全县消防安全工作。县政府印发《组织开展打通"生命通道"集中治理行动工作方案》，增设（维护）消防车通道标志标线标识标牌20余处，清理违规停放车辆116辆，清理障碍物32处。召开专项整治工作会议3次，对易燃易爆场所、文物建筑、地摊经济、高层建筑等进行排查整治。对重点行业约谈11次，对9个城中村及老旧小区开展排查，疏散走道及消防车道62处，清理违规用火用电用气113处。开展高层建筑、大型商业综合体、人员密集场所、养老机构、文物保护单位等重点整治，对83栋高层建筑、3家商业综合体、35所学校等进行全面排查抽查，59家重点单位开展达标创建。对住宅小区消防通道开展专项整治，对消防车通道划线20处，标名11处，设置警示牌9个，清理消防车通道21条。检查单位473家，发现火灾隐患558条，督促整改火灾隐患553条，下发《责令改正通知书》287份，行政处罚6起，罚款4.7万元。

【消防宣传教育】 2020年，禄劝消防救援大队依托公益广告、广播、电视等媒体不断加大消防安全知识和逃生自救知识的宣传力度，推进并落实消防安全，拓宽社会单位参与消防安全专项行动的深度和广度。开展"安全生产月""防震减灾日""119消防宣传月""安全生产月""安全生产万里行"等活动，向群众宣传《中华人民共和国消防法》《云南省消防条例》和消防安全常识。开展消防宣传培训50余次，向群众发放宣传资料5万余份，通过微信公众号、微博发送消防提示信息3600余条，利用LED电子显示屏滚动播放消防安全信息500余条。投入资金26万元印制消防宣传手册、挂图、手提袋等宣传品，招募消防志愿者100余人。

【作战训练】 2020年，禄劝消防救援大队组织开展作战训练工作，以作战训练安全管控专项活动和百日安全创建集中排查整治工作为中心，开展指战员作战训练安全教育。制订2020年度全员岗位大练兵工作方案。结合各类专项训练工作，规范岗位练兵业务内容，利用支队开发的业务骨干小程序进行自主学习，不断提升岗位练兵质量。在岗位练兵收官阶段，选拔业务骨干参加岗位练兵比武活动，提升队伍灭火救援实战能力。

【执勤安保】 在重大事件以及节假日期间，特别是在春节、"两会"、五一、中秋、国庆等节假日及重要时间节点，做好值班执勤安保工作。2020年，禄劝消防救援大队接警出动94次，出动车辆140辆（次），出动警力729人（次），抢救疏散被困人员6人，抢救、保护财产204.7万元。

【作风整治】 2020年5月8日，禄劝消防救援大队开展涉赌涉贷问题专项整治工作，对涉赌、涉贷等问题进行调查，加强指战员思想教育。组织全体指战员观看警示教育纪录片《国家监察》，开展"警示教育周"活动专题廉政党课授课，召开"以案促改、正风肃纪"组织生活会。开展管酒治酒，对全体指战员开展酒精检测，严禁全体指战员在值班备勤期间饮酒，并在小程序进行饮酒报备。

【后勤保障】 2020年，禄劝消防救援大队争取消防预算经费384.58万元，到位经费404.61万元。完成非集中接警指挥中心升级改造建设工作。投入资金5万元购置图书。投入资金49.2万元购置水罐消防车1辆。投入资金51万元购置水域救援装备、训练器材、通信器材，提升全县消防综合应急救援实力。

（杨海玉）

乡（镇、街道）概况

责任编辑　李荣文

屏山街道

【年内要事】

1月15日，市委常委、市委统战部部长杨皕到屏山街道克梯村委会大木场村小组调研扶贫工作，慰问困难群众。

2月5日，屏山街道召开社区疫情防控工作动员会。

2月6日，县委书记焦林，县长李开德等领导到屏山街道检查指导社区疫情防控工作。

2月20日，屏山街道召开析置人员分流工作动员会。

4月8日，县长李开德到屏山街道检查指导人饮安全、护林防火、人居环境整治等工作。

5月30日，禄劝县城入城口南塘·公园里项目建设开工仪式在屏山街道南街社区举行。

6月26日，屏山街道召开农村公路养护管理工作现场观摩会。

8月31日，县委副书记王亚芳到屏山街道开展河长制巡河工作。

9月2日，县长李开德，南光（集团）有限公司董事长傅建国一行到屏山街道调研定点扶贫工作。

9月10日，全国脱贫攻坚现场观摩会在屏山街道砚瓦冲村民委员会召开。

10月9日，禄劝强化乡村治理为企业营造良好发展环境专题会在屏山街道召开。县委副书记、县委社工委书记王亚芳，县委常委、县委政法委书记杨少维到会指导。

12月21日，县委常委、县委组织部部长李忠华到屏山街道指导村（社区）“两委”换届工作。

【区划　人口】屏山街道于2019年12月析置为屏山、崇德2个街道。2020年，屏山街道总面积166.9平方千米，辖5个村民委员会、11个居民委员会、175个村（居）民小组。辖区内有19623户、61101人，其中，农业人口8788户、15615人。主要居住着汉族、彝族、苗族、傈僳族、回族、哈尼族等6个民族，少数民族人口18977人，占总人口的31.06%。新出生人口541人，出生率7.24‰，死亡237人，死亡率3.16‰，人口自然增长率4.08‰。

【经济概况】2020年，屏山街道地方公共预算收入9201万元，地方财政一般预算支出2392万元。完成固定资产投资674万元。烟叶税收入413.7万元，462户烟农创收2543.98万元。培育商品批发企业1家，商品零售企业5家，住宿服务企业10家，餐饮服务企业12家。

【社会保障】2020年，屏山街道有农村低保户261户485人，发放低保资金268.21万元；社会救助对象106人，其中，分散特困供养对象91人，其他15人，发放补助资金83.82万元。接待就诊病人6.28万人次，其中，村卫生室接待1.8万人次，镇卫生院接待4.48万人次，住院350人次，卫生院收入637万元。开展家庭医生签约服务619户、2155人，签约服务率100%。落实残疾人帮扶工作，发放三、四级残疾人养老保险补贴371人3.71万元，办理残疾人证176本。举办农村劳动力技能培训1000余人次，转移就业1511人次，实现务工收入2352.2万元。

【农业生产】2020年，屏山街道种植夏粮作物1.61万亩，夏粮总产量4045吨，其中，种植小麦9421.5亩，产量2418.9吨；大麦1428亩，产量351.6吨；豆类7368亩，产量1459.7吨。种植秋粮作物3.58万亩，其中，种植水稻4282.5亩，玉米2.63万亩，马铃薯1788亩。种植烤烟5701.5亩，中药材2649亩。猪存栏2.1万头，出栏2.2万头；牛存栏7898头，出栏2869头；羊存栏1.3万只，出栏1.11万只；家禽存栏16.25万羽，出栏24.82万羽。肉类总产量2411.6吨，禽蛋总产量442.1吨（据《禄劝彝族苗族自治县社会经济统计年鉴（2020）》，粮食种植面积和畜禽数含崇德街道）。在绿槐、六江、克梯片区发展中药材产业，种植三七150亩，当归200亩，白及（含育苗）800亩，石斛100亩，魔芋400亩。兑付中药材产业扶持补助资金12.92万元。有养牛大户1户，养殖肉牛250头；养羊大户1户，养殖黑山羊400只；养猪大户4户，养殖生猪5000头以上；养鸡大户5户，养殖肉（蛋）鸡5000羽以上。青贮饲料2800吨，人工种草250亩，圈舍改造3.7万平方米。

2020年屏山街道克梯村发展林下经济产业，图为林下西洋参种植（屏山街道　供）

【农田水利建设】 2020年，屏山街道全面落实河长制，做好辖区河道、库塘沿线乱占、乱建、乱排清理整顿工作，规范各企业单位、个人经营排水行为。实施农村饮水安全建设项目31件，其中，巩固提升项目20件，“水窖替代工程”11件，占农村、街道村民集中供水72件的42.6%。项目总投资540.22万元，资金分2批下达。第一批项目实施12个组，投入资金289.57万元；第二批项目实施19个组，投入资金250.65万元。

【脱贫成效巩固】 2020年，屏山街道收集整理脱贫户动态档案台账，完善脱贫攻坚档案材料，并归档保存。开展“五级书记”遍访工作，街道党工委书记访遍9个行政村（社区）38个村小组。开展贫困人口动态管理工作，屏山街道析置为屏山、崇德2个街道办事处后，屏山街道有建档立卡贫困户619户、2155人，全部脱贫。发放小额扶贫贷款82户、348.5万元，帮助群众发展产业，增加经济收入。

【村组公路建设与养护】 2020年，屏山街道投入资金60万元，硬化绿槐村委会大红坡村小组村内道路。投入资金32.13万元，硬化旧县村委会旧县、东华、迎春里3个村小组村内道路。投入资金29.5万元，硬化村组道路28.7千米，支砌挡墙、清理路边沟渠，改善群众通行条件。

【文体广电旅游工作】 2020年，屏山街道文化综合服务中心每周向群众开放42小时以上，满足人民群众对文化生活需求。配合县教体局完成全县体育场地调查工作，建成社区非标足球场2个。投入资金15万元，建成群众健身路径3条，并投入使用。开展旅游资源调查采集工作，完成发明官庄村特色村庄、绿槐农业园区特色园区基本情况及相关图片采集和文物保护单位、旅游资源等相关信息采集。

【学校教育】 2020年，屏山街道

发放“两免一补”资金小学生3437人、21.6万元，初中学生1727人、64.87万元；发放“营养改善计划”补助小学生3307人、264.56万元，初中学生1629人、130.32万元；发放云龙水库水源区补助小学阶段学生696人、69.6万元，初中阶段学生216人、25.92万元，普高阶段学生149人、22.35万元，职高（技校、中专）阶段学生49人、7.35万元，大学阶段学生14人、3.5万元。发放学生“雨露计划”补助52人、7.8万元。有6～15周岁持证残疾儿童73人，其中，随班就读68人，送教上门5人。教育、卫生、民政、残联4部门累计送教上门195人次。

【党建及精神文明】 2020年，屏山街道巩固“不忘初心、牢记使命”主题教育成果，科级领导班子带头以普通党员身份参加党支部活动，切实用习近平总书记考察云南重要讲话精神统一思想行动，加强理论学习和党性教育，举办主题教育集中学习读书班2期。严格落实“三会一课”“主题党日”等基本制度，坚持党委理论学习中心组集体学习制度，组织专题学习8次，开展“万名党员进党校”培训2期，培训党员100余人次。整顿软弱涣散基层党组织1个，成立非公经济组织党支部1个，发展党员14名，培养储备村级后备干部38名，慰问困难党员32人次。

【生态建设】 2020年，屏山街道向农户发放板栗苗15.75万株，种植板栗3500亩。实施板栗提质增效1.38万亩，受益农户1003户。实施陡坡地治理项目35亩，监测咪油社区、北街社区、南街社区、发明村委会等村（社区）小蠹虫病危害树木20.3万亩，义务植树15万株，成活率85%。

【疫情防控】 2020年1月22日，成立屏山街道新型冠状病毒肺炎疫情防控工作领导小组，迅速开展疫情防控工作。发放疫情宣传材料2万份，悬挂宣传标语10条，在各村（社区）、主要街道口张贴疫情防控公告，滚动播出LED电子宣传屏20条次。23个村（社区）通过高音喇叭宣传疫情防控知识，覆盖村（居）民9.4万人次。在村（社区）进村道路设立堵卡点23处，排查外来人员，落实疫情信息日报告制度，利用屏山微信公众号发送官方信息20余篇。取消所有聚集性文体活动，暂停KTV、网吧、酒吧等服务经营，停止活禽交易和宰杀经营、水产品运输经营活动。严禁销售和食用野生动物制品，查处利用疫情哄抬物价、串通涨价等违法行为。

【社会治安综合管理】 2020年，屏山街道成立平安屏山建设领导小组，通过辖区微信公众号等渠道，开展平安社区建设宣传，营造平安和谐的社会氛围。开展“扫黑除恶”专项斗争和信访维稳工作。排查重点人员353人次。办理网上信访件26件，上级督办件7件，“12345”市长热线信访交办件293件。选派16名社区民警到村（社区）“两委”班子任职，协助村（社区）做好治安防范、矛盾纠纷调解、法律政策宣传等工作。拆除违法占地建筑物30宗2.03万平方米。

2020年屏山街道所辖村（社区）基本情况表

表四

村（居）民委员会名称	党委（总支、支部）书记	村（居）委会主任	村（居）民小组（个）	总人口（人）	村集体经济收入（万元）
南街社区	关汉明（至2020年12月）	武绍云（至2021年1月）	6	2433	0.5
北街社区	李兴发（至2020年7月） 康学华（2020年7月至2020年12月）	龙小江（至2020年11月）	5	16871	5
旧县社区	李文良（至2020年12月）	李青聪（至2020年12月）	15	4776	5

续表

村（居）民委员会名称	党委（总支、支部）书记	村（居）委会主任	村（居）民小组（个）	总人口（人）	村集体经济收入（万元）
咪油社区	刘杰军（至2020年12月）	刘杰军（至2020年12月）	5	2768	1.5
鲁溪社区	杨海明（至2020年12月）	杨海明（至2020年12月）	12	4493	3
六江社区	梁文军（至2020年12月）	刘金辉（至2020年12月）	10	2846	8
云龙水库移民一社区	缪洪飞（至2020年3月） 李　锐（2020年3月至2020年12月）	张应恒（至2020年12月）	6	1602	0
云龙水库移民二社区	李建坤（至2020年12月）	黎汉军（至2020年12月）	4	889	0
云龙水库移民三社区	匡学明（至2020年12月）	王继学（至2020年12月）	9	1762	0
云龙水库移民四社区	申明杰（至2020年12月）	姜学伟（至2020年12月）	14	2933	0
云龙水库移民五社区	鲁桂珍（至2020年12月）	李子栋（至2020年7月）	7	1238	0
克梯村民委员会	段　葵（至2020年12月）	段　葵（至2020年12月）	22	3161	8.5
发明村民委员会	杨正兴（至2020年12月）	杨正兴（至2020年12月）	17	3695	5
茂龙村民委员会	马朝友（至2020年12月）	朱加荣（至2020年12月）	15	2625	5
绿槐村民委员会	陈　伟（至2020年12月）	李祖荣（至2020年12月）	16	3911	4.8
砚瓦冲村民委员会	皮臣文（至2020年12月）	黄文付（至2020年12月）	11	2146	5

（黎满胜）

崇德街道

【年内要事】

2月25日，昆明新茂建筑工程有限公司向崇德街道捐赠一批新型冠状病毒肺炎疫情防控物资。

3月29日，县长李开德到崇德街道调研武倘寻高速公路禄劝段工程建设情况。

4月8日，县长李开德到崇德街道马鞍鞒村委会老鹰窝村小组检查指导饮水安全工作。

6月18日，上海市对口帮扶崇德街道马鞍鞒村中华蜂养殖加工项目签约仪式在崇德街道举行。

9月10日，市政协副主席、县委书记焦林到崇德街道开展河长制巡河，检查环境卫生整治工作。

10月2日，县长李开德到崇德街道检查指导新型冠状病毒肺炎疫情防控及环境卫生整治工作。

【区划　人口】 2020年，崇德街道总面积144.63平方千米，下辖4个村民委员会，3个社区居民委员会，85个村（居）民小组，总人口21046人，其中，农业人口5679人。辖区内主要居住着彝族、苗族、哈尼族、傈僳族、壮族等17个少数民族，少数民族人口6948人，占总人口的33.01%。人口出生率11.06‰，死亡率5.65‰，自然增长率5.5‰。

【经济概况】 2020年，崇德街道完成地区生产总产值1.9亿元，地方财政预算收入445.4万元，地方财政一般预算支出932万元；固定资产投资2000万元；完成招商引资5000万元，签约项目1个；完成烟叶税收入145.4万元。

【社会保障】 2020年，崇德街道有低保对象156户、228人，其中，农村低保对象153户、225人，城镇低保对象3户、3人。特困分散供养人员45人，其中，城市特困分散供养人员18人，农村特困分散供养人员27人。发放低保金、临时救助、抚恤金、特困供养补贴、残疾人补贴等民政资金114.94万元。7个行政村（社区）均设有卫生室，配置医疗用房、设备，有乡村医生23名。城乡居民基本医疗保险参保、续保16242人，城乡居民社会养老保

2020年7月6日，县交通运输局机关支部开展进社区“双报到双报告”活动（崇德街道　供）

险参保、续保7260人，领取养老金人员3247人。资助残疾人大中专学生4名，发放资助金0.9万元。为重度残疾人发放轮椅、拐杖、坐便椅等55件。开展农村劳动力“定岗、定向、订单”技能培训1200人次，转移就业1364人次。组织残疾人就业300名，设置乡村公益性岗位112个，安排112名村民就业，发放劳务补贴54万元。

【农业生产】 2020年，崇德街道种植脐橙400亩、草莓51亩、板栗9000亩、花卉580亩、蔬菜94亩。开展畜禽品种改良、养殖技术培训及疫病防治工作，稳定烤烟、黄牛、乌骨鸡、撒坝猪、黑山羊等传统基础产业，发展蔬菜、水果、中草药、花卉、蜂蜜等特色产业。

【农田水利建设】 2020年，崇德街道投入资金364.39万元，实施农村饮水安全巩固提升工程20件，解决1228户4672人的饮水安全问题。完成防汛抗旱工作预定目标，辖区总蓄水量24万立方米。为缺水村委会发放500千克水罐3只，为辖区7个无能力自行备水、无水源的村小组送水，解决211户、742人饮水困难问题。强化水资源管理，全面落实河长制，对河道沿线乱占、乱建、乱排等问题进行集中清理整治，清理河道垃圾，处罚乱倒垃圾行为。

【脱贫成效巩固】 2020年，崇德街道开展贫困户存在问题走访调查，发现问题416条，针对存在问题，进行逐一整改，全力补齐贫困户发展短板。对23户“脱贫边缘户”和15户“脱贫监测户”进行重点扶持，严防返贫。发放小额扶贫贷款109户、492.65万元，扶持贫困户发展产业，增加经济收入。洗马塘易地扶贫搬迁村农户张进增获国家发改委授予“励志易地搬迁群众”称号、昆明市脱贫攻坚致富带头人奖。投入资金50万元，建设集收购、储藏、包装为一体的生产基地1个，采取土地租赁、入股分红等形式，增加群众经济收入。

【村组公路建设与养护】 2020年，崇德街道投入资金352万元，硬化自然村公路2条5.7千米。投入资金36.23万元，改造修缮自然村道路12条。实施崇德集镇道路修复工程，铺筑沥青路面805米，对辖区桥梁、涵洞、截水沟进行疏通清理，保洁路面5.15千米。

【重大工程项目建设】 2020年，崇德街道做好云南新兴职业学院、武倘寻高速公路主线、华新水泥等重点项目协调服务工作，项目建设稳步推进。拆除武倘寻高速公路建设项目崇德段3家公司大棚16.86亩，兑付补偿资金167.73万元；拆除厂房3户、1308.98平方米，兑付补偿资金230.59万元；拆除临时房屋1户、195.65平方米，兑付补偿资金11.23万元。补偿12家农户果树、青苗等地上附着物，兑付资金19.36万元。

【文体广电旅游工作】 2020年，崇德街道组织文艺队参加禄劝第一届西南坚果博览会文艺演出。配合县文旅局完成洗马塘易地扶贫搬迁村55户村民电视收视设备安装工作。完成辖区村级文化活动室图书编目录入及体育器材普查工作。开展营盘山遗址、香海庵等历史遗址保护工作。加强监督管理，净化文化市场，配合文旅局不定期对辖区网吧、游戏机房等娱乐场所进行检查。开展春节、“花山节”“火把节”等系列节日文体活动，丰富群众文化生活。

【学校教育】 2020年，崇德街道落实义务教育阶段在校学生各项补助，加强教学管理，提升教育质量。崇德小学彝苗童声合唱团受邀赴北京参加中央广播电视总台央视少儿频道《银河之声》2021新年特别节目录播。开展送教上门工作，确保义务教育阶段适龄儿童零辍学。

【党建及精神文明】 2020年，崇德街道规范“三会一课”“主题党日”等7项组织生活制度，开展讲授党课活动26场次，听课党员1011人次。成立崇德街道机关党支部、崇德街道青年人才党支部、离退休党员党支部，发展党员7名，培养入党积极分子4名。加强党风廉政建设，提醒（诫勉）谈话28人次，党纪立案审查6件、6人次，办理县监委监察建议1件，县纪委转办信访件9件。组织党委理论学习中心组集中学习8次，开展“自强、诚信、感恩”教育活动，受教育党员100余人次。

【生态建设】 2020年，崇德街道加强生态建设，开展绿化造林和全

2020年崇德街道崇德社区发展花卉种植产业，图为玫瑰花种植园（崇德街道 供）

民义务植树活动，实施退耕还林植树1530亩，种植板栗4920.35亩，青花椒735.8亩，义务植树5万株。完成板栗提质增效8881亩，核桃提质增效2538亩；实施辖区小蠹虫危害树木病虫害监测19696.5亩。

【社会治安综合管理】 2020年，崇德街道开展"扫黑除恶"专项斗争，维护辖区社会和谐稳定。制定《全面深化社区网格化管理实施办法》，推动服务、管理、资源、力量向网格集聚，处理重点突出问题。做好群众来信来访工作，调处群众矛盾纠纷65件，办理"12345"市长热线信访交办件37件，办理网上信访交办件17件。

2020年崇德街道所辖村（社区）基本情况表

表五

村（居）民委员会名称	党委（总支、支部）书记	村（居）委会主任	村（居）民小组（个）	总人口（人）	村集体经济收入（万元）
角家营社区	熊　有	熊　有	12	4825	5.5
崇德社区	时建文	毛凤刘	13	4527	5.5
地多社区	蒋志刚	蒋文洪	28	5155	5.5
硝井村民委员会	李炳付	李炳付	13	1988	5.1
马鞍鞒村民委员会	牛荣华		6	852	14.7
岔河村民委员会	赵怀仙	赵怀仙	7	1519	5.5
六合村民委员会	李朝卫	李朝卫	6	1258	5.5

（储　黎）

茂山镇

【年内要事】

1月13日，中国共产党茂山镇第十一届委员会第四次会议召开。

同日，茂山镇召开深化殡葬改革工作动员会。

2月4日，县长李开德到茂山镇调研新型冠状病毒肺炎疫情防控工作。

4月22日，茂山镇举行富源街修复工程竣工仪式。县委常委、副县长邢军善，茂山镇党政主要领导，捐资建设企业等出席仪式。

6月11日，中国电信股份有限公司昆明分公司向茂山镇捐赠工作经费4万元。

6月29日，县委常委、县人武部政委杨骁到茂山镇娜拥村民委员会检查指导扶贫工作。

7月1日，茂山镇在永定村委会正位村投放“稻花鱼养殖”项目鱼苗1116千克，涉及稻田93亩。

10月31日，茂山镇举行第七次全国人口普查登记启动仪式。

【区划　人口】茂山镇位于县境西北部，东接翠华镇，南连屏山街道，西与武定县插甸乡接壤，北与云龙乡、团街镇毗邻。东西最大横距18.4千米，南北最大纵距13.8千米，最低海拔1780米，最高海拔2630米。镇政府所在地距县城17千米，距省会昆明市区90千米，禄大公路、禄撒公路、云龙公路穿境而过，交通便利。2020年全镇总面积234.67平方千米，耕地面积6.13万亩，占总面积的7.3%；林地面积23.58万亩，森林覆盖率67%，是国家级生态乡镇。辖10个村民委员会，185个自然村，202个村民小组。年末总人口11313户、38910人，其中，非农业人口5319人。居住着汉族、彝族、苗族、傈僳族、白族、回族、壮族、傣族等21个民族，有少数民族9584人，占总人口的24.63%。人口出生率10.57‰，死亡率5.4‰，自然增长率5.17‰。

【经济概况】2020年，茂山镇地区生产总值4.46亿元；地方公共预算收入248万元，地方财政一般预算支出2208万元。完成烟叶税收入454万元，固定资产投资4050万元；招商引资8048.71万元，完成任务数的100.61%；争取上级资金2049.45万元，完成目标任务数的102.47%。

2020年茂山镇发展花卉产业，图为多肉植物种植园（茂山镇　供）

2020年茂山镇丽山村发展蔬菜种植产业，图为无公害蔬菜种植园（茂山镇 供）

【社会保障】2020年，茂山镇完成农村劳动力转移技能培训22期1801人次，新增农村劳动力外出务工1509人次，全年累计转移农村劳动力外出务工14595人次。设乡村公益性岗位360个，安排360名村民就业，按时发放劳务人员报酬，保障群众稳定收入。完成村民抗震安居房建设30户，拆除村民旧房1274套，拆旧率78.3%。落实农村医疗保险和养老保险缴费政策，贫困人口100%参加医疗保险。有农村低保户329户、627人。办理残疾人证1402本。镇敬老院建成并投入使用，首批入住“五保”老人47人。发放各类社会救济资金264.42万元。

【产业发展】2020年，茂山镇有50头以上生猪养殖大户126户，30头以上肉牛养殖大户8户，50头以上肉羊养殖大户32户。种植粮食作物5.93万亩，经济作物2.6万亩，烤烟4614亩；实施“提质增效”核桃6万亩，板栗2.1万亩。引进云南彝道重楼种植有限公司在东屏村委会建设滇重楼育苗基地795亩，公司的“彝道滇重楼”被评为2019年昆明市绿色食品“10大名药材”之一。引进昆明兰露梦农业科技有限公司种植高原特色葡萄和锦香水蜜桃100余亩；山斛公司种植铁皮山斛200亩、食用玫瑰280亩；云南厚实农业科技发展有限公司种植红心猕猴桃380亩；禄劝金航辰农牧业发展有限公司养殖生猪4000多头；省级家庭农场喇嘛农场种植山药150亩，中药材500亩；东西部协作项目在茂山村委会建成竹篾加工厂，辐射带动茂山、东屏、永定等村委会500多户农户种植竹子200余亩。在斗乌片区种植蓝莓200亩、迷迭香500亩，丽山片区种植水果番茄70亩、无公害蔬菜500亩，甲甸片区种植无花果300亩。投入资金1.75亿元，在归脉和永翠实施光伏扶贫发电项目3个。

【脱贫成效巩固】2020年，茂山镇持续做好24户、84人“脱贫边缘户”和29户、78人“脱贫不稳定户”的帮扶及动态管理工作。做好3个易地扶贫搬迁安置点的后续扶持工作，完成村民抗震安居房建设30户，并投入使用。实施小额扶贫贷款、东西部协作项目等扶贫措施，促进群众增收。坚持每月开展一次“脱贫边缘户”和“脱贫不稳定户”的信息收集，针对因灾、因病、因残、因学、失业等原因可能造成返贫的农户，进行重点关注，有针对性地开展帮扶工作。年末，全镇贫困人口总量增加36人。

【科教文卫】 2020年，茂山镇有初级中学1所，标准化完全小学2所（茂山小学、丽山小学），村小校点11所，公立幼儿园1所，民办幼儿园4所。有教职工196人，其中，初中87人，小学109人。有义务教育阶段学生1585人，寄宿生1276人。初中有校舍面积1.94万平方米，生均占地面积31.3平方米；小学有校舍面积2.28万平方米，生均占地面积20.4平方米。发放春季学期学生“雨露计划”补助资金92人、11.85万元，学生困难补助84人、13.6万元；为5名残疾学生开展送教上门服务，义务教育阶段无学生辍学。实施镇文化站、村文化室基础设施维护和功能提升工程，做好文化信息资源服务工作，每个村农家书屋藏书均在1000册以上，正常免费向群众开放。有农村广播电视“村村通”“户户通”10418户，农村广播电视公共服务覆盖率100%。家庭医生签约服务村民5545人次，实施慢性病救助1434人次，补助资金152.68万元；大病救助4人次，补助资金9.57万元；医疗费用兜底保障659人次，补助资金12.29万元。

【党建及精神文明】 2020年，茂山镇加强政治思想建设，始终坚持以习近平新时代中国特色社会主义思想为指导，开展基层组织建设，建成行政村“彝山苗岭”党建示范点2个，村小组脱贫攻坚示范点4个，党员教育培训基地1个。严格落实“三会一课”、民主评议党员、党员活动日等制度，实施13个村党支部规范化建设。加强党风廉政建设，严格落实中央八项规定精神，勤俭节约，严肃财经纪律，廉洁自律。

【疫情防控】 2020年，茂山镇成立镇、村、组三级新型冠状病毒肺炎疫情防控工作领导小组，统筹疫情防控工作。实行全面封村、封路，设立镇、村、组三级防控卡点135个，检查机动车2.87万辆次。关闭和管控各类餐饮店铺、屠宰场、畜禽交易市场。广泛开展疫情防控宣传工作，高音喇叭流动车进村入寨，进行疫情防控宣传，悬挂宣传标语200多条。设立疫情防控集中医学观察点2个，对省外返乡人员实行100%集中留观。排查省外入境人员2298人次，集中留观湖北入境人员27人次，劝阻、制止婚丧嫁娶聚集活动100余场次，全镇无新型冠状病毒肺炎感染确诊病例。

2020年茂山镇所辖村基本情况表

表六

村民委员会名称	党委（总支、支部）书记	村委会主任	村民小组（个）	总人口数（人）	村集体经济收入（万元）
茂山村民委员会	陈绍川	吴荣洪	16	4265	5
东屏村民委员会	杨彭井	杨彭井	22	4595	3.3
归脉村民委员会	武从良	武从良	23	4458	6.8
永翠村民委员会	赵芳洪	赵现兵	19	3303	3.3
永定村民委员会	武忠红	张正权	19	4580	3
甲甸村民委员会	钱兴志	张有申	26	5501	3.4
丽山村民委员会	王嘉华	杨志忠	26	5088	2.6
斗乌村民委员会	李寒梅	王少海	21	2903	5
至租村民委员会	卢建福	王界友	10	1371	5
娜拥村民委员会	张耀堂	杨志刚	18	1828	4.9

（金奇稳）

团街镇

【年内要事】

1月8日，县人大常委会主任张光文率县委第三考核组到团街镇开展2019年目标管理绩效考核工作。

2月4日，县政协主席张庆学到团街镇检查新型冠状病毒肺炎疫情防控工作，慰问一线医护人员。

3月18日，市人大常委会副主任金志伟率队到团街镇调研指导扶贫工作。

3月29日，县长李开德到团街镇调研团云（团街至云龙）公路建设和产业发展等工作。

4月9日，市人大常委会主任拉玛·兴高到团街镇调研扶贫工作。

9月3日，县委常委、常务副县长张大福率队到团街镇调研水产品养殖选址工作。

12月2日，县委指导组到团街镇检查指导村“两委”换届选举工作。

【区划 人口】团街镇地处县境北部，镇政府所在地距县城27千米，东与中屏、翠华两镇接壤，南与茂山镇、西与云龙乡比邻，北与撒营盘镇相连，是禄劝县域中心腹地。1950年属卓干区，1958年撤卓干区设团街公社，1983年设团街区，1988年撤区设乡，2009年11月撤乡设镇。2020年，全镇总面积192.4平方千米，耕地面积6.12万亩，森林覆盖率64%，境内最高海拔2820米，最低海拔1780米，年平均气温15.1℃。辖8个村民委员会154个村民小组，7941户27052人，居住着汉族、彝族、苗族、傈僳族等18个民族，少数民族人口9153人，占总人口的33.83%。

【经济概况】2020年，团街镇落实中央、省、市、县稳增长政策，经济平稳健康发展。全镇地区生产总值5亿元，比上年增长9.9%；完成地方公共预算收入555.22万元，地方财政一般预算支出1742万元。争取上级资金140万元；完成固定资产投资825万元；社会消费品零售总额3.68亿元，比上年增长11.8%。

【社会保障】2020年，团街镇农村低保户、残疾户、特困供养户、贫困户4类重点人群100%参加基本医疗保险，符合条件的人口100%参加养老保险。实施困难群众医疗救助，补助困难群众住院医疗费128人、66.5万元；发放困难群众临时救助915人、294.7万元；请专家上门为137名残疾人进行残疾鉴定，63人通过残疾等级认定并办理残疾证。

【农业生产】2020年，团街镇种植粮食作物5.19万亩、中药材4575亩、苹果、草莓等特色水果1983亩；种植烤烟3808.5亩、蔬菜10210.5亩。投入资金1198.6万元，建成生猪养殖基地1个，引进神农集团万头生猪养殖合作项目，每年按总投资的10%进行分红，年收益119.86万元，用于扶持贫困户发展产业。投入资金3100万元，建设牛羊及禽类集中屠宰冷链物流项目，11月底建成并投入使用。

【脱贫成效巩固】2020年，团街镇开展巩固脱贫成效工作，防止脱贫群众返贫，以残疾人、老年人、病患家庭为重点监测和帮扶对象，持续开展扶贫工作。投入东西部协作项目帮扶资金318万

2020年团街镇发展水果种植产业，图为兰梦露葡萄种植（团街镇　供）

元，入股草莓种植项目，企业每年按入股资金的5%分红给村集体。投入产业扶贫小额信贷300万元，在8个村民委员会开展基础设施建设、农村劳动力技能培训等工作，改善基层发展条件，增加群众经济收入。培育生猪、肉牛等传统养殖产业3个，中药材、蔬菜、林下经济等特色产业4个，核桃、板栗、苹果、葡萄等坚果水果特色产业5个。成立撒坝猪养殖合作社，建成撒坝猪扩繁场9个，以群众入股合作社分红仔猪模式，发展撒坝猪养殖，促进群众增收。成立能繁母牛养殖合作社，扶持群众进行肉牛养殖。成立欣宇乌骨鸡养殖合作社，通过“党支部＋合作社＋企业＋农户”的模式，投入资金140万元，建成标准化养鸡场，实现规模养鸡3.55万羽，产品包括活鸡零售、配送、白切鸡供销、土鸡礼盒、土鸡蛋等，年产值600万元，带动228户农户参与养殖，其中3户实现年增收100万元以上。

【科教文卫】 2020年，团街镇强化城乡居民基本医疗保险、大病保险、医疗救助、医疗费用兜底“四重保障”功能，提升大病、慢性病救助基金覆盖面，防范因病返贫、因病致贫。加强卫生设施标准化建设，实现镇卫生院、村卫生室以及乡村执业医生、床位数全部达标。举办健康教育咨询活动20期，健康知识讲座95期，发放宣传资料2万余份，受教育群众1.2万人次。召开优秀教师及优秀毕业生表彰大会，表彰优秀教师24人，优秀初、高中毕业生48人，授予24名学生家长“教子有方”奖牌，发放奖励资金15万元。建成村史馆8个，完成团街镇红军渡江指挥部革命遗址修复工作。配合上级部门党组织在卓干村委会开展革命传统教育活动3场。

【基础设施建设】 2020年，团街镇争取上级专项资金216万元，新建光伏提水工程2件，打井7眼，架设管道19千米，新建蓄水池工程8件，解决12个村小组、388户、1521人饮水安全问题。协调服务团云（团街镇至云龙乡）公路建设，实施集镇路口至烟站道路修复及农村公路安全防护栏建设工程。开展掌鸠河、团街小河、本宜小河部分河段清淤治理工作。

【党建及精神文明】 2020年，团街镇成立基层党建工作领导小组，到村党总支部调研党建工作10次，召开专题党建工作会议4次。签订《年度党建目标责任书》13份，签订班子成员《“一岗双责”责任书》14份。党委理论中心学习组集中学习5期，学习党章、党规、习近平总书记系列讲话精神。举办“万名党员进党校”培训3期，培训党员200余人次。完成基层党支部规范化建设12个，实现全镇支部规范化建设全覆盖。发展预备党员9名，转正11名，选拔任用中层干部26人。开展困难党员、老党员关爱慰问活动，发放慰问金8.15万元。

【生态建设】 2020年，团街镇开展农村环境整治工作，建立户分类、组保洁、村收集、镇清运的农村生活垃圾收运处置机制。清除陈年垃圾1530吨，新建卫生公厕3座，义务植树11亩，制定村规民约，推动移风易俗，倡导文明新风，变革农村群众生产生活习惯。加强乡村公共服务岗队伍管理，开展村组环境清扫保洁工作，各村组常态化开展环境卫生整治工作。

【社会治安综合管理】 2020年，团街镇完善反恐怖防范等应急预案，开展反恐怖演练3次，法治宣传活动11次，反邪教宣传活动8场次，“扫黑除恶”宣传8场次，发放“扫黑除恶”宣传材料8万余册，受教育群众7万余人。调处群众矛盾纠纷64余件，办理“12345”市长热线信访交办件130件。建成团街镇视频监控中心，实现视频监控全覆盖。组建综治维稳志愿者队伍、社区矫正志愿者和普法志愿者队伍，开展群防群治、社区矫正和法治宣传工作。加强消防、交通、砂石料场、建筑施工等领域专项整治，防范安全事故发生。开展违法占用耕地整治活动，拆除违法建筑1600平方米。

2020年团街镇所辖村基本情况表

表七

村民委员会名称	党委（总支、支部）书记	村委会主任	村民小组（个）	总人口（人）	村集体经济收入（万元）
运昌村民委员会	李继洪	李忠有	21	5951	23.2
龙海村民委员会	刘　军	刘　军	25	3890	15.4
治安村民委员会	张贵杰	李利友	27	3618	33
树安村民委员会	普光辉	张学文	10	1197	9.4
高家村民委员会	秦桂英	李洪文（4月19日止）	22	4169	10.5
马初村民委员会	李自金	刘兴帮	15	2179	13.6
卓干村民委员会	刘金元	张光立	17	2596	8
乐业村民委员会	史宗平	史宗平	17	3484	9.6

（侯思秀）

中屏镇

【年内要事】

1月17日，省政协党组书记、主席李江到中屏镇开展春节慰问活动，看望慰问困难党员群众。

1月21日，中国共产党中屏镇第十二届委员会第四次会议召开。

1月21—22日，中屏镇第十二届人民代表大会第四次会议召开。

1月28日，县委书记焦林到中屏镇检查指导新型冠状病毒肺炎疫情防控工作。

2月28日，省委常委、省委宣传部部长赵金到中屏镇调研新型冠状病毒肺炎疫情防控、基层宣传文化等工作。

3月2日，县委书记焦林到中屏镇调研乡村振兴试点项目建设情况。

4月9日，市人大常委会主任拉玛·兴高到中屏镇调研巩固脱贫成效工作。

7月7日，省委常委、省委组织部部长李小三到中屏镇调研党建引领民族团结、产业发展等工作。

8月23日，中宣部新闻局局长张小国到中屏镇调研民族团结进步示范创建工作。

10月11日，县委副书记王亚芳到中屏镇调研巩固脱贫成效与乡村振兴工作。

10月30日，市委副书记杨正晓到中屏镇调研巩固脱贫成效与乡村振兴工作。

12月22日，县委副书记王亚芳到中屏镇调研村“两委”换届选举工作。

【区划　人口】 中屏镇地处县境西北部，镇政府驻地距县城46千米，全镇总面积259.83平方千米，辖13个村民委员会、171个村民小组、182个自然村、6299户19944人，少数民族人口8797人，占总人口的44.11%。全镇地形分为山区、半山区、河谷地区，境内最高海拔2753米，最低海拔1220米，镇政府所在地海拔2120米。2020年年平均气温16.1℃，年均降雨量1030毫米。在3年脱贫攻坚中，有1513户、5363人实现脱贫。

【经济概况】 2020年，中屏镇农业生产总值3.96亿元；地方公共预算收入710万元，地方财政一般预算支出3225万元；完成招商引资9991.46万元，固定资产投资4000万元；争取中央、省、市资金1167万元；培育批发零售企业1家。

【社会保障】 2020年，中屏镇落实农村最低生活保障、特困人员供养、临时救助、农村社会养老保险等社会保障制度，发放困难群众临时救助449人、59.42万元，大米1.25万千克；发放困难残疾人生活补贴和重度残疾人护理补贴31.42万元；发放低保资金268.45万元、优抚对象生活补贴117.48万元。城乡居民养老保险参保人数11336人，城乡居民基本医疗保险参保人数18895人。全镇设乡村公益性岗位385个，安排385名村民就业，按时发放劳务报酬，公益岗位覆盖全镇13个村委会170个村小组。转移农村劳动力就业7428人次，其中，省外418人，省内7010人次。新建大海资、上坝2个公墓，完成大亮地公墓提升改造工程。

【农业生产】 2020年，中屏镇围绕传统种植业、养殖业、特色产业，布局农业产业发展格局，增加群众经济收入。种植烤烟5163

2020年5月，中屏镇被评为云南省旅游名镇（中屏镇　供）

2020年中屏镇发展花卉种植产业，图为花卉种植园（中屏镇　供）

亩、中药材5640亩；种植玉米1.65万亩、水稻1969.5亩、马铃薯5710.5亩、高粱376.5亩。生猪存栏1.06万头，出栏2.82万头；牛存栏5467头，出栏3003头；羊存栏1.4万只，出栏1.51万只；家禽存栏2.62万羽，出栏17.41万羽。

【脱贫成效巩固】 2020年，中屏镇围绕“脱贫监测户”“脱贫边缘户”、社保兜底户开展帮扶工作。补齐基础设施建设、产业发展、环境卫生等短板，巩固脱贫攻坚成效，防止群众返贫。引进企业6家，在中屏、法格、书多、安东康、德茂井等村委会流转土地3300亩，带领群众种植花卉1170亩，蔬菜1000亩，苹果694亩，石榴130亩，黄桃349亩。利用上海对口帮扶资金，发动群众养殖肉牛391头，增加群众经济收入。中屏镇农业创业园区入驻企业5家，招录村民就近打工，人均月工资2500元。通过电商销售花卉30万捆，鲜豌豆11.22万千克，土苗鸡1.1万只，土鸡蛋14万枚，轰隆隆黄果700份，倘普哩白茶300份，小黄姜1853份，累计销售金额760万元。

【基础设施建设】 2020年，中屏镇投入资金392万元，实施中屏、德茂井、安东康、康井、安福、高桂6个村委会11个村小组“一事一议”财政奖补项目。投入资金871.02万元，实施法格、北屏、昔南、高桂、大海资、安福6个村委会13个村小组进村道路硬化工程。开展农村饮水安全查缺补漏2次，发放管材2.92万米。争取资金1165.71万元，实施东西部协作项目书多村委会自然能提水工程和配套管网建设。投入资金62.37万元，实施书多、安福、德茂井、安东康4个村委会人饮项目提升工程。年内旱情严重，组织消防中队抗旱送水394.8吨，解决大海资、书多、康井3个村委会512人饮水问题。投入资金90万元，建成中屏村委会老年活动休闲广场。

【重大项目建设】 白鹤滩水电站移民中屏镇安置点于2020年10月开工建设，12月竣工，移民搬迁入住。乌东德水电站禄劝换流站于6月竣工并投入使用。

【文化体育】 2020年，中屏镇完成上村、火本、芹菜塘、刘家4个文化惠民示范村建设。建成村史党史陈列室7个，村民健身路径5条。参加禄劝第一届西南坚果博览会，获文艺会演二等奖。配合县级部门完成国家公共文化服务体系示范区创建工作，完成“两馆”达标和13个村综合性文化服务中心建设，县、镇两级组织送戏下乡19场次。

【疫情防控】2020年，中屏镇开展新型冠状病毒肺炎疫情防控工作，采取网格化管控措施，组建志愿者小分队170支，在辖区交通要道设立镇卡点7个、村组卡点61个，排查出有武汉旅居史人员15人次，其他省份入境重点人员670人次。设置集中观察点4个，对7人进行集中留观。常态化开展涉外人员排查，落实公共场所扫码、测量体温、佩戴口罩等防疫措施。镇域内没有出现疑似病人。

【党建及精神文明】2020年，中屏镇举办“万名党员进党校”培训2期，培训党员420人次，组织党委理论中心学习组学习8次。建立13个党支部联系点，年内班子成员到挂钩村讲授党课43人次，组织353名党员注册“学习强国”App，开展网上学习。完成11个党总支部、57个党支部规范化建设。安福村党总支、火本村党支部分别创建为市级四星级、五星级示范党支部。发展党员12名，培养村级后备干部41名，调整中层干部6名。完成13个村党组织换届选举工作，配备村党组织书记13名、副书记13名、委员39名。梳理各村历史沿革、村落文化、民俗风情，建成主题突出、特色鲜明的党史村史陈列室13个，党风廉政建设示范点2个。中屏镇创建为省级卫生乡镇，被评为全省旅游名镇、全省旅游扶贫示范乡镇；中屏村委会被评为省级美丽村庄；中屏村委会火本村小组被评为全省旅游名村、全省旅游扶贫示范村；大海资庄房、安东康上村等4个村小组创建为省级卫生村。

【生态建设】2020年，中屏镇落实辖区9个小（2）型水库、15条河流配套沟渠、65座坝塘及沟渠监管巡查制度，确保水体生态环境治理监督有效。建成行政村卫生公厕4座，村民卫生厕所150座，在公共场所安装洗手设施40余套。在安东康上村，中屏火本村、安保康村等7个村小组开展垃圾分类、源头减量试点工作。有在编“天保工程”护林员62人，生态护林员56人，临时护林员20人，森林管护中队1个30人，各村委会组建1支20人义务扑火小分队。修复大海资岔路口至瞭望台防火通道1928米，开挖植桂丫口至丰多村森林防火通道2346米。发放森林防火通知书5910份，悬挂防火标语47条。

【社会治安综合管理】2020年，中屏镇北屏、拖井、康井、昔南4个村民委员会获“市级民主法治村”称号。创建中屏、安东康、德茂井3个社会治理示范点。排查调处群众矛盾纠纷22起，调处群众上访7件9人次，办理“12345”市长热线信访交办件89件。出台《中屏镇“不良记录”管理办法》，修订完善《中屏镇村干部管理考核办法》。

表八

2020年中屏镇所辖村基本情况表

村民委员会名称	党委（总支、支部）书记	村委会主任	村民小组（个）	总人口（人）	村集体经济收入（万元）
大海资村民委员会	何开慧	何开慧	15	1221	3
植桂村民委员会	胡加学	胡加学	14	1483	5
安福村民委员会	张琼艳	张琼艳	14	1175	7.9
北屏村民委员会	杨茂海	杨茂海	17	1522	45
拖井村民委员会	李德富	李德富	9	1204	5.3
法格村民委员会	梁文旭	梁文旭	10	1528	9.9
康井村民委员会	刘银顺	刘银顺	10	1173	6.1
书多村民委员会	胡志权	胡志权	16	1653	5
昔南村民委员会	张成跃	张成跃	10	1242	3
中屏村民委员会	史朝非	史朝非	13	1859	14.6
安东康村民委员会	张志贵	张志贵	19	1744	4
德茂井村民委员会	李付强	李付强	9	1497	7
高桂村民委员会	张学成	张学成	15	1713	6.5

（段青云）

撒营盘镇

【年内要事】

1月8日，县政协主席张庆学带领县委第四考核组到撒营盘镇开展2019年目标管理绩效考核工作。

1月19日，撒营盘镇第三届人民代表大会第六次会议召开。

1月20日，县长李开德到撒营盘镇调研云龙水库水源保护工作。

2月4日，县委常委、常务副县长张大福到撒营盘镇检查指导新型冠状病毒肺炎疫情防控工作。

2月27日，县委书记焦林到撒营盘镇调研乡村振兴试点村建设情况。

5月6日，副市长赵学农到撒营盘镇调研云龙水库水源区环境保护治理工作。

6月12日，撒营盘镇与上海晌禾农业科技有限公司签订高原生态蔬菜种植框架协议。

7月2日，县委副书记王亚芳到撒营盘镇书西村委会九龙村小组普林生物蓝莓种植基地调研高原特色果蔬种植情况。

9月10日，撒营盘镇召开2020年教师节表彰暨年度教育工作会。表彰教育管理先进集体15个，优秀教师40名。

9月17日，撒营盘镇召开第五届“汇聚爱心·情暖学子”励志座谈会。有84家爱心企业（人士）参加捐款，捐赠爱心善款33.59万元，向129名优秀学生发放励志奖学金17.45万元。

9月27—29日，撒营盘镇第三届人民代表大会第七次会议召开。

10月11日，县委副书记王亚芳到撒营盘镇调研人居环境整治及传统民居保护工作。

10月30日，市委副书记杨正晓到撒营盘镇调研人居环境整治、传统村落保护、高原特色水果种植等工作。

【区划　人口】 撒营盘镇位于县境中北部，属于云龙水库水源保护区，禄大公路建成通车后，镇政府驻地距县城62千米。2020年，全镇总面积513.18平方千米，有耕地4.13万亩。辖18个村民委员会，224个自然村，269个村民小组，14578户、48457人。境内居住着汉族、彝族、苗族、傈僳族等多个民族，其中，少数民族人口23126人，占总人口的47.72%。

【经济概况】 2020年，撒营盘镇完成地方公共预算收入458.32万元，地方财政一般预算支出2487万元。争取上级资金339.59万元。

2020年5月28日，撒营盘镇召开决战决胜脱贫攻坚总攻暨问题整改工作推进会（县纪委县监委　供）

2020年撒营盘镇在书西村发展水果种植产业，图为蓝莓种植(撒营盘镇 供)

【社会保障】 2020年，撒营盘镇有农村低保户729户，发放低保金532.82万元。新识别纳入特困供养人员16人，现有在册特困供养人员171人，其中，分散供养121人，集中供养50人。发放困难残疾人生活补贴59.87万元，重度残疾人护理补贴32.02万元，残疾人拐杖58副，轮椅14台，盲杖10根；发放困难群众临时救助资金165.03万元，特困供养资金186.74万元，重点优抚对象抚恤金、定期定量生活补助金220.92万元，高龄老人补助资金78万元。完成升发德嘎片区公益性公墓建设，建成墓穴300个，严格执行辖区内死亡人员100%火化、100%入葬公墓制度。

【农业生产】 2020年，撒营盘镇种植夏收粮食作物2.85万亩，粮食总产量4561.6吨；种植秋收粮食作物3.98万亩，粮食总产量19731.9吨。玉米高产创建8000亩，马铃薯高产创建3000亩，间套种1.1万亩，测土配方施肥玉米1.25万亩、马铃薯4000亩。种植烤烟1.24万亩，收购烟叶36904担，上等烟比例73.34%，均价29.7元/千克，烟农售烟收入5480.7万元，户均收入2.3万元。种植魔芋1687亩、草乌858亩、三七817亩、重楼293亩、生态蔬菜960亩。猪存栏1.22万头，牛存栏5007头，羊存栏2.37万只，家禽存栏11.03万羽。加强重大动物疫病防控工作，严控非洲猪瘟传播途径，检疫健康合格肥猪1002头、肉牛1345头、马(骡、驴)1024匹，完成非洲猪瘟(种猪、商品肥猪)排查9.04万头。

【脱贫成效巩固】 2020年，撒营盘镇贫困人口自然增加51人，减少62人，围绕贫困人口持续开展扶贫工作。完成2015—2020年度实施的71个扶贫项目核查和录入系统工作，编制《2021—2025年脱贫攻坚成果巩固拓展规划》。办理贫困户小额扶贫贷款267户、1189.5万元，扶持贫困户发展产业，增加经济收入。

【科教文卫】 2020年，撒营盘镇辖区幼儿在园人数(含民办)527人，小学在校学生1504人，中学在校学生597人。召开撒营盘镇第五届“汇聚爱心·情暖学子”励志座谈会，汇聚爱心善款33.59万元，发放励志奖学金129人17.45万元。开展慢性病救治1279人次，救助资金110.96万元。组织家庭医生签约服务14470人次。

【党建及精神文明】 2020年，撒营盘镇完成18个行政村党支部规范化达标创建工作。申报创建“四星级”党支部2个，“五星级”党支部1个。书西村、芝兰村被命名为市级文明村，书西村委会干海子村小组继续保留市级文明村称号，双化小学被评为第一届昆明市文明校园，王光进家庭被评为昆明市第二届文明家庭。2019年申报的6个县级文明村通过考评，1名“昆明好人”通过县级评审。

【生态建设】 2020年，撒营盘镇建成小型污水处理厂51座，氧化塘15个。投入资金2149.67万元，在照块、招桂2个村新建一体化污水处理设施1套，人工湿地10个，拦水坝6座，污水收集池860座，沉泥井273个，排水沟7.82千米，排污管24.1千米，污水收集管35.7千米。在云龙水库入库河道两侧50米范围和双化水库周边200米范围新增退耕还林218.96亩，累计实施退耕还林1.23万亩，种植华山松148亩。完成核桃补植1万株，核桃“提质增效”3000亩。完成升发大牛棚人工草场种草1210亩，累计培育草场7800亩。

【社会治安综合管理】 2020年，撒营盘镇书西村创建为县级社会治理试点村，高安村创建为镇级社会治理试点村。排查各类矛盾纠纷107件，调解105件，其中，镇调解委员会调解67件，行政村调解委员会调解38件。办理省、市信访系统信访件21件，“12345”市长热线信访交办件110件，信访件较上年减少173件。清理违法用地73宗，违规制作墓碑商户3家，拆除活人墓3宗。

2020年撒营盘镇所辖村基本情况表

表九

村民委员会名称	党委（总支、支部）书记	村委会主任	村民小组（个）	总人口（人）	村集体经济收入（万元）
德嘎村民委员会	张　梅	张学福（至11月）	18	1751	4
升发村民委员会	王天志	唐应和	21	2241	4.2
康荣村民委员会	王堡程	张文龙	31	3953	3
美能村民委员会	刘福堂	朱吉双	15	3891	1.7
尚德村民委员会	代宗成	腾金洪	22	4341	0.5
撒老坞村民委员会	杨文聪	张永忠	23	3548	0.5
卡柱村民委员会	张正兴	张正兴	18	3797	0.9
三蒙村民委员会	张天宝	薛自红	7	1188	3.3
宜岔村民委员会	张学忠	张学忠	7	1159	1.3
坎郊村民委员会	黎富学	黎富学	12	2699	1.5
撒冲村民委员会	张佳德（至10月）	王炳学	14	3088	1.8
兴安村民委员会	张子义	张子义	11	2248	0.9
芝兰村民委员会	杨光能	杨光能	12	2222	0.5
招桂村民委员会	杨位顺	杨位顺	8	1604	1.3
高安村民委员会	张泽清	张泽清	14	3015	2.5
三合村民委员会	袁明权	张永勋	12	2443	0.5
照块村民委员会	张兴忠	张兴忠	6	1666	1.3
书西村民委员会	杨青禄	杨青禄	13	1976	8

（李学明）

皎平渡镇

【年内要事】

1月20日，皎平渡镇第十二届人民代表大会第五次会议召开。镇领导班子成员、人大代表、列席人员和特邀人员100余人参会。

3月29日，县委书记焦林到皎平渡镇调研巩固脱贫成效工作。

9月10—12日，皎平渡镇第十二届人民代表大会第六次会议召开。镇领导班子成员、人大代表、列席人员和特邀人员110余人参会。

【区划　人口】 皎平渡镇位于县境西北部，东接马鹿塘乡，南接撒营盘镇，西连汤郎乡，北邻金沙江，与四川省会理县隔江相望。镇政府驻地距县城85千米，全镇总面积254.8平方千米，2020年有耕地5.33万亩。下辖11个村民委员会、146个村民小组、6829户、23513人，居住着汉族、彝族、傈僳族、傣族等8个民族，少数民族人口8511人，占总人口数的36.2%。

【经济概况】 2020年，皎平渡镇完成固定资产投资2013万元，招商引资3000万元；争取上级资金1080.76万元，超额完成80.76万元；完成烟叶税收入893.93万元；储备招商引资项目2个；完成农村集体经济产权制度改革工作。

【社会保障】 2020年，皎平渡镇城乡居民社会养老保险参保12869人，完成任务数的100.01%；城乡居民医疗保险参保22158人，参保率96.3%。发放各类补助、救助资金521.17万元；发放困难残疾人生活补贴和重度残疾人护理补贴361人23.87万元；发放优抚对象优抚金155人79.5万元。开展农村劳动力技能培训9期、1612人次，组织招聘会2场，发放宣

2020年皎平渡镇建成投产的光伏扶贫电站（皎平渡镇　供）

2020年皎平渡镇发展花椒种植产业，图为青花椒种植（皎平渡镇 供）

传资料3000余份，新增劳动力就业1512人次。新建和改扩建龙凤山、红缨山、金龙山3个农村公益性公墓并投入使用，严格执行死亡人员100%火化、100%进入公墓安葬相关规定。

【农业生产】 2020年，皎平渡镇全年粮食总产量13667吨，增长7.6%。种植烤烟9400.5亩，收购烟叶1203.2吨，上等烟比例69.23%，实现烟农创收4077.78万元；种植蔬菜8175亩、中药材15亩。生猪出栏2.3万头，牛出栏4167头，羊出栏2.82万只，家禽出栏16.56万羽。注射猪瘟类疫苗3.45万次，鸡瘟类疫苗9.3万次。以老坪子、大荞地为示范，实施花椒提质增效工程，发放花椒种苗2万株，种植花椒1.44万亩，实现花椒年收入1000万元以上。实施核桃“提质增效”1369亩，提高核桃种植效益。

【脱贫成效巩固】 2020年，皎平渡镇1550户、5696人建档立卡贫困人口全部实现脱贫，围绕巩固脱贫成效开展扶贫工作。重点关注“脱贫边缘户”30户、104人，“脱贫监测户”41户、109人，做到因户施策，实施帮扶工作，防止返贫。编制脱贫攻坚成果巩固拓展规划方案，涉及项目12类、120个。因地制宜发展卢家坪村矿泉水厂、光伏扶贫电站等项目，实现村集体经济收入200余万元，各行政村集体经济收入均达5万元以上。设置乡村公益性岗位231个，安排231名村民就业，发放劳务报酬160.8万元。发放小额扶贫贷款243户、1154.4万元，扶持群众发展产业，增加经济收入。

【基础设施建设】 2020年，皎平渡镇投入资金93万元，完成农村公路改造提升、路面修复70条91千米。投入资金308万元，实施农村人饮安全“水窖替代工程”4件，覆盖4个村民委员会6个村民小组。投入资金10.5万元，修复志超水库至长麦地输水管路。投入资金1360万元，完成集镇和6个村民委员会21个村民小组低压线路改造、变压器增容工程，实现3个农村光伏扶贫电站并网发电，村集体经济稳定增收。

【文化体育工作】 2020年，皎平渡镇配合完成昆明市创建第四批国家公共文化服务体系示范区禄劝创建工作，公共文化服务率、综合文化服务分中心覆盖率均达100%。投入资金18.6万元，实施健身器材安装、无线数字覆盖补点等工程，开展全民健身文体活动，丰富人民群众精神文化生活。参加禄劝第一届西南坚果博览会文艺会演，获优秀组织奖。

【党建及精神文明】 2020年，镇党委理论学习中心组集中学习4次，开展“万名党员进党校”学习培训3期，培训党员700余人次。发掘红色文化资源，申报党员红色革命教育培训基地建设项目1个。成立党建工作指导组，统筹全镇党建工作，签订党建目标责任书14份，指导检查党建工作60余人次。严格落实“三会一课”、民主评议党员等制度。投入资金9万元，完善25个村小组活动室配套设施建设，完成17个基层党支部规范化建设。发展预备党员5人，转正党员8人。发放困难老党员补助169人、19.87万元，慰问困难老党员、群众、老干部86人、4.3万元。开展文明村镇创建活动，永善村创建为“2019—2021年昆明市文明村”，创建新时代文明实践站（所）2个。

【生态建设】 2020年，皎平渡镇投入资金150.76万元，建成公共卫生厕所13座，安装洗手设施24套，规范集市2个，整顿餐馆42家。皎平渡镇通过省级卫生乡镇评审。创建人居环境整治示范村组14个，改造农村户厕400座，建成村组污水处理池23个。管护“天保工程”公益林2000亩，其他森林2.6万亩，义务植树7万株。镇、村两级河长巡河、巡库514人次，聘用社会监督员34名，河道保洁监督员6名，设立库塘责任人12人，悬挂河长公示牌15块，安全警示牌24块。

2020年皎平渡镇所辖村基本情况表

表十

村民委员会名称	党委（总支、支部）书记	村委会主任	村民小组（个）	总人口（人）	村集体经济收入（万元）
长麦地村民委员会	张兴志	张兴志	15	2653	3
皎西村民委员会	聂绍龙	聂绍龙	17	3623	3
永善村民委员会	沙光权	沙光权	18	3471	3.2
杉乐村民委员会	李本义	李本义	19	2722	7
大荞地村民委员会	陈发银	陈发银	15	1453	5.4
老坪子村民委员会	陈朝海	陈朝海	7	862	5.8
半角村民委员会	张建国	张建国	41	2066	3
发展村民委员会	刘明强	刘明强	10	1156	41.5
平定村民委员会	时章永	时章永	9	1317	5.5
卢家坪村民委员会	徐正祥	徐正祥	11	1215	3
皎平村民委员会	李红兵	李红兵	11	1827	35.2

（李海倩）

乌东德镇

【年内要事】

1月11日，中国长江三峡集团有限公司董事长、党组书记雷鸣山到乌东德镇调研移民新村群众生产生活情况。

2月1日，县长李开德到乌东德镇调研移民搬迁安置工作。

2月4日，县委书记焦林到乌东德镇检查指导新型冠状病毒肺炎疫情防控工作。

2月21—22日，市委政法委书记李建阳到乌东德镇调研疫情防控、扶贫等工作。

5月28日，市委统战部部长杨皕到乌东德镇调研巩固脱贫成效、民族团结等工作。

7月7日，省委组织部部长李小三到乌东德镇调研移民搬迁、移民产业发展等工作。

8月22日，中宣部新闻局局长张小国到乌东德镇调研水电站建设、移民生活等情况。

9月17日，县纪委书记、县监委主任阮世伟到乌东德镇调研党风廉政建设工作。

10月26日，中央组织部副部长张建春到乌东德镇调研乌东德水电站建设及移民搬迁安置工作。

年内，乌东德水电站8台机组正式投产发电。

【区划　人口】 乌东德镇位于县境北部，南邻马鹿塘乡，西接皎平渡镇，东、北与四川省会东、会理两县隔江相望，镇政府驻地距禄劝县城116千米，全镇总面积189.51平方千米，耕地面积4.54万亩，基本农田保护面积2.7万亩。2020年，全镇辖8个村民委员会，81个自然村，101个村民小组，5762户、18131人。居住着汉族、彝族、傣族、傈僳族、壮族、佤族、苗族、白族、哈尼族、蒙古族等21个民族，少数民族人口4823人，占总人口的26.6%。

【经济概况】 2020年，乌东德镇农业生产总值2.73亿元，比上年增长10%；地方一般预算支出2075万元，争取上级资金1300万

2020年乌东德镇开展青花椒线上销售业务（许昌怡　摄）

2020年金沙江乌东德水电站移民新村新貌（姜　超　摄）

元，超额完成300万元；招商引资1.38亿元，超额完成5800万元；固定资产投资5000万元。投资3亿元，实施50万只柠檬蛋鸡高效循环经济现代农业产业项目。

【社会保障】2020年，乌东德镇城乡居民医疗保险参保17221人，参保率96.2%，家庭医生签约服务8323人次。开展农村劳动力技能培训24班、1800人次，全镇有外出务工人员6823人，实现劳务经济收入1.4亿元。有农村"社保兜底户"229户、514人，发放低保金207万元；发放困难救助金2924人、233万元，高龄老人补贴771人、29.8万元；发放各项优抚资金97.07万元，丧葬费2.75万元。悬挂"军人之家"光荣牌274块。

【农业生产】2020年，乌东德镇种植夏收粮食作物9270亩，秋收粮食作物2.36万亩，烤烟2.25万亩，中药材7107亩，西柚1050亩；种植青花椒3万亩，干品青椒产量1300吨，产值5850万元；在和谐村种植美香一号葡萄80亩，枇杷100亩，富硒黑花生500亩，产值312.5万元，惠及农户105户。生猪存栏8304头，出栏1.12万头；肉牛存栏4174头，出栏4763头；羊存栏1.18万只，出栏1.84万只，家禽存栏3.61万羽，出栏11.93万羽，实现肉类总产量1746.9吨。

【脱贫成效巩固】2020年，乌东德镇坚持把巩固脱贫成效作为工作重心，做好中央脱贫攻坚专项巡视反馈问题整改工作。设置乡村公益性服务岗位342个，安排342名村民就业；设置光伏扶贫电站公益性岗位162个，安排162名村民就业，累计发放村民劳务工资97.2万元，实现村集体经济收入86万元。组织贫困人口参加企业现场招聘会24场次，签订劳动合同1500人次，输出务工人员1800人次。

【基础设施建设】2020年，乌东德镇投入资金1300万元，实施半新（半角至移民新村）公路至乌东德连接线公路改扩建工程。投入资金350万元，修复乌东德集镇至新村路面15千米。投入资金209.9万元，安装农村公路安全防护栏23.8千米。投入资金494万元，实施农村人饮安全“水窖代替工程”，覆盖24个村民小组1481户4606人。

【学校教育】 2020年，乌东德镇义务教育阶段学生入学率100%，对12名残疾儿童送教上门。发放学生“雨露计划”补助314人、47.1万元。对2020年考取本科及以上院校学生发放教育鼓励金2.4万元。发放年度优秀教师教育鼓励奖金1.17万元。

【乌东德水电站建设服务】 2020年，乌东德水电站8台机组正式投产发电。向群众兑付半新公路修建历史遗留资金1520万元。成立乌东德水电站移民搬迁工作组，搬迁移民1029户、3662人，落实“包搬迁、包安置、包服务、包稳定”的工作机制，完成各项移民搬迁安置工作。

【党建工作】 2020年，乌东德镇成立金瑞一、二、三社区3个党支部，以党组织为统领，解决搬迁群众过渡期间的困难问题。发挥基层党组织战斗堡垒和党员模范带动作用，围绕红军长征精神，建设金瑞社区特色党建示范点。村（社区）“两委”换届选举工作按期完成，新当选党组织书记6名，继续任职5名。举办“万名党员进党校”学习培训活动，培训党员200余人次。问责党员干部1人，党纪处分2人，党纪立案1件，提醒谈话14人，诫勉谈话7人。开展节假日纪律作风专项整治活动，检查单位16家。投入资金30万元，建成村小组党员群众活动室1个。

【生态建设】 2020年，乌东德镇完成省级陡坡地生态治理859亩，绿化造林300亩，种植青花椒7万株。拆除大棚房10宗420平方米；落实长江流域乌东德段“十年禁捕”工作。投入资金58万元，建成红军村1个、“美丽村庄”示范村2个。投入资金25万元，对裸露垃圾进行清运处理，清理沟塘135处，农业生产废弃物70吨，废旧广告牌850个，改造村民厕所100座，有效改善村民人居环境。

【社会治安综合管理】 2020年，乌东德镇深入开展“扫黑除恶”专项斗争，排查涉黑涉恶线索14条。完善预防和化解社会矛盾有效机制，调处群众矛盾纠纷402起。办理人大代表建议5件，政协委员提案4件。开展群众安全感满意度“双提升”工作，收集群众反映问题68个，均得到妥善解决。全镇无重大安全事故和特大刑事案件发生。

2020年乌东德镇所辖村基本情况表

表十一

村民委员会名称	党委（总支、支部）书记	村委会主任	村民小组（个）	总人口（人）	村集体经济收入（万元）
大松树村民委员会	尹朝宗	徐文平	21	3338	15.4
达作卧村民委员会	陈元富	陈元富	14	1993	10
中村村民委员会	陈显安	宋开富	8	1362	10
太平村民委员会	刘正银	张廷兴	19	2624	54
噜基村民委员会	刘　浩	张志亮	8	1843	59.2
汤德村民委员会	李付贵	张永武	12	1382	12
新村村民委会会	徐家海（至5月）	徐家海	9	2746	56
阿巧村民委员会	田太洪	刘金明	10	2794	11

（崔颖秋）

翠华镇

【年内要事】

1月18日，中国共产党翠华镇第十二届委员会第五次会议召开。

1月18—19日，翠华镇第十二届人民代表大会第四次会议召开。

1月20日，翠华镇召开殡葬改革工作会议。

1月31日，县人大常委会主任张光文到翠华镇检查新型冠状病毒肺炎疫情防控工作。

3月10日，副县长张世斌率队到翠华镇检查普渡河流域国考断面水质提升工作。

9月2日，南光集团有限公司董事长傅建国率队到翠华镇调研定点扶贫工作。

9月6—8日，翠华镇第十二届人民代表大会第五次会议召开。何虹兵当选翠华镇人民政府镇长。

9月17日，县委副书记王亚芳到翠华镇调研产业发展工作。

10月2日，县长李开德到翠华镇检查烤烟收购工作。

10月9日，县纪委书记、县监委主任阮世伟到翠华镇检查党风廉政建设工作。

10月15日，市政协调研组到翠华镇调研红色文化资源开发保护和利用工作。

12月10日，县委组织部部长李忠华到翠华镇检查指导村“两委”换届工作。

【区划　人口】 翠华镇位于县境东南部，镇政府驻地距县城26千米，东与九龙镇和寻甸县鸡街镇、富民县东村镇接壤，南与屏山街道办毗邻，西与茂山镇、团街镇交界，北连中屏镇。清代称撒马邑，1943年成为建制乡，2009年撤乡设镇，因坝子四周山色苍翠而得名。全镇地势东北高、西南低，山川南北延伸，东西排列，呈现出群山环绕，山峦峡谷交替，逶迤连绵的宏伟景观。立体气候明显，有干热河谷、山区和坝区3种气候类型。2020年，全镇总面积309.75平方千米，辖17个行政村、235个自然村、11147户、39120人。有汉族、彝族、苗族等12个民族，少数民族人口13918人，占总人口的35.58%。苗族以汤朗箐、大松园2个行政村为主，是滇中地区苗族人口最聚居、保有传统文化较为完整的地区之一。全镇有耕地7.98万亩，林业用地2.87万公顷，其中，集体林地占56%。

2020年翠华镇发展蔬菜种植产业，图为待售的荷兰豆（翠华镇　供）

【经济概况】 2020年，翠华镇全镇农业生产总值5亿元，比上年增长20.7%；地方公共预算收入493.85万元，地方财政一般预算支出2080万元；争取上级资金2050万元，固定资产投资4081万元，完成招商引资3000万元。

【社会保障】 2020年，翠华镇农村居民养老保险参保18861人，参保率100.01%；城乡居民社会医疗保险参保34847人，参保率90%。开展农村劳动力培训，引导性培训1201人次，技能培训351人次，召开劳务招聘会20场，转移就业1608人次。享受养老保险待遇人员5540人，发放困难残疾人生活补贴和重度残疾人护理补贴654人53.92万元；发放临时救助资金148万元，社会定救资金107人89.18万元。春节走访慰问贫困残疾人85户，发放慰问金2.5万元。开展残疾人实用技术培训，培训残疾人103人次。新建兆乌早荞地、翠华大箐领干2个农村公益性公墓；改造三支锅公墓，新建墓穴300座；清理拆除“活人墓”3座，植树遮挡大墓10

2020年翠华镇苗族“花山节”迎宾仪式（翠华镇　供）

座。开展全镇17个村民委员会，143个普查小区的人口普查工作，普查登记农户11135户，普查登记人口39679人。

【农业生产】 2020年，翠华镇种植烤烟5823亩。种植粮食作物6.7万亩，粮食产量2.1万吨，其中，种植夏收粮食作物2.72万亩、产量4496.3吨，种植秋收粮食作物3.98万亩、产量1.65万吨；种植马铃薯3786亩、雪莲果150亩、山药1351亩、蜜本南瓜1.2万亩、中药材2685亩。推广机插秧750亩、多年生再生稻10亩、稻田养鱼863亩；推广机收稻谷301亩，增加效益16.55万元。发放农机购置补贴54户34.2万元。投入资金28.54万元，为群众购置板栗苗9.13万株，实施核桃板栗提质增效9340亩。有规模化养殖大户160户，生猪出栏2.94万头，肉牛出栏2401头，肉羊出栏1.07万只，家禽出栏15.25万羽。完成肉牛冻精改良0.15万头，猪品种改良1.95万窝，开展科技培训21期2213人次。引进资金345万元，在大松园、红德、迤途村委会实施基础设施建设，在新华村委会实施毛驴养殖项目。

【脱贫成效巩固】 2020年，翠华镇2748户建档立卡贫困户9488人全部实现脱贫，脱贫攻坚工作通过国家普查、省市成效考核。发放村民小额创业贷款405万元，新增贫困户小额贷款267户1225万元；发放各类社会救助资金680.43万元。设置乡村公益性岗位338个，安排338名村民就业，按时发放劳务报酬。改造提升饮水安全工程11件，改善1500余人饮水条件；建成农村集中式供水工程181件，全镇村民饮用水达到安全标准。

【基础设施建设】 2020年，翠华镇硬化头哨、新华2个村委会公路7.4千米，安装村组公路安全防护栏2584米。投入资金102.4万元，养护村组道路133.31千米。投入资金442.02万元，硬化新民敲帮箐、英翁山，新华陡山、王家村、阿基达、大平地6个村小组12.57千米公路。投入资金123.8万元，硬化初途冷水田、头哨肖家村、星庄代家村3个村小组村内道路。投入资金898.85万元，实施普渡河沿河面源污染治理项目。投入资金80.75万元，实施红石岩大石板和翠华本义一、二组3个村小组“一事一议”村内道路硬化项目。

【教科文卫】 2020年，翠华镇投入资金100余万元，实施界牌村“毛主席长征路居旧址”卫生厕所建设和停车场地面硬化，界牌大村“周总理红军长征路居旧址”修复，铁索桥战斗遗址陈列室提升改造等工程。依托红色文化资源，开展爱国主义教育115场次，接待游客1.2万人次。投入资金15万元，组织“花山节”“火把节”大型群众文体活动。发放困难学生补助113人30万元；发放助学资金301.82万元，学生“雨露计划”补助289人43.35万元；救助大病患者189人次，补助医疗费14.9万元；办理慢性病救助证1498本，报销慢性病救助资金149.07万元；成立家庭医生签约团队25个，签约服务村民21730人次。

【党建及精神文明】 2020年，翠华镇签订党建工作目标责任书34份，开展党委理论中心组学习8次，组织“三讲三评”活动70余场次，党委领导讲党课60余场次，举办“万名党员进党校”学习培训6期，培训党员236人次。组建为民服务队18支，服务群众100余人次，上报各类信息114条，接受媒体采访2次。发展党员12名，培养入党积极分子93名，村组年轻后备干部54名。组建翠华镇老年大学，补助夕阳红党支部活动经费3000元。

【生态建设】 2020年，翠华镇开展环境卫生整治活动13次，出动挖掘机、拖拉机130余台次，整治乱堆乱放320余处。新建村民卫生户厕494座，改造村民户厕710座。新建垃圾焚烧炉5个，配备行政村垃圾清运车17辆，卫生管理员34人，建成兆乌、者广小河塘2个村垃圾分类示范点。投入资金68万元，升级改造17个村委会公厕。投入资金188万元，建设翠华镇垃圾热分解场1个。成立镇河长制工作领导小组，开展巡河护河65人次，完成河道清淤6千米。实施退耕还林2065亩，义务植树9万株。投入资金112万元，治理陡坡地500亩；投入资金28.54万元，实施石漠化综合治理2.95万亩，“天保工程”森林管护27.56万亩。

【社会治安综合管理】 2020年，翠华镇接处警453起，立刑事案件21件，行政案件44件，刑事惩处28人，破案28件；接受社区矫正对象30人，解除矫正42人，安置帮教14人。排查群众矛盾纠纷80件，调处76件，调解率95%；办理“12345”市长热线信访交办件232件，信访信息系统案件5件；查处违法占地及违法采砂采矿案件25宗。

2020年翠华镇所辖村基本情况表

表十二

村民委员会名称	党委（总支、支部）书记	村委会主任	村民小组（个）	总人口（人）	村集体经济收入（万元）
翠华村民委员会	杨世凯	杨世凯	13	4463	5
红德村民委员会	杨宗学	杨宗学	14	1438	5.9
红石岩村民委员会	袁加义	袁加义	13	3787	5
初途村民委员会	杨永福	潘国飞	17	1989	5
迤途村民委员会	吴伟宗	吴伟宗	15	2029	6.6
新民村民委员会	何自能	何自能	12	7445	6.9
新华村民委员会	普绍金	普绍金	10	1600	8.5
星庄村民委员会	代正银	刘志春	10	3474	5
兴隆村民委员会	施发源	施发源	13	2359	5
汤郎箐村民委员会	李文宏	李文宏	13	1948	5
沿河村民委员会	刘天学	刘天学	8	1377	7
噜姑村民委员会	赵　平	赵　平	12	1773	7.3
头哨村民委员会	尹加付	尹加付	17	2131	5
兆乌村民委员会	郭　斌	郭　斌	15	1558	6.3
者广村民委员会	史朝林	史朝林	7	2268	5
纳岔村民委员会	白加林	沙寸莉	15	1614	7.4
大松园村民委员会	潘光泽	张学文	11	1239	5

（龙　霄）

转龙镇

【年内要事】

1月18日，中国共产党转龙镇第十二届委员会第五次会议召开。

1月19日，转龙镇第十二届人民代表大会第五次会议召开。

4月8日，县委书记焦林到转龙镇调研轿子山文化旅游项目建设推进情况。

4月9日，市人大常委会主任拉玛·兴高到转龙镇调研巩固脱贫成效工作。

4月17日，市长王喜良到转龙镇调研巩固脱贫成效工作。市政府秘书长郭希林，县委书记焦林，县长李开德等领导参加调研。

5月2日，县长李开德到转龙镇检查指导森林防火、安全生产、旅游服务保障等工作。

10月22日，县委指导组到转龙镇检查指导村“两委”换届选举工作。

11月12日，昆明市轿子雪山天麻采收现场会暨林下天麻产业发展座谈会在转龙镇召开。省农业农村厅、市农业农村局、市卫健委、市工信局、县农业农村局相关领导参加座谈。

11月15日，县委副书记王亚芳到转龙镇调研环境卫生整治、轿子雪山特色小镇建设等工作。

【区划　人口】转龙镇地处县境东部，国家级自然保护区轿子雪山脚下，属高寒冷凉山区。镇政府驻地距昆明城区133千米，距县城112千米，全镇总面积256.13平方千米。2020年，转龙镇辖转龙、月牙、桂泉、腊乌卡、噜鲁、恩祖、则邑、大水井、烂泥塘、老槽子、中槽子、黄栎树、以代块13个行政村，136个自然村，188个村民小组，10000户、36536人。有少数民族人口9346人，占总人数的25.58%。

【经济概况】2020年，转龙镇地方公共预算收入553.16万元，地方财政一般预算支出2286万元。固定资产投资5003万元，完成任务数的100.06%；争取上级资金2960.66万元，完成任务数的148%；烟叶税收入230.5万元，完成任务数的100%。

【社会保障】2020年，转龙镇发放临时救助193.69万元，涉及困难家庭737户、1896人；发放优抚军人抚恤金和生活补助、残疾人补贴、社会救助金405万元。城乡居民医疗保险参保、续保32140人，参保率100%；城乡居民养老保险参保、续保19432人，参保率106%。全镇外出务工15472人次，务工收入2.78亿元；发展扶贫车间10家，村民就近务工530

2020年，转龙镇大力发展乡村旅游，图为平安福乡村露营基地（转龙镇　供）

2020 年转龙镇发展蔬菜种植产业，图为卷心菜种植（转龙镇　供）

人次。建成红旗山、恩祖洪福2个公益性公墓。严格执行上级丧葬政策规定，死亡人员遗体100%火化、100%入公墓安葬。

【农业生产】2020年，转龙镇种植夏收粮食作物1.56万亩，秋收粮食作物2.81万亩；种植蔬菜3990亩，烤烟2446.5亩，花卉100亩，花卉产量100万枝。生猪出栏2.32万头，牛出栏2208头，羊出栏4737头，家禽出栏8.99万羽，蛋产量95.8吨，肉类产量1965.4吨。

【脱贫成效巩固】2020年，转龙镇按照贫困户标准，对独居老人户、低保户、重病户、残疾人户、无劳动力户实施重点帮扶，防止返贫。全镇有“脱贫监测户”22户，“脱贫边缘户”16户，除实施国家政策保障外，全部纳入合作社带动发展，确保年底人均纯收入不低于6000元。扶持当地龙头企业鸿垚公司在黄栎树村种植糖心苹果800亩，带动17户群众增收致富，户均年收入1万多元。扶持龙头企业昆明有志农业科技有限公司，以“支部+公司+合作社+农户”的发展模式，流转土地1.1万亩，发展重楼、天麻、三七、茯苓等中药材种植，招用周边村民就近打工，年用工400余人，年支付村民务工工资560余万元。引进云南轿子雪山水业有限公司，投入资金3000万元，建成轿子雪山水厂，生产销售罐装水、瓶装水。公司招用周边30多名村民打工，月工资2000元以上。引进云南星祥服饰有限公司，利用原禄劝三中闲置空房，建成服装加工车间2个，配备共享缝纫机120台，招用周边100多名村民到公司打工，公司日生产服装260件（套），工人平均月工资收入2000余元。

【基础设施建设】2020年，转龙镇投入资金350万元，实施2019年农村饮水安全和2020年第一批、第二批农村饮水安全项目建设。投入资金850万元，实施白木卡、红岭坡、则邑3个村小组人畜饮水工程。投入资金81.18万元，实施恩祖村委会发土务村小组进村公路硬化工程。投入资金30.4万元，实施2020年16户抗震安居房建设工程，全部竣工入住。

【重大项目建设】2020年，转龙镇平安福乡村旅游露营地建成投入使用。轿子山大酒店竣工，于8月正式投入营业，累计投资3.93亿元。木阿落白酒店一期项目累计投资3180万元，建成并投入使用。里老水库项目，属小（1）型水库，总库容150.4万立方米，设计灌溉面积0.4万亩，农村供水人口2587人，年供水量108.4万立方米，总投资9606.36万元，工程在建设中。

洗马河尾段治理项目，起点位于转龙镇三中大桥，终点为转龙村委会响水村小组，项目总投资2248.81万元，治理河道3263.17米，主河道新建堤防4083.8米，支流河道新建堤防235.75米，防冲护脚766.06米，节制闸1座，桥梁1座，工程在建设中。

【教科文卫】 2020年，转龙镇报销群众住院治疗费749人277.03万元，报销比例占总治疗费的91.7%；投入慢性病救助资金63.4万元，对农村户籍25种门诊慢性病患者进行救助，惠及676人次。发放学生各项教育补助金6406人、533.66万元。在中山楼广场举办以“喜迎中秋·欢度国庆”为主题的群众文艺会演。全年组织文化活动6场，参加人数4200余人次。开展文化业务培训12次，培训人员700余人次。参加禄劝第一届西南坚果博览会文艺会演，获歌曲类节目二等奖、舞蹈类节目三等奖。镇图书室、电子阅览室正常开放，电子阅览室年上网人数1467人次，外借图书2428册次，室内阅览2261人次。

【党建及精神文明】 2020年，转龙镇履行党风廉政建设主体责任，召开研究党风廉政建设专题会议4次，加强干部职工日常监管，问责干部1名，提醒谈话22人次，责令1名干部引咎辞职，3名党员被开除党籍。投入资金20万元，建成镇党风廉政建设示范点1个，行政村党风廉政建设示范点2个。5个村党总支部被调整为村党支部，撤并党支部54个，建成规范化党支部15个，创建“五星级”党支部1个。

【生态建设】 2020年，转龙镇争取上级资金2100万元，实施洗马河尾段治理项目。改造行政村卫生厕所6座，村民户厕500座。开展爱国卫生运动，整治环境卫生50余次，建成桂泉村委会营盘下村、转龙村委会小新村垃圾分类试点村，安置垃圾分类桶4组、16只，定期开展垃圾分类培训。查处违法用地143宗，拆除违法建筑2220.6平方米。

【社会治安综合管理】 2020年，转龙镇开展“扫黑除恶”专项斗争，全年接到各类警情398起，受理刑事案件35件、治安案件43件，刑事打处15人，治安拘留34人，开展防范电信诈骗宣传8次。健全安全生产网格化监管体系，开展交通安全联合执法检查100余次，查处各类交通违法行为200余起。调解群众矛盾纠纷36件，办理“12345”市长热线信访交办件109件，其他信访件32件。

2020年转龙镇所辖村基本情况表

表十三

村民委员会名称	党委（总支、支部）书记	村委会主任	村民小组（个）	总人口（人）	村集体经济收入（万元）
转龙村民委员会	毛正龙	李应光	21	4108	5.6
月牙村民委员会	李地保	杨天明	25	5474	11.9
腊乌卡村民委员会	尚兴田	尚兴田	8	2104	5.3
桂泉村民委员会	郭　锐	张孝军	18	5407	5.6
则邑村民委员会	李照康	李照康	10	2190	43.2
黄栎树村民委员会	陈学良	陈学良	15	1906	43.8
以代块村民委员会	李发创	李发创	16	2363	6.8
噜鲁村民委员会	李昌辉	李昌辉	12	1194	6.7
烂泥塘村民委员会	李其付	李其付	10	1565	6.3
恩祖村民委员会	李朝光	李朝光	20	3201	7.8
中槽子村民委员会	周光友	周光友	12	1589	5.1
大水井村民委员会	毛大春	张顺平	13	1946	6.6
老槽子村民委员会	彭吾平	彭柱先	8	962	6.1

（矣勍伸）

九龙镇

【年内要事】

1月15日，九龙镇第十二届人民代表大会第六次会议召开。

同日，九龙镇召开殡葬改革工作会议。

1月30日，九龙镇召开新型冠状病毒肺炎疫情防控工作动员会。

1月31日，县委常委、县委宣传部部长付应芝到九龙镇检查新型冠状病毒肺炎疫情防控工作。

2月4日，民革党员、罗瑞生物科技有限公司创始人艾奇志向九龙镇捐赠防护口罩1600只。

4月8日，县长李开德到九龙镇调研武倘寻高速公路九龙连接线工程建设情况。

5月13日，禄劝2020年抗震救灾应急救援演练暨九龙镇地质灾害预防演练活动在九龙镇树渣村举行。

6月4日，全县2020年烤烟中耕管理现场会在九龙镇召开。

9月8日，九龙镇第十二届人民代表大会第七次会议召开。

12月1日，九龙镇召开村“两委”换届选举工作动员会。

12月23日，九龙小河治理项目工程通过市水务局验收。

【区划　人口】 九龙镇地处县境东部，全镇总面积375.8平方千米，镇政府驻地距县城69千米，东与寻甸县倘甸镇相连，北与转龙镇、乌蒙乡相连，南与寻甸县鸡街镇毗连，西隔普渡河与翠华镇、中屏镇相望，辖18个村民委员会、198个自然村、254个村民小组、13104户、46026人。居住有彝族、苗族、傈僳族、傣族等9个少数民族，少数民族人口16832人，占总人口的36.57%。全镇地形为坝区、山区和低热河谷区3个类型。境内最高海拔2892米(教务营村委会石牛山)，最低海拔1181米(民权村委会河底村)，海拔高差1711米。2020年，全镇森林覆盖率64%，年平均气温14℃，年均降雨量950毫米。

【经济概况】 2020年，九龙镇地方公共预算收入1611.57万元，其中，烟叶税收入1315.65万元，工商税收入295.92万元；地方财政一般预算支出2107万元。固定资产投资3000万元。畜牧业总产值2.31亿元。

【社会保障】 2020年，九龙镇开展农村劳动力引导性培训11期，

2020年九龙镇发展烤烟种植产业，图为烤烟科学育苗(九龙镇　供)

2020 年 4 月 6 日，九龙镇举办劳动力转移就业现场招聘会（九龙镇　供）

培训人员1200人次，技能培训11期，培训人员566人次；组织劳务招聘会6场，新增农村劳动力转移就业1500人次。设乡村公益性服务岗301个，安排301名村民就业，按时发放劳务工资。城乡居民社会养老保险参保20000人，参保率96%；城乡居民基本医疗保险参保40925人，参保率100%。为农户申请小额扶持贷款24户360万元；发放临时救助968户123万元；悬挂退役军人光荣牌736块，办理残疾证118本；走访慰问贫困残疾人100人，发放慰问金3万元。出生人口392人，其中，一孩162人，二孩188人，多孩32人，人口自然增长率1.34‰，出生率8.49‰。改造提升养租山公墓，并投入使用；新建二台坡公墓、三江永安公墓、孔雀山公墓、文林宝峰山公墓、撒布开祯宝山公墓，并投入使用。投入资金953.53万元，实施集镇供水改扩建工程。投入资金1075.27万元，实施木克、文林、三哨、教务营、撒布开、和平6个村委会农村饮水安全替代工程。

【农业生产】 2020年，九龙镇种植粮食作物7.61万亩，其中，玉米2.88万亩，水稻0.5万亩，马铃薯0.51万亩。实施绿色高产创建1万亩，玉米地膜覆盖1.4万亩。种植三七、茯苓、重楼、佛手等中药材7737亩；种植烤烟1.26万亩，收购烟叶194.95万千克，烟农收入5877.74万元，烟叶税收入1351.88万元，2077户烟农户均收入2.82万元。开展玉米、高粱草地贪夜蛾、粘虫综合防治10574亩。猪存栏2.15万头，出栏3.1万头，猪肉产量2110.1吨；牛存栏1.08万头，出栏4234头，牛肉产量423.4吨；羊存栏2.43万只，出栏8372只，羊肉产量158.8吨；家禽存栏7.57万羽，出栏19.33万羽，禽肉产量314.3吨，禽蛋产量225.5吨；畜牧业总产值2.31亿元。完成肉牛冻精改良3870头，其中，黄牛2828头，水牛1042头。养殖稻花鱼190亩，带动42户农户增收。猪瘟免疫4.12万头，猪蓝耳病免疫4.2万头，猪口蹄疫免疫4.21万头，猪肺疫免疫2.18万头；牛口蹄疫免疫1.39万头；羊口蹄疫免疫2.15万只；家禽免疫7.8万羽。

【教科文卫】 2020年，九龙中心校在校学生1924人，享受“营养改善计划”补助资金1401人75.4万元；享受贫困学生补助资金68.17万元。九龙中学在校学生848人，享受“营养改善计划”补助资金664人26.72万元；享受贫困寄宿生补助资金41.37万元。实施公共文化基础设施建设，完成18个村级文化活动室、农家书屋设备配置，开通图书馆数字媒体展览系统，举办各类文化辅导培训班10期。书贝合唱团参加禄劝第一届西南坚果博览会文艺演出，获二等奖；申报书贝彝族服饰“粑粑丝”为非物质文化遗产。进一步挖掘红色历史资源，梳理九龙红军洞、木克壁画、一对银耳环的故事等红色革命历史，讲好长征故事，弘扬长征精神。配合蓝天救援队对红军烈士洞进行红军遗骸留存勘探。

【党建及精神文明】 2020年，九龙镇召开党风廉政建设和反腐败工作会议4次，党委理论学习中心组集中学习8次，党委班子成员到基层讲授专题党课18场次，整顿软弱涣散党组织1个。创建文林阿背脊村为“四星级”党支部，老鸡街村为“五星级”党支部。举办“万名党员进党校”学习培训2期，培训党员200余人次，80%以上党员参加培训学习。创建三哨村委会白勒村小组为民族团结进步示范村。

【生态建设】 2020年，九龙镇发放优质板栗苗2.03万株，发动群众种植板栗510亩，义务植树12万株。开展爱国卫生运动，发动干部职工对街道、政府大院、学校、河道等环境卫生进行清扫整治，清运垃圾10余吨，清理河道860余米，改造行政村公厕5座，农村户厕250座，建成垃圾焚烧炉12座，氧化塘14个。

【社会治安综合管理】 2020年，九龙镇排查群众矛盾纠纷330件，调解310件，调解率97%，涉及当事人650余人，涉及利益金额130.2万元。办理“12345”市长热线信访交办件130件，办理群众来信来访16件。发放“扫黑除恶”宣传材料7000余份，悬挂宣传标语54条。

2020年九龙镇所辖村基本情况表

表十四

村民委员会名称	党委（总支、支部）书记	村委会主任	村民小组（个）	总人口（人）	村集体经济收入（万元）
九龙村民委员会	邓自忠	谭加贵	11	4825	5
树渣村民委员会	李德阳	李德阳	14	4846	5
九华村民委员会	刘金柱	胡明芳	11	2956	5
万民村民委员会	肖　飞	李　应	13	1675	5
三哨村民委员会	童天荣	王正学	18	2709	6.1
沙渔郎村民委员会	张运川	殷德海	5	2313	6.4
河东村民委员会	张兴荣	徐天赐	16	3061	5.4
里块村民委员会	张清发	松文亮	5	1651	5
德善村民委员会	张运福	张学明	9	838	6.4
撒布开村民委员会	袁正清	张运邦	8	1783	5
教务营村民委员会	李晓云	张配参	10	2509	5
文林村民委员会	杨祖灿	张红吕	13	2236	6.6
老鸡街村民委员会	赵大芳	赵大芳	12	2012	5
木克村民委员会	刘忠海	苏明华	12	1530	6
功德村民委员会	杨光祥	李世春	11	2096	6.5
和平村民委员会	杨述新	李忠翼	11	2030	5
民权村民委员会	解道君	马顺龙	11	3346	5.1
麻地村民委员会	付贵长	付贵长	6	1724	6.3

（赵书慧）

云龙乡

【年内要事】

5月29日，县委常委、县政法委书记杨少维到云龙乡检查迎接脱贫攻坚普查准备工作。

7月18日，国家脱贫攻坚第七普查组到云龙乡开展脱贫攻坚工作普查。

8月28日，县委常委、县政法委书记杨少维到云龙乡检查指导巩固脱贫成效工作。

12月29日，县委十九届五中全会精神宣讲团到云龙乡开展专题宣讲活动。

【区划　人口】 云龙乡位于县境西北部，全乡总面积281.16平方千米，乡政府驻地距县城52千米，东与团街镇接壤，南邻茂山镇，西与楚雄彝族自治州武定县发窝乡相接，北与撒营盘镇相连，境内最高海拔2860米，最低海拔1980米。2020年，全乡林地面积32.26万亩，森林覆盖率78%，年平均降雨量1050毫米。辖7个村民委员会、78个村民小组、3578户、11091人，居住有汉族、彝族、苗族、傈僳族等民族，少数民族人口7334人，占总人口的66.13%。

【经济概况】 2020年，云龙乡农业生产总值2.72亿元；地方公共预算收入276.44万元，比上年增长4.23%；地方财政一般预算支出1484万元。全乡农村总资产4056.29万元。

【社会保障】 2020年，云龙乡城乡居民基本医疗保险参保10837人，减免住院患者医疗费8066.41元。发放农村低保、临时救助等民政资金172万元，优抚对象生活补助67万元。转移就业农村劳动力3345人（含贫困人口711人），实现务工收入1500万元。

【农业生产】 2020年，云龙乡种植夏收粮食作物7797亩，粮食产量906.5吨，种植秋收粮食作物2.12万亩，粮食产量4438.1吨。补植板栗1.05万株，花椒4000株；实施核桃“提质增效”2313亩。

【基础设施建设】 2020年，云龙乡安装拥箐蒿木斗、甲宗咪、蒿支作等村组公路安全防护栏22.3千米；硬化自照村、甲宗咪村公路3.8千米；完成团云（团街镇至云龙乡）公路13千米主线的征地及实物补偿工作。投入资金165万元，实施7个村委会、14个村小组、409户、1299人的饮水安全工程。

【文化建设】 2020年，云龙乡完成乡文化馆建设，规范农家书屋图书管理工作，完成5312册图书录入乡级系统、12533册图书录入村级系统工作。组建村级业余文艺队21支，引导群众开展丰富多彩的文化娱乐活动。参加禄劝第一届西南坚果博览会城市穿越赛、文艺演出等活动。

【党建及精神文明】 2020年，云龙乡巩固“不忘初心、牢记使命”主题教育成果，引导党员干部强化政治理论学习。乡党委理论学习中心组集中学习8次，新建大型户外党建宣传广告牌4块、LED显示屏3块、展板45块，上报党务信息90余篇。投入资金120万元，在新山糯沟细，古宜老秋，奉老等村小组实施民族示范村建设。坚持党管人才原则，建设高素质人才队伍，推荐副科级干部交流任职5人，被提拔使用1人，新录用公务员4人，培养村级后备力量16人，青年党员9人。完成全乡7个村“两委”换届选举工作，7个村民委员会的支书、主任均由一人担任。35岁以下年轻干部7人，占干部总数的14.3%；妇女干部11人，占干部总数的22.4%；高中及以上学历21人。

【生态建设】 2020年，云龙乡组织12名水库巡查员对库区周边开展全天候巡逻，云龙水库一级保护区实行封闭管理，拆除保护区内违法建筑22处，劝返滞留人员19人次。实施滇池流域水环境综合治理项目，病虫害绿色防控应用辐射面积2000亩，农药使用动态监测点4个、测土配方玉米种植施肥5000亩，农业面源污染得到管控。组织群众参与库周及入库河道保洁1800余人次，聘用乡村公益性岗位人员94人，水源区保洁员60人，对村庄、河道进行常态化保洁。投入资金20万元，购置化粪池364个，在新合、拥箐2个入库河道村委会实施污水收集处理。种植藏柏1.4万株，华山松5000株。

【疫情防控工作】 2020年，云龙乡成立新型冠状病毒肺炎疫情防

2020 年云龙乡发展蔬菜产业，图为新合村马铃薯种植（云龙乡 供）

控工作领导小组，及时部署疫情防控工作。在乡、村、组主要道路设置疫情防控卡点，实行24小时轮班值守排查，及时上报流动人员信息，全乡未发现疑似和确诊病例。疫情得到基本控制后，积极组织群众复工复产，引导农村剩余劳动力外出务工，逐步恢复生产生活秩序。

2020年云龙乡所辖村基本情况表

表十五

村民委员会名称	党委（总支、支部）书记	村委会主任	村民小组（个）	总人口（人）	村集体经济收入（万元）
新山村民委员会	赵开忠	赵开忠	26	3138	6
古宜村民委员会	黎　江	黎　江	15	2119	5.8
云利村民委员会	李卫成	李卫成	6	685	5.2
金乌村民委员会	孟开学	刘勇帮	3	274	5
联合村民委员会	钟志权	王　宁	4	832	5.2
新合村民委员会	朱德付	张建学	13	1974	5.6
拥箐村民委员会	张光学	乔耀勋	11	1758	5.4

（张志勇）

马鹿塘乡

【年内要事】

1月31日，县长李开德到马鹿塘乡检查指导新型冠状病毒肺炎疫情防控工作。

3月17日，马鹿塘乡与云南农鑫农业开发有限公司签订蔬菜种植购销协议。

5月28日，市委统战部部长杨韬到马鹿塘乡调研巩固脱贫成效工作。

7月18日，国家脱贫攻坚普查组到马鹿塘乡开展脱贫攻坚工作普查。

8月21—22日，市政协副主席、县委书记焦林到马鹿塘乡调研农村人居环境整治及交通基础设施建设工作。

9月16—18日，马鹿塘乡第十届人民代表大会第四次会议召开。

11月23日，马鹿塘乡通过省级卫生乡镇检查验收。

11月，马鹿塘乡开展第七次全国人口普查。

【区划　人口】 马鹿塘乡位于县境西北部，乡政府驻地距县城95千米，周边与撒营盘、则黑、皎平渡、乌东德4个乡（镇）接壤，东北部与四川省会东县隔江相望，全乡总面积218.45平方千米，境内最高海拔3303米，最低海拔810米，是昆明市乡政府所在地海拔最高的乡。2020年，全乡下辖10个村民委员会、115个村民小组、7071户、21449人。境内居住着彝族、苗族、傈僳族、壮族、傣族、蒙古族等少数民族，少数民族人口3665人，占总人口的17.09%。

【经济概况】 2020年，马鹿塘乡农业生产总值4.8亿元，其中，畜牧业产值3.1亿元，林业产值1.7亿元；地方公共财政预算收入1354.97万元；地方财政一般预算支出1858万元。完成固定资产投资1000万元，招商引资1660万元；争取上级资金1000万元，完成县级下达目标任务的100%。

【社会保障】 2020年，马鹿塘乡城乡居民基本医疗保险参保、续保21086人，其中，符合参保条件的贫困人口100%参保；城乡居民社会养老保险参保、续保6749人，其中，符合参保条件的贫困人口100%参保。召开劳务招聘会11场次，提供就业岗位5000余个，发放企业用工信息800余份，完成农村劳动力转移就业引导性培训1200人次，技能培训146人次，转移就业8921人次，外出务工劳动力人数占劳动力总人数的80%。发放临时救助、低保、优抚、残疾人补贴等民政资金423万元。新建农村公益性公墓1个，改扩建1个，均投入使用。

【农业生产】 2020年，马鹿塘乡种植粮食作物4.49万亩，烤烟2499亩，中药材2370亩，人工种草3000亩。猪存栏816头，牛存栏2524头，羊存栏1.52万只，家禽存栏1.06万羽。完成动物疫病防控工作，存栏畜禽疫苗注射率90%。完成肉牛冻精改良650头，能繁母猪投保260头。

【脱贫成效巩固】 2020年，马鹿塘乡1542户、5023人建档立卡贫困人口全部实现脱贫。围绕“脱贫边缘户”“脱贫监测户”开展帮扶工作，巩固脱贫成效，防止返贫。设置乡村公益性服务岗位72个，安排72名村民就业，按时发放劳务工资。与云南农鑫农业有限公司签订2000亩蔬菜产品购销协议。利用电子商务平台线上销售普福小火葱80余吨，线下销售100余吨。发放小额扶贫贷款1475.1万元，扶持群众发展产业，增加经济收入。

【基础设施建设】 2020年，马鹿塘乡投入资金149万元，硬化撒马基村委会至百工田村小组公路2.99千米。在干塘子村东北侧种植牡丹花6000株，完善生态旅游示范村基础设施建设。投入资金160万元，建成软籽石榴种植基地110亩；修缮村组公路1.6千米，拆除闲置危房1650栋，新建抗震安居农房92户并搬迁入住。

【教科文卫】 2020年，马鹿塘乡有义务教育阶段小学寄宿生351人，发放学生补助17.55万元。获市、县、乡表彰教师35人。11月5日，马鹿塘乡与屏山小学联合举办第十六届教学研究活动。改扩建乡文化活动室，购置新书，完成1.3万册图书的编录、上架工作。建成党史村史陈列室10个，完善陈列室管理制度。维修“村村通”设备100台，更换配件180套。成立以临床医生、护士、乡村医生组成的家庭医生签约服务团队10

马鹿塘杜鹃花海（陈达仁　摄）

个，分片分村进行家庭医生签约服务，累计签约服务群众3876人次。

【党建及精神文明】 2020年，马鹿塘乡党委班子成员及驻村第一书记累计讲授专题党课41场次，听课党员群众1642人次。举办“万名党员进党校”学习培训2期，培训党员241人次。全乡67个党支部完成规范化建设，整顿软弱涣散村党支部4个。严格组织程序，发展党员6名。建成党史陈列室10个，创建普德、通龙2个“四星级”示范党支部。

【生态建设】 2020年，马鹿塘乡实施森林病虫害监测2000亩，完成2018年退耕还林项目苗木补植1200亩。实施麻科作、通龙、撒马基、普福4个村委会2020年新一轮退耕还林项目1988.8亩。实施核桃提质增效1000亩，草原修复2000亩。开展集镇环境卫生整治活动，参加人员300余人次，清理垃圾3.5吨，建成村级氧化塘8座，并投入使用。

【社会治安综合管理】 2020年，马鹿塘乡办理“12345”市长热线信访交办件64件，司法案件37件；接收社区矫正人员12人，无托管、漏管现象。查处违法用地2宗6.2亩。

2020年马鹿塘乡所辖村基本情况表

表十六

村民委员会名称	党委（总支、支部）书记	村委会主任	村民小组（个）	总人口（人）	村集体经济收入（万元）
通龙村民委员会	张学海	陈国荣	19	2389	4
麻科作村民委员会	张学忠	张学忠	8	1396	2
马鹿塘村民委员会	陈开聪	孙宗春	9	2562	2
赊角村民委员会	余清能	陈维永	8	1728	4
新槽村民委员会	善志祥	陈达法	14	1850	3
石门坎村民委员会	张国真	陈维青	8	1774	1.5
普德村民委员会	吴廷昌	吴廷昌	12	2461	2.5
撒马基村民委员会	保安有	保安有	14	2271	3
普福村民委员会	李德亮	李德亮	11	2831	3

（张雷肃）

汤郎乡

【年内要事】

2月3日，县委书记焦林到汤郎乡检查指导新型冠状病毒肺炎疫情防控工作。

7月8日，副市长赵学农到汤郎乡调研巩固脱贫成效工作。

10月6—7日，市政协副主席、县委书记焦林到汤郎乡调研传统村落保护与文化传承工作。

10月27日，上海市普陀区石泉路街道主要领导到汤郎乡调研东西部协作扶贫工作。

【区划　人口】 汤郎乡位于县境西北部，地处“两省、三县”交界处，东与皎平渡镇相连，南与撒营盘镇接壤，西与楚雄州武定县己衣乡相连，北与四川省会理县隔江相望，乡人民政府驻地距离县城119千米。2020年，全乡总面积210.16平方千米，耕地面积5.14万亩，辖9个村民委员会、92个村民小组、4593户、15829人。主要居住着汉族、彝族、傣族、傈僳族等多个民族，少数民族7697人，占总人口的48.63%。境内最高海拔2950米，最低海拔950米；森林覆盖率44.6%；年均降雨量511毫米，属于典型干热河谷立体气候。

【经济概况】 2020年，汤郎乡全乡农业生产总值4.54亿元，比上年增长3.1%；财政税收收入673.77万元，其中，烟叶税606.57万元，工商税收67.2万元。完成固定资产投资1100万元，争取上级资金1000万元；完成农村集体经济制度改革、清产核资、成员身份认定、股权量化等工作。

【社会保障】 2020年，汤郎乡城乡居民社会养老保险参保7920人，城乡居民基本医疗保险参保14506人。完成农村劳动力转移就业技能培训350人次，转移就业2100人次。实现大病、慢性病医疗救助基金覆盖所有农村人口，贫困人口100%参加城乡居民基本医疗保险和大病救助，住院医疗费报销比例90%，各村卫生室配备乡村医生。发放农村低保资金797人、287.99万元；发放困难残疾人生活补贴和重度残疾人护理补贴410人、31.29万元，困难群众临时救助886人、216.95万元。设置乡村公益性服务岗位112个，安排112名村民就业，按时发放劳务报酬。新建双宝山农村公益性公墓，并投入使用，严格执行死亡人员遗体火化率100%、进入公墓安葬率100%的相关政策规定。

【农业生产】 2020年，汤郎乡种植粮食作物3.78万亩，烤烟6810亩，收购烟叶82.5万千克。生猪出栏4270头，牛出栏4126头，羊出栏2.09万只，家禽出栏10.43万羽，肉类总产量2222.3吨。在汤郎、普模、典文3个村委会种植蜂糖李1100亩、软籽石榴1000亩、芒果1300亩、脐橙300亩，种植企业招用当地村民就近务工，增加群众经济收入。发展山地鸡示范养殖，年出栏商品鸡6万余羽。

【脱贫成效巩固】 2020年，汤郎乡发放小额扶贫贷款204户、892万元，扶持群众发展产业，增加经济收入。开办郎之汤高粱酒厂，年产酒30余吨，招用当地30余名村民务工，员工月工资收入3000元，带动汤郎、细柞、普模、典文等村委会农户种植高粱5500亩，产量442.7吨，酒厂收购价6元/千克，带动群众增收265.62万元。兑现803户贫困户产业发展资金入股郎之汤高粱酒厂收益分红72.95万元。

【村组公路建设与养护】 2020年，汤郎乡建成集镇至再则卧公路7.44千米，徐家组至下龙门村公路5.43

2020年汤郎乡发展特色产业，图为糯高粱种植（汤郎乡　供）

千米，鲁车组至龙牛组公路13千米；硬化吴家村委会三家地组进村公路2.2千米。安装村组公路安全防护栏20.7千米，维护管理乡村公路105.77千米。建成乡级示范路9.89千米，村级示范路7.44千米。

【文体广电旅游】 2020年，汤郎乡编录职工书屋、农家书屋图书1.02万册，发放图书借阅卡550张，电子书卡180张，实现扫描借阅，公共文化服务群众率91%。建成行政村综合文化服务中心9个；春节、“火把节”等节日期间，组织群众开展文艺表演等活动3场次；参加禄劝第一届西南坚果博览会文艺演出，获优秀组织奖。开展马巡检司衙署、细柞摩崖石刻等文物点的保护工作。

【学校教育】 2020年，汤郎乡有小学在校学生558人，小学入学率100%，巩固率100%；有初中在校学生252人，初中毛入学率100%，巩固率100%。抓好义务教育均衡发展，配合上级部门做好教育扶贫工作，核实贫困家庭子女学生在校情况，按要求落实相关学生补助政策，实现适龄儿童义务教育阶段零辍学。组织派出所、综治、司法等部门开展安全知识进校园讲座5次，受教育师生1000余人次，整治校园周边治安环境8次，维护校园安全。

【党建及精神文明】 2020年，汤郎乡党委理论学习中心组集中学习8次，党委领导及驻村第一书记讲授党课68场次。开展“万名党员进党校”学习培训3期，培训党员100余人次；开展党务工作者学习培训4期，培训人员42人次，组织党员干部观看警示教育片12部。上报党务政务信息117期，被省级以上新闻媒体采纳34篇。

【生态建设】 2020年，汤郎乡开展封过水库环境卫生整治工作，保护水资源。落实金沙江“十年禁渔”政策规定，常态化开展联合执法检查。新建、改造行政村卫生公厕179座，改造农户无害化户厕100座，在公共场所安装洗手台等设施17套。推行垃圾分类，试点村开展垃圾分类、清洁运输工作。实行乡、村、组三级河长制，累计开展巡河120人次，整治库塘、河道环境卫生，清理河道垃圾4.6吨。召开森林草原防灭火专题会30余场次，在重点路段、重点林区悬挂防火宣传布标18条。

【疫情防控】 2020年，汤郎乡成立新型冠状病毒肺炎疫情防控工作领导小组，成立9个村委会防疫工作组，组织40名志愿者配合各村组设卡防控，排查外来车辆、人员，及时上报疫情。通过广播、标语、公告等形式广泛宣传疫情防控政策，发放疫情宣传材料1000余份，张贴标语、公告500余条。延迟村民婚丧嫁娶33起，简办丧事9起。

【社会治安综合管理】 2020年，汤郎乡在封过、代家2个村委会推进社会治理试点村建设。调处群众矛盾纠纷62件，受理群众来信来访70件，办结70件。开展“扫黑除恶”工作，对辖区内社区服刑人员和刑满释放人员进行涉黑涉恶线索排查，查出线索1条。开展国际禁毒日、“扫黑除恶”等宣传活动20余次，发放宣传材料2500份。

2020年汤郎乡所辖村基本情况表

表十七

村民委员会名称	党委（总支、支部）书记	村委会主任	村民小组（个）	总人口（人）	村集体经济收入（万元）
汤郎村民委员会	张杰芳	张杰芳	15	2817	8
普模村民委员会	李　祥	李　祥	14	2183	50.8
典文村民委员会	海学文	海学文	9	1492	7.2
细柞村民委员会	包有亮	包有亮	6	1030	4.6
吴家村民委员会	王　学	王　学	10	1311	5
代家村民委员会	熊德君	熊德君	4	705	5.4
羊槽村民委员会	李正学	李正学	11	1123	7.9
板桥村民委员会	丁　杰	丁　杰	12	1811	41.3
封过村民委员会	杨忠原	杨忠原	11	1730	5

（孟俊丰）

则黑乡

【年内要事】

1月17日，中国共产党则黑乡第十届委员会第四次会议召开。

1月17—19日，则黑乡第十三届人民代表大会第四次会议召开。

1月28日，则黑乡召开新型冠状病毒肺炎疫情防控工作会。

3月24日，省委常委、市委书记程连元到则黑乡调研巩固脱贫成效工作。

7月18日，国家脱贫攻坚普查组到则黑乡开展脱贫攻坚工作普查。

12月31日，市政协副主席、县委书记焦林到则黑乡指导村“两委”换届选举工作。

【区划　人口】 则黑乡位于县境东北部，地处金沙江与普渡河交汇的三角地带，全乡总面积341平方千米，辖13个村民委员会、135个自然村、209个村民小组。2020年，全乡总人口29862人，其中，农业人口29389人；少数民族人口7806人，占总人口的26.14%。

【经济概况】 2020年，则黑乡农业生产总值3.03亿元，地方公共预算收入83.35万元，地方财政一般预算支出543.6万元；争取国家和省、市资金1060万元，完成任务数的106%；培育商品零售示范企业1户，餐饮服务示范企业2户，住宿服务示范企业2户。

【社会保障】 2020年，则黑乡有农村低保户913户、1557人，发放低保资金573.36万元。有困难残疾人142人，重度残疾人91人，发放困难残疾人生活补贴和重度残疾人护理补贴233人、39.54万元。发放困难群众临时救助221.05万元、高龄老人补助54.59万元、丧葬补助35.1万元。开展劳动力技能培训3期150人次，全乡长期外出务工12854人次。

【农业生产】 2020年，则黑乡种植烤烟4245亩，收购烤烟53.5万千克，均价34.55元/千克，烟农售烟收入1755.06万元。种植高粱183亩，马铃薯1.46万亩，经济林果3000亩，中药材7980亩。生猪存栏2.78万头，其中，能繁母猪1081头；肉牛存栏8804头，畜牧业总产值1.4亿元。建成养蜂基地1个，引导农户发展养蜂产业，增加经济收入。建成炭山光伏扶贫电站，并网发电，增加村集体经济收入。

【脱贫成效巩固】 2020年，则黑乡2068户、7771人建档立卡贫困人口实现脱贫。把“脱贫监测户”72户、254人、“脱贫边缘户”84户、288人作为重点帮扶对象，开展帮扶工作，落实国家兜底政策及各项补短板工作，防止返贫。发放小额扶贫贴息贷款970户、3839.6万元，扶持困难群众发展产业，增加经济收入。脱贫攻坚工作通过国家普查，脱贫成效通过省、市考核验收。

【基础设施建设】 2020年，则黑乡硬化则黑、凳子山、贵城、住基4个行政村公路15.5千米。投入资金700万元，改造、修复咪文大沟，发挥沟渠使用效益。完善集镇基础设施建设，安装路灯120盏，新建绿化面积600余平方米。投入资金2560万元，实施村组干道塌方损毁修复，安装公路安全防护

2020年则黑乡开展脱贫攻坚工作普查，图为普查工作人员合影（则黑乡　供）

栏。投入资金69万元，建成则黑村绿水塘小组人居环境示范村。

【科教文卫】2020年，则黑乡召开第36届教师节表彰大会，表彰优秀教师33名。发放学生“雨露计划”助学金426人63.9万元；争取北京“萤火虫”爱心组织捐款10.8万元，资助学生27名。家庭医生签约服务群众7659人次。新增残疾人150人，办理残疾人证150本。

【党建及精神文明】2020年，则黑乡举办“万名党员进党校”学习培训，培训党员230人次。党委理论学习中心组集中学习8次，召开党员干部大会4次，签订年度党建目标责任书34份。建成新时代文明实践站（所）14个，申报县级文明单位7家。建立农村人才回引项目库1个，储备农村人才216名，培养村级优秀后备干部45名，调整任用中层干部8名。创建基层党建示范点7个，整顿软弱涣散党支部1个。办理违纪案件3件3人，问责干部6人。

【生态建设】2020年，则黑乡完成退耕还林补植3808.9亩，封山育林1.99万亩，低效林改造270亩，石漠化治理人工造林4500亩，义务植树7万株，建成森林防火通道2.7千米。落实乡、村、组三级河长制，做好水资源保护、水污染防治、水生态修复和水环境治理工作。在13个村委会开展全域环境卫生集中整治行动8次，提升人居环境质量。种植街道绿化迎春花1000株，香樟树40株，配套街道绿化盆景70盆，改造行政村卫生厕所5座，改善如厕条件。改造农村户厕425座，改善乡村人居环境。投入资金60.08万元，新建村组垃圾焚烧炉12座，卫生公厕4座。

【疫情防控】2020年，则黑乡成立新型冠状病毒肺炎疫情防控工作领导小组，开展疫情防控工作。设置民安乐、荨麻箐2个乡级卡点、13个村级值守点，排查重点疫区返乡人员20余人次。乡机关职工、村组干部250余人坚守岗位，开展疫情监测、排查、防控、宣传、劝解、值守等工作，乡内未发现新型冠状病毒感染疑似病例。

【社会治安综合管理】2020年，则黑乡开展“扫黑除恶”工作，发放宣传材料1万余份，开展法律法规宣传活动20余场次，发放《法律知识读本》1500册，受教育群众2000余人次。排查各类矛盾纠纷141起，调处138起，侦破案件10件，刑事打处13人。受理治安案件24件，处理违法人员18人；收缴非法枪支5支，查处各类交通违法案件520起，辖区刑事警情比上年下降52%，群众安全感逐步提升。

2020年则黑乡所辖村基本情况表

表十八

村民委员会名称	党委（总支、支部）书记	村委会主任	村民小组（个）	总人口（人）	村集体经济收入（万元）
荨麻箐村民委员会	王相坤	孙显旺	14	1669	8.2
民安乐村民委员会	周应洪	李会能	15	2047	9.5
贵城村民委员会	杨配勋	杨茂林	28	3933	8.8
包谷山村民委员会	吴中亮	陈加琴	11	1670	6.8
万德村民委员会	武正能	张宏民	19	2772	6
住基村民委员会	杨加武	李洪江	23	2632	5.6
则黑村民委员会	李世勇	张　忠（副支书）	31	5194	9
凳子山村民委员会	李选权	李德升	8	1927	9.2
卡租村民委员会	张大良	李发选（副支书）	13	1982	13
花椒园村民委员会	鲁桄宇	鲁庭刚	14	1476	10.4
打车村民委员会	王位添	李军华	16	2379	11
炭山村民委员会	李开才	李开做	9	1846	24.3
拖木嘎村民委员会	杨荣兴	腾传喜	8	1154	34.6

（耿新鹏　曾　妮）

乌蒙乡

【年内要事】

1月16日，乌蒙乡召开殡葬改革工作动员会。

1月20日，中国共产党乌蒙乡第十届委员会第四次会议召开。

1月21日，乌蒙乡第十二届人民代表大会第四次会议召开。

1月26日，乌蒙乡召开新型冠状病毒肺炎疫情防控工作会议。

1月29日，县委书记焦林到乌蒙乡检查新型冠状病毒肺炎疫情防控工作。

8月20日，县委常委、副县长邢军善到乌蒙乡开展巡河工作，实地检查乌蒙小河河道环境卫生整治情况。

10月4日，市政协副主席、县委书记焦林到乌蒙乡检查疫情防控、人居环境整治等工作。

11月4日，市委第三考核组到乌蒙乡开展昆明市2020年度脱贫攻坚成效考核工作。

【区划　人口】 乌蒙乡位于县境东北部，地处“滇中第一山”轿子雪山脚下，距昆明市区150千米、县城163千米，普渡河自南向北流经境内，全乡总面积179平方千米。境内最高海拔为轿子雪山4223米，最低海拔基鲁村委会以底村900米，海拔高差2050多米，属典型的立体气候。2020年，乌蒙乡下辖9个村民委员会，126个村小组，4708户、17950人。少数民族人口3195人，占总人口的17.8%。

【经济概况】 2020年，乌蒙乡完成地方公共预算收入273.5万元，地方财政一般预算支出1886万元。固定资产投资3000万元；争取上级补助资金1040.37万元；完成招商引资5000万元，烟叶税收入183.7万元。

【社会保障】 2020年，乌蒙乡有农村低保户366户676人，累计发放低保补助金280.5万元。发放困难群众临时救助1582人、316.45万元；发放19名重病人员医疗救助资金10.78万元，8名孤儿生活费12.48万元；发放特困供养对象生活费74人、65.5万元，优抚对象补助金811人、18.4万元；发放80岁以上高龄老人补贴436人、32.4万元；发放困难残疾人生活补贴和重度残疾人护理补贴349人、34.1万元。

2020年11月19日，在云南省档案工作规范化管理示范单位验收会上，乌蒙乡被评为云南省档案工作规范化管理示范单位　（乌蒙乡　供）

【农业生产】2020年，乌蒙乡种植粮食作物2.48万亩，粮食总产量7419.7吨。依托乌蒙乡得天独厚的立体气候优势，发展种养殖业。在基鲁村委会胡家、安家等5个村小组干热河谷地区建设千亩热带经济林果产业园，完成灌溉管网建设和种苗移栽工作。在乐作泥村委会建设脆枣种植基地，完成种植基地配套设施建设和15亩、4950株种苗移栽工作。在乌蒙村委会老树多村等高海拔地区种植连片高山苦荞500亩，产量15万千克，产值55万元，户均增收7000元。在卡机、乌蒙、舍姑等村委会，种植烤烟1983亩，烟叶产量29.52万千克，烟农售烟收入835.02万元。牛存栏4073头，出栏1358头，肉产量139.6吨；生猪存栏7829头，出栏5325头，肉产量361.8吨；羊存栏2.26万只，出栏8980只，肉产量167.2吨；禽类存栏3.33万羽，出栏5.23万羽，肉产量42.7吨。实现肉类总产量711.3吨。

【基础设施建设】2020年，乌蒙乡修缮管理村组公路312.6千米，安装村组公路安全防护栏6.8千米。建成乡标准化卫生院，开设临床科、B超室、妇产科等科室，满足辖区居民基本公共卫生医疗需求。投入资金150.88万元，实施乌蒙村委会发窝村“一事一议”财政奖补项目，硬化发窝村进村公路2757米。投入资金8900万元，实施轿子山新山垭口至四方景索道建设项目。投入资金305万元，实施村组道路硬化、村民产业扶持、人居环境卫生整治、环境卫生示范村建设等项目。

【学校教育】2020年，乌蒙乡发放学生“营养餐”补助资金31.36万元，“两免一补”资金43.2万元，惠及学生392人。发放学生“雨露计划”补助214人37.2万元，困难学生补助34人2.84万元。学前教育毛入园率89%，小学毛入学率、巩固率100%。全面排查6至15周岁适龄儿童就学情况，开展送教上门工作，全乡适龄儿童义务教育阶段无辍学学生。9月，乌蒙乡初中办学点在校点撤并8年后，正式恢复办学，解决学生上学路途远的问题。

【党建及精神文明】2020年，乌蒙乡创建规范化农村党支部44个，大麦地村党支部创建为“四星级”党支部。严格执行“三会一课”“主题党日”等活动，开展主题党日活动17次，交心谈话60余人次。常态化开展组织生活，各级党支部召开组织生活会80余次，党员领导干部讲授党课56场次，党委理论学习中心组集中学习8次。

【生态建设】2020年，乌蒙乡开展环境卫生整治工作，加强餐馆餐饮卫生管理，开展街道、市场环境卫生整治。改造行政村卫生公厕9座，农村户厕740座，改善农村人居环境。完成全乡126个自然村实用性村庄规划编制工作，重点规划建设大麦地、卡挪2个美丽乡村试点村。

2020年乌蒙乡所辖村基本情况表

表十九

村民委员会名称	党委（总支、支部）书记	村委会主任	村民小组（个）	总人口	村集体经济收入（万元）
卡机村民委员会	邓丽莉	李胜文	22	2943	6.4
乌蒙村民委员会	吴云华	吴云华	17	2242	5.9
大麦地村民委员会	李胜伟	王再双	14	2183	9.1
三家村村民委员会	张科宏	马兴稳	10	1279	5
施宽村民委员会	耿正良	耿正良	16	2782	5
乐作泥村民委员会	赵光文	李权章	12	1643	5.2
基噜村民委员会	安顺文	刘天海	11	1458	5.3
幸福村民委员会	赵光云	路　警	9	1070	6.8
舍姑村民委员会	杨天学	张存柱	15	1698	6.7

（蔡　祥）

雪山乡

【年内要事】

1月8日，县政协副主席张运平带领县委第十六考核组到雪山乡开展2019年目标管理绩效考核工作。

1月12日，雪山乡召开深化殡葬改革工作会。

1月18日，中国共产党雪山乡第十届委员会第四次会议召开。

1月18—20日，雪山乡第十届人民代表大会第四次会议召开。

1月29日，县委书记焦林到雪山乡检查新型冠状病毒肺炎疫情防控工作。

3月25日，雪山乡基多村委会二台坡至大基多段攀枝花坪子，因农户上坟烧纸引发山火，3月26日凌晨4时6分，山火被扑灭。

7月20日，国家脱贫攻坚普查组到雪山乡开展脱贫攻坚工作普查。

9月9日，上海中环投资开发（集团）有限公司监事会主席夏宝元到雪山乡调研东西部协作对口帮扶工作。

11月1日，雪山乡启动第七次全国人口普查工作。

【区划　人口】 雪山乡位于乌蒙山山脉中段，县境东北部，距昆明市主城区233千米、县城193千米，东北与东川区舍块乡接壤，南与乌蒙乡毗邻，西临普渡河与则黑乡隔河相望。全乡总面积137.25平方千米，境内最高海拔马鬃岭4347米，最低海拔基多村委会船房村小组794米，平均海拔2598米。2020年，全乡辖7个村民委员会，76个村民小组，总人口11819人。有彝族、苗族、回族等少数民族1873人，占总人口的15.85%。全乡有农村劳动力6322人，常年在外务工人员4566人。有耕地1.67万亩，其中，水田520亩，旱地1.62万亩。

【经济概况】 2020年，雪山乡地区生产总值1.3亿元，地方公共预算收入192万元，地方财政一般预算支出1389万元。完成招商引资1000万元，固定资产投资500万元，争取上级资金300万元，储蓄存款余额1.3亿元，贷款余额1800万元。

【社会保障】 2020年，雪山乡累计输出农村劳动力5655人次，实现务工收入1.25亿元。在丰租、拖木泥、书姑3个村委会开展技能培训5期，培训人员250人次，新增务工人员150人次。城乡居民社会养老保险参保、续保6313人，城乡居民基本医疗保险参保、续保10822人。开展大病和慢性病医疗救助，发放救助资金42万元。

2020年雪山乡发展中药材种植产业，图为当归种植（雪山乡　供）

【农业生产】2020年，雪山乡种植大小春粮食作物1.32万亩，蔬菜1275亩，实现粮食总产量2856.7吨。雪山小黄牛、黑山羊、乌骨鸡等特色养殖规模不断扩大，生猪出栏2337头，牛出栏415头，羊出栏1637只，家禽出栏4.15万羽。采用地膜覆盖种植玉米4600亩，优质白芸豆1000亩；培训农村科技骨干80人次，实施农作物间套种3600亩。

【脱贫成效巩固】2020年，雪山乡有扶贫对象77户、297人，针对不同的困难和问题，精准实施帮扶工作。投入资金43万元，实施农村饮水提升工程3件，解决8个村民小组缺水问题。实施18户贫困家庭抗震安居房建设，竣工并投入使用。实施医疗救助，贫困人口住院治疗费报销比例90%，防止因病返贫。

【科教文卫】2020年，雪山乡举办农业科技培训班3期，培训人员250人次。开展"书香校园"和"阅读相伴美好生活"读书主题活动。开展7所小学图书清查工作，2所幼儿园通过二级标准评定。完成雪山中心校、丰租小学、哈依小学、书姑小学4所学校卫生厕所改造工程，改善如厕条件及校园环境卫生。乡文化站收藏图书2500册，正常开展图书服务活动。建成村级公共文化服务中心7个，每个中心有藏书1000册以上，满足群众看书学习需求。组织卫生健康知识讲座14期，举办各类文体活动7次，放映电影84场次。参加禄劝第一届西南坚果博览会文艺汇演，获优秀组织奖。组建7个家庭医生签约服务队，签约服务村民6996人次。

【党建及精神文明】2020年，雪山乡党委下设党总支部5个，党支部43个，党小组10个。召开党建工作专题会议6次，签订党建工作目标责任书19份。严格落实"三会一课""主题党日"活动等制度，党委书记讲授专题党课3场次，受教育党员200余人次。党委理论学习中心组集中学习4次，撰写心得体会24篇。发展入党积极分子6名，动员2名大学生回村参加换届竞选。建成7个行政村党史陈列室。

【生态建设】2020年，雪山乡创建为省级卫生乡，哈依廖家村小组创建为省级卫生村，书姑村委会创建为昆明市农村人居环境整治示范村。完成乡集镇污水处理厂的选址及征地工作，村组环境卫生保洁实现常态化，农村人居环境明显改善。实施国家新一轮退耕还林植树1555.1亩，成活率90%。完成第二次全国污染源普查工作。改造行政村卫生公厕4座，建成观景台国家AAA级旅游公厕3座。投入资金44.5万元，完成"一事一议"财政奖补项目2件，安装村组公路安全防护栏25千米。

【社会治安综合管理】2020年，雪山乡接警56起，其中，治安警情2起，刑事警情4起，其他警情50起。受理行政案件2起，立刑事案件4起，破刑事案件5起。开展安全生产检查30余次，反恐应急处置演练6次，普法宣传14次，发放各类宣传资料2000余份，受教育群众4000余人次。调处各类矛盾纠纷48件，办理"12345"市长热线信访交办件25件，办结率98%。接受社区矫正人员2人，解除矫正6人，在册矫正人员5人。

2020年雪山乡所辖村基本情况表

表二十

村民委员会名称	党委（总支、支部）书记	村委会主任	村民小组（个）	总人口（人）	村集体经济收入（万元）
书姑村民委员会	皮臣钊	皮臣钊	13	2607	2.4
石城村民委员会	张进山	张进山	11	1920	2
基多村民委员会	刘兴富	刘兴富	19	2334	2
乐乌村民委员会	张天林	张天林	8	793	2
拖木泥村民委员会	李靖章	李靖章	7	1090	2
丰组村民委员会	施继候	施继候	10	1643	2.2
哈衣村民委员会	尤廷普	尤廷普	8	1204	2

（保云耀）

人物 荣誉

责任编辑　孟舒毅

2020 年县党政群机关、乡（镇、街道）、企事业单位领导名录

2020 年取得中级以上专业技术资格人员名录

云南省脱贫攻坚领域五一劳动奖获奖个人

2020 年获市级以上党政机关表彰的先进个人

2020 年禄劝籍军人立二等功以上人员名单

2020 年获市级以上党政机关表彰的先进集体

2019 年禄劝彝族苗族自治县见义勇为先进群体名单

2020年县党政群机关、乡（镇、街道）、企事业单位领导名录

中国共产党禄劝彝族苗族自治县委员会

书　　记　焦　林
副 书 记　李开德
　　　　　王亚芳（3月起）
常　　委　焦　林
　　　　　李开德
　　　　　王亚芳（3月起）
　　　　　张大福（至10月）
　　　　　杨　骁
　　　　　皮忠厚
　　　　　钟佳文
　　　　　李忠华
　　　　　付应芝
　　　　　阮世伟
　　　　　杨少维（3月起）
　　　　　邢军善（挂职）
县驻村扶贫工作队总队长　张俊峰（挂职）
副总队长　杨期武（挂职）

禄劝彝族苗族自治县人民代表大会常务委员会

主　　任　张光文
副 主 任　朱淑芬
　　　　　吴明泽
　　　　　张成武（至3月）
　　　　　刘琴芬（至3月）
　　　　　付秀美（5月起）
　　　　　王开富（5月起）

禄劝彝族苗族自治县人民政府

县　　长　李开德
常务副县长　张大福（至11月）
副 县 长　皮忠厚（12月起）
　　　　　邢军善（挂职）
　　　　　闫国勋
　　　　　王丕兴
　　　　　李兴翠
　　　　　张世斌
　　　　　李植红
　　　　　李　俊（至11月，挂职）
　　　　　吴振华（挂职）

中国人民政治协商会议禄劝彝族苗族自治县委员会

主　　席　张庆学
副 主 席　张　怡
　　　　　王永云
　　　　　赵　明
　　　　　张运平（至1月）
　　　　　李永超（5月起）
秘 书 长　王兴硕（5月起）

中共禄劝彝族苗族自治县纪律检查委员会 禄劝彝族苗族自治县监察委员会

书　　记　阮世伟
代理监察委主任　阮世伟（1—5月）
监察委主任　阮世伟（5月起）

副书记、监察委副主任　李绍逵
　　杨振华
副 书 记　杨仕乔（至3月）
　　桂　超（3月起）
监察委副主任　杨仕乔（至5月）
　　桂　超（5月起）
纪委常委、监委委员　阮世伟
　　李绍逵
　　杨振华
　　张天祥
　　张　杰
　　桂　超（3月起）
纪委常委　钱绍林
　　陈　舟
监委委员　桂　超（至3月）
　　杨仕乔（至3月）

禄劝彝族苗族自治县人民法院

院　　长　郑洪斌（至1月）
副院长、代理院长　杨文昆（1—5月）
院　　长　杨文昆（5月起）
党组书记　郑洪斌（至1月）
　　杨文昆（1月起）
副 院 长　汪雁冰（至12月）
　　李志文
　　洪绍荣
　　李光学（12月起）
　　田　燕（12月起）
　　赵　敏（挂职）
政治处主任　张志荣（至11月）
政治部主任　张志荣（11月起）

禄劝彝族苗族自治县人民检察院

检 察 长　杨竹芳（至1月）
副检察长、代理检察长　马　伟（1—5月）
检 察 长　马　伟（5月起）
党组书记　杨竹芳（至1月）
　　马　伟（1月起）
副检察长　卢玉富（至3月）
　　杨志文
　　罗代平（至11月）
政治部主任　（空缺）

县委各部委办局

办公室（加挂县委机要保密局、县国家密码管理局、县国家保密局、县档案局牌子）

主　　任　皮忠厚
常务副主任　李树辉
副 主 任　滕向阳
　　邓玉发
　　杨鸿滟
　　武正雄（3月起）
　　李双红（3月起）
督查专员　吴胜超（至1月）
　　张　浩
　　撒兰多
　　赵玲芬（3月起）

县委机要保密局、县国家密码管理局、县国家保密局

局　　长　张　浩（1月起）

县委督查办公室

主　　任　杨鸿滟

县国家安全委员会办公室

专职副主任　张　芸（8月起）

档案局

局　　长　张国权（8月起）

档案馆（县委办所属事业单位）

馆　　长　张国权（至8月）
　　吴志刚（8月起）
副 馆 长　毛应乾
　　陈天志

组织部（加挂县委县直机关工作委员会、县公务员局牌子）

部　　长　李忠华
常务副部长　（空缺）

副 部 长 徐顺珧
善正清（至3月）
段子继
李真良
李 琴（8月起）
段 琼（10月起）
席 远
部务委员 李 琴（至8月）
陈奕蓉
陈清泉（8月起）

非公经济组织和社会组织党工委

书 记 善正清（至3月）
李 琴（8月起）
专职副书记 浦绍茂（8月起）
副 书 记 李耀江
赵 松（兼职）
辛丽波（兼职）

县直机关工委

书 记 李真良
专职副书记 段玲玲（3月起）

基层党建工作协调小组办公室

主 任 陈自桥（至3月）

公务员局

局 长 李真良

党员教育中心

主 任 薛 鑫（3月起）

宣传部［加挂县新闻出版（版权）局、县广播电视局、县政府新闻办公室牌子］

部 长 付应芝
常务副部长 杨加林（至3月）
杨崇杰（3月起）
副 部 长 杨崇杰（至3月）
史金彦
李冬松
陈 蕙（8月起）

精神文明建设指导委员会办公室

主 任 杨崇杰（至3月）
陈 蕙（8月起）
副 主 任 陈 蕙（至8月）

广播电视局

局 长 李冬松

新闻出版（版权）局

局 长 史金彦

新闻办公室

主 任 李冬松
专职副主任 黄 琦

统战部（加挂县政府侨务办公室牌子）

部 长 钟佳文
常务副部长 季文升
副 部 长 张 霞
文 伟
白中强
张文武

对台工作办公室

主 任 张 霞
副 主 任 潘有华

中共禄劝彝族苗族政法委员会

书 记 王 林（至1月）
杨少维（4月起）
副 书 记 李植红
郭光阳
付兴龙
张自文（4月起）
杨文昆（11月起）
马 伟（11月起）
委务委员 蔡顺存
政治部主任 张 涛

全面深化改革委员会办公室（设在县委政策研究室）
常务副主任　邓玉发

政策研究室
主　　任　邓玉发
副 主 任　赵玲芬（至3月）
　　　　　陈加盟
　　　　　吕祖剑（3月起）
　　　　　郭　佳（8月起）

机构编制委员会办公室
主　　任　段　琼
副 主 任　张亚苹（至3月）
　　　　　陈自桥（3月起）

老干部局
局　　长　徐顺珧
副 局 长　李树君
　　　　　鲁文学
老年大学专职副校长　鲁文学

党校（行政学校）
党校校长　（空缺）
行政学校校长　张大福
常务副校长　张文学（至7月）
　　　　　夏　飞（8月起）
党总支书记　张兴怀
副 校 长　张兴怀
　　　　　李菊芬（至1月）
　　　　　杨文慈（3月起）

党史研究室
主　　任　李迎春
副 主 任　崔艳平

县委巡察办
主　　任　胡名杰
副 主 任　尚外双

融媒体中心
主　　任　王建芝
副 主 任　周　明

县人大各机构

常务委员会办公室
主　　任　张兴团
副 主 任　张凌吉
　　　　　赵文兵（至9月）

监察和法制委员会
主　　任　张永康（至9月）

财政经济委员会
主　　任　（空缺）
副 主 任　李明晔

城乡建设环境保护委员会
主　　任　张开福

社会建设与教育科学文化卫生委员会
主　　任　高　虎
副 主 任　刘　春（至9月）

农业与农村委员会
主　　任　张富春
副 主 任　钱启言
　　　　　李德泰（至3月，兼任）

民族宗教华侨委员会
主　　任　李忠富
副 主 任　李兴祥
　　　　　唐春宗（至3月，兼任）

常委会人事代表工作委员会
主　　任　刘　春（9月起）
副 主 任　祁晓露

县政府各办局

办公室
主　　任　文　琪（至3月）
　　　　　王兴华（3月起）
党组书记　文　琪（至1月）
　　　　　王兴华（1月起）
副 主 任　李全东
　　　　　王兴华（至3月）
　　　　　梁　乐
　　　　　韩　敏
　　　　　张　跃（至4月）
　　　　　尚正刚
　　　　　李德权
　　　　　杨幸民（挂职）
　　　　　谭映彬（至11月，挂职）
督查专员　杨　洋
　　　　　余国华
　　　　　杨应丹（9月起）

县长热线办
专职副主任　李德权

机关事务管理中心
主　　任　吴志刚（至9月）

发展和改革局（加挂县投资促进局、县粮食和物资储备局牌子）
局　　长　薛　敬
党委书记　薛　敬
副 局 长　李元捷
　　　　　张　旭
　　　　　杨光顺
　　　　　唐德福
　　　　　张学健（至1月）
　　　　　王昌勇

投资促进局
局　　长　张　旭

招商引资考核办公室
专职副主任　王昌勇

粮食和物资储备局
局　　长　张学健（至1月）

县教育党工委
书　　记　李兴翠
副 书 记　王开富
专职副书记　钟世昌

政府教育督导办公室
专职副主任　张学普

教育体育局
局　　长　王开富
党组书记　王开富
副 局 长　杨文慈（至4月）
　　　　　张　伟
　　　　　钟世昌
　　　　　张学普
　　　　　刘承志（至4月）
　　　　　张红军（4月起）
总 督 学　钱美玲（9月起）

科学技术和工业信息化局（加挂县中小企业局、县大数据管理局牌子）
局　　长　夏　飞（至9月）
　　　　　罗　铁（9月起）
党组书记　夏　飞（至8月）
　　　　　罗　铁（8月起）
副 局 长　张世奎
　　　　　杨荣发
　　　　　张　然
　　　　　张云康

民族宗教事务局
局　　长　张文武
党组书记　张文武
副 局 长　山莉娟

钱　旺（至4月）
李恩宇

公安局

局　　　长　李植红
政　　　委　李富平（至7月）
潘继庆（7月起）
党 委 书 记　李植红
督　察　长　李植红
副　书　记　潘继庆（8月起）
专职副书记　善正清（3月起）
副　局　长　徐　勇（至1月）
胡明宏
赵中彩
李春义
高安宁（兼乌东德水电站派出所所长）
罗昌剑（4月起）

森林警察大队（10月起）

大　队　长　杨兴勇（10月起）
教　导　员　（空缺）
副 大 队 长　赵自能（10月起）

自然资源公安局〈县公安局自然资源大队〉（至10月）

局　　　长　杨兴勇（至10月）
教　导　员　（空缺）
副　局　长　赵自能（至10月）

民政局（加挂县委社会工作委员会牌子）

局　　　长　张进平
党 组 书 记　张进平
副　局　长　赵　松
李顺权
刘春慧

拥军拥属拥政爱民工作领导小组办公室

专职副主任　张开友

司法局

局　　　长　徐爱学
党 组 书 记　徐爱学
副　局　长　杨茂毅
陈德权
赵金荣
杨正新
呙晓滔（8月起，挂职）
政治部主任　徐瑞莹

财政局（加挂县人民政府国有资产监督管理委员会、县人民政府金融办公室牌子）

局　　　长　武　勇
党 组 书 记　武　勇
副　局　长　张建民
郎　博
张学玮
陆成波
王志彦（8月起，挂职）

国库集中支付中心

主　　　任　赵文东

非税收入管理局

局　　　长　陆成波

金融办

主　　　任　郎　博

人力资源和社会保障局

局　　　长　段子继
党 委 书 记　段子继
副　局　长　杨汝彦
李红英
张冬青（至4月）
张亚苹（4月起）

劳动就业服务局

局　　　长　李海涛

劳动监察大队

大　队　长　梅跃春

自然资源局

局　　　长　刘　云
党 组 书 记　刘　云
副　局　长　付发军
张　琴
杨建明
李亚明（9月起）

住房和城乡建设局（加挂县人民防空办公室牌子）

局　　长　田开波
党委书记　田开波
副 局 长　戴正红（至4月）
　　　　　黄大海
　　　　　潘德才
　　　　　杨银德（4月起）
　　　　　李俊杰（8月起，挂职）

县人民防空办公室

主　　任　戴正红（至4月）
　　　　　杨银德（4月起）
副 主 任　尚　展（8月起）

交通运输局

局　　长　文　琪（3月起）
党组书记　文　琪（1月起）
副 局 长　朱自贵
　　　　　张志刚
　　　　　李德林

县路政管理大队（县乡公路管理）

大 队 长　孔庆文
教 导 员　汪鲲华
副大队长　余清辉

农业农村局（加挂县畜牧兽医局牌子）

局　　长　王杰旭
党委书记　王杰旭
副 局 长　郭成荣（至2月）
　　　　　赵锦洪
　　　　　郜书文
　　　　　李子泉
　　　　　黄钲凯（至2月）
　　　　　张靖荣（4月起）
　　　　　陈　维（9月起）

县委农村工作领导办公室

主　　任　郭成荣（至2月）

烤烟生产办公室

主　　任　钟卫强
副 主 任　袁美军
　　　　　严于平

水务局

局　　长　李昌平
党委书记　李昌平
副 局 长　李琼才
　　　　　武美琴
　　　　　黄　平
　　　　　王　斌
　　　　　武绍军
　　　　　杨正武
　　　　　李建杰
　　　　　陈达才
　　　　　罗　盛（8月起，挂职）

县防汛抗旱指挥部

专职副指挥长、县防汛办主任　杨光涛

县节水办

主　　任　张丕义（至1月）

文化和旅游局（加挂县文物局牌子）

局　　长　刘宗涛（至9月）
　　　　　杨子艳（9月起）
党委书记　刘宗涛（至8月）
　　　　　杨子艳（8月起）
副 局 长　徐　荣
　　　　　师中原
　　　　　鲁桂学
　　　　　杨慧华

卫生健康局（加挂中医药管理局、防治艾滋病局牌子）

局　　长　王志芬
党委书记　王志芬
副 局 长　张　伟
　　　　　孙继林（至4月）
　　　　　张江学
　　　　　张志卫
　　　　　杨国军（4月起）
　　　　　宋　黎（12月起，挂职）

县卫生健康综合监督执法局

局　　长　孙继林（4月起）

老龄办

专职副主任　张培高

中医药管理局

局　　　长　孙继林（至4月）
　　　　　　杨国军（4月起）

防治艾滋病局

局　　　长　张　伟

退役军人事务管理局

局　　　长　杨光华
党组书记　杨光华
副　局　长　姚云章
　　　　　　杞发军
服务中心主任　胡正宏（8月起）

应急管理局

局　　　长　闻建存
党组书记　闻建存
副　局　长　刘福祥
　　　　　　李福平
　　　　　　曲耀鸿
安全生产检查专员　杨　雄
政治部主任　李　琨
安全生产监察大队大队长　王邦琴（9月起）

审计局

局　　　长　李朝参
党组书记　李朝参
副　局　长　杨位有
　　　　　　汪余宏
　　　　　　徐福存（4月起）
总审计师　徐福存（至4月）
　　　　　　罗　钧（4月起）

市场监督管理局（加挂县人民政府食品安全委员会办公室牌子）

局　　　长　马仲顶
党委书记　马仲顶
副　局　长　冯海军
　　　　　　张配军
　　　　　　李红梅
　　　　　　李耀江
　　　　　　张　吉
药品安全总监　保永奇
食品安全总监　李位奇

市场监督管理行政执法大队

大　队　长　李志全

知识产权局

局　　　长　钱卫东

食品安全委员会办公室

主　　　任　马仲顶

林业和草原局

局　　　长　赵忠山（至4月）
　　　　　　张绍平（4月起）
党委书记　赵忠山（至3月）
　　　　　　张绍平（3月起）
副　局　长　潘庆勇
　　　　　　朱龙举
　　　　　　胡加宇

县护林防火指挥部

专职副指挥长　陈显武（至5月）
办公室主任　杨光彪

林业和草原产业发展办公室

主　　　任　赵忠山（至4月）
　　　　　　张绍平（4月起）

统计局

局　　　长　赵文江
党组书记　赵文江
副　局　长　罗桂琼
　　　　　　钱祖霖

政府扶贫开发办公室

主　　　任　张国华
党组书记　张国华
副　主　任　李　雄
　　　　　　杨全智（至9月）

张　宇
杨幸民（挂职）
杨启舒（9月起）

县社会扶贫开发中心

主　　任　张　宇

信访局

局　　长　王子军
党组书记　王子军
副 局 长　姚　伟
　　　　　何　伟

医疗保障局

局　　长　蒋学云
党组书记　蒋学云
副 局 长　杨继峰
　　　　　张　敏

城市管理局

局　　长　张学德
党组书记　张学德
副 局 长　刘金诚（至9月）
　　　　　张红军（至4月）
　　　　　马美升（至9月）
　　　　　刘承志（4月起）
　　　　　皮耀韩（9月起）
　　　　　王晓成（9月起）

城市管理综合行政执法大队

大 队 长　张运山
指 导 员　张照军（至1月）

政务服务管理局（加挂县行政审批局、县公共资源交易管理局牌子）

局　　长　蒋传有（至4月）
　　　　　杨明国（4月起）
党组书记　张绍平（至3月）
　　　　　杨丽芬（3月起）
副 局 长　张学军
　　　　　周　丽
　　　　　普金平

市生态环境局禄劝分局

局　　长　胡玉祥
党组书记　胡玉祥（6月起）
副 局 长　文国红（3月起）
　　　　　杨平锋（至3月）
　　　　　松　卿（3月起）

生态环境监察大队

大 队 长　（空缺）

云龙水库水源保护区管理局

局　　长　李庭裕
副 局 长　李点芳（至2月）
　　　　　何万成
办公室主任　（空缺）
　　副主任　赵秋萍
水资源管理处处长　刘福兴
　　　　　副处长　张孝海
政策法规处处长　胡永金
　　　　副处长　张本秀

综合行政执法大队

大 队 长　（空缺）
副大队长　杨仕海

地方志编纂委员会办公室

主　　任　杨丽芬（至4月）
　　　　　赵文富（4月起）
副 主 任　范剑雄

防震减灾局

局　　长　邹星煜
副 局 长　杨鸿平
　　　　　杨海词

供销联合社

主　　任　李汝顺（至4月）
　　　　　蒋传有（4月起）
党委书记　李汝顺
副 主 任　杨成军
　　　　　钱　进

县政协各机构

办公室
主　　任　王兴硕
副 主 任　王启军（至10月）
　　　　　张　莉
　　　　　周星娅（10月起，挂职）

委员联络委员会
主　　任　杨加林（5月起）

提案工作委员会
主　　任　施应萍

经济和农业农村委员会
主　　任　李建明

人口资源环境和城乡建设委员会
主　　任　王启军（10月起）

教科卫体委员会
主　　任　王美珍

社会法制和民族宗教委员会
主　　任　张玉宇

文化文史和学习委员会
主　　任　孙文平

县纪委县监委各机构

县纪委县监委各室
办公室主任　张天祥
案件监督管理室主任　赵建军（3月起）
组织部部长　马燕妮（至3月）
　　　　　　杨与仲（3月起）
宣传部部长　张晓敏
信访室主任　彭云兰
党风政风监督室主任　陈　舟
案件审理室主任　包昌余
纪检监察干部监督室主任　（空缺）
第一纪检监察室主任　钱绍林
第二纪检监察室主任　赵金钱
第三纪检监察室主任　曾宪熙
第四纪检监察室主任　张文焕（8月起）
第五纪检监察室主任　桂　超（至3月）
　　　　　　　　　　孙翊钦（8月起）
第六纪检监察室主任　张　杰

县委巡察组

第一巡察组
组　　长　李贵明（至1月）
　　　　　秦正琼（3月起）
副 组 长　白　亮（3月起）
巡察专员　崔建波

第二巡察组
组　　长　张新富
副 组 长　曾宪荧（8月起）
巡察专员　孙翊钦（至8月）

第三巡察组
组　　长　舒　斌
副 组 长　张明富
巡察专员　陈绍珍

第四巡察组
组　　长　周德明
副 组 长　张学剑
巡察专员　王海斌

第五巡察组
组　　长　张青云
副 组 长　缪基龙
巡察专员　杨秀芬

县纪委县监委派驻纪检监察组（3月起，机构改革后统一名称）
驻县委办纪检监察组组长　角述宏（至3月）
　　　　　　　　　　　　戴正红（3月起）
驻政府办纪检监察组组长　潘宇松（3月起）
驻人社局纪检监察组组长　张仲国（3月起）
驻财政局纪检监察组组长　陈达夫（3月起）

驻住建局纪检监察组组长　张　雁（3月起）
驻水务局纪检监察组组长　秦正琼（至3月）
驻交运局纪检监察组组长　（空缺）
驻公安局纪检监察组组长　文　峰（3月起）
驻教体局纪检监察组组长　杨　松（3月起）
驻县人民检察院纪检监察组组长　张元虹
驻县人民法院纪检监察组组长　李彝葵（至1月）

群众团体

县总工会

主　　席　张成武
党组书记　张学勋
常务副主席　张学勋
副 主 席　李季桃
　　　　　付　华

团县委

书　　记　杨子艳（至8月）
副 书 记　向昱帆
　　　　　贺才财

县妇女联合会

主　　席　王　凤
副 主 席　王晓燕
　　　　　李玉银
　　　　　刘春慧（8月起，挂职）

县工商联（商会）

主席（会长）　赵　明
党组书记　文　伟
常务副主席　文　伟
专职副主席、副会长、秘书长　辛丽波

县科学技术协会

主　　席　张　武
党组书记　张　武
副 主 席　尤廷英

县残疾人联合会

党组书记　张俊梅
理 事 长　张俊梅
副理事长　陈俊延

县文学艺术界联合会

主　　席　吴明泽（至1月）
　　　　　李点芳（1月起）
常务副主席　孙显芳（至1月）
秘 书 长　禄汉卫（至1月）
副主席兼秘书长　角春留（1月起）

县红十字会

会　　长　李兴翠
党组书记　王　杰
常务副会长　王　杰
秘 书 长　潘桂琴（至8月）
　　　　　李文旌（8月起）

园　区

禄劝工业园区管委会

党工委书记　焦　林
主　　任　李开德
党工委副书记　王宏臣
纪工委书记　王宏臣
副 主 任　朱文进（至8月）
　　　　　滕向阳
专职副主任　周祖伟
办公室主任　文天祥
　　副主任　蔡翔鹏

招商和企业服务局

局　　长　李自阳

规划建设和土地管理局

局　　长　李燕华
副 局 长　李兴军

经济发展局

局　　长　张志权
副 局 长　肖伟明

县现代农业产业园区管理委员会

主　　任　（空缺）
专职副主任　黄钲凯（至2月）
　　　　　张靖荣（4月起）

乡（镇、街道）

屏山街道办事处

党工委书记 李桂英
副 书 记 史 军
李崇军
何虹兵（至3月）
王建福（3月起）
云志杰
赵光泽（挂职）
人大工委主任 何加斌
办事处主任 史 军
纪工委书记 高 伟
副 主 任 师中山
李文灿
杨 雄
耿建安
武装部部长 刘 源（至3月）
张 策（8月起）
组 织 委 员 王建福（至3月）
董 霞（3月起）
宣 传 委 员 张 霖
秀屏社区党工委书记 李崇军
秀屏社区党工委副书记 杨 挺
杨永宏
秀屏社区管委会主任 杨 挺
秀屏社区管委会副主任 文云翠
李凤先

崇德街道办事处（2019年12月起）

党工委书记 郭成荣（1月起）
副 书 记 张 彪（1月起）
张 熹（1月起）
沙本松（3月起）
人大工委主任 吴胜超（3月起）
办事处主任 张 彪（2月起）
纪工委书记 张小杰（1月起）
副 主 任 袁明安（4月起）
吴鸿兵（4月起）
武装部部长 付明华（8月起）
组 织 委 员 刘丽娟（8月起）
宣 传 委 员 皮如玉（3月起）

茂山镇

党 委 书 记 张 冰
副 书 记 孙王海（至4月）
陈显武（4月起）
吴光武
黄万贵
王宗刚（至8月，挂职）
人 大 主 席 张 胜
镇 长 孙王海（至4月）
陈显武（9月起）
纪 委 书 记 李 静
副 镇 长 张学盈
杨明国（至3月）
杨与文（3月起）
杨钟林（8月起）
武装部部长 杨钟林（至8月）
刘晓波（8月起）
组 织 委 员 聂绍明
宣 传 委 员 黎 峰

团街镇

党 委 书 记 张荣兵
副 书 记 张 跃（3月起）
闻晓荣（至10月）
人 大 主 席 赵林宗（至8月）
李明晔（9月起）
镇 长 石为芬
纪 委 书 记 刘明恩
副 镇 长 王伟川
薛志刚
张远华（3月起）
杨培思（11月起）
武装部部长 张 策（至8月）
张大悠（8月起）
组 织 委 员 敖 頔（3月起）
宣 传 委 员 敖 頔（至3月）
顾学芝（3月起）

云龙乡

党委书记　王绍明
副书记　王　勇
　　姚　飞
　　余　成（至10月）
人大主席　李德泰
乡　长　王　勇
纪委书记　朱仁建
副乡长　张成学
　　吴鸿兵（至3月）
　　张洁涛
　　武立国（11月起）
　　岑寿冬（8月起）
武装部部长　刘兴羽（至8月）
　　杨俊峰（8月起）
组织委员　曾宪荧（至8月）
　　张晓慧（8月起）
宣传委员　苏兴祥

撒营盘镇

党委书记　赵忠山（3月起）
副书记　角述顺
　　王子玮
　　陈维家（至1月）
人大主席　李明哗（至8月）
　　杨全智（9月起）
镇　长　角述顺
纪委书记　毕绍军
副镇长　潘贵彤
　　张　俊
　　袁明安（至3月）
　　李勇飞（3月起）
　　余　成（10月起）
武装部部长　付明华（至8月）
　　张　杰（8月起）
组织委员　张霜艳
宣传委员　张晓莉

中屏镇

党委书记　康　怡
副书记　保振邦
　　张　彪（至1月）
　　王兴波（3月起）
　　李　聪（至10月）
人大主席　张世忠
镇　长　保振邦
纪委书记　杨与仲（至3月）
　　钱兴雨（3月起）
副镇长　张　燕
　　王兴波（至3月）
　　段福斌
　　王正忠（8月起）
武装部部长　王正忠（至8月）
　　刘兴羽（8月起）
组织委员　卢红青（3月起）
宣传委员　白华锋

皎平渡镇

党委书记　付秀美（至3月）
　　周　林（3月起）
副书记　周　林（至3月）
　　唐春宗（3月起）
　　王兴华
　　刘洪勋
人大主席　唐春宗（至3月）
镇　长　周　林（至3月）
　　唐春宗（9月起）
纪委书记　王　琳
副镇长　朱尤睿
　　胡永飞
　　耿荣星
武装部部长　张文华（至3月）
　　朱海龙（8月起）
组织委员　胡　亮
宣传委员　聂绍良

汤郎乡

党委书记　喻光宇
副书记　李　勇
　　何　鹏（3月起）
人大主席　张　宁
乡　长　李　勇

纪委书记 张廷华（3月起）
副乡长 何　鹏（至3月）
普小娟
刘义轩
刘晓丽（3月起）
武装部部长 李　彪
组织委员 刘　鹏
宣传委员 沙天成

马鹿塘乡

党委书记 李本雄
副书记 罗朝志（至8月）
钱　旺（8月起）
田绍贤
张春勇
人大主席 （空缺）
乡长 罗朝志（至8月）
钱　旺（9月起）
纪委书记 张小杰（至1月）
张生见（3月起）
副乡长 张丙权
李德军
鲁长付
武装部部长 杨　斌
组织委员 张生见（至3月）
张开权（3月起）
宣传委员 李晓慧（至8月）
蔡　超（8月起）

乌东德镇

党委书记 张继革
副书记 李启昱
张　熹（至1月）
张文华（3月起）
高安宁
田开诚
向昱帆（至3月，挂职）
人大主席 李志军
镇长 李启昱
纪委书记 刘　鎏
副镇长 蒋　丽
张美贵
方春富
尚正刚（至3月，挂职）
武装部部长 付正元
组织委员 郭家富
宣传委员 王玉亮

则黑乡

党委书记 王丕兴（至8月）
王应刚（8月起）
副书记 王应刚（至8月）
高愿灵
曲　彬
胡　婕（3月起，挂职）
人大主席 吴先德
乡长 王应刚（至8月）
纪委书记 杨绍学
副乡长 钱启言
闫自斌
张永华
李晓江（3月起）
武装部部长 李晓江（至3月）
吴光荣（3月起）
组织委员 肖建斌
宣传委员 杨从珍

翠华镇

党委书记 张琼丽
副书记 赵文富（至3月）
何虹兵（3月起）
马铖鑫（至3月）
善义君（3月起）
李志国（至10月）
人大主席 何　伟
镇长 赵文富（至4月）
何虹兵（9月起）
纪委书记 梁　彪（至3月）
李付静（3月起）
副镇长 李文旌（至8月）
周　镇
善义军（至4月）

阮靖超（8月起）
梁　彪（3月起）
武装部部长　董国飞
组 织 委 员　刘天才
宣 传 委 员　李丽芬

九龙镇

党 委 书 记　仁钦·多吉次仁
副　书　记　邓自稳
王晓成（至8月）
李　祥（8月起）
吴　莹（3月起，挂职）
人 大 主 席　闫自勇
镇　　　长　邓自稳
纪 委 书 记　王利强
副　镇　长　李　祥（至8月）
李文江
王有荣
李逢普（8月起）
程　超（10月起）
朱　琳（3月起，挂职）
武装部部长　安　伟
组 织 委 员　皮如玉（至3月）
杨晓芸（3月起）
宣 传 委 员　金丽华（至8月）
马孝东（8月起）

转龙镇

书　　　记　李永超（至3月）
张天纯（3月起）
副　书　记　张天纯（至3月）
马铖鑫（3月起）
刘　源（3月起）
人 大 主 席　胡明华
镇　　　长　张天纯（至4月）
马铖鑫（9月起）
纪 委 书 记　罗道政
副　镇　长　徐志阳（至3月）
李昌杰
毕金雄（3月起）
朱　琨（11月起）

邓　鹉（3月起）
杨成佳（8月起，挂职）
武装部部长　胡正宏（至8月）
阮开权（8月起）
组 织 委 员　毕金雄（至3月）
焦永进（3月起）
宣 传 委 员　魏崇贤

乌蒙乡

党 委 书 记　张自文（至4月）
孙王海（4月起）
副　书　记　沈朝春
杨天娟
罗德元（至12月）
人 大 主 席　顾　军
乡　　　长　沈朝春
纪 委 书 记　张晓锐
副　乡　长　朱祥军
李银兰
陈　焕（3月起）
张宇翔（11月起）
武装部部长　刘晓新（至8月）
王自信（8月起）
组 织 委 员　杨明福
宣 传 委 员　杨玉坤（至3月）
戴小焜（8月起）

雪山乡

党 委 书 记　朱　恩
副　书　记　吴明新
周朝能
张运富（3月起）
人 大 主 席　李其洲
乡　　　长　吴明新
纪 委 书 记　毛利民
副　乡　长　刘学红
高玉康
白朝剑
武装部部长　张运富（至8月）
组 织 委 员　陈　焕（至3月）
何文民（8月起）

宣 传 委 员　李诗中

驻禄单位、企业

县税务局

局　　　长　陈光辉
党 委 书 记　陈光辉
副　局　长　谢洪波
　　　　　　张永能（至9月）
　　　　　　王忠明（至9月）
　　　　　　张兴位
　　　　　　庄　谦（至10月）
　　　　　　黄海波（11月起）
纪检组组长　李　翔

气象局

局　　　长　罗　铁（至6月）
党 组 书 记　罗　铁（至6月）
副　局　长　丁红文（6月起，主持工作）
　　　　　　朱　敏

昆明市住房公积金管理中心禄劝管理部

主　　　任　刘　刚

昆明禄劝供电局

总　经　理　宋本志（至4月）
　　　　　　曹艳明（4月起）
党 委 书 记　宋本志
副 总 经 理　宋本志（4月起）
　　　　　　张　达
　　　　　　杨　敏
　　　　　　曹艳明（至4月）
　　　　　　朱利宏（至12月）
　　　　　　徐　凯（12月起）
工 会 主 席　曹艳明（至4月）
　　　　　　朱利宏（4～12月）
纪 委 书 记　张德勇（至9月）

烟草公司

党总支书记、总经理、局长　欧阳进
副　书　记　张杰清
副　经　理　杨大全
　　　　　　王　娜
副　局　长　张　强

中国人民银行禄劝彝族苗族自治县支行

行　　　长　张明贤
副　行　长　袁　冬
　　　　　　刘德伟
纪检组组长　刘德伟

中国银行业监督管理委员会云南监管局禄劝办事处（至3月）

主　　　任　龚　伟（至3月）
副　主　任　李金平（至3月）

云南银保监局禄劝监管组（3月起）

组　　　长　龚　伟（3月起）
副　组　长　李金平（3月起）

中国农业银行禄劝彝族苗族自治县支行

行　　　长　杨大可（至5月）
　　　　　　王忠能（6月起）
副　行　长　王忠能（至5月）
　　　　　　聂新蕾

中国农业发展银行禄劝彝族苗族自治县支行

行　　　长　赵云富
副　行　长　李忠蔚

禄劝彝族苗族自治县农村信用合作联社

理　事　长　刘　毅
主　　　任　沈　华（12月起）
监　事　长　沈　华（至12月）
副　主　任　杨位灿
　　　　　　张苏华

中国人民财产保险股份有限公司禄劝支公司

经　　　理　白明兴

中国人寿保险股份有限公司禄劝支公司

经　　　理　姚泽南

中国电信禄劝分公司
经　　理　（空缺）
副 经 理　阳世琦（主持工作）
　　　　　杨学军

中国移动禄劝分公司
经　　理　倪　坤
副 经 理　王　涛
　　　　　孙英男（5月起）

中国联通禄劝分公司
经　　理　母亚鹏

邮政分公司
总 经 理　郭　勇

新华书店
经　　理　武巍安

公路运输管理局禄劝分局
局　　长　李典军
副 局 长　余开海
　　　　　孙宗光

禄劝公路路政管理大队
大 队 长　胡加煜
党支部书记、教导员　胡加煜

教育机构

县职业高级中学
校长、党支部书记　杨兴福
专职副书记　李增林

县第一中学
校长、党委书记　刘正德
党委副书记　刘有荣

县民族实验中学
校长、党委书记　赵加华
党委副书记　曹映芬
　　　　　　唐宇勇

教师进修学校
校　　长　张兴光
党支部专职副书记　刘　福

县机关幼儿园
园长、党支部书记　张进梅
专职副书记　沈贵聪

医疗机构

县人民医院
院　　长　王　詠（至12月）
　　　　　宋　黎（12月起）
副 院 长　李　刚（12月起）
党委书记　戴正丽

县中医院
院　　长　李　勇
党支部书记　陈顺荣

（省市驻禄单位、企业、教育机构、医疗机构领导信息由本单位提供，其余单位由县委组织部审核提供。此名录不作确定级别、待遇的依据。）

2020年取得中级以上专业技术资格人员名录

表二十一

姓名	性别	工作单位	专业技术资格名称
陈培纪	女	县水土保持站	副研究馆员
李　萍	女	团街镇文化综合服务中心	副研究馆员
李元林	男	翠华镇文化综合服务中心	副研究馆员
穆　彬	女	县第一人民医院	副主任护师
王银梅	女	县第一人民医院	副主任护师
武秋云	女	县第一人民医院	副主任护师
梅云霞	女	县第一人民医院	副主任护师
李志珊	女	县第一人民医院	副主任护师
陈景露	女	县第一人民医院	副主任护师
张　英	女	县第一人民医院	副主任护师
寸明美	女	县中医院	副主任护师
孙丽琴	女	县中医院	副主任护师
赵　红	女	县中医院	副主任护师
金荣丽	女	县中医院	副主任护师
李永琴	女	屏山街道办事处卫生院	副主任护师
张学美	女	屏山街道办事处卫生院	副主任护师
梅　丹	女	撒营盘镇中心卫生院	副主任护师
刘　倩	女	皎平渡镇卫生院	副主任护师
云朝兰	女	乌东德镇卫生院	副主任护师
王雨兰	女	九龙镇中心卫生院	副主任护师
凤正芬	女	汤郎乡卫生院	副主任护师
张学美	女	县妇幼保健和计划生育服务中心	副主任医师
王　琴	女	县第一人民医院	副主任医师
杨　津	男	县第一人民医院	副主任医师
解仕福	男	县第一人民医院	副主任医师
武晓霞	女	县第一人民医院	副主任医师
李永泉	男	县第一人民医院	副主任医师
刘国定	女	县中医院	副主任医师
李自海	男	撒营盘镇中心卫生院	副主任医师
张美兰	女	团街镇卫生院	副主任医师
谢　琴	女	云龙乡卫生院	副主任医师
马世洪	男	乌东德镇卫生院	副主任医师
张春琼	女	翠华镇中心卫生院	副主任医师
刘　波	男	县天然林保护工程办公室	高级工程师
王秀红	女	县天然林保护工程办公室	高级工程师
董显琴	女	县天然林保护工程办公室	高级工程师
杨金福	男	漩窝塘国有林场	高级工程师
钱俊荣	男	茂山镇农业综合服务中心	高级工程师
潘德顺	男	云龙乡农业综合服务中心	高级工程师
张庆凯	男	中屏镇农业综合服务中心	高级工程师
王　磊	男	县融媒体中心	高级工程师
张叔林	男	团街镇文化综合服务中心	高级工程师
刘正银	男	乌东德镇文化综合服务中心	高级工程师
高安伟	男	撒营盘镇农业综合服务中心	高级工程师
张荣慧	女	县非税收入管理局	高级会计师
周国鸿	男	县教体局教研室	高级教师
周　倩	女	县第一中学	高级教师
董金林	男	县第一中学	高级教师
赵永秀	女	县第一中学	高级教师
杨光有	男	县第一中学	高级教师
赵金伟	男	县第一中学	高级教师
李地福	男	县第一中学	高级教师
李光权	男	县第一中学	高级教师
张本宗	男	屏山镇中学	高级教师
黄世云	男	民族实验中学高中部	高级教师
刘文佳	男	秀屏中学	高级教师
李　云	男	县职业高级中学	高级教师
杨发涌	男	茂山中学	高级教师
保安邦	男	皎平渡中心校	高级教师
周跃兴	男	则黑中心校	高级教师
文光银	男	则黑中心校	高级教师
代金良	男	则黑中心校	高级教师
王　贤	女	九龙中心校	高级教师

续表

姓名	性别	工作单位	专业技术资格名称
张天兰	女	九龙中心校	高级教师
王仁山	男	九龙中心校	高级教师
包昌汀	男	转龙镇中学	高级教师
雷　弘	女	转龙镇中学	高级教师
李地江	男	转龙镇中学	高级教师
缪基强	男	转龙镇中学	高级教师
吴明君	男	转龙镇中学	高级教师
杨光洁	男	转龙镇中学	高级教师
杨与娟	女	转龙镇中学	高级教师
郑世珍	女	转龙镇中学	高级教师
陈林升	男	转龙中心校	高级教师
毛正道	男	转龙中心校	高级教师
孙朝云	男	转龙中心校	高级教师
赵永满	男	转龙中心校	高级教师
张正菲	女	红军小学	高级教师
刘兴成	男	红军小学	高级教师
利　美	女	民族小学	高级教师
黄明伟	男	民族小学	高级教师
李凤娟	女	屏山中心幼儿园	高级教师
李丽华	女	屏山第二幼儿园	高级教师
苏银娟	女	屏山第二幼儿园	高级教师
李　丽	女	县农业技术推广总站	高级农艺师
李琴珍	女	县农业技术推广总站	高级农艺师
夏　鹏	男	县经济作物技术推广站	高级农艺师
普兴梅	女	县经济作物技术推广站	高级农艺师
吴荣胜	男	县农村能源环保办	高级农艺师
吴素红	女	县农村能源环保办	高级农艺师
王健娟	女	县农产品质量安全监管中心与蔬菜办	高级农艺师
方朝军	男	县农业机械技术推广站	高级农艺师
王　琳	女	撒营盘镇农业综合服务中心	高级农艺师
董琴梅	女	团街镇农业综合服务中心	高级农艺师
张德英	女	云龙乡农业综合服务中心	高级农艺师

姓名	性别	工作单位	专业技术资格名称
李付秀	女	中屏镇农业综合服务中心	高级农艺师
时　祥	男	皎平渡镇农业综合服务中心	高级农艺师
王德志	男	皎平渡镇农业综合服务中心	高级农艺师
陈敏昌	男	则黑乡农业综合服务中心	高级农艺师
王　斌	男	崇德街道办农业综合服务中心	高级农艺师
童　彪	男	九龙镇农业综合服务中心	高级农艺师
吴正义	男	汤郎乡农林业合服务中心	高级农艺师
李文良	男	县畜牧兽医总站	高级兽医师
张月婷	女	县畜牧兽医总站	高级兽医师
朱加明	男	县畜牧兽医总站	高级兽医师
黎朝辉	女	县畜牧兽医总站	高级兽医师
武治华	男	翠华镇村级会计服务中心	高级统计师
杨景伟	男	县畜牧兽医总站	高级畜牧师
皮忠宽	男	雪山乡农业综合服务中心	高级畜牧师
杨国斌	男	皎平渡镇文化综合服务中心	工程师
杨　勋	男	县地方公路管理段	工程师
杨忠菊	女	工业园区管理委员会	工程师
李建勋	男	矿管办	工程师
张宇航	男	矿管办	工程师
卢红伟	男	撒营盘镇农业综合服务中心	工程师
叶　佳	女	县级机关事务管理中心	工程师
张春芳	男	林业和草原有害生物防治检疫站	工程师
张德杰	男	乌蒙乡农业综合服务中心	工程师
杨　扬	男	中屏镇村镇规划建设服务中心	工程师
钟　燕	女	县城乡居民养老保险局	工程师
梁雪娥	女	撒营盘镇文化综合服务中心	馆员
杨文军	男	翠华镇村级会计服务中心	馆员
张继芬	女	县城乡居民养老保险局	经济师
杨晓希	男	乡镇卫生院会计核算中心	经济师
唐湘宁	男	县盐政管理所	经济师

续表

姓名	性别	工作单位	专业技术资格名称
王继红	女	雪山乡社会保障服务中心	经济师
李天祥	男	县科技培训中心	农业推广研究员
缪尔崇	男	九龙镇农业综合服务中心	农业推广研究员
李　红	男	县农村能源环保办	农艺师
杨全文	男	县农业机械技术推广站	农艺师
张雪英	女	屏山街道办农业综合服务中心	农艺师
田仁珍	女	团街镇农业综合服务中心	农艺师
李中庆	男	中屏镇农业综合服务中心	农艺师
杨国琳	女	皎平渡镇农业综合服务中心	农艺师
武有权	男	汤郎乡农林业合服务中心	农艺师
张朝文	男	汤郎乡农林业合服务中心	农艺师
蒋如华	男	翠华镇文化综合服务中心	农艺师
田清香	女	九龙镇农业综合服务中心	农艺师
盛内金	男	九龙镇农业综合服务中心	农艺师
李地荣	男	县疾病预防控制中心	卫生副主任技师
刘自平	男	县疾病预防控制中心	卫生主管技师
刘加有	男	则黑乡农业综合服务中心	畜牧师
申云翠	女	县第一中学	一级教师
刘亚龙	男	县第一中学	一级教师
陈昌萍	女	县第一中学	一级教师
李　蕊	女	县第一中学	一级教师
王　燕	女	县第一中学	一级教师
杨青青	女	县第一中学	一级教师
王　聪	男	县第一中学	一级教师
付加洪	男	撒营盘镇中学	一级教师
朱正娟	女	民族实验中学高中部	一级教师
陈红霞	女	民族实验中学高中部	一级教师
张学芬	女	民族实验中学高中部	一级教师
蔡俊怀	男	民族实验中学高中部	一级教师
代梅娜	女	民族实验中学高中部	一级教师
吴晓琼	女	民族实验中学高中部	一级教师
李　航	女	民族实验中学高中部	一级教师
李禄芝	女	民族实验中学高中部	一级教师
张　慧	女	民族实验中学高中部	一级教师
刘晓丽	女	民族实验中学高中部	一级教师
杨　涛	男	民族实验中学高中部	一级教师
赵昌杰	男	民族实验中学高中部	一级教师
李会洁	女	民族实验中学高中部	一级教师
熊丽方	女	民族实验中学高中部	一级教师
罗　红	男	民族实验中学初中部	一级教师
杨勇华	男	秀屏中学	一级教师
袁陆曼	女	秀屏中学	一级教师
李启权	男	秀屏中学	一级教师
杨春丽	女	县职业高级中学	一级教师
谢欣融	男	县职业高级中学	一级教师
王建琼	女	县职业高级中学	一级教师
王　英	女	汤郎中学	一级教师
杨洪伟	男	县幼儿园	一级教师
赵云凤	女	县幼儿园	一级教师
吴思瑶	女	县幼儿园	一级教师
刘自葵	女	县幼儿园	一级教师
汤丽波	女	屏山小学	一级教师
韩　杰	男	屏山小学	一级教师
刘光文	男	撒营盘中心校	一级教师
王改娣	女	撒营盘中心校	一级教师
张成波	女	撒营盘中心校	一级教师
王少弋	女	茂山中心校	一级教师
胡　莉	女	茂山中心校	一级教师
王星蓉	女	团街中心校	一级教师
杨与慧	女	九龙中心校	一级教师
刘路芬	女	九龙中心校	一级教师
杨　鸿	女	九龙中心校	一级教师
许　新	男	九龙中心校	一级教师
刘双莲	女	转龙中心校	一级教师

续表

姓名	性别	工作单位	专业技术资格名称	姓名	性别	工作单位	专业技术资格名称
何繁华	女	乌蒙中心校	一级教师	丁洁琴	女	县第一人民医院	主任护师
杨丽娇	女	乌蒙中心校	一级教师	施国翠	女	县中医院	主任护师
赵亚伟	男	民族小学	一级教师	范忠艳	女	撒营盘镇中心卫生院	主任护师
张彧宇	女	民族小学	一级教师	李恒敏	男	县第一人民医院	主任医师
贺文平	女	民族小学	一级教师	李秀华	男	县中医院	主任医师
姜琪仙	女	民族小学	一级教师	陈顺荣	男	县中医院	主任医师
梁桂虎	男	民族小学	一级教师	李　剑	女	撒营盘镇中心卫生院	主任医师
蒋治韬	女	屏山第二幼儿园	一级教师	陈小丽	女	中屏镇卫生院	主治医师
黄天文	男	九龙中学	正高级教师	黄国芬	女	撒营盘镇中心卫生院	主治医师
李正奎	男	县委党校	中专高级讲师	张继丹	女	撒营盘镇中心卫生院	主治医师
潘　云	女	撒营盘镇中心卫生院	主管护师	何红琼	女	撒营盘镇中心卫生院	主治医师
熊　艳	女	中屏镇卫生院	主管护师	李正国	男	撒营盘镇中心卫生院	主治医师
解学梅	女	茂山镇卫生院	主管护师	杨　芳	女	县疾病预防控制中心	主治医师
李地敏	女	乌蒙乡卫生院	主管护师	曹世梅	女	县疾病预防控制中心	主治医师
李仕英	女	则黑乡卫生院	主管护师	石美菊	女	则黑乡卫生院	主治医师
刘　娟	女	则黑乡卫生院	主管护师	肖永香	女	翠华镇中心卫生院	主治医师
武建梅	女	县第一人民医院	主任护师	刘洪伟	男	汤郎乡卫生院	主治医师

云南省脱贫攻坚领域五一劳动奖获奖个人

肖伟明　男，汉族，1974年6月出生，中共党员，大专学历。禄劝工业园区管理委员会经济发展局副局长，皎平渡镇驻村工作队长、发展村第一书记。2017年5月至今，在皎平渡镇发展村委会驻村工作。工作中，严格要求自己，充分发挥队长（第一书记）工作职能职责，扎实开展驻村扶贫工作，脱贫成效明显，赢得当地群众的好评和称赞。个人捐资4万元，筹集资金12万元，共16万元为发展村村委会发基块下组5户群众修建入户公路1.83千米，解决3个村民小组、50户农户的出行问题和80亩耕地的耕种运输困难。争取1座500千瓦光伏发电扶贫项目入驻发展村委会，2019年实现村集体经济收入10万元，2020年光伏电站收入35万元。组织开展“送温暖、献爱心”捐赠衣物活动，将1300件爱心衣物送到60户贫困户手中。2018、2019年度考核被县委组织部评定为优秀驻村工作队员。2020年12月，获云南省脱贫攻坚领域五一劳动奖。

2020年获市级以上党政机关表彰的先进个人

表二十二

姓名	性别	民族	工作单位	荣誉称号	获奖时间	颁奖单位
刘富平	男	汉	团街司法所	全国模范人民调解员	2020年12月9日	司法部
潘卫周	男	汉	县关工委	全国关心下一代工作先进工作者	2020年8月	中国关心下一代工作委员会、中央精神文明建设指导委员会办公室
孙存邦	男	汉	屏山中心校	全国“中华魂”主题教育活动优秀辅导员	2020年8月	中国关心下一代工作委员会、中央精神文明建设指导委员会办公室
耿占凯	男	汉	县疾控中心	云南省抗击新冠肺炎疫情先进个人	2020年12月	省委、省政府
韩先平	男	汉	县中医院	云南省优秀医疗卫生人员	2020年8月17日	省人民政府
张国权	男	彝	县档案局	档案系统先进工作者	2020年12月18日	省人社厅、省档案局
李开德	男	彝	县政府	云南省扶贫先进工作者	2020年10月	省扶贫开发领导小组
蔡万梅	女	汉	县疾控中心	2019年度农村义务教育学生营养改善计划营养健康状况监测工作先进个人	2021年01月08日	省疾控中心
黄艳红	女	汉	县疾控中心	2019年度艾滋病性病丙肝防治先进个人	2020年06月30日	省疾控中心
王开强	男	汉	县疾控中心	抗击新冠肺炎疫情先进个人	2020年12月13日	中国民主建国会云南省委员会
罗　铁	男	汉	县气象局	省气象局公务员嘉奖	2020年6月	省气象局
丁红文	男	汉	县气象局	省气象局公务员嘉奖	2020年6月	省气象局
卢玉霞	女	汉	动物卫生监督所	2020年全国检疫检验员技能大赛云南省初赛第七名	2020年8月21日	省动物卫生监督所
李建坤	男	汉	县供电局	扶贫攻坚先进个人	2020年	云南电网公司
许　艳	女	汉	县供电局	扶贫攻坚先进个人	2020年	云南电网公司
唐灿道	男	彝	县供电局	扶贫攻坚先进个人	2020年	云南电网公司
朱顺权	男	汉	县纪委县监委	作品在首届“彩云杯”网评大赛中获得优秀奖	2020年	省委网信办
胡加煜	男	彝	禄劝公路路政管理大队	疫情防控优秀共产党员	2020年6月30日	省交通运输厅
魏思曼	女	汉	县关工委	2019年“中华魂”主题教育活动先进个人	2020年6月	云南省关心下一代工作委员会、云南省教育厅、云南省司法厅
张棋泓	女	汉	禄劝职业高级中学	2019年“中华魂”主题教育活动优秀辅导员	2020年6月	云南省关心下一代工作委员会、云南省教育厅、云南省司法厅
角顺平	女	汉	禄劝职业高级中学	2019年“中华魂”主题教育活动二等奖	2020年6月	云南省关心下一代工作委员会、云南省教育厅、云南省司法厅
滕向阳	男	汉	县委办	昆明市脱贫攻坚先进个人	2020年6月17日	市委、市政府
杨学艳	女	布朗	昆明市住房公积金管理中心禄劝管理部	2019至2021年昆明市第二届文明家庭	2020年2月24日	市委、市政府

续表

姓名	性别	民族	工作单位	荣誉称号	获奖时间	颁奖单位
武正雄	男	汉	县委办	昆明市创建全国民族团结进步示范市工作先进个人	2020年12月16日	市委、市政府
张俊梅	女	汉	县残联	昆明市脱贫攻坚先进个人	2020年6月	市委、市政府
王应刚	男	汉	则黑乡	昆明市脱贫攻坚先进个人	2020年6月	市委、市政府
尹　勇	男	汉	县委办	2018至2019年度无偿献血先进个人	2020年8月18日	市政府
闻建存	男	汉	县应急管理局	2019年度安全生产先进个人	2020年5月15日	市政府
孙宗武	男	汉	县应急管理局	2019年度安全生产先进个人	2020年5月15日	市政府
李开德	男	彝	县政府	昆明市脱贫攻坚先进个人	2020年6月	市委办、市政府办
吕祖剑	男	汉	县委办	2019年度全市党委信息工作先进个人	2020年5月26日	市委办
段春雄	男	汉	县税务局	昆明市人民政府无偿献血先进个人	2020年8月18日	市政府办
闻晓龙	男	汉	县政府办	2019年度安全生产先进个人	2020年5月15日	市政府办
李梓华	男	傈僳	秀屏派出所勤务辅警	2019年见义勇为昆明好人	2020年	市文明委

2020年禄劝籍军人立二等功以上人员名单

表二十三

姓名	性别	民族	家庭住址	人员类别	获得荣誉	时间
叶邦武	男	汉	禄劝彝族苗族自治县马鹿塘乡麻科作村委会	现役军人	个人二等功	2020年6月

2020年获市级以上党政机关表彰的先进集体

表二十四

单位名称	荣誉称号	获奖时间	颁奖单位
县人民法院	全国民族团结进步模范集体	2020年9月15日	国务院
县人武部	全面建设先进人武部	2020年12月	云南省军区
县税务局第一党支部	省级“规范化建设示范党支部”	2020年9月14日	省委组织部
禄劝公安局“2・27”专案组	集体二等功	2020年	省公安厅
县扶贫办	省脱贫攻坚奖扶贫先进集体	2020年10月15日	省农村扶贫开展领导小组
县委统战部	省党政机关社会团体档案工作规范化管理示范单位	2020年12月22日	省档案局
县应急管理局	省党政机关社会团体档案工作规范化管理示范单位	2020年12月22日	省档案局
县卫生健康局	省党政机关社会团体档案工作规范化管理示范单位	2020年12月22日	省档案局
乌蒙乡	省党政机关社会团体档案工作规范化管理示范单位	2020年12月22日	省档案局
禄劝供电局	集体二等奖	2020年	云南电网公司
县委统战部（县民宗局）	市创建全国民族团结进步示范市先进集体	2020年12月16日	市委、市政府

续表

单位名称	荣誉称号	获奖时间	颁奖单位
县扶贫办	市脱贫攻坚先进集体	2020年6月17日	市委、市政府
则黑乡	市脱贫攻坚先进集体	2020年6月17日	市委、市政府
县委办	2019年度全市党委信息工作先进单位	2020年5月26日	市委办
县政府办	2019年度人大代表建议政协提案办理工作先进单位	2020年6月	市委办
县纪委监委	纪检监察信息先进集体	2020年	市纪委
县人武部	征兵工作先进单位	2020年5月	市政府办
忠爱医院	城市基层党建示范点	2020年05月06日	市委组织部
忠爱医院党支部	2020年度“五星级”示范党支部	2021年01月04日	市委组织部
县气象局党支部	2020年度“五星级”示范党支部	2020年12月	市委组织部
县政府办	2019年度政府系统政务信息工作先进集体一等奖	2020年4月	市政府
县人社局	第五届“春城创业荟”优秀组织奖	2020年12月	市政府
县应急管理局	2019年度安全生产先进单位	2020年5月15日	市政府
县水务局	2019年度安全生产先进单位	2020年5月19日	市政府
县卫健局	2020年爱国卫生先进单位	2020年12月15日	市爱国卫生委员会办公室
县人武部	先进民兵分队	2020年12月	昆明市警备区
乌东德电站派出所	先进集体	2020年	三峡集团

2019年禄劝彝族苗族自治县见义勇为先进群体名单

2020年4月9日，县人民政府《关于表彰奖励2019年见义勇为先进集体的决定》文件公布先进群体2个（5人），名单如下：

一、尹明弟、马桂峰群体

尹明弟　大理州巍山县大仓镇居民

马桂峰　茂山镇丽山村委会村民

二、张天友、钱仕润、张涛群体

张天友　中屏镇植桂村委会丫口村村民

钱仕润　县职业高级中学学生

张　涛　美团外卖员

附　录

责任编辑　孟舒毅

云南省禄劝彝族苗族自治县自治条例

禄劝彝族苗族自治县 2020 年国民经济和社会发展计划
执行情况与 2021 年国民经济和社会发展计划草案的报告

禄劝彝族苗族自治县 2020 年地方财政预算执行情况
和 2021 年地方财政预算（草案）的报告

禄劝彝族苗族自治县
第十七届人民代表大会常务委员会
公　告

第6号

《云南省禄劝彝族苗族自治县自治条例修正案》于2020年5月23日经禄劝彝族苗族自治县第十七届人民代表大会第四次会议审议通过，2020年6月11日经云南省第十三届人民代表大会常务委员会第十八次会议批准。2020年9月28日禄劝彝族苗族自治县第十七届人民代表大会常务委员会第三十三次会议决定，予以公布，自2020年11月25日起施行。

禄劝彝族苗族自治县
人民代表大会常务委员会
2020年9月28日

云南省禄劝彝族苗族自治县
自治条例

（1989年4月13日云南省禄劝彝族苗族自治县第十届人民代表大会第三次会议通过　1989年8月26日云南省第七届人民代表大会常务委员会第七次会议批准　2006年2月15日云南省禄劝彝族苗族自治县第十四届人民代表大会第四次会议修订　2006年5月25日云南省第十届人民代表大会常务委员会第二十二次会议批准　2020年5月23日云南省禄劝彝族苗族自治县第十七届人民代表大会第四次会议修正　2020年6月11日云南省第十三届人民代表大会常务委员会第十八次会议批准）

第一章　总　则

第一条　根据《中华人民共和国宪法》和《中华人民共和国民族区域自治法》，结合禄劝彝族苗族自治县（以下简称自治县）实际，制定本条例。

第二条　自治县是彝族、苗族实行区域自治的地方，属云南省昆明市管辖。自治县内还居住着汉族、傈僳族、傣族、壮族、哈尼族、回族、蒙古族等民族。

第三条　自治县的自治机关是自治县的人民代

表大会和人民政府。

自治县的自治机关行使县级地方国家机关的职权，同时依法行使自治权。

自治县的自治机关驻屏山街道。

第四条 自治县的自治机关维护国家的统一，保证宪法和法律在本行政区域内的遵守和执行。

自治县的自治机关坚持把国家的整体利益放在首位，积极完成上级国家机关交给的各项任务。

第五条 自治县的自治机关在不违背宪法和法律的原则下，根据自治县的实际，采取特殊政策和灵活措施，加快自治县经济和社会事业的发展。

上级国家机关的决议、决定、命令和指示，如有不适合自治县实际情况的，自治县的自治机关可以报经该上级国家机关批准，变通执行或者停止执行。

第六条 自治县的自治机关在中国共产党的领导下，团结和带领全县各族人民，以马克思列宁主义、毛泽东思想、邓小平理论、“三个代表”重要思想、科学发展观、习近平新时代中国特色社会主义思想为指引，坚定道路自信、理论自信、制度自信、文化自信，践行社会主义核心价值观，增进各民族对伟大祖国、中华民族、中华文化、中国共产党、中国特色社会主义的认同，加强各民族交往交流交融，贯彻新发展理念，自力更生、艰苦奋斗，推动社会主义物质文明、政治文明、精神文明、社会文明、生态文明协调发展，把自治县建设成为民族团结、社会安定、经济发展、文化繁荣、人民富裕的自治地方。

第七条 自治县的自治机关坚持科学发展观，因地制宜，分类指导，发展社会生产力，不断提高劳动生产率和经济效益，逐步提高各民族人民的物质文化生活水平。

自治县的自治机关发展社会主义民主，健全社会主义法制，实施依法治县。加强基层政权建设和基层群众自治组织建设，完善基层选举制度。加强民主法制教育和社会治安综合治理，依法惩处各种违法犯罪行为，维护社会稳定。

自治县的自治机关加强社会主义精神文明建设。对各族人民进行爱国主义、集体主义、社会主义教育和民族政策教育。培养有理想、有道德、有文化、有纪律的社会主义公民，不断提高各民族人民的思想道德素质和科学文化素质。

第八条 自治县的自治机关加强扶贫开发工作，坚持开发式扶贫的方针，突出整村推进、劳务输出、产业开发等重点，加大贫困地区基础设施建设力度，改善群众的生产生活条件，加快脱贫致富步伐。

第九条 自治县的自治机关维护和发展各民族平等、团结、互助、和谐的社会主义民族关系，促进各民族共同团结奋斗、共同繁荣发展，铸牢中华民族共同体意识。禁止对任何民族的歧视，禁止破坏民族团结的行为。

自治县的各民族公民都有使用和发展自己的语言文字的自由，都有保持或者改革自己的风俗习惯的自由。

第十条 自治县的自治机关保障各民族公民有宗教信仰自由。任何国家机关、社会团体和个人都不得强制公民信仰宗教或者不信仰宗教，不得歧视信仰宗教的公民和不信仰宗教的公民。

自治县的自治机关依法管理宗教事务，保护正常的宗教活动，依法取缔邪教组织。任何人不得利用宗教进行破坏社会秩序、损害公民身体健康、妨碍国家教育制度和干预行政、司法等活动。

自治县内的宗教团体和宗教事务不受外国势力的支配。

第十一条 自治县的自治机关保护归侨、侨眷和台湾同胞在自治县的合法权益。

第十二条 自治县的自治机关加强拥军优属工作，开展国防教育，做好征兵和安置等工作，支持人民武装力量建设，巩固和加强军政军民团结。

第十三条 自治县内的任何组织和公民都应当遵守和执行本条例。

第二章 自治县的自治机关

第十四条 自治县人民代表大会是自治县的地方国家权力机关。

自治县人民代表大会代表依照法律规定选举产生。

第十五条 自治县人民代表大会常务委员会是自治县人民代表大会的常设机关，对自治县人民代表大会负责并报告工作。

自治县人民代表大会常务委员会由主任、副主任和委员组成。常务委员会组成人员中，彝族、苗族成员所占的比例可以高于其人口比例，其他民族也应当有适当的人员，并且应当有彝族和苗族的公民担任主任或者副主任。

自治县人民代表大会常务委员会根据工作需要，设立办事机构和工作机构。

第十六条 自治县人民政府是自治县人民代表大会的执行机关，是自治县的地方国家行政机关。

自治县人民政府对自治县人民代表大会和昆明市人民政府负责并报告工作。在自治县人民代表大会闭会期间，对自治县人民代表大会常务委员会负责并报告工作。

第十七条 自治县人民政府由县长、副县长、局长、主任等组成。

自治县县长由彝族或者苗族公民担任。

自治县人民政府组成人员中，彝族、苗族成员应当高于其人口比例。

自治县人民政府所属部门的正职或者副职领导成员中，应当至少配备一名少数民族干部。其他工作人员中，少数民族人员应当逐步做到与其人口比例相适应。

第十八条 自治县的国家机关、政党组织、社会团体、企业事业单位的印章、牌匾、文件头，应当冠以自治县全称。

自治县的国家机关的牌匾，应当同时使用汉族、彝族、苗族的文字。

第三章 自治县的人民法院和人民检察院

第十九条 自治县人民法院和人民检察院的组织、职能和工作，依照法律的有关规定执行。

自治县的人民法院和人民检察院，应当有彝族、苗族公民担任院长或者副院长、检察长或者副检察长，法官、检察官中，应当有少数民族公民。

第二十条 自治县的人民法院和人民检察院使用汉语言文字审理和检察案件，保障各民族都有使用本民族语言文字进行诉讼的权利。对不通晓汉语的诉讼参与人，应当为他们提供翻译。

法律文书使用汉字。

第四章 自治县的经济建设

第二十一条 自治县的自治机关发展社会主义市场经济，制定经济建设发展规划，自主地安排和管理经济建设事业。

自治县的自治机关大力发展非公有制经济。加强基础设施建设，改善投资环境，调整优化经济结构，合理开发人力资源和自然资源，加强生态建设和环境保护，推进自治县经济全面协调可持续发展。

第二十二条 自治县的自治机关坚持稳定和完善以家庭承包经营为基础、统分结合的双层经营体制，依法保护承包经营者的合法权益。

自治县的自治机关加大农业投入，加强农业基础设施建设和管理，推广农业先进适用科学技术，合理调整农业产业结构，培育支柱产业和特色产业，加快农业产业化进程。

第二十三条 自治县的自治机关依法加强土地保护管理，合理利用土地资源，禁止乱占耕地和滥用土地。土地的使用权可以依法流转。承包田、地未经自治县人民政府批准，不得改作宅基地和其他用地。

第二十四条 自治县的自治机关加强对森林资源的保护管理和合理开发利用，提高森林覆盖率和成材率。

自治县的自治机关依照法律规定，确定自治县内森林、林地的所有权和使用权。林地使用权和林木所有权可以依法继承、转让。

自治县的自治机关鼓励各种经济组织或者个人采取多种形式投资发展林业，对其投资营造的商品用材林，优先办理采伐手续，可以进入市场交易。

自治县的自治机关严格保护珍贵稀有的野生动物、植物，合理利用生物资源。

自治县的自治机关加强农村能源建设，推广节柴灶和以煤、电、气代柴，减少森林消耗量。

自治县对不宜耕种的陡坡地，有计划地退耕还林还草，加强水土保持，防止生态环境恶化。

自治县为维护生态平衡、执行环境保护法律和政策，致使地方经济和群众生活受影响时，由自治县人民政府报请上级国家机关给予补偿。

自治县收取的育林基金，由自治县自主安排，用于造林和植被恢复，同时享受省、市森林植被恢复费、退耕还林费、护林防火经费等方面的照顾。

第二十五条 自治县的自治机关大力发展畜牧业，重点发展黄牛、黑山羊、撒坝猪和乌骨鸡等畜禽，建立健全畜禽品种改良繁育、疫病防治、饲料种植加工、技术指导、产品加工营销等服务体系，不断提高畜禽商品率。

第二十六条 自治县的自治机关加强对水资源的保护管理和合理开发利用，防治水害。鼓励各种经济组织和个人依法开发利用水资源，建设经营各类水利、水电工程和其他工程。小型水利设施可以依法有偿转让。依法保护投资经营者的合法权益。

自治县的自治机关鼓励各种经济组织和个人利用坝塘、稻田等水面资源，大力发展水产品养殖业。

自治县的自治机关对水资源实行取水许可制度和有偿使用制度。

自治县境内的重大水利工程项目，享受市收取的原水费中的水资源费，除省提取的部分外，原则上拨给自治县自主安排的照顾，主要用于自治县重点水源区的生态保护、建设和改善当地群众生产生活条件以及水利工程的维修养护等。

自治县内征收的水资源费，享受省留给自治县的比例高于一般地区和市全额返还的照顾，重点用于水资源的开发利用和保护管理，扶持水源区群众发展生产，改善生活。

第二十七条 自治县的自治机关依法保护和合理开发利用矿产资源。实行有偿取得矿产资源探矿权、采矿权制度，鼓励各种经济组织和个人投资开发矿产资源。

自治县征收的矿产资源补偿费，除上缴国家外，留成比例享受省高于一般地区和市全额返还的照顾，专项用于矿产资源的保护管理。

第二十八条 自治县的自治机关依法保护管理和合理开发利用本地自然资源。对可以由地方开发的自然资源，自治县优先合理开发利用。

任何组织和个人在自治县内开发资源、进行建设时，应当坚持开发者付费、受益者补偿、破坏者赔偿的原则，保护和改善当地的生产生活条件和生态环境。

第二十九条 自治县的自治机关发展地方工业。制定优惠政策，依托资源优势，引进资金、技术和人才，加快新型工业化进程。

自治县的自治机关鼓励、支持非公有制企业和股份制企业的发展，引导企业建立健全现代企业制度。尊重其经营自主权，维护其合法权益。

第三十条 自治县的自治机关加强劳动力市场的建设和管理，完善就业服务体系，加强职业教育和就业培训，积极组织劳务输出，引导农村富余劳动力向非农领域和城镇转移。

第三十一条 自治县的自治机关鼓励和支持企业开展对外贸易和技术合作。对外贸易活动中，在外汇留成等方面享受国家的优惠政策。

自治县的商业、供销和医药企业，享受国家民族贸易政策的照顾。

第三十二条 自治县的自治机关发展交通运输和邮政通信事业。

自治县的自治机关加快公路、驿道、渡口建设，提高公路等级，加强养护和管理。依法规范交通运输市场。

第三十三条 自治县的自治机关加快生态旅游、民族风情旅游等旅游产业的开发，促进旅游业发展。鼓励各种经济组织和个人投资开发旅游业，保护其合法权益。

第三十四条 自治县的自治机关加强安全生产监督管理，制定重特大安全事故应急处理预案，实行安全事故责任追究制度。企业事业单位必须建立健全安全生产责任制，保证生产安全。

第三十五条 自治县的自治机关加强城镇、集市和乡村的规划、建设、管理，建设布局合理、功能齐全、环境优美、具有民族地方特色的新城镇。增强城镇服务功能，充分发挥城镇和集市在流通、信息、金融、文化、技术等方面的中心作用。

第三十六条 自治县的自治机关加强基础设施建设，改善基础设施条件。上级国家机关安排在自治县的基础设施建设项目和公益性建设项目，享受免除县级配套资金的照顾，并且享受市在自治县的基础设施建设投资增幅高于全市平均水平的照顾。

第五章 自治县的财政管理

第三十七条 自治县的自治机关依照国家财政管理体制，自主地使用属于自治县的财政收入，自主地安排使用收入的超收和支出的结余资金。

第三十八条 自治县在国家统一的财政体制下，通过规范的财政转移支付制度，享受一般性财政转移支付、专项财政转移支付、民族优惠政策财政转移支付和国家、省、市确定的其他方式财政转移支付的照顾，享受市的一般性财政转移支付计算系数高于一般地区7个百分点以上的照顾。

自治县的自治机关在不能保证国家机关、事业单位财政供养人员工资按时足额发放和机关正常运转经费时，报请上级人民政府增加对自治县的转移支付。

自治县因执行国家、省、市调整工资、津贴、补贴等政策增加的财政支出，报请上级财政给予补助。

第三十九条 自治县设立民族机动金、少数民族发展资金等专项经费，并且根据财政收入增长逐年增加，用于帮助少数民族发展经济和社会事业。

第四十条 自治县的自治机关在执行国家税法时，除应当由国家统一审批的减免税收项目以外，对属于地方财政收入需要从税收上给予照顾和鼓励的，按照有关规定报经批准后，可以实行减税或者免税。

自治县因自然灾害或者执行上级统一的减免税政策造成财政减收的，报请上级财政给予补助。

自治县享受上划中央每年增值税增量部分返还的照顾。对中央每年增值税增量的直接返还部分，享受全额返还的照顾。

第四十一条 自治县依照国家规定，享受中央、省、市对民族自治地方和艰苦地区的各项补贴和其他津贴。

第四十二条 自治县的自治机关加强财政管理，健全会计制度，加强审计监督，发挥各项资金的使用效益。

自治县的国家机关、企业事业单位，应当完善财务管理制度，严肃财经纪律，厉行节约，反对浪费，建设节约型社会。对造成重大损失的，依法追究责任。

第六章 自治县的社会事业

第四十三条 自治县的自治机关自主地管理教育、科学、文化、卫生、体育等社会事业，不断提高各族人民的科学文化素质和健康素质。

第四十四条 自治县的自治机关优先发展教育。根据国家的教育方针和有关法律法规的规定，结合实际，制定教育发展规划，决定各级各类学校的设置、办学形式、教学内容、教学用语和招生办法。

自治县的自治机关巩固发展九年义务教育和扫除青壮年文盲的成果。重视学前教育，发展高中阶段教育、职业技术教育、成人教育和现代远程教育，鼓励自学成才。加快教育信息化建设。提高教育教学质量。

自治县的自治机关支持发展民办教育，多渠道筹集资金，改善办学条件。鼓励社会力量和个人投资办学或者捐资助学。

自治县的自治机关改善学校的教学环境，维护教育教学秩序。

第四十五条 自治县的自治机关重视发展民族

教育，保护少数民族儿童特别是女童受教育的权利。办好寄宿制、半寄宿制学校和民族中学，创造条件设立民族小学。

自治县所属学校招生时，应当适当放宽对少数民族学生和边远山区学生的录取条件。

自治县的各级各类学校，推行普通话和规范汉字教学。少数民族聚居地区的小学低年级，可以实行双语教学。

第四十六条　自治县人民政府应当将义务教育经费纳入公共财政的保障范围。教育经费增长的比例应当高于财政经常性收入增长的比例，并且使在校学生人均教育费用逐步增长，保证教师工资和学生人均公用经费逐步增长。

自治县设立资助贫困学生的专项资金，对家庭经济困难的学生和失学儿童给予补助，帮助他们完成义务教育阶段的学业。

第四十七条　自治县的自治机关加强教师队伍建设。重视培养本地各民族教师，建设一支素质合格、结构合理的教师队伍。

自治县的自治机关倡导尊师重教的良好风尚。对长期在边远贫困地区任教和教学成绩显著的教师，予以表彰奖励。

第四十八条　自治县的自治机关制定科学技术发展规划，建立健全科学技术推广服务体系，开展各类技术培训和技术服务，推广先进适用的科学技术，普及科学知识，加大科技扶贫力度。注重培养科技人才，发挥乡土人才的作用。

第四十九条　自治县的自治机关加强文化建设，发展具有民族特点的文学艺术、新闻、出版、广播、电视、电影和档案、图书等文化事业，培植民族文化产业。加强文化馆（站）和民族文艺团体的建设，积极开展群众文化活动，丰富各族人民的文化生活。

自治县的自治机关设立专门机构，开展民族理论、民族历史文化和语言文字的研究工作，安排专项经费，加强对民族民间文化的抢救、保护、发掘、整理和出版，编写地方史志。依法保护名胜古迹、革命文物和其他重要历史文化遗产。

自治县的自治机关加强文化市场的建设和管理。

第五十条　自治县的自治机关积极发展医疗卫生事业。加强公共卫生体系建设，逐步建立新型合作医疗制度，巩固和发展三级医疗卫生服务网络，提高乡村医生队伍素质，加强对地方病、多发病和传染病的防治，加强妇幼保健工作，提高预防和处置突发公共卫生事件的能力。

自治县的自治机关组织开展爱国卫生运动，普及卫生常识，改善卫生条件，加强农村改水、改厕工作和健康教育，提高各族人民的健康水平。

自治县的自治机关重视发掘、整理和应用民族民间医药遗产，保护和开发药材资源。

自治县的自治机关依法加强对食品、药品卫生的监督管理。

第五十一条　自治县的自治机关贯彻执行国家人口与计划生育法律、法规及政策。禁止近亲结婚，鼓励优生优育，控制人口自然增长率，提高人口素质。

自治县的自治机关加强对流动人口计划生育的管理与服务。

第五十二条　自治县的自治机关发展体育事业，加强体育基础设施建设，广泛开展群众性体育和全民健身活动，提高竞技体育水平，增强人民体质。

自治县的自治机关适时举办全县少数民族传统体育运动会。

第五十三条　自治县的自治机关逐步建立健全基本养老和基本医疗、失业、工伤、生育保险制度以及城镇居民最低生活保障制度，逐步推行农村养老、医疗保险和最低生活保障制度。

自治县的自治机关重视妇女、未成年人、老年人和残疾人的权益保障工作。

第七章　自治县的干部职工队伍建设

第五十四条　自治县的自治机关加强干部队伍建设，重视培养选拔少数民族干部和少数民族妇女干部。

自治县的国家机关、事业单位录用人员时，自治机关可以自主确定少数民族人员的名额和比例，或者实行定向招录，在年龄、学历、任职资格等方面适当放宽条件，或者采取考试加分等办法予以照顾。并且可以从农村人口中录用一定数量的少数民族人员。

自治县的国家机关和事业单位在公开选拔、竞争上岗配备领导干部时，可以划出相应的名额和岗位，定向选拔少数民族干部。

自治县内隶属于上级的国家机关、企业事业单位招考录用人员时，应当主要在自治县内招考，并且优先录用当地少数民族人员。

第五十五条 自治县的自治机关根据国家规定和自治县的需要，决定和调整自治县国家机关、事业单位的机构设置，自主地补充编制内的自然减员缺额。

第五十六条 自治县的自治机关设立专项经费，加强对干部职工的培训，有计划地选送干部职工尤其是少数民族干部到上级机关、发达地区挂职锻炼或者到有关院校学习进修，提高干部职工队伍素质。

第五十七条 自治县的自治机关推进户籍制度改革，吸引和鼓励各类人才尤其是企业经营管理人才和专业技术人才参与自治县的建设。对到自治县边远、高寒、特困山区工作或者长期在自治县工作的干部职工给予优待，并对其家属子女在就业、就学等方面给予照顾。

第五十八条 自治县所辖乡（镇）人民政府的领导成员中，应当配备一定数量的少数民族干部。

第五十九条 自治县的自治机关每五年召开一次民族团结进步表彰大会，对为自治县的物质文明、政治文明、精神文明与和谐社会建设和民族团结进步事业作出突出贡献的集体和个人给予表彰奖励，或者授予地方荣誉称号。

第八章　自治县的民族关系

第六十条 自治县的自治机关保障各民族的平等权利，倡导各民族干部群众互相尊重、互相信任、互相学习、互相帮助，加强民族团结，共同建设民族自治地方。

第六十一条 自治县的自治机关将县内人口较少民族、散居少数民族的发展纳入经济社会发展规划，帮助他们解决生产生活中的实际问题，扶持他们发展经济社会事业。

第六十二条 自治县的自治机关在处理涉及自治县内各民族的特殊问题时，应当与他们的代表充分协商，尊重他们的意见。

第六十三条 自治县的各民族公民有互相通婚的自由，任何人不得干涉和歧视。他们的子女的族别在子女未成年之前由父母双方协商确定，成年后由子女在父母双方的族别中自由选定。

第六十四条 每年公历11月25日是自治县成立纪念日，全县放假1天。同月为自治县民族团结进步宣传月。

每年彝族火把节、苗族花山节放假，按照国务院《全国年节及纪念日放假办法》由自治县人民政府具体规定。

自治县内各民族的传统节日都应当受到尊重。

第九章　附　则

第六十五条 本条例经自治县人民代表大会通过，报云南省人民代表大会常务委员会批准后生效。

自治县人民政府应当根据本条例制定实施办法。

第六十六条 本条例由自治县人民代表大会常务委员会负责解释。

禄劝彝族苗族自治县2020年国民经济和社会发展计划执行情况与2021年国民经济和社会发展计划草案的报告

——在自治县第十七届人民代表大会第五次会议上

（2021年1月20日）

禄劝彝族苗族自治县发展和改革局局长　薛　敬

一、2020年国民经济和社会发展计划执行情况

2020年，是全面收官"十三五"、科学谋划"十四五"的关键之年，是全面建成小康社会、实现第一个百年奋斗目标的决胜之年。一年来，面对突如其来的疫情冲击和严峻复杂的宏观经济形势，县人民政府在县委的坚强领导下，在县人大常委会和县政协的监督支持下，坚持以习近平新时代中国特色社会主义思想为指导，统筹推进疫情防控和经济社会发展，凝心聚力，攻坚克难，全力做好"六稳"工作，落实"六保"任务，全县经济运行保持总体平稳。

（一）经济社会发展主要指标完成情况

与自治县十七届人民代表大会第四次会议确定的经济社会发展主要预期目标比，预计有3项指标超额完成计划目标，有5项指标增速低于计划目标。

——实现地区生产总值144亿元，增长6%，增速高于计划目标1个百分点；

——一般公共预算收入50095万元，下降5.7%，增速低于计划目标8.2个百分点；

——规模以上固定资产投资82亿元，下降6.2%，增速低于计划目标11.2个百分点；

——社会消费品零售总额53.6亿元，下降5.1%，增速低于计划目标14.1个百分点；

——城镇常住居民人均可支配收入37033元，增长4%，增速低于计划目标4.5个百分点；

——农村常住居民人均可支配收入10466元，增长8%，增速低于计划目标1.5个百分点；

——城镇登记失业率为3.59%，控制在4%的计划目标内；

——招商引资到位市外内资61.52亿元，完成市下达任务的102.5%，实际利用外资183万美元，完成市下达任务的100%。

（二）重点工作目标完成情况

1. 脱贫成效持续巩固。紧扣"全国普查高质量、成效考核高质量、全面收官高质量"目标，坚持"四个不摘"要求，扎实开展决战决胜脱贫攻坚百日总攻、百日提升、百日巩固专项行动，召开挂牌督战现场推进会10次，成功举办全国脱贫攻坚考核评估现场观摩会。持续实施产业、就业、健康、教育等扶贫措施，安排乡村公益岗2958人，义务教育阶段保持零辍学，建档立卡贫困人口基本医疗保险、大病保险参保率达100%，脱贫不稳定户646户1985人、边缘易致贫户510户1698人风险全面消除。全面开展"两不愁三保障"问题大排查，各类监督检查反馈问题整改到位，无返贫和新增贫困情况，脱贫攻坚国家普查、省市级成效考核顺利通过。

2. 疫情防控成效显著。坚决贯彻落实习近平总书记关于疫情防控工作重要讲话和批示精神，高位统筹，全面部署，建立县乡村组四级疫情防控作战指挥和责任包保体系，实施"四个第一""三个率先"

举措，抽调41名专家组建医疗救治团队，设立三级疫情防控点、20个集中隔离观察点，并在交通要道设立卡点对进入车辆和人员开展排查，扎牢“外防输入”防线。推行疫情防控网格化管理，建立街道（社区）网格163个，自然村网格2592个，取得“零确诊”“零感染”病例的疫情防控成绩，有效保障了人民群众生命安全和身体健康。

3. 经济运行总体平稳。全面落实好省22条、市20条应对疫情稳定经济增长措施，出台禄劝应对疫情稳定经济运行措施的实施意见，统筹推进疫情防控和经济社会发展各项工作。认真研究制定年度经济工作方案，细化指标任务分解，压实工作责任、推动工作落实。积极做好向上对接报告，争取中央和省市资金36.93亿元，地方专项债券3.6亿元，有效缓解项目资金难题。坚持经济运行“预报、预警、分析、会商”四项制度，加强经济形势研判，强化经济指标分析，全力破解发展难题，确保经济运行在合理区间。

4. 产业发展步伐加快。高原特色农业稳步发展，完成大、小春粮食作物种植78.44万亩，粮食总产量达22.32万吨；收购烟叶22.8万担，实现烟叶特产税7734万元，分别占年初计划的104%、101.8%；种植蔬菜13.57万亩、花卉7600亩、特色水果4220亩、中草药11.08万亩，提质增效核桃4.25万亩、板栗4.07万亩，建成鲜切花标准化示范点8个；畜牧业稳步发展，生猪生产和供给基本恢复，全县出栏生猪82.5万头、肉牛10.5万头、肉羊30.5万只、肉禽250万羽；农业园区新引进项目2个。工业经济快速发展，规模以上工业增加值同比增长320%，超年初计划目标315个百分点，新增规模以上工业企业2户，乌东德水电站8台机组并网发电；工业园区整体搬迁工作有序推进，完成基础设施投资1.7亿元，实现主营业务收入50.95亿元，入园企业达69户。现代服务业加快发展，完成限额以上社会消费品零售总额2.7亿元，新增限额以上商贸企业7户，建成17个乡（镇、街道）及130个村级电商服务站，成功举办第一届西南坚果交易博览会。市场监管监测工作进一步加强，物价总体保持稳定。金融、保险业健康发展，通信、网络设施更加完善。旅游业加快发展，转龙镇、乌蒙乡、中屏镇、九龙镇4个乡（镇）成功申报省旅游扶贫示范乡，中屏镇火本村、转龙镇桂泉村成功申报省旅游扶贫示范村，打造“传统村落”“旅游村”56个，全年接待游客120万人次，实现旅游营业收入5.8亿元。

5. 重点项目建设有序推进。2020年，计划实施重点建设项目133项，其中续建39项，计划新开工94项，计划完成投资92.65亿元，实际完成投资63.78亿元，占计划的68.8%，新开工50项，开工率为54.3%。交通、水利、电网、城镇等基础设施建设加快推进。交通建设方面：武倘寻高速公路、小汤公路提升改造、皎平渡大桥复建工程建成通车，皎马公路、团云公路、禄大公路提升改造工程加快推进，实施通村公路路面硬化工程77千米，农村公路生命安全防护工程603千米，自然村公路硬化率达89.8%。水利建设方面：真金万水库、大河边水库、住基水库建成投用，甲甸二水库、关坝河水库、核桃箐水库建设有序推进，启动本业水库建设，实施农村饮水安全巩固提升工程234件，推进南塘河、洗马河治理工程。电网建设方面：完成35千伏小团山、35千伏丽山变电站可研编制，安装配电自动化线路66条，综合供电可靠性达99.7%，持续实施农网升级改造、农村低电压台区改造工程，贫困村10千伏以上动力电实现全覆盖。城镇建设方面：推进“美丽县城”建设，完成12个老旧小区改造，新建城市公厕3座，新增城市绿地3.03公顷，县城绿化覆盖率达38.7%，15个小区获省或市级“园林小区”称号，38个单位获省或市级“园林单位”称号。南塘·公园里、三溪鼎晟温泉城五期、迦南苑、秀河映景二期等项目有序推进。“智慧禄劝”建设取得突破，建成开通5G基站136个。

6. 生态环境持续改善。加强云龙水库保护，完成高安、书西、芝兰小河流域67个重点村庄水环境整治工程，建成水源涵养林1.77万亩、农改林1.1万亩，云龙水库水质稳定在Ⅱ类水标准。加快林业生态建设，完成营造林13.95万亩，创建国家森林乡村7个，省级森林乡村26个。开展农村人居环境整治，改建行政村公厕45座、无害化卫生户厕4557座，实现乡（镇、街道）垃圾收运设施全覆盖。全面加强环境监测和污染防治，全县集中式饮用水源地水质达标率达100%，地表水水质达到功能区划要求。持续推进大气污染防治工作，开展空气环境质量自动化监测，空气优良率达100%。

7. 改革创新全面推进。深化供给侧结构性改革，完成市营商“红黑榜”反馈问题整改，“一窗通办”“一网通办”扎实推进，“全程网办”比例达到市级要求标准，营商环境持续改善。农业农村、林草、投融资、财税、教育、医疗卫生、社保等改革深入推进，社会体制改革取得实效，北街社区成功创建城乡社区治理创新试点。科技创新活力进一步激发，专利申请和授权58件，新注册商标114件，申报国家高新技术企业3家。签约招商引资项目14个，落地7个。

8. 民生事业普惠共享。教育事业取得突破，职业高级中学实训基地、新兴职业学院二期工程建成投用，实施“一村一幼”项目106个，教学质量稳步提升，高中阶段毛入学率达93.29%，高考本科上线率达42.46%，1名考生首次进入全省前50名。民族文化体育活动全面开展，安装健身路径73条，第一届“禄劝地标”穿越城市定向赛、“奔跑吧禄劝”大众欢乐跑成功举办。医疗事业全面发展，延安医院托管县人民医院工作顺利完成，单采血浆站、县中医院搬迁建设项目加快推进。深入开展爱国卫生“7个专项行动”，创建省级卫生乡（镇）7个。文化事业加快发展，第四批国家公共文化服务体系示范区创建通过验收，申报禄劝“长征国家文化公园建设”项目规划25项。就业创业形势稳定，城镇新增就业1904人，农村贫困劳动力转移就业4.2万人，发放创业贷款5465万元。社会保险覆盖面不断扩大，城乡居民基本养老保险、工伤保险、失业保险参保人数分别达29.03万人、2.29万人、1.16万人，医疗保险参保率达98%。社会救助、临时救助实现应救尽救，发放各类救助资金1.1亿元。殡葬改革全面深化，新建（提升改造）农村公益性公墓42个，“四个100%·一提升”目标全部实现。第七次全国人口普查工作顺利推进，《自治条例》修订实施。民族宗教、应急管理、防震减灾、史志档案、气象等工作取得新成效。

（三）计划执行中存在的主要问题

2020年，全县经济社会发展大局总体稳定，但计划执行中仍存在一些困难和问题，主要表现在：一是经济发展形势严峻。受疫情及宏观形势影响，经济增长面临诸多挑战，实体经济遭到冲击，一季度全面处于关停状态，部分经济指标没有达到预期，尤其是一般公共预算收入、固定资产投资、社会消费品零售总额等指标出现负增长。二是产业发展困难多。一产规模化、组织化程度不高，附加值低，保持快速增长后劲不足。二产工业企业运营困难，规模以上工业企业减产面达65%；建筑业资质低、技术装备差，市场竞争能力弱。三产受疫情冲击严重，批发、零售、住宿、餐饮营业额不同程度下滑。三是社会民生存在短板。交通、水利、市政基础设施建设还有差距，文化、就业、教育、医疗、社会保障等民生领域存在短板，城乡发展不平衡、不充分，巩固脱贫攻坚成果同乡村振兴有效衔接仍需持续发力，常态化疫情防控工作任重道远，科技创新水平有待加强。

二、2021年国民经济和社会发展主要目标任务

2021年是“十四五”规划开局之年，也是中国共产党建党100周年。根据中央经济工作会、中央农村工作会的总体部署和市委十一届十一次全会、县委十四届十次全会的总体要求，统筹考虑各方面因素，2021年经济社会发展主要预期目标建议为：地区生产总值增长6%左右，一般公共预算收入增长1.8%，规模以上固定资产投资增长5%左右，社会消费品零售总额增长6%，城镇居民人均可支配收入增长5%，农村居民人均可支配收入增长7%，城镇登记失业率控制在5%以内，招商引资完成市下达目标。

为实现上述目标，重点抓好以下几方面工作：

（一）持续巩固脱贫成效，全面推进乡村振兴

坚持把农业农村建设摆在首位，推进巩固拓展脱贫攻坚成果与乡村振兴有效衔接。按照“四个不摘”要求，紧扣“两不愁三保障”标准，全面落实产业、就业、教育等后续帮扶措施，扎实开展贫困人口遍访和动态监测，防止返贫或新增贫困现象发生。建立健全脱贫攻坚巩固提升与乡村振兴战略有机衔接制度，抢抓中央“在西部地区贫困县中集中支持一批乡村振兴重点帮扶县”政策机遇，积极争取纳入

国家西部地区乡村振兴重点帮扶县，扎实做好产业、生态、文化、人才、组织建设，推进26个传统村落、102个美丽村庄和“一村一品”特色产业村建设，不断丰富乡村经济业态、拓展农民增收空间。

（二）推进产业转型升级，促进经济平稳运行

坚持以发展实体经济为着力点，推进产业转型升级，构建绿色现代化产业体系。农业方面：稳定粮烟生产，持续实施科技增粮项目，种植粮食70万亩，粮食总产量达22万吨以上，指导性种植烤烟8万亩，指令性收购烟叶23万担。加快蔬菜、花卉、中草药、特色水果等优势产业发展，种植蔬菜12万亩、花卉7000亩、中草药15万亩、特色水果3000亩，提质增效核桃2万亩、板栗3万亩。以撒坝猪、黑山羊、乌骨鸡为重点，积极发展生态养殖，出栏猪87.1万头，牛10.7万头，羊31万只，家禽258万羽，认定家庭农场10家以上。加快农业园区建设，新引进项目1个，落地开工1个。农林牧渔业总产值增长7%以上。工业方面：实施工业攻坚三年行动计划，做好“一企一策”帮扶工作，帮助企业复产达产，促进工业经济健康发展。全力支持乌东德水电站建设，加快推进工业园区整体搬迁建设，启动固体废物资源化利用项目、新型环保材料产业园等项目建设，培育规模以上工业企业2户，规模以上工业增加值增长5%。服务业方面：全面开展消费升级行动计划，优化提升批发、零售、住宿、餐饮业，大力发展健康养老、居民服务、文化体育等生活性服务业，促进房地产业健康发展，培育限额以上商贸企业7户。大力发展文化旅游产业，推动文化旅游与康养深度融合，完成轿子山景区提升改造，加快推进轿子雪山小镇、三江口温泉等项目建设，启动香海文博康养小镇、皎平渡红色旅游景区迁址重建项目建设，旅游综合收入增长10%以上。

（三）加快基础设施建设，夯实发展基础

抢抓国家新西部大开发、新基建战略及全省加快“五网”基础设施建设机遇，统筹用好中央预算内投资、专项债券资金，全面加强交通、水利、电力电网等基础设施建设。综合交通方面：完成皎马公路、团云公路、禄大路提升改造工程建设，启动东绕城线、中则二级公路、东华大桥建设。实施农村公路路面硬化100千米，安全生命防护工程300千米。水利建设方面：完成关坝河、核桃箐、甲甸二水库重点水源工程建设，启动岔河水库、金兆水库建设，实施九龙撒布开、文林等四个村委会提水工程，推进乌东德、白鹤滩水电站库区移民项目建设。电力电网建设方面：实施35千伏富老井变电站扩建工程、35千伏翠华输变电工程，推进35千伏三江口、小团山配电台区试点项目建设，保障电网安全稳定运行。城镇建设方面：加快“美丽县城”建设，积极申报省级“美丽县城”创建重点县，紧扣“干净、宜居、特色、智慧”目标要求，完成老旧小区改造18个，完善县城停车、给排水、消防、环卫设施建设。加快南塘·公园里、秀河映锦、三溪鼎晟温泉国际城等项目建设。推进“数字禄劝”建设，建设5G基站300个。加快推进轿子雪山小镇、乌东德特色小镇建设，推进14个乡镇污水处理厂建设。

（四）推动改革创新，激发内生动力

稳步推进财税金融、生态环境、社会治理、民生服务等重点领域改革，探索实施农村集体经营性建设用地入市制度，推进“一部手机办事通”“一网通办”“一窗通办”政务服务，普遍落实“非禁即入”“好差评”“红黑榜”，加快打造“办事不求人、审批不见面、最多跑一次”的市场化、法治化、便利化营商环境。推进科技创新，加强科技创新人才引进和培养，用好专家工作站、企业技术创新中心等平台，带动中小企业创造创新，做好科技试验、示范工作，加快禄劝科技成果转化中心建设，申报市级以上科技计划项目1个，新认定高新技术企业1户以上。加强对外开放合作，积极融入国内国际双循环新发展格局，拓展与长三角、泛珠三角、粤港澳大湾区、川渝经济区等重点地区交流合作，创新招商模式，积极参加“南博会”“农博会”“旅交会”等重大招商活动，持续办好西南坚果交易博览会，争取引进一批大企业、大项目落户禄劝，切实提高重点产业签约项目履约率、落地率、开工率，确保招商引资完成市下达目标任务。

（五）加强环境保护，推进绿色发展

坚持绿水青山就是金山银山的理念，持续打好“蓝天、碧水、净土”三大保卫战，推进绿色发展。

突出生态涵养示范区发展定位，高质量完成全县国土空间规划编制，构建科学合理的生产、生活、生态空间。强化生态保护，全面深化河(湖)长制，深入实施普渡河、掌鸠河保护治理三年行动计划，落实长江“十年禁渔”计划，持续推进云龙水库“六个”治理工程，确保云龙水库水质总体稳定达标。深入实施退耕还林、人工造林、天然林防护、石漠化治理等生态建设工程，完成营造林13.95万亩，治理石漠化面积33平方千米。加快绿色发展，积极发展以林药、林菜为主的林下经济，启动国家储备林、智慧林草(二期、三期)建设，推进崇德生态湿地公园、双化水库生态治理、再生资源回收利用等项目建设，推广清洁能源及新能源汽车使用，加快推进垃圾分类处置，禁止、限制部分塑料制品的销售和使用。加强农村环境综合治理，加大农业面源污染治理力度，开展重点流域规模化畜禽养殖专项整治，实施普渡河流域6个重点村落环境综合整治，推广测土配方施肥技术和病虫害绿色防控技术，推进“减肥减药”。强化大气污染防治，确保空气质量优良率达100%。

(六)加强民生保障，增进民生福祉

坚持以人为本，大力实施便民惠民实事工程，切实提升群众生活幸福感。优先发展教育，加快特殊教育学校、新兴职业学院建设，开展发邑小学、秀屏小学、崇德小学义务教育学校“改薄”，争取启动禄劝中学、禄劝第二幼儿园、鲁溪幼儿园、崇德第一幼儿园、永平幼儿园建设，确保学前教育毛入园率和高中阶段毛入学率分别达96.5%、93.7%。深入实施健康禄劝行动，大力推进传染病救治能力、疾控机构核心能力“双提升”工程，完成中医院整体搬迁，启动疾控中心整体搬迁、第一人民医院改扩建项目建设，深入开展爱国卫生“7个专项行动”，常态化抓好疫情防控工作，全面加强疾病预防控制防治。加强公共文化建设，巩固国家公共文化服务体系示范区创建成果，推进县文化馆、图书馆建设，开展文化惠民演出活动80场次以上。加强文化遗产保护利用，推进禄劝长征文化公园项目建设，申报县级传承人30人、县级“非遗”项目4个。抓好社会保障工作，积极推进就业，重点做好高校毕业生、退役军人、城镇登记失业人员、农村劳动力转移就业工作，确保城镇新增就业1800人以上，农村劳动力转移就业2.4万人。做好基本养老保险、基本医疗保险工作，鼓励社会资金进入养老、医疗等领域，确保各类社会保险参保覆盖率稳步提升。扎实开展社会救助，新建农村居家养老活动中心3个、农村公益性公墓5个，完成全国第二次地名普查，编制《行政区划图》《地名志》。做好市场管理、民族宗教、应急管理、防震减灾、史志档案、气象等工作。

三、2021年项目投资计划

2021年，计划实施建设项目107项，计划完成投资87.48亿元。其中：续建项目40项，计划完成投资22.61亿元，新开工项目67项，计划完成投资64.87亿元。按项目类别分：

(一)农林牧渔业项目24项，年度计划投资10.43亿元；

(二)工业项目3项，年度计划投资14.36亿元；

(三)服务业项目15项，年度计划投资20.28亿元；

(四)综合交通项目12项，年度计划投资8.1亿元；

(五)城镇基础设施项目9项，年度计划投资13.99亿元；

(六)水利项目11项，年度计划投资8.49亿元；

(七)社会公共事业项目19项，年度计划投资8.73亿元；

(八)生态环境保护及治理项目11项，年度计划投资1.91亿元；

(九)扶贫及以工代赈项目2项，年度计划投资0.6亿元；

(十)园区基础设施项目1项，年度计划投资0.6亿元。

禄劝彝族苗族自治县2020年地方财政预算执行情况和2021年地方财政预算（草案）的报告

——在自治县第十七届人民代表大会第五次会议上

（2021年1月20日）

禄劝彝族苗族自治县财政局局长　武　勇

一、2020年地方财政预算执行情况

2020年，在县委的坚强领导下，在县人大及其常委会的依法监督和县政协的民主监督下，坚持以习近平新时代中国特色社会主义思想为指导，坚持稳中求进工作总基调，按照“过紧日子”的思想，在新冠肺炎疫情严重影响的情况下，严格落实疫情防控期间减税降费各项政策，突出“三保”支出主体责任，聚焦巩固脱贫成效，努力抓收支，统筹推进稳增长、促改革、调结构、惠民生、防风险各项工作，为全县经济社会平稳健康发展、全面提升脱贫成效发挥了重要作用，全县预算执行情况趋于平稳。

（一）一般公共预算收支完成情况

全县本级一般公共预算收入完成50095万元，较上年减少3030万元，其中，税收入完成33847万元，占一般公共预算收入的67.6%，同比下降3.3个百分点；非税收入完成16248万元，占一般公共预算收入的32.4%，收入质量略有下滑。加转移性收入149425万元（其中，返还性收入10292万元、一般性转移支付收入134619万元、财力性专项转移支付收入4514万元），调入预算稳定调节基金336万元，调入资金54588万元（政府性基金调入12292万元、2020年土地指标跨省调剂收入11626万元、债券转贷收入6000万元、盘活存量资金4609万元、其他调入20061万元），减上解支出6249万元，合计248195万元。本级一般公共预算支出248195万元，收支相抵，实现本级一般公共预算收支平衡。2020年财政支出保持较高强度，一般公共预算支出（含上级专项支出）完成382655万元。

（二）政府性基金预算收支完成情况

2020年本级政府性基金预算收入20187万元，较上年增收14194万元。加地方政府专项债券转贷收入29000万元，原“两区”基金结转5493万元，政府性基金收入完成54680万元。政府性基金预算支出42388万元，其中，地方政府专项债券安排支出29000万元；调入一般公共预算12292万元，收支相抵，实现本级政府性基金预算收支平衡。

二、2020年财政政策执行和财政重点工作落实情况

2020年受新冠肺炎疫情等因素影响，经济下行压力持续加大，财政收支压力进一步加剧。财政部门围绕中央、省、市各项决策部署，加强沟通协作，认真贯彻落实“六稳”“六保”工作任务部署，积极推动产业发展，努力培植财源，优化财政资源

配置，为巩固脱贫成效、促进经济社会健康发展提供了坚强保障。

（一）争取上级资金，全力落实保障“三保”

争取到中央抗疫特殊转移支付11721万元，市级财力性转移支付4172万元，用于“三保”支出，平衡县级财力；争取到共同事权转移支付64259万元，用于教育、卫生、社会保障等社会事业发展；争取到中央抗疫特别国债9000万元，用于转龙杨家湾白木卡北出口项目建设；争取到地方政府专项债券27000万元，用于县中医院整体搬迁建设项目、工业园区标准化厂房建设项目，充分保障重点项目资金需求，积极发挥财政杠杆作用，拉动经济社会发展。树立“过紧日子”思想，按照“只减不增”的原则，统筹财力全力保“三保”，按照省级“三保”政策清单，编足年初“三保”支出预算。在地方一般公共预算收入未完成4890万元，2个土地储备专项债券项目收入未实现的情况下，一般公共预算支出仍完成382655万元，民生支出完成318574万元，占一般公共预算支出的83.3%，民生得到持续改善，其中，“三保”支出255590万元，做到应保尽保。

（二）竭尽全力，支持打赢疫情防控阻击战

面对新冠肺炎疫情影响和经济下行带来的减收压力，财政部门高度重视，切实提高政治站位，认真落实省市县各项疫情防控决策部署，第一时间启动应急机制，统筹安排疫情防控财政保障工作，建立资金拨付“快速通道”，按“急事急办、特事特办”和防疫保障资金走“快速通道”的原则，第一时间予以拨付抗疫资金，有力支持全县打赢疫情防控阻击战。全年共拨付疫情防控资金1665万元，支付率100%，保障卫生部门医疗救治、医用物资采购、隔离病房建设、医护和防控人员临时性工作补贴及其他疫情防控所需支出，确保疫情防控工作有力有序有效开展。

（三）严格落实财税政策，助力企业复工复产

按照党中央、国务院的决策部署，以及省市县相关工作安排，认真组织开展减税降费各项工作，助力企业复工复产，促进经济发展。严格落实中央和省市各部门制定出台的支持复工复产有效应对疫情稳定经济增长若干措施，积极发挥中小企业和各类经营主体在疫情防控和经济恢复工作中的重要作用，切实减轻企业负担。积极运用融资担保降费支持、降低担保费率、加大贷款贴息补助、降低用电用气成本、降低用地出让成本、鼓励减免房租、加大税收减免、就业补助、清欠工程款等力度，增加风险补偿等系列财政金融政策措施。落细落实减税降费、专项扶持政策，切实降低中小微企业和各类经营主体负担。

（四）强化涉农资金整合，充分发挥资金效益

明确涉农资金整合和统筹安排重点，采取有力措施，积极推进全县财政涉农资金统筹整合工作，进一步提高涉农资金管理水平，规范资金投向，提高涉农资金使用效率，脱贫成果巩固稳步提升。全年整合涉农资金40721万元，投向基础设施建设、农业生产发展、“雨露计划”等脱贫攻坚最需要的地方，其中农业产业投入占整合资金的68.7%。改变“撒胡椒面”的做法，发挥财政涉农资金最大效益。

（五）强化日常监管，确保资金使用安全

整合财政监督力量，构建日常监管与专项检查相结合的监督机制，筑牢上级监督、部门监督、监察审计监督、群众监督和社会舆论监督“五道防线”，保资金安全使用和效益最大化。严格审批程序，强化资金监管，督促项目主管部门加快支出进度，发挥资金使用效益，对不能及时拨付的结余资金收回财政重新安排。制定《禄劝彝族苗族自治县财政局加强扶贫资金管理十一条措施》《禄劝2020年统筹整合使用财政涉农资金实施方案》《禄劝2020年统筹整合使用财政涉农资金调整方案》，为财政涉农资金统筹整合工作提供政策支持，推动全县财政涉农资金统筹整合工作跃上新台阶。

（六）强化政府债务管理，严控政府债务规模

进一步规范政府性债务和政府性投资管理，明确防范化解政府债务风险重点工作目标、完善政府债务风险攻坚工作运行机制，推进债务化解各项工作落到实处，确保不发生系统性、区域性风险。为

确保债务逐步化解，按照政府安排还一点、争取债券资金换一点、公司收益补一点、争取政策销一点、市场运作化一点的方式，全力化解存量债务。全年共化解政府性债务8569万元，圆满完成市政府军令状明确的隐性债务年度化债目标任务，年末债务余额控制在法定限额内，未发生政府债务风险。加强政府债务预算管理，将政府债务还本付息支出全额列入年初预算；严格落实市级预警提示督办事项，根据债务到期情况，督促各责任主体提前落实偿债资金安排，确保按时还本付息，避免出现违约风险。

（七）加强预算绩效管理，提高财政资金使用效益

严格按照《预算法》《中共禄劝彝族苗族自治县委禄劝彝族苗族自治县人民政府关于全面实施预算绩效管理的实施意见》等文件规定和要求，强化全面绩效管理，组织、指导全县各预算单位（部门）开展预算绩效管理工作，严格绩效目标编审、组织绩效评估、实施绩效跟踪、开展绩效评价，将绩效理念融入预算管理全过程，加强成本效益分析，大幅压减非刚性、非重点支出，把钱用在“刀刃”上。强化结果运用，优化财政资源配置，着力提高财政资金使用效益。

（八）搭建标准化平台，财政运行更加规范透明

以系统化思维和信息化手段，建立预算管理系统、生产系统、监控系统的集成，实现预算编制、预算执行、预算监督和预决算公开全覆盖；将财政资金纳入云南省地方财政预算标准化管理平台管理，实现指标、计划、审批、支付各个环节之间相互衔接的工作链，完成预算管理综合平台建设，实现预算编制、预算执行、人大监督、省厅监控（预警），完成全过程事项预算事前事后监控，提升财政规范运行水平。

2020年财政工作取得的成绩，是县委坚强领导的结果，是县人大、县政协监督指导和各位代表、委员关心支持的结果，是全县各级各部门和全县各族人民齐心协力艰辛付出的结果。在总结成绩的同时，我们清醒地认识到当前财政管理中存在一些困难和问题：一是收入缺乏支撑。全县产业结构不优，支柱产业少，工业经济薄弱，市场主体不强，税源结构单一，财政收入基础不牢。二是收支矛盾突出。在本级收入逐年减少的情况下，“三保”支出、其他民生等刚性支出不断增加，基础设施、产业发展、污染防治、债务化解等任务艰巨，加之落实减税降费、疫情影响，我县收支平衡难度加大。三是预算绩效不高。预算绩效理念还没有得到全面贯彻落实，一些部门预算编制准确性不强，细化不够，资金使用分散、效益不高。绩效结果运用不充分，成效不明显。四是债务化解压力大。债务还本付息进入高峰期，偿债压力大。新增专项债券资金使用效益有待进一步加强。

三、2021年地方财政预算草案

2021年是“十四五”规划规划的开局之年，经济下行压力持续加大、大规模减税降费政策带来减收效应持续释放、新冠肺炎疫情对市场的冲击依然存在，乌东德水电站建设接近尾声，投资“断崖式”下滑，而建成发电产生的增值税、水资源费尚未形成，且受留底退税影响，近几年将无税收入库，全县财政收入锐减。但落实“三保”支出主体责任、疫情防控、巩固脱贫成效衔接乡村振兴、教育卫生“补短板”，爱国卫生“7个专项行动”、污染防治、政府债务还本付息等重点支出刚性较强，财政平衡的压力巨大。我们将一手支持重点项目建设、一手促经济平稳运行，坚持底线思维，增强忧患和风险意识，积极主动作为，统筹协调做好预算编制、执行等各项财政工作。

2021年预算编制以适应经济发展新常态，促进财政运行紧平衡状态下的可持续发展为根本遵循，坚持以下原则：一是以收定支，确保平衡。坚持统筹兼顾、量入为出，有效统筹各类资金资源资产，依法依规组织收入，合理安排预算支出规模，严控新增支出。二是突出重点，优先保障。紧紧围绕中央、省和市的重大战略部署安排预算，重点投向全县经济社会发展和疫情防控的重点领域和关键环节。三是厉行节约，提质增效。坚持党政机关带头厉行

节约，真正把过紧日子作为长期坚持的基本方针，贯彻到预算编制全过程，精打细算，提高财政资金使用绩效。四是强化统筹，零基安排。打破基数概念和支出固化格局，各部门新增任务一律优先通过调整优化支出结构、统筹财政拨款和自有资金、合理分配年度间资金安排等方式解决。

2021年全县预算安排：

（一）一般公共预算

2021年我县县本级一般公共预算收入计划完成51000万元，增长1.8%，比上年实际完成数50095万元增加905万元；县本级一般公共预算支出预计完成237043万元，比上年实际完成数248195万元减少11152万元。

2021年一般公共预算收支平衡计划：按现行财政管理体制测算，2021年全县地方财政预算可用财力237043万元（其中：县本级一般公共预算收入51000万元、返还性收入10292万元、一般性转移支付收入123920万元、财力性专项转移支付收入4514万元、政府性基金调入20000万元、国有资本经营预算收入调入300万元、其他资金调入33517万元、减上解支出6500万元），一般公共预算支出237043万元，预计实现收支平衡。

（二）政府性基金预算

2021年政府性基金收入计划完成24596万元，比上年实际收入数20187万元增加4409万元；政府性基金支出预计完成4596万元。

2021年政府性基金预算收支平衡计划：按现行财政管理体制测算，2021年政府性基金预算收入24596万元（其中：绿地农业生态园产业扶贫土地储备项目收入10000万元，禄劝县中医院整体搬迁建设项目收入596万元，其他政府性基金预算收入14000万元），政府性基金预算支出4596万元，调入一般公共预算20000万元，预计实现收支平衡。

（三）国有资本经营预算

2021年国有资本经营预算收入计划完成500万元。

2021年国有资本经营预算收支平衡计划：2021年国有资本经营预算收入500万元，国有资本经营预算支出200万元，调入一般公共预算300万元，预计实现收支平衡。

四、2021年财政工作思路及重点工作

“财政是国家治理的基础和重要支柱。”2021年，县财政局将切实增强围绕中服务大局意识，认真贯彻落实县委、县政府决策部署，扎实做好“六稳”工作，全面落实“六保”任务。持续做好财政收支预研预判，狠抓预算执行管理，统筹推进疫情防控和经济社会发展，各项工作取得积极进展，全力落实积极的财政政策并更加有为，全力保障好全县经济社会平稳健康发展！

围绕以上思路，做好以下重点工作：

（一）提高财政收入质量

在做大财政收入总量和保证收入质量上再加力，为推进高质量发展提供财力支撑。一是强化征管。强化收入组织调度和财税协调联动，突出重点税种征管，堵住征收漏洞，做到依法征收、应收尽收。二是培植财源。全面落实减税降费政策，降低实体经济成本，落实好财政支持产业发展和经济发展政策，强化产业扶持和重点税源培育，厚植财源。全力扶持郎之汤产业融合发展，带动全县高粱种植、稳定收购，群众增收巩固脱贫成效，促进酒产业生产、包装、销售产业链发展，形成新的财政增长点。三是激发活力。用好省以下地方财政税收增收留用及以奖代补政策，提高发展县域经济和乡镇增收积极性，激发县乡“造血”功能。四是争取资金。强化财税政策研究和项目培育储备，积极向上争取政策、项目资金。积极汇报、协调，争取乌东德电站税收分成和水资源费入库事宜。及早谋划储备一批重大项目，推动地方政府专项债券成功发行，支持县域经济发展。

（二）提升财政保障能力

在夯实财政管理基础和提高财政管理效能上再加力，不断提升财政管理水平和服务保障能力。一是提高预算执行效能。优化财政支出结构，严控“三

公”经费支出，压缩行政成本。加强预算执行监测分析，采取定期通报，提高预算执行质量。二是继续加大民生保障。始终坚持人民至上，把人民对美好生活的期盼作为我们一切工作的出发点和奋斗目标，进一步增加就业、教育、医疗、社会保障、文化体育事业等方面投入，不断加大补短板强弱项保重点的力度。全面落实“三保”主体责任，坚决兜牢“三保”底线。三是打好疫情防控战。巩固国内疫情防控向好态势，认真落实中央和省市县“外防输入、内防反弹”各项政策措施，统筹安排疫情防控资金保障，坚决打赢疫情防控阻击战。四是提高债务风险防控能力。强化债务风险管控，规范政府举债融资机制，完善政府债务风险评估预警机制，强化到期债务提前预警，压实债务主体责任，多渠道筹集偿债资金，积极申报和争取上级专项债券，坚决遏制隐性债务增量。五是强化财政管理基础。提高财政信息公开质效，推进财政业务系统一体化建设，健全财政资金动态监控体系，加强国库库款管理，严控财政专户和扶贫资金结余结转，保障财政资金使用安全高效。

（三）保障重点工作资金投入

一是涉农资金投入再提升。多渠道筹措和增加涉农资金投入，优先将涉农资金投入作为财政编制预算的重要内容，加强性质相同，用途相近的涉农资金统筹使用，促进功能互补，巩固脱贫成效，衔接乡村振兴。二是防范化解地方政府债务风险隐患。强化风险意识，坚持底线思维。严格落实地方政府性债务余额限额管理，依法依规举债融资，积极争取新增债券支持，争取省级暂停计提土地出让收益等政策措施支持，确保及时足额偿还债务本息。稳妥化解隐性债务存量，坚决杜绝违法违规举债融资行为，坚决遏制隐性债务增量。三是全力支持改善环境卫生和“7个专项行动”资金投入。深入推进生态建设，积极实施“农改林”、水源涵养林和水环境修复等工程，推动云龙水库保护水环境持续改善，防范生态环境风险，打好污染防治攻坚战。同时按照中央、省市部署，积极筹集资金支持爱国卫生“七个专项行动”、人居环境提升行动，巩固疫情防控成果，维护人民健康，有效推动环境卫生治理向社会健康管理转变。

（四）深化财税体制改革

在深化财税体制改革和提高改革成效上再加力，不断激发财政改革发展的内生动力。一是推动事权和支出责任划分改革。严格执行上级基本公共服务领域财政事权与支出责任划分改革方案，落实事权、支出责任与财力相适应的制度，逐步推进基本公共服务均等化。二是深化预算管理体制改革。加强项目库建设，完善项目库系统，健全预算编审体系。严格专项资金管理，建立到期政策清理退出机制，强化中期财政规划对年度预算的约束，提高财政政策的前瞻性和可持续性。三是推进政府会计制度改革。全面实施政府会计制度改革，强化会计人员培训，加快内控体系建设，逐步完善权责发生制政府综合财务报告制度。四是持续推进政府采购制度改革，加快实施“互联网+采购”行动，实现政府采购“一张网”。

（五）实施积极的财政政策，提质增效，更可持续

一是落实减税降费政策，强化普惠金融服务，持续激发市场主体活力。推进改革创新，让市场主体中特别是中小微企业和个体工商户增加活力。二是充分挖掘市场潜力，以改善民生为导向，扩大消费和有效投资，完善支持社会资本参与的机制和政策，更加注重民生基层实施补短板建设，推动新型城镇和县域协调发展。

（六）推进财金联动，支持乡村振兴

一是统筹推进财政金融融合，用好财政支持政策，发挥农业担保作用和财政贴息，切实降低涉农主体融资成本，推动再贷款、再贴息，强化金融资源供给。落实农业保险“扩面、增品、提标”，助力保粮食安全。加大创业担保贷款贴息力度，助力稳就业、保就业。优化融资担保服务，助力保市场主体。二是持续强化资金保障，加大财政资金投入力度，优化财政资金投入机制，提高财政资金的精准度和使用效益，不断推动农业产业发展和农村基础

设施建设，改善农村人居环境及生产生活条件，为全面实施乡村振兴战略提供有力的资金保障。

（七）提升全面预算绩效管理

在拓宽预算绩效管理的深度和广度上再加力，逐步构建“全方位、全过程、全覆盖”的预算绩效管理体系。一是构建全方位管理格局。实施政策绩效管理，将支出政策制定、实施和结果纳入绩效管理，关注政策落实及效应、资金分配的科学合理性。更加突出绩效导向，强调成本效益、经济效益和社会效益，提高财政资源配置效率。二是推进落实全过程管理。持续推进预算管理和绩效管理深度融合，强化预算事前评价。强化绩效目标管理，做好绩效运行监控。优化完善绩效评价考核机制，健全绩效评价结果反馈和整改制度，强化评价结果和考核结果运用。三是拓展绩效管理覆盖面。将民生支出、污染防治、疫情防控、爱国卫生、政府专项债券、直达资金等重点领域、重点项目、重要政策列入重点绩效评价，建立财政资金“能进能出”的决策机制。

（八）深入推进法治财政建设，打造廉洁高效财政干部队伍

坚持把队伍建设作为财政工作的基础工程，增强“四个意识”、坚定“四个自信”、做到“两个维护”，深刻领会习近平总书记关于人才工作重要论述的科学内涵、战略考量和实践要求，牢牢把握财政系统人才队伍建设的正确方向，坚持党管人才原则，突出政治标准，坚持事业为上，遵循科学方法，统筹财政改革发展长远目标和当前任务，以财政职业精神为引领，不断提高财政队伍综合素质和服务发展能力。做大做优做强财政系统人才队伍。为更好发挥财政在国家治理中的基础和重要支柱作用提供坚强组织保证和人才支撑。将贯彻落实国家重大政策措施、巩固脱贫成效政策落实及扶贫资金分配管理使用等作为监督重点，完善建议、提案办理机制，接受人大法定监督、政协民主监督。积极配合审计监督，强化审计和监督检查反馈问题整改，改进和加强财政信息公开，认真执行“三重一大”、合法性审查、“双随机一公开”制度，落实“放管服”和行政审批制度改革要求，深入推进法治财政建设，坚决查处各类财经违法违规行为。

（九）加强国资管理，做强平台公司

一是落实主管部门和行政事业单位国有资产管理责任主体，严格管控国有资产重点环节，规范国有资产管理，强化国有资产绩效管理，确保国有资产账卡、账实相符。二是深化国有企业改革，强化国资监管，按照现代企业制度要求，健全国有企业内设机构，强化国有企业日常监督管理，建立考核机制，确保企业国有资产保值增值。2021年，按照市级三年国企改革的有关要求，县属国有企业将进行大规模的整合重组，我县将充分利用政策机遇，重组现有国有企业，推动政府投融资平台建设，在全县范围搜集有效的资产资源，划转充实平台公司，增大平台公司资产，增加现金流，确保留住县级平台公司，增强投融资能力，做大做强平台公司，为全县经济社会发展做出贡献。

索 引

责任编辑 孟舒毅

索 引

说明：

一、本索引采用主题分析方法，索引范围包括类目、分目、条目。“特载”“大事记”“人物”“附录”的分目标题未作索引。“乡（镇、街道）概况”只做到二级目，未做到三级目。

二、本索引按主题词首字母汉语拼音音序排列；若首字相同，则按第二字音序排列，以此类推。首字为阿拉伯数字或英文字母者，作“非音序”排在本索引末。索引标目后的数字表示内容所在的页码。

三、同一主题词的不同内容采取在主题词下退一字各占一行的办法，分别排列款目。

四、凡部类、栏目名称直接用作索引款目的，部类名称以黑体字、栏目名称以楷体字标引。

Y